Langenscheidt

Praktischer Sprachlehrgang
Türkisch
Begleitheft

von Dr. Özgür Savaşçı

Langenscheidt

Berlin · München · Wien · Zürich · New York

Illustrationen: Ayşe Romey
Grafik: Ute Weber
Titelgestaltung: Independent Medien-Design
Satz & Litho: kaltnermedia GmbH
Lektorat: Dr. Brigitte Moser-Weithmann
Projektmanagement: Gaby Bauer-Negenborn

Umwelthinweis: Gedruckt auf chlorfrei gebleichtem Papier

Ergänzende Hinweise, für die wir jederzeit dankbar sind, bitten wir zu richten an:
Langenscheidt Verlag, Postfach 40 11 20, 80711 München

www.langenscheidt.de

Druck: CS-Druck, Berlin
Printed in Germany

1. 2. 3. 4. 5. * 12 11 10 09 08

Hör- und Sprechtraining

Die folgenden Übungsanweisungen beziehen sich auf die beiden CDs zum Hör- und Sprechtraining. Bei diesen Übungen geht es darum, Ihr Hörverständnis und Ihre Sprechfertigkeit, also die mündlichen Fertigkeiten zu trainieren. Aus diesem Grund finden Sie im ersten Teil des Begleithefts keine Texte in schriftlicher Form, sondern nur die Arbeitsanweisungen und die Hilfsmittel, die Sie zum Lösen der Aufgaben benötigen. Alle Texte und Lösungen haben wir zur Sicherheit für Sie im Lösungsteil (Seite 20 ff.) abgedruckt. Bevor Sie mit den Hör- und Sprechübungen zu den Lektionen 1–15 beginnen, erhalten Sie einige Hinweise zur Aussprache der türkischen Buchstaben und Laute.

Vorlektion

1 Hören Sie die folgenden Buchstaben und Beispielwörter und sprechen Sie sie nach.

2 Sie hören jetzt einige Beispielwörter mit hellem und mit dunklem **l**. Die Aussprache ist abhängig von dem vorausgehenden Vokal. Lesen Sie die Wörter mit und sprechen Sie sie in den Sprechpausen nach.

kel – kal	kil – kıl	kül – kul	göl – kol

3 Jetzt geht es um die Aussprache von Einzel- und Doppelkonsonanten. Hören Sie die Beispiele und sprechen Sie die Wortpaare nach. Beachten Sie, dass man die Doppelkonsonanten im Türkischen deutlich hören muss.

ata – atta	eli – elli	iti – itti	kere – kerre
ete – ette	beli – belli	kese – kesse	katı – kattı

4 In der folgenden Übung geht es um die Unterscheidung von **y** und **ğ**. Lesen Sie die Beispiele wieder mit und sprechen Sie sie in den Sprechpausen nach.

say – saya	sağ – sağa	bay – baya	bağ – bağa
yay – yaya	yağ – yağa	daya – dağa	iyi – iği
kıyı – tığı	duyu – tuğu		

5 Hören Sie nun einige Wortpaare, die sich nur durch das **ğ** nach dem ersten Vokal unterscheiden. Lesen Sie wieder mit und sprechen Sie die Wörter nach.

yağlı – yalı	dağlı – dalı	iğri – iri	değmen – demen	düğmen – dümen

6 Die letzte Ausspracheübung beschäftigt sich mit der Unterscheidung des stimmhaften **z** und des stimmlosen **s**. Hören Sie die Wörter und sprechen Sie sie nach.

zan – san	zevk – sevk	ezen – esen	ezgi – eski
iz – is	köz – kös	farz – fars	nüfuz – nüfus

Lektion 1

1 Hören Sie die türkischen Wörter und sprechen Sie nach.

2 Mit oder ohne **ğ**? Hören und wiederholen Sie die Wörter. Kreuzen Sie an, bei welchem Beispielwort Sie ein **ğ** hören.

1	2	3	4	5	6	7	8

3 Hören Sie die Kurzdialoge einmal vollständig an. Wiederholen Sie beim zweiten Hören die einzelnen Sätze in den Sprechpausen.

4 Sie hören jetzt einige Substantive. Bilden Sie in den Sprechpausen den Plural.

5 **a.** Hören Sie die Zahlen und wiederholen Sie sie.

b. Hören Sie die Zahlen nun noch einmal und notieren Sie sie in Ziffern.

1	2	3	4	5	6	7	8

6 Vier Personen stellen sich vor. Finden Sie heraus, welche der Personen Englisch sprechen. Tragen Sie den Namen in die richtige Spalte ein.

1	2	3	4

Lektion 2

1 Hören und wiederholen Sie die Wörter im Lokativ. Kreuzen Sie die richtige Schreibweise an.

1.	a. büroda	☐	b. bürode	☐
2.	a. Frankfurt'da	☐	b. Frankfurt'ta	☐
3.	a. işde	☐	b. işte	☐
4.	a. Münih'de	☐	b. Münih'te	☐
5.	a. telefonde	☐	b. telefonda	☐

2 Sie hören jeweils zwei Substantive. Bilden Sie daraus feste Substantivverbindungen wie im Hörbeispiel.

3 Hören Sie nun einige Verben im Infinitiv. Bilden Sie die 1. Person Singular – zuerst bejaht, danach verneint. Achten Sie auf das Hörbeispiel.

4 Lesen Sie den Steckbrief von Frau Becker. Hören Sie danach den Text auf der Übungs-CD und beantworten Sie die Fragen in Frau Beckers Namen.

Name:	*Gisela Becker*
Alter:	*23*
Nationalität:	*deutsch*
Beruf:	*Studentin*
Herkunftsort:	*München (Münih)*
Familienstand:	*ledig (bekâr)*

5 Hören Sie vier Kurzdialoge und kreuzen Sie die zutreffende Aussage an.

1.	a. Brigitte işinden memnun.	☐	b. Brigitte işinden memnun değil.	☐
2.	a. İş yerine arabayla gidiyor.	☐	b. İş yerine metroyla gidiyor.	☐
3.	a. Zeynep iş yerine metroyla gidiyor.	☐	b. Zeynep iş yerine yayan gidiyor.	☐
4.	a. Bu hafta sonu zamanı var.	☐	b. Bu hafta sonu zamanı yok.	☐

Lektion 3

1 Hören Sie einige türkische Wörter und sprechen Sie sie nach.

2 Hören Sie nun einige Sätze und wiederholen Sie sie. Versuchen Sie, die Aussprache zu imitieren.

3 Sie hören jetzt feste Substantivverbindungen. Bilden Sie in den Sprechpausen den Plural dazu.

4 Sie sind in einem Restaurant und sprechen mit der Bedienung. Hören Sie den Dialog zuerst einmal vollständig an und übernehmen Sie beim zweiten Durchgang die Rolle des Gastes.

5 **a.** Hören Sie das Gespräch auf der CD zunächst zweimal an.

b. Lesen Sie nun die folgenden Sätze und kreuzen Sie die richtige Fortsetzung an.

1. Epeydir görüşmüyoruz. Nerelerdesin, ...
   a. nereye gidiyorsun? ☐ **b.** ne yapıyorsun? ☐
2. Haklısın, daha sık ...
   a. görüşelim. ☐ **b.** yemek yiyelim. ☐
3. Buyurun efendim, ...
   a. ne içersiniz? ☐ **b.** ne arzu edersiniz? ☐
4. Bira içeriz değil mi? Buranın birası ...
   a. meşhurdur. ☐ **b.** güzeldir. ☐
5. Peki bira içelim ...
   a. o gün. ☐ **b.** o zaman. ☐

Lektion 4

1 **a.** Hören Sie einige türkische Wörter und wiederholen Sie sie.

b. Hören Sie die Wörter ein zweites Mal und achten Sie auf die langen Silben. Kreuzen Sie die Nummern mit Wörtern an, die ein langes **a** enthalten.

1	2	3	4	5	6	7	8

2 Hören Sie einige Wendungen und wiederholen Sie sie. Achten Sie auf die Betonung.

3 Hören Sie die Fragen auf der CD und beantworten Sie sie bejahend.

4 Sie hören nun sechs Verben, die im Futur konjugiert sind. Lesen Sie die Formen mit und sprechen Sie sie anschließend noch einmal nach. Achten Sie besonders auf die 1. Person Singular und Plural.

1. **gelmek**
   geleceğim
   geleceksin
   geleceğiz
   geleceksiniz

2. **görüşmek**
   görüşeceğim
   görüşeceksin
   görüşeceğiz
   görüşeceksiniz

3. **beklemek**
   bekleyeceğim
   bekleyeceksin
   bekleyeceğiz
   bekleyeceksiniz

4. **kalmak**
   kalacağım
   kalacaksın
   kalacağız
   kalacaksınız

5. **olmak**
   olacağım
   olacaksın
   olacağız
   olacaksınız

6. **başlamak**
   başlayacağım
   başlayacaksın
   başlayacağız
   başlayacaksınız

5 Sie sind in Istanbul und fragen nach verschiedenen Orten. Sprechen Sie die Fragen nach und notieren Sie anschließend die genannten Ziele.

1. ....
2. ....
3. ....
4. ....
5. ....

6 Hören Sie den Dialog und kreuzen Sie an, ob die folgenden Aussagen richtig (**doğru**) oder falsch (**yanlış**) sind.

		doğru	yanlış
1.	Sevil'in bir planı yok.	☐	☐
2.	Sevil ile Brigitte Ayasofya'ya gidecek	☐	☐
3.	Sevil ile Brigitte önce Topkapı Sarayı'nı gezecek.	☐	☐
4.	Sevil'in ablası iyi bir rehberdir.	☐	☐
5.	Sevil'in ablası da birlikte gelecek.	☐	☐

Lektion 5

1 Hören Sie die Kurzdialoge und schreiben Sie die genannten Zahlen auf.

1	2	3	4	5

2 Hören Sie die Ziehung der Lottozahlen. Das unbekannte Wort **yedek sayı** bedeutet *Zusatzzahl.* Kreuzen Sie die Zahlen, die Sie hören, in der Tabelle an.

1	2	3	4	5	6	7
8	9	10	11	12	13	14
15	16	17	18	19	20	21
22	23	24	25	26	27	28
29	30	31	32	33	34	35
36	37	38	39	40	41	42
43	44	45	46	47	48	49

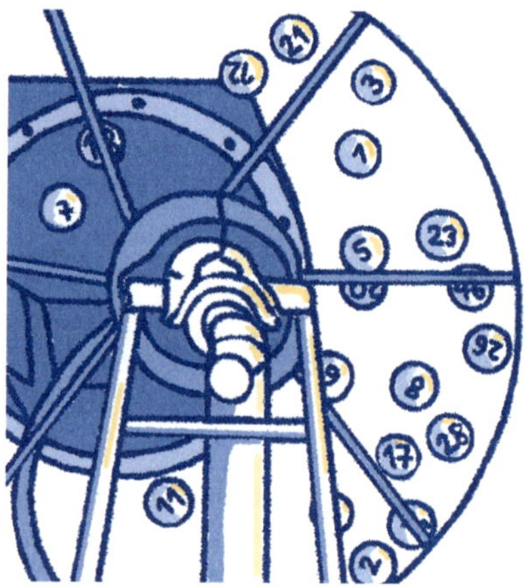

3 Hören Sie die Wochentage und sprechen Sie sie nach.

4 Wie spät ist es? Zeichnen Sie die Uhrzeiten, die Sie hören, auf den Zifferblättern ein.

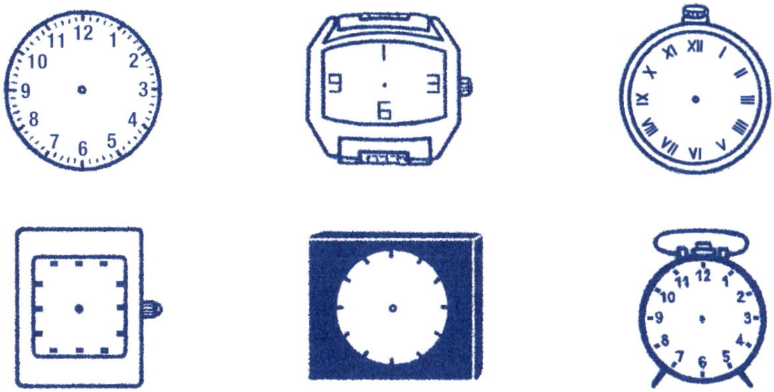

5 Ihre Reisegruppe ist nach einer 7-stündigen Fahrt bei Freunden in Izmir angekommen. Sie werden von der Gastgeberin willkommen geheißen. Reagieren Sie auf die Aussagen Ihrer Gesprächspartnerin.

Lektion 6

1 Hören Sie die Wörter und Wendungen und sprechen Sie sie nach. Achten Sie besonders auf die Betonung und die langen Silben.

2 Hören Sie den Dialog zunächst einmal vollständig an. Lesen Sie erst anschließend die folgenden Sätze und entscheiden Sie, ob sie richtig (**doğru**) oder falsch (**yanlış**) sind.

		doğru	yanlış
1.	Sevil bu akşam dinlenmek istiyor.	☐	☐
2.	Sevil ile Brigitte yarın kahvaltıdan sonra bir liste yapacak.	☐	☐
3.	Brigitte, Bodrum Kalesi'ne gitmeyecek.	☐	☐
4.	Sualtı Arkeoloji Müzesi Bodrum Kalesi'nde değil.	☐	☐
5.	Sevil kendisini yormak istemiyor.	☐	☐
6.	Brigitte önce denize gidecek, sonra da müzeye.	☐	☐

3 Hören Sie die einzelnen Aussagen und sprechen Sie sie nach. Erzählen Sie das Gehörte anschließend einer dritten Person.

4 Hören Sie die Monatsnamen und sprechen Sie sie mit dem Zusatz **ayında** (*im Monat*) nach. Beachten Sie, dass die Hauptbetonung auf dem Monatsnamen liegt.

5 Sie hören nun einige Aussagen, in denen Monatsnamen erwähnt werden. Schreiben Sie die Nummer des Beispielsatzes unter die Ziffer des Monats, der erwähnt wird.

1	2	3	4	5	6	7	8	9	10	11	12

Lektion 7

1 Hören Sie einige Wendungen und sprechen Sie sie nach.

2 Sie hören, was die genannten Personen benötigen. Drücken Sie deren Bedürfnisse mit **ihtiyaç** (*Bedürfnis*) aus.

3 Wie lauten die Reflexivformen? Hören Sie die Personalpronomen und bilden Sie die entsprechenden Reflexivpronomen.

4 Hören Sie den Dialog zunächst vollständig an. Lesen Sie danach die folgenden Sätze und entscheiden Sie, ob die Aussagen richtig (**doğru**) oder falsch (**yanlış**) sind.

		doğru	yanlış
1.	Seçkin şoföre bir soru soruyor.	☐	☐
2.	Mustafa ile Seçkin Yenimahalle'ye gitmek istiyorlar.	☐	☐
3.	Kızılay yönüne binmeleri lâzım.	☐	☐
4.	Mustafa ile Seçkin Kızılay'a doğru yürüyecekler.	☐	☐
5.	Kızılay'da metroya binmeleri lâzım.	☐	☐

Lektion 8

1 **a.** Hören Sie die Wendungen und sprechen Sie sie nach.

b. Hören Sie die Wendungen noch einmal und schreiben Sie sie auf.

1. .... 4. ....
2. .... 5. ....
3. .... 6. ....

2 Sie hören zunächst Substantive im Nominativ und anschließend mit dem Possessivsuffix der 1. Person Singular und Plural. Sprechen Sie die Wörter nach.

3 Vier Personen stellen sich vor. Welches Hobby haben sie? Tragen Sie die Namen und Hobbys in die Tabelle ein.

Hasan			

4 Hören Sie zunächst den Dialog einmal vollständig an. Ergänzen Sie danach die folgenden Sätze jeweils um einen weiteren Satz.

1. Dün seni Kadıköy vapurunda gördüm.
2. Eskiden Rıza'yla futbol oynardık.
3. O futbolu bıraktı. Ben devam edecektim.
4. Ben de hanımla sahil yolunda yürüyüşe çıkardım.
5. Senin hanım eskiden spor yapardı.
6. Seninle kahve içmeye gelirdim.

Lektion 9

1 Hören Sie die Wörter und sprechen Sie sie nach. Notieren Sie die Wörter mit einem **â**.

1	2	3	4	5	6	7	8	9

2 Sie hören den Wetterbericht für verschiedene türkische Städte. Schreiben Sie zu jeder Wetterkarte den Namen der Stadt und die Temperatur (**derece**). Nummerieren Sie außerdem die Zeichnungen in der Reihenfolge, in der die betreffenden Städte genannt werden.

....

....

....

....

....

3 Hören Sie drei Kurzdialoge. Lesen Sie danach die Aussagen und kreuzen Sie beim zweiten Hören an, ob sie richtig (**doğru**) oder falsch (**yanlış**) sind.

		doğru	yanlış
1.	a. Semra ile Nermin telefonda konuşuyor.	☐	☐
	b. Gül ile Semra telefonda konuşuyor.	☐	☐
	c. Gül ile Nermin telefonda konuşuyor.	☐	☐
2.	a. Cumartesi günü iki arkadaş Beyoğlu'na gidiyor.	☐	☐
	b. Cumartesi günü iki arkadaş Çiçek Pasajı'na gidiyor.	☐	☐
	c. Cumartesi iki arkadaş eşleriyle birlikte buluşmak istiyor.	☐	☐
3.	a. Semra'nın eşi de gelecek.	☐	☐
	b. Nermin Semra'ya telefon edecek.	☐	☐
	c. Sevinç İstanbul'da, o da gelecek.	☐	☐

Lektion 10

1 Hören Sie die Wörter und sprechen Sie sie nach. Notieren Sie sie beim zweiten Hören.

1. .... 2. .... 3. .... 4. ....

5. .... 6. .... 7. .... 8. ....

2 Verneinen Sie die Perfektformen, die Sie hören, wie im Hörbeispiel.

3 Sie hören acht Verben im Aktiv oder Passiv. Tragen Sie in die Tabelle ein **A** für Aktiv und ein **P** für Passiv ein.

1	2	3	4	5	6	7	8

4 Hören Sie die Verben und sprechen Sie sie nach. Alle Verben enden mit dem Suffix **-me/ma**. Bei welchen Verben handelt es sich um den verneinten Imperativ und bei welchen um den verkürzten Infinitiv? Die Betonung hilft Ihnen bei der Entscheidung. Tragen Sie Imperativ (**Imp**) oder Infinitiv (**Inf**) in die Tabelle ein.

1	2	3	4	5	6	7	8

5 Hören Sie, was Sevinç erzählt. Lesen Sie danach die folgenden Aussagen und entscheiden Sie, ob sie richtig (**doğru**) oder falsch (**yanlış**) sind.

		doğru	yanlış
1.	Sevinç bir bankada çalışıyor.	☐	☐
2.	Önceleri orada yönetmenlik yapıyordu.	☐	☐
3.	Ona kültür işleri müdürü olması teklif edildi.	☐	☐
4.	Sevinç teklifi seve seve kabul etti.	☐	☐
5.	Şimdi çeşitli gösteriler düzenlemiyor.	☐	☐

Lektion 11

1 Sie hören zunächst ein Substantiv und anschließend ein zusammengesetztes Verb. Sprechen Sie beide Wörter nach. Beachten Sie, dass die Betonung auf dem Substantiv liegt.

2 Fünf Personen nennen ihre Berufe. Reagieren Sie auf die Aussagen und sagen Sie, dass sie denselben Beruf ausüben. Hören Sie zunächst ein Beispiel.

3 Sie hören weitere Personen, die ihre Berufe angeben. Zeigen Sie sich überrascht und sagen Sie, dass Sie das nicht wussten. Hören Sie zuerst wieder ein Beispiel.

4 Wer arbeitet wo? Hören Sie die Sätze zunächst einmal vollständig und füllen Sie beim zweiten Hören die Tabelle aus.

	1	2	3	4	5	6
Kim?						
Nerede?						
Ne?						

5 Hören Sie den Dialog zwischen Yılmaz und Ersin. Lesen Sie danach die Aussagen und entscheiden Sie, ob sie richtig (**doğru**) oder falsch (**yanlış**) sind.

		doğru	**yanlış**
1.	Yılmaz firmasının şimdi İzmir'de olduğunu söylüyor.	☐	☐
2.	Yılmaz evli değil, çocuğu da yok.	☐	☐
3.	Yılmaz İzmir'e taşınmayı kabul etmemiş.	☐	☐
4.	Yılmaz şimdi personel şefi olarak çalıştığını anlatıyor.	☐	☐
5.	Ersin, Yılmaz'ın işinden memnun olduğunu düşünüyor.	☐	☐
6.	Yılmaz yeni işinden memnun olmadığını söylüyor.	☐	☐

Lektion 12

1 Hören Sie jetzt einige Interjektionen und sprechen Sie sie nach. Achten Sie auf die Melodie, Betonung und Länge.

2 Hören Sie nun einige Wendungen, die als Interjektionen benutzt werden. Sprechen Sie sie nach.

3 Sie hören sechs Kurzdialoge. Wo finden die Gespräche statt? Notieren Sie die Orte.

1.	4. ....
2.	5. ....
3.	6. ....

4 Hören Sie die Aussagen und ordnen Sie den Personen die passende geografische Region zu. Tragen Sie Name, Ort und Region in die Tabelle auf Seite 16 ein.

1	2	3	4	5	6	7
Hilmi						
İzmir						
Ägäis						

5 Hören Sie den Dialog vollständig an. Lesen Sie danach die Aussagen und entscheiden Sie, ob sie richtig (**doğru**) oder falsch (**yanlış**) sind.

		doğru	yanlış
1.	Yılmaz ile Vural akşam yemeği için bir lokantaya gidiyorlar.	☐	☐
2.	Vural bu lokantaya ilk defa* yemek yiyecek.	☐	☐
3.	Garson Yılmaz Beyi iyi tanıyor ve ona ızgara köfte tavsiye ediyor.	☐	☐
4.	Vural ile Yılmaz garsonun tavsiyesini kabul ediyorlar.	☐	☐
5.	Yılmaz içecek olarak maden suyu söylüyor.	☐	☐
6.	Vural da maden suyu içecek.	☐	☐

*defa: *(ein)mal*

Lektion 13

1 Hören Sie die Redewendungen und sprechen Sie sie nach.

2 Hören Sie die Beschreibung von fünf verschiedenen Personen. Betrachten Sie die Zeichnungen und finden Sie heraus, welche Person beschrieben wird. Notieren Sie den Namen in der Tabelle.

Seçkin Mustafa Gülgün Hüseyin Önder

1	2	3	4	5

3 Hören Sie zunächst zwei einzelne Sätze. Verbinden Sie sie in der Sprechpause mit dem Relativsuffix **-(y)en/an** zu einem Relativsatz.

4 Hören Sie sich nun drei Kurzdialoge vollständig an. Lesen Sie anschließend die Fragen und kreuzen Sie beim zweiten Hören die richtige Antwort an.

1. Kimin eşi mimarlık bürosunda çalışıyor?
   Gülgün'ün ☐ Sertap'ın ☐ Sibel'in ☐
2. Sözü edilen üç bayandan hangisi evli değil?
   Sibel ☐ Gülgün ☐ Sertap ☐
3. Kimin çocukları üniversitede okuyor?
   Sertap'ın ☐ Sibel'in ☐ Gülgün'ün ☐

Lektion 14

1 Hören Sie die geografischen Bezeichnungen und sprechen Sie sie nach. Beachten Sie, dass die Betonung auf der vorletzten Silbe liegt.

2 Bei den Namen, die Sie nun hören, liegt die Betonung entweder auf der ersten oder auf der letzten Silbe. Hören Sie genau zu und sprechen Sie nach.

3 Einige Personen nennen ihren Geburtstag. Hören Sie die Aussagen zunächst vollständig an. Tragen Sie beim zweiten Hören den Geburtstag und -monat in die Tabelle ein.

1	2	3	4	5	6

4 Hören Sie vier Informationen und notieren Sie, welche Farben genannt werden.

1	2	3	4

5 Verbinden Sie die beiden Sätze, die Sie hören, mit **-meden önce** zu einem Satz.

6 Orhan und Semra überlegen, wohin sie in den Opferfest-Ferien fahren könnten. Hören Sie das Gespräch einmal vollständig an. Kreuzen Sie danach die richtigen Antworten an.

1. ☐ **a.** Semra memlekete otobüsle gidecek.
   ☐ **b.** Semra Kurban Bayramında ne yapacağını bilmiyor.
   ☐ **c.** Semra memlekete kendi arabasıyla gidecek.

2. ☐ **a.** Karayollarında dikkat gerekmiyor.
   ☐ **b.** Orhan ile Semra bugünkü gazeteleri okumamışlar.
   ☐ **c.** Dün karayollarında birsürü kaza olmuş.

3. ☐ **a.** Semra memlekete arabayla gitmek istemiyor.
   ☐ **b.** Semra memlekete aslında trenle gitmek istiyor.
   ☐ **c.** Karayolları da gerçekten çok güvenlidir.

4. ☐ **a.** Araba yolculuğu tren yolculuğuna göre daha güvenlidir.
   ☐ **b.** Karayolları da gerçekten çok güvenlidir.
   ☐ **c.** İnsan rahata alışıyor, arabadan vazgeçmiyor.

Lektion 15

1 Hören Sie die Wortverbindungen und sprechen Sie sie nach. Beachten Sie, dass die Betonung nicht auf der letzten Silbe liegt.

2 Hören Sie weitere Wortverbindungen und sprechen Sie sie nach. Beachten Sie, dass die Betonung bei den Zusammensetzungen auf der letzten Silbe des ersten Wortes liegt.

3 Sie hören nun einige Nominalverdoppelungen, die als Adverbien gebraucht werden. Sprechen Sie sie nach. Achten Sie darauf, dass Sie beide Wörter in einem Atemzug aussprechen, also ohne Pause zwischen den Wörtern. Auch hier liegt die Betonung auf der letzten Silbe des ersten Wortes.

4 Nennen Sie die folgenden Uhrzeiten in der umgangssprachlichen Form. Vergleichen Sie Ihre Zeitangaben mit den Musterlösungen auf der CD.

1. 10:20
2. 5:30
3. 1:15
4. 2:45
5. 2:40
6. 4:10

5 Sie sind in einem Supermarkt in Istanbul. Wonach erkundigen sich die Personen? Notieren Sie die Artikel, die gewünscht werden.

1	2	3	4	5

6 Sie hören nun eine kurze Information auf der CD. Fragen Sie danach auf Türkisch nach den Einzelheiten.

1. *Wer?* **2.** *Wann?* **3.** *Wo?* **4.** *Was?*

7 Und zum Abschluss noch eine Frage: Wissen Sie noch, was „Auf Wiedersehen!" auf Türkisch heißt und wie man dieses lange Wort richtig ausspricht? Kontrollieren Sie Ihre Aussprache mit der CD.

Lösungen zum Hör- und Sprechtraining

Vorlektion

1 a – akşam, b – böyle, c – can, ç – çok, d – dede, e – elma, f – fakat, g – gel, ğ – öğle, h – Münih, Hasan, ı – ışık, ılık, i – ilik, j – garaj, k – küçük, l – lâle, hala, hâlâ, r – resim, p – para, s – siz, ş – şeker, v – var, vázo, y – yoğurt, öyle, z – biz

2 kel – kal, kil – kıl, kül – kul, göl – kol

3 ata – atta, eli – elli, iti – itti, kere – kerre, ete – ette, beli – belli, kese – kesse, katı – kattı

4 say – saya, sağ – sağa, bay – baya, bağ – bağa, yay – yaya, yağ – yağa, daya – dağa, iyi – iği, kıyı – tığı, duyu – tuğu

5 yağlı – yalı, dağlı – dalı, iğri – iri, değmen – demen, düğmen – dümen

6 zan – san, zevk – sevk, ezen – esen, ezgi – eski, iz – is, köz – kös, farz – fars, nüfuz – nüfus

Lektion 1

1 **1.** Türk – Türkçe – **2.** Alman – Almanca – **3.** sekreter – **4.** selam – **5.** kardeş – **6.** sağ ol – **7.** öğrenmek

2 **1.** öğrenci – **2.** daire – **3.** sağ ol – **4.** çalışıyor – **5.** yemeğe – **6.** davet – **7.** saat – **8.** öğle

1	2	3	4	5	6	7	8
x		x		x			x

3 **1.** ● Merhaba Sevil, nasılsın? – ● Teşekkür ederim, iyiyim. Ya sen? – ● Sağ ol, ben de iyiyim. – **2.** ● Bu akşam ne yapıyorsun? – ● Hiç, evdeyim. – **3.** ● Sen ne yapıyorsun? – ● Bu akşam bizde konuk var. – **4.** ● Sen de gelsene! – ● Saat kaçta? – ● Saat altıda. – ● İyi o zaman. – **5.** ● Şimdilik iyi günler. – ● İyi günler.

4 **1.** gün – günler – **2.** akşam – akşamlar – **3.** arkadaş – arkadaşlar – **4.** sekreter – sekreterler – **5.** telefon – telefonlar – **6.** teşekkür – teşekkürler – **7.** öğrenci – öğrenciler

5 **a.** **1.** sekiz – **2.** on iki – **3.** yirmi altı – **4.** otuz dört – **5.** kırk yedi – **6.** altmış dokuz – **7.** seksen üç – **8.** otuz sekiz

b.

1	2	3	4	5	6	7	8
8	12	26	34	47	69	83	38

6 **1.** Merhaba, adım Johannes. Almanım. Üç aydır Ankara'dayım. Türkçe konuşmak için arkadaş arıyorum. – **2.** Merhaba, adım Sevil. Türküm. İngilizce konuşmak için arkadaş arıyorum. – **3.** Selam. adım Özcan. Avukatlık bürosunda çalışıyorum. Sekreter arıyoruz. – **4.** İyi günler. Adım Mike. Londra'da öğrenciyim. Türkçe öğreniyorum.
2. Sevil – **4.** Mike

Lektion 2

1 **1.** a. büroda – **2.** b. Frankfurt'ta – **3.** b. işte – **4.** b. Münih'te – **5.** b. telefonda
2 **1.** iş – yer ▶ iş yeri – **2.** firma – araba ▶ firma arabası – **3.** posta – kod ▶ posta kodu – **4.** akşam – yemek ▶ akşam yemeği – **5.** avukatlık – büro ▶ avukatlık bürosu – **6.** Galata – köprü ▶ Galata köprüsü – **7.** Türk – mutfak ▶ Türk mutfağı
3 **1.** öğrenmek: öğreniyorum – öğrenmiyorum – **2.** söylemek: söylüyorum – söylemiyorum – **3.** çalışmak: çalışıyorum – çalışmıyorum – **4.** gitmek: gidiyorum – gitmiyorum – **5.** aramak: arıyorum – aramıyorum
4 **1.** ● Alman mısınız? – ● Evet, Almanım. – **2.** ● Ne iş yapıyorsunuz? – ● Öğrenciyim. – **3.** ● Nerede yaşıyorsunuz? – ● Münih'te yaşıyorum. – **4.** ● Kaç yaşındasınız? – ● Yirmi üç yaşındayım. – **5.** ● Evli misiniz? – ● Hayır, evli değilim, bekârım.
5 **1.** ● Yeni işiniz nasıl, Brigitte? Memnun musunuz? – ● Yeni işim çok iyi. – **2.** ● İş yerine nasıl gidiyorsunuz? – ● Ehliyetim var, ama metro daha rahat. – **3.** ● Zeynep, sen işe nasıl gidiyorsun? – ● Bana araba, metro gerekmiyor. Yayan gidiyorum. – **4.** ● Bu hafta sonu zamanın var mı? – ● Hafta sonu önemli bir işim yok.
1. a. – **2.** b. – **3.** b. – **4.** a.

Lektion 3

1 **1.** sipariş – **2.** tavsiye – **3.** davet – **4.** saat – **5.** şahane – **6.** daire – **7.** örneğin
2 **1.** Teşekkür ederim. – **2.** Bir şey değil. – **3.** Bakar mısınız? – **4.** Buyurun efendim. – **5.** Yemekleri daha sonra söyleriz. – **6.** Bira içeriz değil mi? – **7.** Ne arzu edersiniz?
3 **1.** yemek listesi ▶ yemek listeleri – **2.** Cumartesi günü ▶ Cumartesi günleri – **3.** akşam yemeği ▶ akşam yemekleri – **4.** fıçı birası ▶ fıçı biraları – **5.** hafta sonu ▶ hafta sonları – **6.** firma arabası ▶ firma arabaları
4 ● Buyurun efendim. ● Bize iki bira lütfen. – ● Peki efendim. Yemek alır mısınız? – ● Önce biramızı içelim. Yemekleri daha sonra söyleriz. – ● Peki efendim, size yemek listesini bırakayım. – ● Teşekkür ederim.

5 ● Epeydir görüşmüyoruz. Nerelerdesin, ne yapıyorsun? – ● Haklısın, daha sık görüşelim. – ● Ama önce birşeyler içelim. – ● Bakar mısınız? – ● Buyurun efendim, ne arzu edersiniz? – ● Hasancığım, bira içeriz değil mi? Buranın birası meşhurdur. – ● Peki bira içelim o zaman.
1. b. – **2.** a. – **3.** b. – **4.** a. – **5.** b.

Lektion 4

1 **a.** **1.** abla – **2.** hâlâ – **3.** cadde – **4.** acil – **5.** yoksa – **6.** dünya – **7.** yani – **8.** beraber

b.

1	2	3	4	5	6	7	8
	x		x		x	x	x

2 **1.** hoş geldiniz – **2.** hoş bulduk – **3.** bir bira lütfen – **4.** neredesiniz? – **5.** yoksa – **6.** hâlâ – **7.** ben de – **8.** bende

3 **1.** ● Birer kahve içer miyiz? – ● Evet, içeriz. – **2.** ● Fatma'ya telefon edelim mi? – ● Evet, edelim. – **3.** ● Metro biletiniz var mı? – ● Evet, var. – **4.** ● Bodrum'a gidecek misiniz. – ● Evet, gideceğim. – **5.** ● Sinemaya gidiyor muyuz? – ● Evet, gidiyoruz. – **6.** ● Hafta sonu evde misin? – ● Evet, evdeyim.

4 **1.** gelmek: geleceğim – geleceksin – geleceğiz – geleceksiniz – **2.** görüşmek: görüşeceğim – görüşeceksin – görüşeceğiz – görüşeceksiniz – **3.** beklemek: bekleyeceğim – bekleyeceksin – bekleyeceğiz – bekleyeceksiniz – **4.** kalmak: kalacağım – kalacaksın – kalacağız – kalacaksınız – **5.** olmak: olacağım – olacaksın – olacağız – olacaksınız – **6.** başlamak: başlayacağım – başlayacaksın – başlayacağız – başlayacaksınız

5 **1.** İyi bir lokanta tanıyor musunuz? (lokanta) – **2.** İyi günler, istasyona nasıl giderim? (istasyona) – **3.** Merhaba, Topkapı Sarayı'na nasıl giderim? (Topkapı Sarayı) – **4.** Ayasofya ne tarafta, söyler misiniz? (Ayasofya) **5.** Taksim'e otobüsler nereden gidiyor? (Taksim)

6 **1.** doğru – **2.** doğru – **3.** yanlış – **4.** doğru – **5.** doğru

Lektion 5

1 **1.** ● Topkapı'ya saat on birde mi gideceksiniz? – ● Evet, ablam da gelecek. – **2.** ● Bakar mısınız? Bize iki çay lütfen. – ● Peki efendim, hemen. – **3.** ● Otogara hangi otobüs gider? – ● Yirmi dört nolu otobüs. – **4.** ● Sevil'in telefon numarasını söyler misin? – ● Tabii, 53 68 97. – **5.** ● Adresi söyler misin? – ● Ayazpaşa Sokak, No. 69.

1	2	3	4	5
11	2	24	53 68 97	69

2 **1.** on dokuz – **2.** yirmi dört – **3.** yirmi altı – **4.** otuz iki – **5.** kırk bir – **6.** kırk beş – yedek sayı: on iki
19 – 24 – 26 – 32 – 41 – 45 – *Zusatzzahl:* 12

1	2	3	4	5	6	7
8	9	10	11	12	13	14
15	16	17	18	19	20	21
22	23	24	25	26	27	28
29	30	31	32	33	34	35
36	37	38	39	40	41	42
43	44	45	46	47	48	49

3 **1.** pazartesi – **2.** salı – **3.** çarşamba – **4.** perşembe – **5.** cuma – **6.** cumartesi – **7.** pazar

4 **1.** Saat on yirmi. – **2.** Saat beş otuz. – **3.** Saat bir on beş. – **4.** Saat iki kırk beş. – **5.** Saat beş kırk. – **6.** Saat dört on.
1. 10:20 – **2.** 5:30 – **3.** 1:15 – **4.** 2:45 – **5.** 5:40 – **6.** 4:10

5 ● İzmir'e hoş geldiniz çocuklar! – ● Hoş bulduk. – ● Ee, anlatın bakalım, hepiniz iyi misiniz? – ● Sağ olun, hepimiz iyiyiz. – ● Yolculuk kaç saat sürdü? – ● Yedi saat. – ● Önce biraz dinlenin. Sonra birer çay içeriz, değil mi. – ● İyi fikir.

Lektion 6

1 **1.** acaba – **2.** ne kadar – **3.** ne kadar da güzelmiş – **4.** allahaısmarladık – **5.** hissetmek – **6.** öyle değil mi? – **7.** kahvaltıdan sonra

2 ● Bodrum'da gezecek çok yer var. Bu akşam dinlenelim, yarın kahvaltıdan sonra bir plan yaparız. Nereleri gezeceğiz, bir listesini yaparız. – ● Bodrum Kalesi'nin içine girmek istiyorum. Orada Sualtı Arkeoloji Müzesi var. Kalenin kendisi de ilginç. – ● Evet ama, gezeceğiz diye de kendimizi yormayalım. Abartmayalım, öyle değil mi? ● Haklısın, önce kaleyi gezelim, ondan sonra da denize gidelim.
1. doğru – **2.** doğru – **3.** yanlış – **4.** yanlış – **5.** doğru – **6.** yanlış

3 **1.** Bodrum Cennet gibi. – Bodrum Cennet gibiymiş. – **2.** İstanbul çok güzel. – İstanbul çok güzelmiş. – **3.** Hasan eve gidiyor. – Hasan eve gidiyormuş. – **4.** Sevil yarın bize gelmeyecek. – Sevil yarın bize gelmeyecekmiş. – **5.** Özden İzmir'e gitti. – Özden İzmir'e gitmiş.

4 ocak – ocak ayında – şubat – şubat ayında – mart – mart ayında – nisan – nisan ayında – mayıs – mayıs ayında – haziran – haziran ayında – temmuz – temmuz ayında – ağustos – ağustos ayında – ekim – ekim ayında – kasım – kasım ayında – aralık – aralık ayında

5 **1.** Hasan ocak ayında Münih'te olacak. – **2.** Sevil ile Brigitte haziranda Bodrum'a gidecekler. – **3.** Temmuz ayında İzmir çok sıcak olur. – **4.** Antalya'da ekim ayında da deniz güzeldir. – **5.** Kasımda Ankara'ya gideceğim.

1	2	3	4	5	6	7	8	9	10	11	12
1					2	3			4	5	

Lektion 7

1 **1.** şoför bey – **2.** müsait bir yer – **3.** estağfurullah – **4.** ağabey – **5.** dümdüz – **6.** doğrudan – **7.** eyvallah

2 **1.** Hasan'a araba lâzım. – Hasan'ın arabaya ihtiyacı var. – **2.** Zeynep'e telefon lâzım. – Zeynep'in telefona ihtiyacı var. – **3.** Bize tatil lâzım. – Bizim tatile ihtiyacımız var. – **4.** Sana ne lâzım? – Senin neye ihtiyacın var? – **5.** Size metro bileti lâzım. – Sizin metro biletine ihtiyacınız var. – **6.** Bana biraz zaman lâzım. – Benim biraz zamana ihtiyacım var.

3 **1.** ben – ben kendim – **2.** sen – sen kendin – **3.** o – o kendisi – **4.** biz – biz kendimiz – **5.** siz – siz kendiniz – **6.** onlar – onlar kendileri – **7.** Hasan – Hasan kendisi – **8.** Sevil – Sevil kendisi

4 **1.** yanlış – **2.** doğru – **3.** yanlış – **4.** doğru – **5.** doğru

Lektion 8

1 **b.** **1.** maalesef – **2.** memnuniyetle – **3.** tabii – **4.** seve seve – **5.** ne yazık ki – **6.** peki öyleyse

2 **1.** kalp – kalbim – kalbimiz – **2.** gönül – gönlüm – gönlümüz – **3.** resim – resmim – resmimiz – **4.** çocukluk – çocukluğum – çocukluğumuz – **5.** sağlık – sağlığım – sağlığımız – **6.** aile – ailem – ailemiz – **7.** hatıra – hatıram – hatıramız

3 **1.** Merhaba, adım Hasan, balık tutmayı severim. – **2.** İyi günler, benim adım Ahmet, futbol benim hobimdir. – **3.** Selam, ben Sevil, müzik dinlerim, konsere giderim. – **4.** Selamünaleyküm, adım Osman, spor sevmem, satranç oynarım.

Hasan	Ahmet	Sevil	Osman
balık tutmayı seviyor	futbol oynuyor	müzik dinlemek ve konsere gitmek istiyor	satranç oynuyor

4 **1.** Dün seni Kadıköy vapurunda gördüm. Nereye gidiyordun? – **2.** Eskiden Rıza'yla futbol oynardık. Şimdi oynamıyoruz. – **3.** O futbolu bıraktı. Ben devam edecektim. Ama başka arkadaş bulamadım. – **4.** Ben de hanımla sahil yolunda yürüyüşe çıkardım. Biz de bıraktık. – **5.** Senin hanım eskiden spor yapardı. Şimdi en son merakı suluboya resim. – **6.** Seninle kahve içmeye gelirdim. Ama çok önemli bir randevum var.

Lektion 9

1 **1.** bakar – **2.** bekâr – **3.** lâzım – **4.** kayıt – **5.** rüzgâr – **6.** kâğıt – **7.** hâlâ – **8.** hala – **9.** şikâyet

1	2	3	4	5	6	7	8	9
	bekâr	lâzım		rüzgâr	kâğıt	hâlâ		şikâyet

2 **1.** İstanbul'da hava kapalı ve yer yer yağmurlu olacak. Sıcaklık 16 derece. – **2.** Bursa'da hava açık, sıcaklık 24 derece olacak. – **3.** İzmir'de hava bulutlu olacak, sıcaklık 18 derece. – **4.** Ankara'da hava yağmurlu ve rüzgârlı olacak. Sıcaklık 13 derece. – **5.** Bodrum'da hava güneşli olacak, rüzgâr batıdan esecek. Sıcaklık 26 derece.

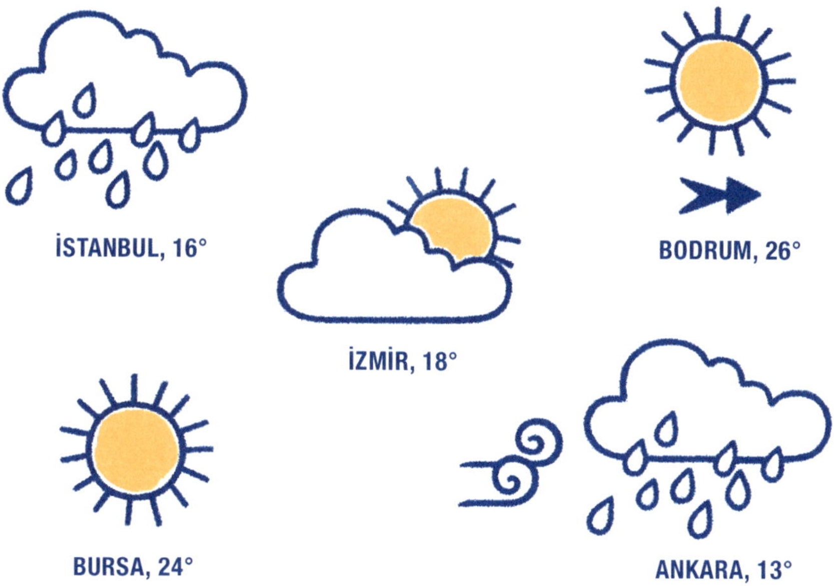

3 **1.** ● Gülcüğüm, seni nasıl unutabilirim? Nasılsın iyi misin? – ● İyiyim Nermin, sen nasılsın? – ● Ben de iyiyim. Geçenlerde Semra'yla seni konuşmuştuk, inanır mısın? – **2.** ● Cumartesi günü Beyoğlu'na gitsek. Senin için uygun mu? – ● Benim için uygun. Ancak bir şartla. Eşlerimizle birlikte Çiçek Pasajı'nda yemekte buluşacaksak. – ● Ben benimkiyle konuştum. O geliyor. Sizinle tanışmak ister. – **3.** ● Semra'nın eşi de gelirse eski kız grubumuzla eşlerimiz de tamamlanır. – ● Tamam, ben Semra'ya telefon ederim. – ● Keşke Sevinç de İstanbul'da olsaydı, o da gelseydi!
1. a. yanlış – b. yanlış – c. doğru – **2.** a. yanlış – b. yanlış – c. doğru – **3.** a. yanlış – b. doğru – c. yanlış

Lektion 10

1 **1.** anneanne – **2.** babaanne – **3.** ağabey – **4.** hala – **5.** anne-baba – **6.** karı-koca – **7.** kız kardeş – **8.** abla

2 **1.** çok bekledim – çok beklemedim – **2.** Hasan'ı gördüm – Hasan'ı görmedim – **3.** yolu sordum – yolu sormadım – **4.** teşekkür ettim – teşekkür etmedim – **5.** bugün çok çalıştım – bugün çok çalışmadım – **6.** memnun oldum – memnun olmadım – **7.** formu doldurdum – formu doldurmadım – **8.** iki saat dolaştım – iki saat dolaşmadım

3 **1.** başlamak – **2.** görülmek – **3.** sormak – **4.** sevilmek – **5.** sorulmak – **6.** bulunmak – **7.** yazılmak – **8.** beklemek

1	2	3	4	5	6	7	8
A	P	A	P	P	P	P	A

4 **1.** hemen gelme – **2.** yapma! – **3.** burada bekleme! – **4.** yarın başlama – **5.** acele etme! – **6.** iletişim kurma – **7.** Almanca konuşma! – **8.** çok çalışma

1	2	3	4	5	6	7	8
Inf	Imp	Imp	Inf	Imp	Inf	Imp	Inf

5 **1.** Şimdiye kadar bir bankada yönetmen asistanı olarak çalıştım. – **2.** Sonra bana kültür işleri müdürlüğü teklif edildi. – **3.** Memnuniyetle kabul ettim. – **4.** Şimdi çeşitli gösteriler düzenliyorum. – **5.** Sergiler ve konserler düzenliyorum.
1. doğru – **2.** yanlış – **3.** doğru – **4.** doğru – **5.** yanlış

Lektion 11

1 **1.** af – affetmek – **2.** davet – davet etmek – **3.** memnun – memnun etmek – **4.** rica – rica etmek – **5.** şikâyet – şikâyet etmek – **6.** telefon – telefon etmek – **7.** teşekkür – teşekkür etmek – **8.** ziyaret – ziyaret etmek

2 **1.** ● Merhaba, adım Hüseyin. Doktorum. – ● Ben de doktor olarak çalışıyorum. – **2.** ● İyi günler, adım Sevgi. Sekreterim. – ● Ben de sekreter olarak çalışıyorum. – **3.** ● Merhaba efendim, benim adım Gülsün. Memurum. – ● Ben de memur olarak çalışıyorum. – **4.** ● Selam, adım Özcan. Kitapçıyım. – ● Ben de kitapçı olarak çalışıyorum. – **5.** ● İyi günler, adım Ahmet. Garsonum. – ● Ben de garson olarak çalışıyorum.

3 **1.** ● Tüccar olarak çalışıyorum. – ● Tüccar olarak çalıştığınızı bilmiyordum. – **2.** ● Ben doktor olarak çalışıyorum. – ● Doktor olarak çalıştığınızı bilmiyordum. – **3.** ● Ben sekreter olarak çalışıyorum. – ● Sekreter olarak çalıştığınızı bilmiyordum. – **4.** ● Ben memurum. – ● Memur olduğunuzu bilmiyordum. – **5.** ● Ben kitapçıyım. – ● Kitapçı olduğunuzu bilmiyordum. – **6.** ● Ben garsonluk yapıyorum. – ● Garsonluk yaptığınızı bilmiyordum.

4 **1.** Hasan, bir büroda mimar olarak çalışıyor. – **2.** Özden, bir hastanede hemşire. – **3.** Selma, üniversitede doçentlik yapıyor. – **4.** Ahmet bir firmada uzman işçi. – **5.** Mustafa bir lokantada aşçılık yapıyor. – **6.** Rıza bir okulda öğretmenlik yapıyor.

	1	2	3	4	5	6
Kim?	Hasan	Özden	Selma	Ahmet	Mustafa	Rıza
Nerede?	büro	hastane	üniversite	firma	lokanta	okul
Ne?	mimar	hemşire	doçent	uzman işçi	aşçı	öğretmen

5 ● Firma yatırımları İzmir'e nakletti ve sonra birçoğumuza „Kim firmayla birlikte İzmir'e taşınmak ister" diye sordular. Biliyorsun, bekârım, çoluk çocuk yok. Ben hemen İzmir'e taşınmaya hazır olduğumu söyledim. Kabul edip aynı zamanda personel şefi yaptılar işte. – ● Neyse. Yeni işinden memnun görünüyorsun. – ● Evet, gördüğün gibi İzmir'deyim. Yeni işime ve iş ortamına alıştığımı söyleyebilirim.

1. doğru – **2.** doğru – **3.** yanlış – **4.** doğru – **5.** doğru – **6.** yanlış

Lektion 12

1 **1.** Ee? – **2.** Ee! – **3.** Ee? – **4.** Aa!? – **5.** Ooo! – **6.** Ooo.

2 **1.** Eyvah! – **2.** Hay hay! – **3.** Hayrola! – **4.** Ee? – Ee'si sağlık. – **5.** Oh olsun! – **6.** Vah vah!

3 **1.** Kocanız çok hasta. Üç gün evde dinlenmesi gerek. – **2.** Çocuğunuzun İngilizcesi iyi değil. Çok çalışması lâzım. – **3.** Biletler lütfen! – **4.** Şu sözlüğü alalım mı, hem kalın hem fiyatı da iyi. – **5.** Ben kahve içmeyeyim, bana bir çay getirin lütfen. – **6.** Patlıcan yemeklerini sevmediğimi biliyorsun. Ben başka bir yemek seçeyim.
1. Doktorda. – **2.** Okulda. – **3.** Metroda. – **4.** Kitapçıda – **5.** Kahvede. – **6.** Lokantada.

4 **1.** Adım Hilmi. İzmir'de doğmuşum. – **2.** Merhaba, ben Temel, Trabzonluyum. – **3.** İyi günler! Adım Hasan, Antalyalıyım. – **4.** Adım Pakize. Tekirdağlıyım. – **5.** Merhaba, adım Rıza. Ankara'da doğmuşum. – **6.** İyi günler, adım Ali Ekber; Erzincanlıyım. – **7.** Selâmünaleyküm, adım Ökkeş, Urfalıyım.

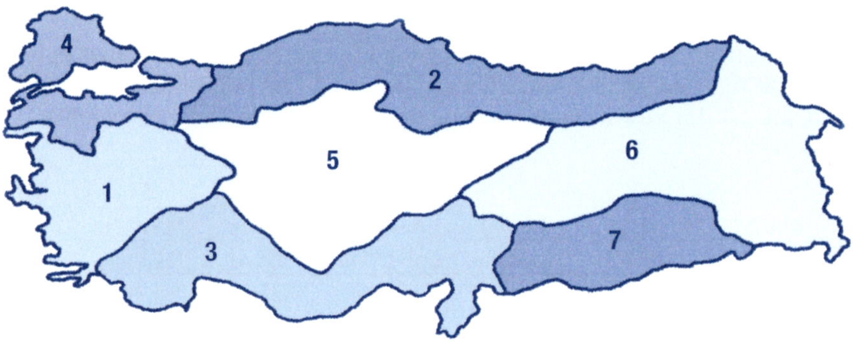

1	2	3	4	5	6	7
Hilmi	Temel	Hasan	Pakize	Rıza	Ali Ekber	Ökkeş
İzmir	Trabzon	Antalya	Tekirdağ	Ankara	Erzincan	Urfa
Ägäis	Schwarz-meer-Gebiet	Mittel-meer-Gebiet	Marmara-meer-Gebiet	Zentral-anatolien	Ost-anatolien	Südost-anatolien

5 ● Ooo, Yılmaz Bey, hoş geldiniz! Buyurun. – ● Hoş bulduk. İş arkadaşım Vural'a sizin lokantanızın ne kadar iyi olduğunu anlattım. Onun için öğle yemeğini sizde yiyelim dedik. Bugün bize ne yememizi önerirsiniz? – ● Size bugün yayla çorbası ve ızgara köfte tavsiye edebilirim. – ● İyi öyleyse, şefin tavsiyesine uyarak ızgara köfte yiyelim. – ● İçecek olarak ne alırdınız, efendim? – ● Ben küçük bir bira içebilirim. Arkadaşıma da maden suyu lütfen.
1. yanlış – **2.** doğru – **3.** doğru – **4.** doğru – **5.** yanlış – **6.** doğru

Lektion 13

1 **1.** ● Afiyet olsun! – ● Size de. – **2.** Elinize sağlık! – **3.** Geçmiş olsun. – **4.** Güle güle kullanın! – **5.** ● Kolay gelsin! – ● Sağ olun! – **6.** Allah mesut etsin. – **7.** ● Başınız sağ olsun! – ● Siz sağ olun! – **8.** Bayramınız kutlu olsun! – **9.** Doğum gününüz kutlu olsun. – **10.** ● Çok yaşa! – ● Sen de.

2 **1.** Dedem kısa boylu, zayıf birisiydi. – **2.** Bize yardım eden bey genç birisiydi. Saçları kıvırcıktı. Bıyığı yoktu. – **3.** Partide uzun saçlı, gözlüklü bir delikanlı vardı. – **4.** Genç kızın uzun, sarı saçları vardı. Kendisi şişman da değildi. – **5.** Dayımın çok güzel bıyıkları vardı, ama sakalı yoktu.

1	2	3	4	5
Hüseyin (dede)	Önder	Seçkin	Gülgün	Mustafa (dayı)

3 **1.** Arkadaşım benimle konuşuyor. Arkadaşım bana gelecek. ▸ Benimle konuşan arkadaşım bana gelecek. – **2.** Dün bana bir mektup geldi. Mektuba cevap yazacağım. ▸ Dün bana gelen mektuba cevap yazacağım. – **3.** Kız beni seviyor. Kızın adı Selma. ▸ Beni seven kızın adı Selma. – **4.** Durakta bir adam bekliyor? Kimdir? ▸ Durakta bekleyen adam kimdir? – **5.** Kitap masada duruyor. Kitap çok ilginç. ▸ Masada duran kitap çok ilginç. – **6.** Bir bey cep telefonuyla konuşuyor. Tanıyor musun? ▸ Cep telefonuyla konuşan beyi tanıyor musun?

4 **1.** ● Eşim bildiğin gibi mimarlık bürosundaki işine devam ediyor. Çocuklar büyüdü, oğlan Isparta'da okuyor, kız Ankara Gazi Üniversitesi'nde. – ● Sibel, bizim Sertap'tan bir haber alıyor musun? – **2.** ● Sorma ya, en son eşinden ayrıldığını duymuştum. Depresyona girmiş ve girdiği bu kuyudan bir türlü çıkamamış. Kimseyle görüşmek istemiyormuş. – ● Vah vah. Üzüldüm doğrusu. Halbuki Sertap yaşama sevinciyle dolu olan, hayata hep olumlu bakan bir insandı. Ne oldu ona böyle birden bire. – **3.** ● Vallahi, hayat böyle işte Gülgüncüğüm, kimin ne olacağı hiç belli olmuyor. – ● Haklısın, Sertap'a çok yazık, ama hayat böyle!
1. Sibel'in – **2.** Sertap – **3.** Sibel'in

Lektion 14

1 **1.** Afrika – **2.** Amerika – **3.** Asya – **4.** Avrasya – **5.** Avrupa – **6.** Avustralya – **7.** Avusturya – **8.** Almanya – **9.** Berlin – **10.** İstanbul – **11.** Paris

2 **1.** Türkiye – **2.** Suriye – **3.** Yunanistan – **4.** Bulgaristan – **5.** Ermenistan – **6.** Azerbaycan

3 **1.** Merhaba, benim adım Cumhur, çünkü ben 29 Ekimde doğmuşum. – **2.** İyi günler, ben sıcak bir yaz günü, 10 Haziranda doğmuşum. – **3.** Ben doğum günümü maalesef her dört yılda bir kutluyorum. – **4.** Arkadaşım Nevruz'da doğmuş, yani 21 Martta. – **5.** Ben 13 Kasım 1981'de doğmuşum. O gün cumaymış. Annem-babam çok sevinmiş. – **6.** Ben bir yılbaşı günü doğmuşum. Yani 1 Ocakta.

1	2	3	4	5	6
29 Ekim	10 Haziran	29 Şubat	21 Mart	13 Kasım	1 Ocak

4 **1.** Hangi pantolonu alacaksın? Bence kahverengi pantolon daha güzel, siyahı kalsın. – **2.** Adamın mavi bir gömleği vardı. Kendisini tanımıyorum. – **3.** Akdeniz'in adında "ak" var, ama denizin rengi beyaz değildir. Karadeniz'in adı da öyledir. – **4.** Galatasaray Spor Kulübünün renkleri sarı-kırmızıdır. Ama ben Beşiktaşlıyım.

1	2	3	4
kahverengi, siyah	mavi	ak, beyaz, kara	sarı, kırmızı

5 **1.** Bir kahve içeceğim, sonra arkadaşıma mektup yazacağım. ▶ Arkadaşıma mektup yazmadan önce bir kahve içeceğim. – **2.** Televizyon seyredeceğim, sonra yatacağım. ▶ Yatmadan önce televizyon seyredeceğim. – **3.** Fatma'yı ziyaret edelim, sonra Bodrum'a gideriz. ▶ Bodrum'a gitmeden önce Fatma'yı ziyaret edelim. – **4.** Bankaya gidelim, sonra postaneye gideriz. ▶ Postaneye gitmeden önce bankaya gidelim. – **5.** Alışveriş edeceğiz, sonra Sevil'ler gelecek. ▶ Sevil'ler gelmeden önce alışveriş edeceğiz.

6 ● Kurban Bayramında ne yapacaksınız? – ● Vallahi, bilmiyorum Orhan'cığım. Belki memlekete gideriz. Ama otobüsle mi gideriz, kendi arabamızla mı gideriz, bilmiyorum. Biliyorsun, trafik kazaları ulusal bir felâket. ● Bugünkü gazeteleri görmediniz mi? Yine birsürü kaza olmuş. Karayolu ile giderken dikkatli olmak gerekiyor. Keşke trenle gitseniz. – ● Gerçekten, aslında eşim de ben de tren yolculuğunu çok severiz. Hem çevreye dost, hem de güvenli. Ama insan rahata alıştığı için, arabadan vazgeçmiyor.
1. b. – **2.** c. – **3.** b. – **4.** c.

Lektion 15

1 **1.** ilk önce – **2.** ilkin – **3.** ilk olarak – **4.** ilk defa – **5.** ilk kez – **6.** son defa – **7.** son kez – **8.** son olarak.

2 **1.** kültür – merkezi ▶ kültür merkezi – **2.** müzik – festivali ▶ müzik festivali – **3.** yerli – sanatçı ▶ yerli sanatçı – **4.** uluslar – arası ▶ uluslar arası – **5.** Cumhuriyet – Bayramı ▶ Cumhuriyet Bayramı

3 **1.** akşam akşam – **2.** gece gece – **3.** sabah sabah – **4.** zaman zaman – **5.** çabuk çabuk – **6.** güzel güzel – **7.** sıcak sıcak – **8.** yavaş yavaş

4 **1.** Saat onu yirmi geçiyor. – **2.** Saat beş buçuk. – **3.** Saat biri çeyrek geçiyor. – **4.** Saat üçe çeyrek var. – **5.** Saat üce yirmi var. – **6.** Saat dördü on geçiyor.

5 **1.** Peynirin kilosu kaça acaba? – **2.** Domatesler ne kadarmış? – **3.** Şu pantolonun fiyatı ne kadar. – **4.** Koruyucu kremin kutusu kaça? – **5.** Yumurtanın tanesi kaç lira?

1	2	3	4	5
peynir	domates	pantolon	koruyucu krem	yumurta

6 Sevil ile Brigitte bugün saat üçte Beyoğlu'nda alışveriş edecek.
1. Bugün saat üçte Beyoğlu'nda kim alışveriş edecek? – **2.** Sevil ile Brigitte Beyoğlu'nda ne zaman alışveriş edecek? – **3.** Sevil ile Brigitte bugün saat üçte nerede alışveriş edecek? – **4.** Sevil ile Brigitte bugün saat üçte Beyoğlu'nda ne yapacak?

7 Allahaısmarladık! [a'laːsmaldık]

Langenscheidt

Praktisches Lehrbuch

Türkisch

von Dr. Özgür Savaşçı

Langenscheidt

Berlin · München · Wien · Zürich · New York

Bildquellen: creativ collection Verlag GmbH: S. 29, 118, 159, 173, 186;
Getty Images: S. 145; MEV Verlag GmbH: S. 131; Türkisches Fremdenverkehrsamt:
S. 17, 42, 55, 67, 95, 107, 201

Illustrationen: Ayşe Romey
Grafik: Ute Weber
Titelgestaltung: Independent Medien-Design
Satz & Litho: kaltnermedia GmbH
Lektorat: Dr. Brigitte Moser-Weithmann
Projektmanagement: Gaby Bauer-Negenborn

Umwelthinweis: Gedruckt auf chlorfrei gebleichtem Papier

Ergänzende Hinweise, für die wir jederzeit dankbar sind, bitten wir zu richten an:
Langenscheidt Verlag, Postfach 40 11 20, 80711 München

www.langenscheidt.de

Druck: CS-Druck CornelsenStürtz, Berlin
Printed in Germany
ISBN 978-3-468-**26372**-9

09020

Wegweiser

Herzlich willkommen! Sie haben sich dazu entschlossen, Türkisch zu lernen – und Sie wollen sich über die bloße Verständigungsmöglichkeit hinaus intensiver mit der Fremdsprache beschäftigen. Dieser Praktische Lehrgang wird Ihnen gründliche Kenntnisse des Türkischen vermitteln. Sie werden die häufigsten 1.500 Wörter und die wichtigsten grammatischen Strukturen kennenlernen, ideale Voraussetzungen also, um auf Türkisch Situationen des Alltags schriftlich oder mündlich zu bewältigen.

Sie haben sich dafür entschieden, zu Hause und wahrscheinlich ohne Lehrer Türkisch zu lernen. Weil wir Sie dabei nicht allein lassen wollen, haben wir das Buch durchgängig klar strukturiert und darauf geachtet, besonders ausführliche und einfache Erklärungen, anschauliche Beispiele und nützliche Lerntipps aufzunehmen. In den folgenden beiden Abschnitten erfahren Sie, wie die Lektionen aufgebaut sind und wie Sie mit dem Buch arbeiten können. Sollten Sie lieber gleich loslegen wollen, überspringen Sie sie einfach.

Wie sind die Lektionen aufgebaut?

Alle Lektionen sind auf dieselbe Art und Weise aufgebaut, sodass Sie sich im Buch leicht zurechtfinden werden. Blättern Sie am besten einmal ein paar Seiten durch, damit Sie einen Eindruck von seinem Aufbau gewinnen.

Auf der ersten Seite finden Sie neben der Lektionsnummer einen Kasten, der Ihnen verrät, was Sie in der Lektion erwartet. Danach geht es richtig los: Jede Lektion beginnt mit einem **Lesetext**, der aus der „echten" Alltagswelt der Türkei kommt und ein Beispiel für eine der vielen Textsorten der geschriebenen Sprache darstellt. Für das leichtere Verständnis haben wir eine Übersetzung hinzugefügt.

In der Rubrik **„Yeni Konu?"** *Was gibt es Neues?* wird Ihnen der Grammatikschwerpunkt der jeweiligen Lektion erklärt. Mit Hilfe der Erklärungen und der Beispiele aus dem ersten Text wird Ihnen schnell deutlich werden, was es hier zu lernen gilt.

Anschließend kommt schon der Haupttext der Lektion, ein **Dialog**, der Sie vor allem mit dem gesprochenen Türkisch vertraut macht. Diesen Text finden Sie im Anhang auch übersetzt sowie – wenn Sie sich für die Ausgabe mit Begleitheft und CDs entschieden haben – auf CD vertont, sodass Sie Aussprache, Rhythmus und Melodie der türkischen Sprache erleben können. Alle Texte werden selbstverständlich von türkischen Muttersprachlern gesprochen.

In der Rubrik **„Söz Dağarcığı"** *Wortschatz* sind alle neuen Wörter aus den beiden Texten der Reihenfolge nach aufgeführt und übersetzt. Manchmal finden Sie hinter einem Wort eine kleine Anmerkung, die Ihnen einen Hinweis darauf gibt, dass das Wort in einem spezifischen Kontext verwendet oder einer bestimmten Wortart zugeordnet wird. Die Wortlisten sind zum Teil recht lang. Sie müssen aber nicht alle Wörter gleichermaßen intensiv lernen. Die normal gedruckten Wörter benötigen Sie zwar für das Verständnis des Textes, Sie müssen sie jedoch an dieser Stelle nicht aktiv beherrschen. Die fett gedruckten Wörter dagegen sollten Sie sehr gut lernen.

Der anschließende **Grammatikteil („Dilbilgisi")** macht Sie Schritt für Schritt mit den neuen Strukturen vertraut. Sie müssen sich aber nicht erst durch die ganze Grammatik einer Lektion durcharbeiten, bevor Sie die Übungen machen können. Der gelbe Pfeil hinter den Zwischenüberschriften verrät Ihnen, welche Übungen welchen Grammatikthemen zugeordnet sind. Wenn Sie einen grammatikalischen Begriff nicht verstehen, können Sie ihn in der Liste der **grammatischen Fachausdrücke** auf Seite 227/228 nachschlagen.

In **„Türkçesi Şöyle"** *Wie man es sagt* zeigen wir Ihnen, wie Sie die Sprache verwenden, um alltägliche Situationen auf Türkisch zu meistern. Lernen Sie die Redewendungen gut, und beeindrucken Sie Ihre Gesprächspartner auf Ihrer nächsten Reise durch „waschechtes" Türkisch!

Unter **„Konuyla İlgili"** *Zusatzwortschatz* finden Sie weitere nützliche Ausdrücke, die zu den Themen der Lektion gehören. Diese Wörter und Wendungen sollten Sie sich gut einprägen.

Sie können übrigens alle türkischen Wörter, die im Buch vorkommen, auch im **Glossar** am Ende des Buchs nachschlagen. Dort finden Sie neben der Übersetzung auch die Angabe der Lektion, in der das Wort erstmalig vorkommt.

Interessante **Informationen** über Land und Leute finden Sie überall dort, wo das Symbol **i** erscheint.

Am Ende jeder Lektion heißt es Üben, Üben und nochmals Üben. Dazu dienen Ihnen die vielen **„Alıştırmalar"**. Durch zahlreiche Übungstypen erhalten Sie die Gelegenheit, den Wortschatz und die neu erlernten grammatischen Strukturen vielfältig und abwechslungsreich zu üben. Die Übungen sollten Sie schriftlich lösen. Sie können das Buch dabei als Arbeitsmaterial benutzen und Ihre Antworten oder Notizen direkt hineinschreiben – in der Regel ist Platz dafür vorgesehen. Die Lösungen aller Übungen sind im Anhang abgedruckt.

Wenn Sie sich für die Ausgabe mit Buch, Begleitheft und CDs entschieden haben, bieten wir Ihnen auf den beiden Übungs-CDs ein abwechslungsreiches **Hör- und Sprechtraining**, das Sie in die verschiedensten Alltagssituationen hineinversetzt. Es ist den Lektionen im Buch direkt zugeordnet.

Nach jeweils fünf Lektionen können Sie Ihre Lernfortschritte anhand eines **Tests** überprüfen. Erst wenn Sie sich beim Lösen der Tests wirklich sicher fühlen, sollten Sie sich den nächsten Lektionen zuwenden. Die Auswertung und die Lösungen zu den Tests finden Sie ebenfalls im Anhang.

Wie sollten Sie mit dem Buch arbeiten?

Grundsätzlich gilt hier wie beim Sprachenlernen überhaupt: Nehmen Sie sich nicht zu viele Seiten auf einmal vor. Üben Sie stattdessen lieber täglich – 30 Minuten reichen schon.

Bevor Sie mit der ersten Lektion beginnen, sollten Sie sich – wenn Sie sich für die Ausgabe mit Buch, Begleitheft und CDs entschieden haben – zunächst unseren Einstieg („Vorlektion") auf der ersten Übungs-CD anhören, der Ihnen einen Eindruck von der Aussprache des Türkischen vermittelt. Lesen Sie anschließend die Ausspracheregeln auf den Seiten 13–16 des Buches und sprechen Sie alle Beispiele mehrmals laut nach.

Nun können Sie mit der ersten Lektion beginnen. Lesen Sie den ersten Text und erschrecken Sie nicht vor den vielen unbekannten Wörtern. Bei diesem Text ist es nämlich gar nicht wichtig, dass Sie ihn Wort für Wort verstehen. Es genügt, wenn Sie erkennen, worum es geht. Markieren Sie zunächst einmal alle Wörter, die Sie ohne Hilfe der Übersetzung und ohne Wörterbuch verstehen. Sie werden erstaunt sein, wie viele das sind! Auf diese Weise trainieren Sie nach und nach Ihre Fähigkeit, mit fremdsprachigen Texten umzugehen, ohne jedes Wort zu verstehen.

Ganz anders sollten Sie mit dem Dialog, dem eigentlichen Haupttext jeder Lektion verfahren. Da dieser Text aus der gesprochenen Alltagssprache kommt, ist es wichtig, ihn zu hören, also hautnah mit Melodie und Rhythmus zu erleben. Hören Sie sich den Dialog zunächst ein- oder zweimal ohne Buch an und notieren Sie sich alles, was Sie verstanden haben. Das können einzelne Wörter, ganze Satzteile oder auch nur ein paar Assoziationen sein. Damit Ihnen das Zuhören und Verstehen leichter fällt, haben wir die Dialoge auch in einem verlangsamten Sprechtempo aufgenommen. Vielleicht hilft es Ihnen auch, den Text in mehrere kleine Hör-Etappen zu unterteilen. Hören Sie anschließend den ganzen Dialog noch einmal an. Erst jetzt sollten Sie dabei das Buch vor sich liegen haben. Wenn Sie mit Hilfe des **„Söz Dağarcığı"** und eventuell auch der Übersetzung das Gefühl haben, den Text gut zu verstehen, sollten Sie ihn laut vorlesen. Setzen Sie dabei ruhig Ihr schauspielerisches Können ein und imitieren Sie unsere Sprecher!

Um die neuen Wörter auch langfristig im Gedächtnis zu behalten, kann es sinnvoll sein, sie aufzuschreiben. Sehr bewährt hat sich dabei eine Lernkartei (Zettelkasten).

Die schriftlichen Übungen im Buch dienen dazu, Grammatik, Wortschatz und die Grundlagen der Aussprache zu üben. Mit Hilfe des Lösungsschlüssels im hinteren Buchteil können Sie jederzeit überprüfen, ob Sie alles richtig gemacht haben. Um das Hören und Sprechen zu erlernen, sollten Sie regelmäßig mit den beiden Übungs-CDs arbeiten. Bei manchen dieser Hörübungen werden Sie das Buch brauchen, z. B. um etwas anzukreuzen. Alle anderen sollten Sie aber möglichst ohne Buch lösen, denn schließlich geht es bei diesen Übungen ja darum, Hörverständnis und Sprechfertigkeit zu trainieren! Zur Sicherheit finden Sie jedoch im Lösungsteil eine Verschriftlichung des Hörtextes – auf die Sie aber nur im Notfall zurückgreifen sollten.

Viel Spaß und viel Erfolg!

Abkürzungen

Abl	Ablativ
Adv	Adverb
Akk	Akkusativ
arab	arabisch
bed.	bedeutet
Dat	Dativ
Dem Pron	Demonstrativpronomen
Dim	Diminutiv
dt	deutsch
f	feminin
jmd	jemand
jmdn	jemanden
jmdm	jemandem
Konj	Konjunktion
Komp	Komparativ
m	maskulin
Pers	Person
Pers Pron	Personalpronomen
Pass	Passiv
Perf	Perfekt
Pl	Plural
Poss	Possessiv
Pron	Pronomen
Refl	Reflexiv
Sg	Singular
Subj	Subjekt
Subst	Substantiv
türk	türkisch
urspr.	ursprünglich
ugs	umgangssprachlich
wörtl.	wörtlich

Inhaltsverzeichnis

Lektionsübersicht

	Texte	Themen / Sprechabsichten	Grammatik
1	**Lesetext** Kleinanzeigen: *www.ara-bul.com.tr* **Dialog** *Telefonda*	Gruß- und Abschieds-formeln Sich nach dem Befinden erkundigen Sich vorstellen Über die Uhrzeit sprechen Nationalitäten-, Sprachen- und Länderbezeichnungen	Der Artikel Der Plural der Substantive Der Lokativ *+de/da* bzw. *+te/ta* und die (einfache) Uhrzeit Der Konsonantenwandel Die Personalpronomen und -suffixe Der Infinitiv Das Präsens *-(i)yor* Die Grundzahlen
2	**Lesetext** Anmeldeformular: *Mektup Arkadaşı mı Arıyorsunuz?* **Dialog** *Akşam Yemeğinde*	Fragen zur Person stellen Über das Alter sprechen Sich über den Familien-stand austauschen Über den Beruf sprechen Berufs- und Personen-bezeichnungen	Das Adjektiv Die Possessivpronomen und -suffixe Der Lokativ mit Personal-suffix Die Wiedergabe von *(nicht) haben* Feste Substantivverbin-dungen Die Füllkonsonaten-suffixe *+(s)i(n)* Die Verneinung mit *-me/ma-, değil, yok*
3	**Lesetext** Prospekt: *Nesi Meşhur?* **Dialog** *Hasan'ın Randevusu*	Bestellungen aufgeben Vorschläge machen Die Wochentage Die Monatsnamen	Das Verteilungssuffix *-(ş)er/ar* Das Instrumentalsuffix *-(y)le/la* Das Fragesuffix *mi-* Der Aorist und der Optativ Die Kasussuffixe Der Akkusativ *+(y)i* Der Dativ *+(y)e/a* Der Ablativ *+den/dan* bzw. *+ten/tan* Lose Substantiv-verbindungen

Texte	Themen / Sprechabsichten	Grammatik	
Lesetext Postkarte: *İstanbul'dan Kart* **Dialog** *Yarın Ne Yapacağız?*	Verschiedene Aufforderungsformen Zukünftige Handlungen ausdrücken Nach dem Weg fragen Wünsche formulieren	Der verneinte Aorist *-mez/maz* Die Wiedergabe von *sobald* (*-ir -mez*) Die Konjunktion *auch* (*de/da*) Der Imperativ Aufforderungsformen Das Futur *-(y)ecek/acak* Richtungs- und Ortsangaben	4
Lesetext E-Mail: *İzmir'den Sevgilerle!* **Dialog** *Otogarda*	Der Empfang von Gästen Die Frage nach dem Namen Hunger und Durst ausdrücken Wohnungseinrichtung Nützliche Redewendungen	Die direkte Rede mit *diye* Das Perfekt *-di/dı/dü/du* bzw. *-ti/tı/tü/tu* Die Verneinung des Perfekts Das Perfekt von *sein* und die Verneinung Die Deklination von Personal- und Fragepronomen Echte und unechte Postpositionen Die Wiedergabe von *gehören* (Genitiv und *ait*) und *heißen*	5
Lesetext Anekdote: *Nasreddin Hoca'dan Üç Fıkra* **Dialog** *Bodrum Ne Kadar da Güzelmiş!*	Gesprächsthemen aus dem täglichen Leben bestreiten Die Weitergabe von Informationen Rund um die Mahlzeiten und den Kaffee Die Tageszeiten und entsprechende Grußformen Religiöse Grußformen	Das unbestimmte Perfekt *-miş/mış/müş/muş* Verbindungen mit *imiş* Das Reflexivpronomen *selbst* (*kendi*) Die Zahlwörter und unbestimmte Angaben wie *hangi, bazı/kimi, hepsi/tümü, hiçbiri, (bir)çoğu, (bir)azı* Die Demonstrativpronomen	6

	Texte	Themen / Sprechabsichten	Grammatik
7	**Lesetext** Gesundheitstipps: *Nelere Dikkat Etmeliyiz?* **Dialog** *Dolmuşta*	Empfehlungen für einen gesunden Lebensstil geben Mit dem Taxi fahren Nach dem Weg fragen Persönliche Bedürfnisse ausdrücken Rund um den Verkehr Pausen und Unterbrechungen einlegen	Die Wiedergabe von *nötig, erforderlich sein* (*lâzım/gerek*) Der verkürzte Infinitiv Der Ausdruck von *können, dürfen* (*-(y)ebilmek/abilmek*) Die Notwendigkeitsform *-meli/malı* Entsprechungen für *müssen* Die Wiedergabe von *etwas brauchen* (*ihtiyaç*)
8	**Lesetext** Künstlerporträt: *Dario Moreno (1921–1968)* **Dialog** *Balığa Çıkalım ...*	Höfliche Aufforderungen erteilen Über frühere Gewohnheiten sprechen Verpasste Gelegenheiten und ursprüngliche Absichten ausdrücken Über Hobbys und die Freizeitgestaltung sprechen Vorschläge machen und diese annehmen bzw. ablehnen	Das Suffix *idi* Die Verbindungen *gelir miydin* und *-meliydi* Das Imperfekt *-(i)yordu* Das Plusquamperfekt *-mişti/mıştı/müştü/muştu* und *-(y)ecekti/acaktı* Das Instrumentalwort *ile*
9	**Lesetext** Fragebogen: *Müşteri Memnuniyeti* **Dialog** *Karşılaşma*	Nach dem Befinden fragen Rund um das Wetter Die Jahreszeiten Die geografischen Regionen in der Türkei Feste Konditionalausdrücke	Der reale Konditional *ise -(y)se/sa* Der irreale Konditional *-se/sa* Bedingungssätze Die Postposition *için* Sätze mit *um zu, für* und *um* Die Einleitung des Konditionalsatzes

Texte	Themen / Sprechabsichten	Grammatik	
Lesetext Zeitschriftenartikel: *İletişim Kurma Sanatı* **Dialog** *Söz Sözü Açtı ...*	Small Talk beim Essen führen Nach Begründungen fragen Verwandtschafts- und Freundschaftsverhältnisse ausdrücken Verwandtschaftbezeichnungen	Die Passivform Der Infinitiv auf *-mek/mak* Der verkürzte Infinitiv *-me/ma* Finalsätze mit *-mek için*	10
Lesetext Brief: *Merkez Şubemiz Taşındı* **Dialog** *Personel Şefi Oldum*	Über Beschäftigungsverhältnisse sprechen Türkische Briefformeln Berufsbezeichnungen und Geschäfte	Die Hilfsverben *etmek* und *olmak* Die Verbalsubstantive *-dik* und *-me* (dass-Sätze) Das Verbalnomen zum Ausdruck des Futurs *-(y)ecek* Sätze mit Verbalsubstantiven Die Tempusdifferenzierung in Nebensätzen mit *olmak*	11
Lesetext Kochrezepte: *Türk Mutfağı* **Dialog** *Lokantada İş Görüşmesi*	Wissenswertes über türkische Speisen und ihre Zubereitung Die Bestellung im Restaurant Wichtige Interjektionen **Info:** Ein türkisches Menü	Die indirekte Rede Die Verbaladverbien *-(y)ip, -(y)erek, -meden, -(y)ince* Sätze mit *ob* Die nominalen Wortbildungselemente *+li, +siz, +lik*	12
Lesetext Horoskope: *Yıldız Falınız* **Dialog** *Evlenmeyi Düşünmüyor musun?*	Zukunftspläne äußern Redewendungen für jede Gelegenheit Über Charaktereigenschaften und den Familienstand sprechen	Die Verbaladjektive *-(y)en/an* und *-dik/dık/dük/duk* bzw. *-tik/tık/tük/tuk* Relativsätze Die Wortbildungssuffixe *-(y)ici* und *-(y)iş* Die Suffixe *+ki (+deki)* und *-dir*	13

	Texte	Themen / Sprechabsichten	Grammatik
14	**Lesetext** Zeitungsartikel: *Enerji ve Çevre Sorunları* **Dialog** *Küresel Düşünmek Gerek*	Über Umwelt und Naturschutz sprechen Das Datum angeben Nationale und religiöse Festtage kennenlernen Die Farben Geografische Bezeichnungen für Kontinente und Regionen **Info:** Türkische Sprachreform	Die Adjektive auf *+(s)el* Die abgeleiteten Verbaladverbien *-diği zaman, -diği için, -diğinden* Vor-, Gleich- und Nachzeitigkeit Erweiterte Verbstämme (reziprok, kausativ, passiv und reflexiv) Verben auf *+le-*
15	**Lesetext** Reiseprospekt: *Bereketli Topraklar Üzerinde* **Dialog** *İstanbul Festivali*	Über Sprachen und Sprachkenntnisse sprechen Weitere Nationalitäten-, Sprachen- und Länderbezeichnungen Die Angabe von Maßen Die offizielle Uhrzeitangabe Feststehende Wendungen **Info:** Die umgangssprachliche Uhrzeitangabe	Übersicht über die Verbalnomen und Verbaladverbien Die Nebensätze im Überblick Der türkische Satzbau Die Nomen-Verb-Verbindung Das Funktionsverb Die Adjektivverdopplungen Die Ordnungszahlen Die Wiedergabe von *wie viel?* (*kaç* und *ne kadar?*)

Aussprache, Betonung, Schreibweise und Vokalharmonie

Das türkische Alphabet

A a	[a]	**Ğ ğ**	[yumuşak ge]	**N n**	[ne]	**U u**	[u]
B c	[be]	**H h**	[he]	**O o**	[o]	**Ü ü**	[ü]
C c	[dsche]	**I ı**	[ı]	**Ö ö**	[ö]	**V v**	[we]
Ç ç	[tsche]	**İ i**	[i]	**P p**	[pe]	**Y y**	[ye]
D d	[de]	**J j**	[je]	**R r**	[re]	**Z z**	[ße]
E e	[e]	**K k**	[ke]	**S s**	[sse]		
F f	[fe]	**L l**	[le]	**Ş ş**	[sche]		
G g	[ge]	**M m**	[me]	**T t**	[te]		

Die Konsonantennamen sprechen Sie immer mit einem angehängten **-e** aus. Beachten Sie, dass **İ i** immer, d. h. auch bei der Großschreibung, mit einem Punkt geschrieben werden muss, um es von **I ı** zu unterscheiden.

Die Umlautbuchstaben stehen im türkischen Alphabet unmittelbar nach ihrer Grundform: **ı, i; o, ö; u, ü**. Der Buchstabe **j** kommt nur in französischen und einigen persischen Fremdwörtern vor. Die Buchstaben **q, w** und **x** werden nur in europäischen Eigennamen gebraucht.

Im Türkischen sind grundsätzlich alle Silben kurz auszusprechen. Lange Vokale gibt es nur in Lehnwörtern arabischen und persischen Ursprungs. Sie werden deutlich lang ausgesprochen und in den Wortlisten durch den Doppelpunkt in den Aussprachehinweisen kenntlich gemacht: [a:], [i:], [u:] (→ Zirkumflex).

Vokale

Die türkische Sprache verfügt über acht Vokale, vier vordere helle und vier hintere dunkle Vokale, die alle kurz und offen ausgesprochen werden.

e, i, ö, ü vordere, helle Vokale
a, ı, o, u hintere, dunkle Vokale

Die hellen Vokale werden im vorderen Mundraum gesprochen, die dunklen Vokale im hinteren Gaumen.

Vokalharmonie

Eine Besonderheit der türkischen Sprache ist die Vokalharmonie, die zwischen hellen und dunklen Vokalen unterscheidet. Das Gesetz der Vokalharmonie zieht sich durch die gesamte türkische Formenlehre. Ein rein türkisches Wort (bis auf wenige

Ausnahmen) enthält nur Vokale aus der Reihe der hellen (**e, i, ö, ü**) oder der dunklen (**a, ı, o, u**) Vokale. Wird ein Suffix an ein Wort angehängt, muss es sich dem Vokal des Grundwortes angleichen.

Kleine Vokalharmonie

Sie unterscheidet nur zwischen hellen und dunklen Vokalen. Die Vokale der Suffixe nach der kleinen Vokalharmonie sind zweifach und lauten **e/a**. Bei Konstruktionen, die entsprechend der kleinen Vokalharmonie gebildet werden, enthalten die Suffixe entweder den hellen Vokal **e** oder den dunklen Vokal **a**.

e, i, ö, ü ▶ e	**ev** *Haus*	**evler** *Häuser*	**evlerde** *in den Häusern*
	köy *Dorf*	**köyler** *Dörfer*	**köylerde** *in den Dörfern*
a, ı, o, u ▶ a	**oda** *Zimmer*	**odalar** *Zimmer(Pl)*	**odalarda** *in den Zimmern*
	yol *Weg*	**yollar** *Wege*	**yollarda** *auf den Wegen*

Die kleine Vokalharmonie tritt u. a. bei den Pluralsuffixen und bei einigen Kasussuffixen auf.

Große Vokalharmonie

Bei der großen Vokalharmonie sind die Suffixe vierfach. Sie werden mit einem der Vokale **i/ı/ü/u** gebildet, der sich jeweils nach dem Vokal im Grundwort richtet. Es ergibt sich folgendes Schema:

e, i	▶	**i**	**ev** *Haus*	**evi** *das Haus (Akk)*
a, ı	▶	**ı**	**oda** *Zimmer*	**odaları** *die Zimmer (Akk)*
ö, ü	▶	**ü**	**göl** *See*	**gölü** *der See (Akk)*
o, u	▶	**u**	**yol** *Weg*	**yolu** *der Weg (Akk)*

Die große Vokalharmonie erfolgt bei allen Personal- und Possessivsuffixen, beim Fragesuffix **mi** und bei den Kasussuffixen des Genitivs und des Akkusativs.

Doppelvokale

Die Doppelschreibung von Vokalen kommt in arabischen und persischen Lehnwörtern und in einigen wenigen türkischen Substantivverbindungen vor. Die Doppelvokale werden getrennt ausgesprochen:

saat	[sa'at]	*Uhr, Stunde*
şiir	[şi'ir]	*Gedicht*
babaanne	[baba'anne]	*Großmutter väterlicherseits*
anneanne	[anne'anne]	*Großmutter mütterlicherseits*

Diphthonge

Im Türkischen gibt es die beiden Diphthonge (Doppellaute) **ey** und **ay**, wobei **ey** wie in *Marseille* und **ay** wie in *Versailles* ausgesprochen wird.

bey *Herr (dem Vornamen nachgestellt)*
Mustafa bey

bay *Herr (mit Nachnamen)*
bay Özdemir

Zirkumflex

Die langen Vokale in manchen Lehnwörtern arabischen oder persischen Ursprungs werden im Schriftbild mit einem Zirkumflex (^) wiedergegeben: **leylâ, bekâr** *ledig,* **millî** *national.*

Konsonanten

Folgende Laute werden anders als im Deutschen ausgesprochen:

c	wie *dsch* in ***Dschungel***: **can** [dschan] *Seele*
ç	wie *tsch* in ***Deutsch***: **çok** [tschok] *viel, sehr*
ğ	dehnt am Wort- oder Silbenende den vorausgehenden Vokal: **dağ** [da:] *Berg,* **öğle** [ö:'le] *Mittag;* zwischen zwei Vokalen bleibt **ğ** unausgesprochen, d.h. die beiden Vokale werden ohne Stimmabsatz verschliffen: **ağaç** [aaç] *Baum,* **dağı** [daı] *den Berg.*
h	wie *ch* bei ***ich*** und ***ach***: **Münih** [Münich] *München,* **bahçe** [bachtsche] *Garten*
ı	wie ein *u*, das Sie gespreizt aussprechen: **kalın** *bleiben Sie!*
j	wie das französische *j* in ***Journal***: **garaj** *Garage*
l	nach hellen Vokalen wie im Deutschen: **gel, gül, kil, göl** *komm, Rose, Ton, See*; nach dunklen Vokalen berührt die Zungenspitze den Zahnrücken: **kal, kul, kıl, kol** *bleib, Sklave, Körperhaar, Arm*
r	immer gerolltes *r* an der Zungenspitze: **Türkçe** *türkische Sprache,* **defter** *Heft*
s	stets stimmlos wie *ss* in ***Wasser***: **resim** *Bild*
ş	wie *sch* in ***Schule***: **şeker** *Zucker*
v	wie *w* in ***Wasser*** oder *v* in ***Vase***: **var** *es gibt*
y	wie das deutsche *j* in ***Joghurt***: **yoğurt** [jo'urt]
z	stets stimmhaft wie *s* in ***Rose***: **zeytin** [säytin] *Olive*

Doppelkonsonanten

Doppelkonsonanten kommen in türkischen Wörtern bis auf wenige Ausnahmen nicht vor. Sie entstehen aber häufig, wenn ein Suffix, das mit einem Konsonanten beginnt an ein konsonantisch auslautendes Wort oder einen Verbstamm angehängt wird. Doppelkonsonanten werden deutlich vernehmbar getrennt gesprochen:

el *Hand* – **el-ler** *Hände*
yol *Weg* – **yol-lar** *Wege*
git-ti *er ist gegangen*
git-tiler *sie sind gegangen*

Ausnahmen: **an-ne** *Mutter*
el-li *fünfzig*
bel-li *deutlich*
yas-sı *flach*

Betonung und Akzente

Die Betonung der türkischen Wörter liegt auf der letzten Silbe. Werden Suffixe angehängt, so wandert die Betonung im Allgemeinen auf das letzte Suffix. Bitte beachten Sie, dass die Akzentzeichen nur zur Verdeutlichung der Betonung dienen und in der türkischen Schreibweise nicht erscheinen: **okul** *Schule* – **okullar** *Schulen* – **okullarda** *in den Schulen.* In der Lautschrift wird die betonte Silbe durch den Apostroph gekennzeichnet: ['vazo] *Vase.*

Bei Fremdwörtern, die nicht endbetont sind, bleibt die Wortbetonung immer auf der betonten Wortsilbe: **gazete** *Zeitung* – **gazeteler** *Zeitungen* – **gazetelerde** *in den Zeitungen.*

Es gibt eine Reihe unbetonter Suffixe, zu denen Personalsuffixe, Verneinungssuffixe und Fragesuffixe gehören: **güzelsin** *du bist hübsch*, **geliyor** *er/sie kommt*, **gelecek misin?** *wirst du kommen?*, **gelmedi** *er/sie kam nicht.*

Apostroph

Der Apostroph wird nur bei Eigennamen verwendet, die um grammatische Suffixe (z. B. Kasussuffixe) erweitert werden. Der Apostroph wird immer direkt an den Eigennamen angehängt.

Münih *München* – **Münih'te** *in München*
Almanya *Deutschland* – **Almanya'ya** *nach Deutschland*
Ayşe *weiblicher Vorname* – **Ayşe'de** *bei Ayşe*

Groß- und Kleinschreibung

Im Türkischen werden alle Wörter, auch Substantive, kleingeschrieben. Großschreibung ist nur üblich

- am Satzanfang,
- bei Eigennamen von Personen und Institutionen,
- bei geografischen Bezeichnungen wie Orts-, Städte- und Ländernamen,
- bei Sprachen- und Nationenbezeichnungen (**Türkçe, Almanca, Türk, Alman** – sie gelten im Türkischen als Eigennamen),
- bei manchen Abkürzungen (**TC = Türkiye Cumhuriyeti** *Republik Türkei*).

Geschlecht

Das Türkische unterscheidet nicht nach dem Geschlecht. Alle Formen beziehen sich in der Regel auf beide Geschlechter.

In dieser Lektion lernen Sie:
- **Gruß**- und **Abschiedsformeln**
- sich **vorzustellen** und sich nach dem **Befinden** zu erkundigen
- den Plural der **Substantive**
- den **Lokativ** und die **Uhrzeit**
- die **Personalpronomen** und **-suffixe**
- den **Infinitiv** und das **Präsens**
- die **Grundzahlen**

Birinci Ders

1

www.ara-bul.com.tr

Merhaba! Adım Johannes. Almanım. Öğrenciyim. Üç aydır Ankara'dayım. Türkçe konuşmak için arkadaş arıyorum.
Telefon: 0312-413 41 65
e-posta: johann-ank@turkmail.com.tr

İki Alman öğrenci için İstanbul'da daire arıyoruz. Acil!
Telefon: 0212-538 44 21
e-posta: max-und-moritz@supernet.com.tr

Aşçıyım. Birlikte çalışmak için ortak arıyorum.
Telefon: 0539-543 25 72
e-posta: ascilar-75@supernet.tr

Avukatlık bürosu sekreter arıyor. Haftada üç gün.
Telefon: 0532-621 32 27
e-posta: umut-hukuk@superonline.tr

Türkiye'de satılık veya kiralık gayrimenkul arıyoruz.
Telefon: 0232-217 32 35
e-posta: menkul-kira@turknet.com.tr

Selam! Akşamları çalışıyoruz. Gündüzleri üniversitede okuyoruz. İki kardeşiz. Aksaray'da ev arıyoruz.
Telefon: 0212-148 15 98
e-posta: iki-kardes-83@supernet.com.tr

www.suche-finde.com.tr

Hallo! Mein Name ist Johannes. Ich bin Deutscher. Ich bin Student. Seit drei Monaten bin ich in Ankara. Suche Partner zum Türkischsprechen.
Telefon: 0312-413 41 65
E-Mail: johann-ank@turkmail.com.tr

Für zwei **deutsche Studenten** suchen wir eine Wohnung in Istanbul. Dringend!
Telefon: 0212-538 44 21
E-Mail: max-und-moritz@supernet.com.tr

Ich bin Koch. Suche Partner zur Zusammenarbeit.
Telefon: 0539-543 25 72
E-Mail: ascilar-75@supernet.tr

Anwaltskanzlei sucht Sekretärin. Drei Tage in der Woche.
Telefon: 0532-621 32 27
E-Mail: umut-hukuk@superonline.tr

Wir suchen in der **Türkei Immobilien** für Verkauf und Vermietung.
Telefon: 0232-217 32 35
E-Mail: menkul-kira@turknet.com.tr

Hallo! Abends arbeiten wir. Tagsüber studieren wir an der Universität. Wir sind zwei Brüder. Suchen Wohnung in Aksaray.
Telefon: 0212-148 15 98
E-Mail: iki-kardes-83@supernet.com.tr

Yeni Konu A1

Der Artikel

Was gibt's Neues? In der ersten Lektion ist natürlich noch vieles unbekannt für Sie, aber vielleicht haben Sie bereits bemerkt, dass die türkische Sprache keine bestimmten Artikel kennt. Im Unterschied zum Deutschen gibt es im Türkischen kein grammatisches Geschlecht. Das bedeutet, es wird nicht zwischen Maskulinum, Femininum oder Neutrum unterschieden. Die Substantive nehmen – außer dem unbestimmten Artikel **bir** *ein(e/r/s)* – keinen Artikel zu sich.

ev	*Haus, das Haus*	**bir** ev	*ein Haus*
arkadaş	*Freund, der Freund*	**bir** arkadaş	*ein Freund*

Der Plural der Substantive

Die endungslose Form des Substantivs, die Sie im Wörterbuch finden, kennzeichnet den Nominativ und hat zugleich die Funktion des Singulars und des Plurals (mit kollektiver Bedeutung): **ev** *Haus, das Haus, Häuser*, **arkadaş** *Freund, der Freund, Freunde*.

Die Suffixe (Nachsilben) für den Plural lauten nach der kleinen Vokalharmonie (→ Seite 14) zweiförmig **-ler** (nach hellen Vokalen) und **-lar** (nach dunklen Vokalen), werden aber nur selten gebraucht: **ev** *Haus* – **evler** *Häuser*, **arkadaş** *Freund* – **arkadaşlar** *Freunde*.

Pluralsuffixe treten vor allem bei Gruß- oder Wunschformeln auf: **İyi günler!** *Guten Tag! (Sinngemäß: Ich wünsche dir/Ihnen immer gute Tage!)*, **İyi akşamlar!** *Guten Abend!*

Vielleicht haben Sie bereits bemerkt, dass im Türkischen ein Substantiv immer im Singular steht, wenn ein Zahlwort vorausgeht:

gün	*Tag, der Tag*	**üç** gün	*drei Tage*
bir gün	*ein Tag, eines Tages*	**on** gün	*zehn Tage*

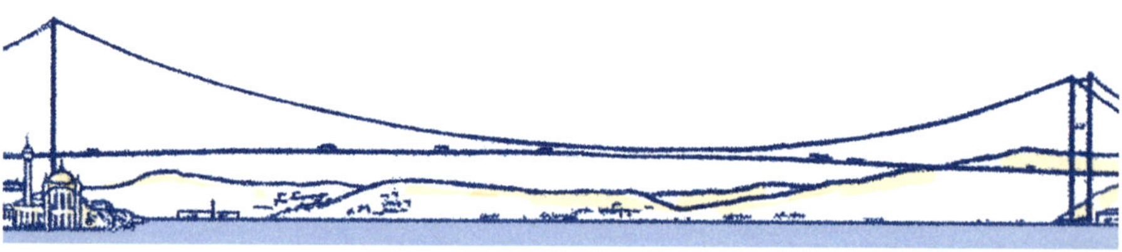

Telefonda

Zeynep: Merhaba Sevil, nasılsın?
Sevil: Teşekkür ederim, iyiyim, ya sen nasılsın?
Zeynep: Sağ ol, ben de iyiyim. Bu akşam ne yapıyorsun?
Sevil: Hiç, evdeyim. Sen ne yapıyorsun?
Zeynep: Bu akşam bizde bir konuk var.
Sevil: Kim o?
Zeynep: Brigitte.
Sevil: Ben tanımıyorum. Sen nereden tanıyorsun?
Zeynep: İki aydır bizim firmada çalışıyor. Türkçe öğreniyor. Aynı bölümde çalışıyoruz. Benimle hep Türkçe konuşmak istiyor. Ben de onu bu akşam yemeğe davet ettim. Şimdi de seni davet ediyorum. Sen de gelsene!
Sevil: Sağ ol. Bu akşam işim yok. Gelirim. Saat kaçta?
Zeynep: İyi o zaman, saat altıda gel. Şimdilik iyi günler.
Sevil: İyi günler.

Söz Dağarcığı

Sie finden hier den neuen Wortschatz der beiden Texte. Weichen Aussprache oder Betonung von den Regeln (→ Seite 13) ab, finden Sie nach dem Wort eine Aussprachehilfe in Klammern. Wenn ein Wort eine lange Silbe enthält, wird diese Länge durch einen Doppelpunkt angezeigt, z. B. [a:cil]. Wenn ein Wort nicht auf der letzten Silbe betont wird, steht ein Akzent vor der zu betonenden Silbe, z. B. ['meraba]. Die **fett** gedruckten Wörter sollten Sie besonders gut lernen, da Sie diese aktiv anwenden werden.

www.ara-bul.com.tr	
ara	*suche*
bul	*finde*
merhaba ['meraba]	*hallo*
adım	*mein Name (ist)*
Almanım	*ich bin Deutsche(r)*
Alman	*Deutsche(r); deutsch*
öğrenciyim	*ich bin Student(in)*
öğrenci	*Student(in); Schüler(in)*
üç	*drei*
ay	*Monat*
dır	*seit*
Ankara'dayım	*ich bin in Ankara*
Türkçe ['türkçe]	*Türkisch*
konuşmak	*sprechen*
için	*für, zu*
arkadaş	*Freund(in)*
arıyorum	*ich suche*
aramak	*suchen; auch: anrufen*
telefon	*Telefon*
e-posta [e:posta]	*E-Mail*
aşçıyım	*ich bin Koch*
aşçı	*Koch*
birlikte çalışmak	*zusammenarbeiten*
çalışmak	*arbeiten*
ortak	*Partner(in)*
Türkiye'de ['türkiyede]	*in der Türkei*
satılık	*zu verkaufen*
veya	*oder*
kiralık [kira:lık]	*zu vermieten*
gayrimenkul ['gayrimenkul]	*Immobilie*
arıyoruz	*wir suchen*
iki	*zwei*
İstanbul'da [İs'tanbul]	*in Istanbul*
daire [da:ire]	*Wohnung*
acil [a:cil]	*dringend*
avukatlık bürosu	*Rechtsanwalts-kanzlei*

sekreter	*Sekretär(in)*
arıyor	*er/sie sucht*
haftada	*in der Woche*
hafta	*Woche*
gün	*Tag*
selam	*grüß dich/Euch*
akşamları	*abends*
çalışıyoruz	*wir arbeiten*
gündüzleri	*tagsüber*
üniversitede okuyoruz	*wir studieren*
üniversite [üniver'site]	*Universität*
iki kardeşiz	*wir sind zwei Brüder/ Schwestern/ Geschwister*
kardeş	*Bruder; Schwester*
Aksaray'da	*in Aksaray*
ev arıyoruz	*wir suchen (ein/e) Haus/Wohnung*
Telefonda	
telefonda	*am Telefon*
nasılsın?	*wie geht es dir?*
nasıl ['nasıl]	*wie*
teşekkür ederim	*ich danke*
iyiyim	*es geht mir gut*
iyi	*gut*
ya	*und*
sen nasılsın?	*wie geht es dir?*
sen	*du*
Sağ ol! ['saol]	*Danke dir!*
ben de	*ich auch; (hier:) mir auch*
bu akşam	*diesen Abend, heute Abend*
ne yapıyorsun?	*was machst du?*
yapmak	*machen*
hiç	*nichts*
evdeyim	*ich bin zu Hause*
ne	*was*
bizde	*bei uns*
bir konuk var	*es gibt (einen) Gast*
Kim o?	*Wer ist er/sie?*

kim	*wer*	yemeğe davet ettim	*ich habe sie zum Essen eingeladen*
o	*er, sie*	**şimdi de** ['şimdide]	*und jetzt*
ben tanımıyorum	*ich kenne (ihn/sie) nicht*	**seni**	*dich*
Sen nereden tanıyorsun?	*Woher kennst du (ihn/sie)?*	davet ediyorum	*ich lade ein*
tanımak	*kennen*	**davet** [da:vet]	*Einladung*
nereden ['nereden]	*woher*	**etmek**	*machen*
iki aydır	*seit zwei Monaten*	Sen de gelsene!	*Komm doch du auch!*
bizim firmada	*in unserer Firma*	sen de ['sende]	*du auch*
çalışıyor	*er/sie arbeitet*	işim yok	*ich habe nichts zu tun/nichts vor*
Türkçe öğreniyor	*er/sie lernt Türkisch*	gelirim	*ich komme gern*
öğrenmek	*lernen*	**Saat kaçta?**	*Um wie viel Uhr?*
aynı bölümde	*in derselben Abteilung*	**kaç**	*wie viel*
benimle	*mit mir*	iyi o zaman	*also gut*
konuşmak	*sprechen*	saat altıda	*um sechs Uhr*
istiyor	*er/sie will*	gel	*komm*
istemek	*wollen, mögen*	**şimdilik**	*vorläufig*
hep	*ständig, immer*	**iyi günler**	*guten Tag*
onu	*ihn/sie*		

Dilbilgisi

1. Der Lokativ und die Uhrzeit A 2, 6, 7

Der Lokativ (Wo- bzw. Ortsfall) ist der fünfte von sechs Fällen im Türkischen und gibt den Ort durch ein Suffix an, das sich nach der kleinen Vokalharmonie (→ Seite 14) richtet. Es steht im Deutschen für *in, im, bei* oder *um* und muss entsprechend übersetzt werden. Bei Personen und Institutionen heißt es *bei*, bei der Angabe der Uhrzeit *um*:

ev	ev**de** *im Haus, zu Hause*	firma	firma**da** *in der Firma*
bölüm	bölüm**de** *in der Abteilung*	Ankara	Ankara'**da** *in Ankara*
Türkiye	Türkiye'**de** *in der Türkei*	İstanbul	İstanbul'**da** *in Istanbul*
biz	biz**de** *bei uns*	altı	altı**da** *um sechs*

Achtung: Bei Eigennamen – dazu gehören auch Länder- und Städtenamen – hängen Sie das Suffix mit Apostroph an. Außerdem müssen Sie sich daran gewöhnen, nach stimmlosen Konsonanten das **d** des Suffix **de** zu **t** zu verwandeln:

İzmit	İzmit'**te**	Frankfurt	Frankfurt'**ta**
Münih	Münih'**te**	Muş	Muş'**ta**

Den Konsonantenwandel werden Sie bald mithilfe dieses Merksatzes beherrschen: **Fe PaŞa ÇoK HaSTa.** *Fe Pascha ist sehr krank.* Die Konsonanten in diesem Merksatz sind alle stimmlos, d.h. nach allen Konsonanten in diesem Satz wird **d** zu **t**. Sie haben also vier Möglichkeiten für das Lokativsuffix: **-de/da** und **-te/ta**.

2. Die Personalpronomen A7

Die Personalpronomen lauten im Türkischen:

Singular		Plural	
ben	*ich*	**biz**	*wir*
sen	*du*	**siz**	*ihr, Sie*
o	*er, sie, es*	**onlar**	*sie*

Die Personalpronomen werden normalerweise nicht verwendet, da die Personalsuffixe die Person wiedergeben. Die 3. Person Singular und Plural hat jedoch bei Verben und Substantiven kein Personalsuffix. Sie brauchen daher zur Unterscheidung das jeweilige Personalpronomen:

O, Alman. *Er/Sie ist Deutsche(r).* Onlar, Alman. *Sie sind Deutsche.*

3. Die Personalsuffixe A2, 4, 5, 7

Alle Personalsuffixe unterliegen der großen Vokalharmonie (→ Seite 14), sie haben daher jeweils vier Formen und sind unbetont. Sie müssen stets verwendet werden. Die Personalsuffixe werden sowohl an Substantive als auch an Verben nach dem Tempussuffix (z.B. **-yor** für das Präsens, → Punkt 5.) angehängt. Bei Anfügung an Substantive und Adjektive drücken sie deutsches *sein* aus. Lernen Sie diese Suffixe von Anfang an sehr gut.

Singular	Substantiv		Verb	
(ben)	Alman**ım**	*ich bin Deutsche(r)*	arıyor**um**	*ich suche*
(sen)	Alman**sın**	*du bist Deutsche(r)*	arıyor**sun**	*du suchst*
o	Alman	*er/sie ist Deutsche(r)*	arıyor	*er/sie sucht*

- Für die 1. Person Singular (**ben** *ich*) lautet das Personalsuffix **-im/ım/üm/um**:
  İngiliz**im** *ich bin Engländer(in)* Alman**ım** *ich bin Deutsche(r)*
  Türk**üm** *ich bin Türke (Türkin)* İspanyol**um** *ich bin Spanier(in)*

- Nach Wörtern mit einem Vokal am Ende muss der Füllkonsonant **-y-** eingefügt werden. Das Suffix lautet dann **-(y)im/ım/üm/um**:
  öğrenci**yim** *ich bin Schüler(in)* aşçı**yım** *ich bin Koch*
- Bei der 2. Person Singular (**sen** *du*) spielt es keine Rolle, ob das Wort vokalisch oder konsonantisch endet, da das Personalsuffix selbst mit einem Konsonanten beginnt. Es lautet **-sin/sın/sün/sun**: **öğrencisin, Almansın, Türksün, arıyorsun.**
- Die 3. Person Singular erhält kein Suffix: **öğrenci, Alman, Türk, arıyor.**

Plural	Substantiv		Verb	
(biz)	Alman**ız**	*wir sind Deutsche*	arıyor**uz**	*wir suchen*
(siz)	Alman**sınız**	*ihr seid Deutsche,* *Sie sind Deutsche(r)*	arıyor**sunuz**	*ihr sucht,* *Sie suchen*
onlar	Alman	*sie sind Deutsche*	arıyor**lar**	*sie suchen*

- Wenn Sie bei den Suffixen der 1. Person Singular das **-m** durch ein **-z** ersetzen, erhalten Sie die Suffixe für das Personalpronomen **biz** *wir*. Für die 1. Person Plural lautet das Suffix nach Konsonanten **-iz/ız/üz/uz**: Alman**ız**, arıyor**uz**.
- Nach Wörtern mit einem Vokal am Ende muss der Füllkonsonant **-y-** eingefügt werden. Das Suffix lautet dann **-(y)iz/ız/üz/uz**: evde**yiz** *wir sind zu Hause*.
- Die Personalsuffixe für das Personalpronomen **siz** *ihr, Sie* können Sie sich leicht merken, denn sie sind eine Kombination der Suffixe von **sen** *du* (**-sin**) und **biz** *wir* (**-iz**): **siniz/sınız/sünüz/sunuz**: Alman**sınız**, arıyor**sunuz**.

Vielleicht haben Sie schon bemerkt, dass bei den Verben (im Gegensatz zu den Substantiven) die Personalsuffixe nach dem Präsenssuffix immer gleich bleiben, da **-yor** keine vokalische Veränderung erfährt: bir ev arıyor**um** *ich suche ein Haus*, sen bir ev arıyor**sun** *du suchst ein Haus* usw.

Prägen Sie sich nun die Tabelle mit den Personalsuffixen gut ein:

	nach Konsonanten				nach Vokalen			
ben	-im	-ım	-üm	-um	-yim	-yım	-yüm	-yum
sen	-sin -sın -sün -sun							
o	keine Endung							
biz	-iz	-ız	-üz	-uz	-yiz	-yız	-yüz	-yuz
siz	-siniz -sınız -sünüz -sunuz							
onlar	keine Endung							

Die Personalpronomen werden nur verwendet, wenn die Person betont werden soll:
Nasılsın? *Wie geht es dir?* **Sen** nasılsın? *Wie geht es dir?* (im Gegensatz zu *mir*)

Noch eine letzte Anmerkung: Wenn Sie das Personalpronomen **onlar** nicht verwenden oder kein Substantiv im Plural vorausgeht, müssen Sie das Pluralsuffix an das Verb bzw. die Satzaussage anhängen:

arıyor *er/sie sucht*		onlar arıyor *sie suchen*
arıyor**lar** *sie suchen*	aber:	kardeş**ler** arıyor *die Brüder suchen*

4. Der Infinitiv A3

Der Infinitiv setzt sich aus dem Verbstamm und dem Suffix **-mek/mak** nach der kleinen Vokalharmonie (→ Seite 14) zusammen. Lassen Sie das Infinitivsuffix weg, so erhalten Sie den Verbstamm. Dieser Verbstamm ist der Imperativ (Befehlsform) der 2. Personal Singular. Hängen Sie nun an den Verbstamm ein Tempussuffix an, so können Sie das Verb konjugieren. Unter Punkt 3. ist Ihnen bereits das Tempussuffix des Präsens **-yor** begegnet.

Infinitiv	Verbstamm/Befehlsform	Verbstamm mit Tempussuffix
yürü**mek**	yürü! *geh!*	yürü**yor** *er/sie geht*
tanı**mak** *(er)kennen*	tanı! *erkenne!*	tanı**yor** *er/sie kennt*

5. Das Präsens A5,9

Das Kennzeichen des Präsens ist das unbetonte Suffix **-yor**, das stets unverändert bleibt. Die Wortbetonung liegt auf dem Bindevokal, mit dem **-yor** an den Verbstamm angehängt wird. Den Präsensstamm bilden Sie folgendermaßen:

- Der Verbstamm endet auf Konsonant: Sie orientieren sich am letzten Vokal des Stamms und setzen den Vokal **-i/ı/ü/u** (entsprechend der großen Vokalharmonie vierförmig) vor das Tempussuffix **-yor**:

öğren-**mek**	öğren-**i-yor** *er/sie lernt, studiert*	gör-**mek**	gör-**ü-yor** *er/sie sieht*
yap-**mak**	yap-**ı-yor** *er/sie macht, tut*	bul-**mak**	bul-**u-yor** *er/sie findet*

- Endet der Verbstamm mit einem Vokal aus der Reihe **i/ı/ü/u**, so hängen Sie das Präsenssuffix **-yor** einfach an den Verbstamm an:

er**i-mek**	er**i-yor** *er/sie schmilzt*	yür**ü-mek**	yür**ü-yor** *er/sie geht*
tan**ı-mak**	tan**ı-yor** *er/sie (er)kennt*	ok**u-mak**	ok**u-yor** *er/sie liest*

- Ist der auslautende Vokal des Verbstamms zwar ein Vokal, aber nicht aus der Reihe **i/ı/ü/u**, müssen Sie ihn ersetzen:

iste-**mek**	ist-**i-yor** *er/sie will*	söyle-**mek**	söyl-**ü-yor** *er/sie sagt*
ara-**mak**	ar-**ı-yor** *er/sie sucht*	yolla-**mak**	yoll-**u-yor** *er/sie schickt*

Die Personalsuffixe nach dem Tempussuffix **-yor** bleiben stets gleich: **-yorum, -yorsun, -yor, -yoruz, -yorsunuz, -yorlar.**

Achtung: Die Präsensform von **etmek** *machen* lautet **ed̲iyor**. Bei **etmek** wird das **-t-** zu **-d-**, sobald es zwischen zwei Vokalen steht.

Türkçesi Şöyle A7,8

An dieser Stelle zeigen wir Ihnen jeweils, wie Sie die neuen Ausdrücke und Strukturen verwenden können. Wir orientieren uns dabei an der gesprochenen Alltagssprache.

So begrüßen Sie jemanden

Merhaba! *Hallo!*
İyi günler! *Guten Tag!*
Günaydin! *Guten Morgen!*
İyi akşamlar! *Guten Abend!*

Selam! *Servus! Grüß dich/euch!*
- Hoş geldiniz! *Herzlich willkommen!*
- Hoş bulduk. *Danke (wir freuen uns).* (als Antwort darauf)

So fragen Sie nach dem Befinden und antworten darauf

Nasılsın? / Nasılsınız? *Wie geht es dir? / Wie geht es Ihnen?*
Sağ ol, iyiyim, ya sen? *Danke, (es geht mir) gut, und dir?*
Teşekkür ederim, iyiyim, ya siz? *(Ich) danke, (es geht mir) gut, und Ihnen?*

So stellen Sie sich vor (das Geschlecht spielt dabei keine Rolle)

Adım Johannes/Elke. *Ich heiße Johannes/Elke. (wörtl.: Mein Name ist ...)*
Almanım. *Ich bin Deutsche(r).*
Öğrenciyim. *Ich bin Student(in).*

So sprechen Sie über die Uhrzeit

- Saat kaç? *Wie spät ist es?*
- (Saat) üç. *Es ist drei (Uhr).*
- Saat kaçta? *Um wie viel Uhr?*
- (Saat) altıda. *Um sechs (Uhr).*
- Saat kaçta evdesin? *Um wie viel Uhr bist du zu Hause?*
- Saat üçte (evdeyim). *Um drei Uhr (bin ich zu Hause).*

Konuyla İlgili A 1, 2, 4, 6, 10

Hier finden Sie weiteren wichtigen Wortschatz zum Thema der Lektion.

Sprecher(in)	Sprache	Land
Alman *Deutsche(r)*	Almanca [al'manca]	Almanya [al'manya]
Türk *Türke / Türkin*	Türkçe ['türkçe]	Türkiye ['türkiye]
İngiliz *Engländer(in)*	İngilizce [ingi'lizce]	İngiltere [ingil'tere]
İtalyan *Italiener(in)*	İtalyanca [ital'yanca]	İtalya [i'talya]
Fransız *Franzose / Französin*	Fransızca [fran'sızca]	Fransa ['fransa]
Yunan *Grieche / Griechin*	Yunanca [yu'nanca]	Yunanistan [yunanis'tan]
İspanyol *Spanier(in)*	İspanyolca [ispan'yolca]	İspanya [is'panya]
Bulgar *Bulgare / Bulgarin*	Bulgarca [bul'garca]	Bulgaristan [bulgaris'tan]

Achtung: Almanca, Türkçe, İtalyanca, İngilizce usw. sind nur Sprachbezeichnungen.

Die Grundzahlen

0	sıfır	**10**	on	**20**	yirmi	**21**	yirmi bir
1	bir	**11**	on bir	**30**	otuz	**32**	otuz iki
2	iki	**12**	on iki	**40**	kırk	**43**	kırk üç
3	üç	**13**	on üç	**50**	elli	**54**	elli dört
4	dört	**14**	on dört	**60**	altmış	**65**	altmış beş
5	beş	**15**	on beş	**70**	yetmiş	**76**	yetmiş altı
6	altı	**16**	on altı	**80**	seksen	**87**	seksen yedi
7	yedi	**17**	on yedi	**90**	doksan	**98**	doksan sekiz
8	sekiz	**18**	on sekiz	**100**	yüz	**101**	yüz bir
9	dokuz	**19**	on dokuz	**1000**	bin	**1925**	bin dokuz yüz yirmi beş

Die Zahlen sind regelmäßig und werden einfach nebeneinander gestellt. **Yüz** und **bin** stehen ohne **bir**, dagegen **iki yüz** *zweihundert*, **üç bin** *dreitausend* usw. Bei 11–19 liegt die Betonung auf **on**: **on bir** ['onbir] usw.

Alıştırmalar

1 Bilden Sie den Plural der folgenden Wörter.

1. Alman *Almanlar*
2. Türk ....
3. akşam ....
4. gün ....
5. firma ....
6. telefon ....
7. daire ....
8. öğrenci ....

2 Wo befinden Sie sich? Bilden Sie den Lokativ in der 1. Person Singular.

1. Almanya *Almanya'dayım*
2. Türkiye ....
3. İngiltere ....
4. Fransa ....
5. Münih ....
6. İstanbul ....
7. Ankara ....
8. Paris ....

3 Wie lautet die Infinitivform?

1. arıyor *aramak*
2. konuşuyor ....
3. çalışıyor ....
4. yapıyor ....
5. öğreniyor ....
6. istiyor ....
7. tanıyor ....
8. okuyor ....

4 Ergänzen Sie die Person mit dem richtigen Personalsuffix.

1. Almanca konuşuyorum. Ben *Almanım.*
2. Türkçe konuşuyorsun. Sen ....
3. İngilizce konuşuyoruz. Biz ....
4. İspanyolca konuşuyorsunuz. Siz ....
5. Üniversitede okuyoruz. Biz ....
6. Fransızca konuşuyorlar. Onlar ....

5 Ergänzen Sie die fehlenden Formen.

	öğrenmek *lernen*	**aramak** *suchen*	**görmek** *sehen*	**okumak** *lesen/studieren*
ben	....	....	....	....
sen	....	....	....	....
o	*öğreniyor*	*arıyor*	*görüyor*	*okuyor*
biz	....	....	....	....
siz	....	....	....	....
onlar	....	....	....	....

6 Wo liegen diese Hauptstädte? Notieren Sie das Land mit dem Lokativsuffix.

1. Roma İtalya'da ....
2. Atina ....
3. Sofya ....
4. Ankara ....
5. Paris ....
6. Londra ....

7 Ergänzen Sie die fehlenden Endungen.

1. Nasıl.sın...? – Teşekkür eder.im......
   İyi.yim..... Ya sen?
2. Teşekkür eder.........,
   ben de iyi.........
3. Öğrenciler üniversite.........
4. Sevil saat kaç......... evde?
5. Biz aynı bölüm.........
   çalışıyor ....
6. Biz İstanbul'......... daire
   arıyor ....

8 Kombinieren Sie die Aussagen.

1. Merhaba. Nasılsın?
2. Bu akşam ne yapıyorsun?
3. Üniversitede saat kaçta?
4. Öğrenciyim.
5. Adım Johannes.
6. Aşçıyım.
7. Gündüzleri üniversitede okuyoruz.

a. Istanbul'da üniversitede okuyorum.
b. Birlikte çalışmak için ortak arıyorum.
c. Sağ ol, iyiyim, ya sen nasılsın?
d. Hiç, evdeyim. Sen ne yapıyorsun?
e. Saat üçte.
f. Akşamları çalışıyoruz.
g. Üç aydır Ankara'dayım.

9 Konjugieren Sie die Verben und setzen Sie den richtigen Verbindungsvokal ein.

1. gelmek *kommen:* geliyorum, geliyorsun, ...
2. çalışmak *arbeiten:* ....
3. istemek *wollen:* ....
4. konuşmak *sprechen:* ....

10 Schreiben Sie die türkischen Zahlen in Worten und lesen Sie sie laut.

14 – 88 – 315 – 1071 – 1453 – 1683 – 1923 – 2007

....

In dieser Lektion geht es um:

- Fragen zur **Person**
- **Berufs-** und Personenbezeichnungen
- das **Adjektiv**
- die **Possessivpronomen** und **-suffixe**
- die Wiedergabe von ***(nicht) haben***
- die **Verneinung**
- die feste **Substantivverbindung**

İkinci Ders

2

Mektup Arkadaşı mı Arıyorsunuz?

Başvuru Formu:
Lütfen kitap harfleri ile doldurun.

Soyadı:	*Özdemir*
Adı*:	*Ayşe*
Adresi:	*Ayazpaşa Camii*
Sokağı/Caddesi:	*Sok. 5*
Posta Kodu:	*TR-80673*
Şehir Adı:	*İstanbul*
e-posta:	*ozay@turknet.com.tr*
Tabiyeti:	*Türk*
Yaşı:	*23*
Medeni Hali:	*bekâr*
Cinsiyeti:	erkek ( )
	kadın (**x**)
Mesleği:	*öğrenci*
Özel İlgi Alanları:	*sinema, film, spor, denizde yüzmek, kitap okumak, klasik Türk müziği dinlemek*

Suchen Sie eine(n) Brieffreund(in)?

Anmeldeformular:
Bitte in Blockschrift ausfüllen.

Nachname:	*Özdemir*
(Vor-)Name:	*Ayşe*
Adresse:	*Ayazpaşa Camii*
Gasse/Straße:	*Sok. 5*
Postleitzahl:	*TR-80673*
Name der Stadt:	*Istanbul*
E-Mail:	*ozay@turknet.com.tr*
Staatsangehörigkeit:	*Türkisch*
Alter:	*23*
Familienstand:	*ledig*
Geschlecht:	männlich ( )
	weiblich (**x**)
Beruf:	*Studentin*
Besondere Interessensgebiete:	*Kino, Film, Sport, im Meer schwimmen, Bücher lesen, klassische türkische Musik hören*

* **Adı, adresi** usw. stehen mit dem Possessivsuffix (→ Seite 33), das die Beziehung zu einem bestimmten Bewerber ausdrückt.

Yeni Konu A10

Das Adjektiv

Sicher ist Ihnen schon aufgefallen, dass Adjektive, die die Nationalität betreffen, immer groß geschrieben werden. Sie gelten als Eigennamen und die Adjektive für Nationalitäten werden demnach wie Substantive behandelt. Adjektive bleiben stets unverändert und nehmen die Personalsuffixe an:

Alman	*deutsch*	Alman**ım**	*ich bin Deutsche(r)*
Fransız	*französisch*	Fransız**sın**	*du bist Franzose/Französin*
Türk	*türkisch*	Türk**üz**	*wir sind Türk(inn)en*
Rus	*russisch*	Rus**sunuz**	*ihr seid/Sie sind Russ(inn)en*

Die Verneinung eines Adjektivs erfolgt mit dem unveränderlichen Wort **değil** *nicht sein*. Das Personalsuffix wird immer an die Verneinung bzw. an das letzte Satzglied angehängt:
Bu ev güzel **değil**. *Dieses Haus ist nicht schön.*
Alman **değilim**. *Ich bin kein(e) Deutsche(r).*

Das Adjektiv hat drei verschiedene Funktionen:

attributiv:	Bu **güzel** kız ...	*Dieses schöne Mädchen ...*
prädikativ:	Bu kız çok **güzel**.	*Dieses Mädchen ist sehr schön.*
adverbial:	Bu kız çok **güzel** yazıyor.	*Dieses Mädchen schreibt sehr schön.*

Akşam Yemeğinde

Sevil: Türk mutfağı nasıl, Brigitte?
Brigitte: Şahane, ben Türk yemeklerini çok seviyorum. Türk mutfağını çok beğeniyorum.
Sevil: Yeni işiniz nasıl, memnun musunuz?

Brigitte:	Evet, işimden çok memnunum. Çalışma ortamı çok iyi, iş arkadaşlarım sempatik. Örneğin Zeynep gibi bir arkadaşım var. Şefimiz de çok iyi.
Sevil:	İş yerine nasıl gidiyorsunuz?
Brigitte:	Ehliyetim var ama, metro daha rahat ve daha ekonomik. Artık araba kullanmıyorum. Trafik İstanbul'da çok yoğun.
Sevil:	Benim evim iş yerime çok uzak, metro ve otobüsle zor oluyor.
Brigitte:	İşe gitmeniz kaç dakika sürüyor?
Sevil:	Metro ve otobüsle 45 dakika, arabayla 20 dakika.
Zeynep:	İçinizde en şanslı benim. Bana araba da gerekmiyor, metro da. Çünkü iş yerim eve uzak değil. Bisikletim var ama, yayan gidiyorum.
Sevil:	Sen zaten hep şanslısındır. Biz senin gibi şanslı değiliz ki! Neyse ... Bu hafta sonu zamanınız var mı, arkadaşlar?
Zeynep:	Hafta sonu benim herhangi bir planım yok.
Brigitte:	Benim de önemli bir işim yok.
Sevil:	Hafta sonu hava çok güzel olacak, Belgrad Ormanı'nda mangal partisi yapalım mı?
Brigitte:	İyi bir fikir!

Söz Dağarcığı

Mektup Arkadaşı mı Arıyorsunuz?

mektup arkadaşları	*Brieffreunde*
başvuru formu	*Anmeldeformular*
lütfen ['lütfen]	*bitte*
kitap harfleri ile	*mit Druckbuchstaben*
doldurun	*füllen Sie aus*
soyadı	*Familienname*
ad, adı	*Name*
adres	*Adresse*
sokak, sokağı	*Gasse*
cadde, caddesi	*Straße*
posta kodu	*Postleitzahl*
şehir adı	*Name der Stadt (Stadtname)*
tabiyet, tabiyeti	*Staatsangehörigkeit*
yaş, yaşı	*Alter*
medeni hali	*Personenstand*
bekâr	*ledig*
cinsiyet, cinsiyeti	*Geschlecht*
erkek	*Mann; (hier:) männlich*
kadın	*Frau; (hier:) weiblich*
meslek, mesleği	*Beruf*
özel ilgi alanları	*besondere Interessensgebiete*
sinema [si'nema]	*Kino*
film	*Film*
yüzmek	*schwimmen*
spor	*Sport*
deniz	*Meer*
kitap okumak	*Bücher lesen*
klasik Türk müziği dinlemek	*klassische türkische Musik hören*
yazmak	*schreiben*

Akşam Yemeğinde

akşam yemeğinde	*beim Abendessen*
yemek, yemeği	*Essen*
Türk mutfağı	*türkische Küche*
mutfak	*Küche*

şahane [şaːhaːˈne]	*wunderbar*
Türk yemeklerini *Akk*	*die türkischen Gerichte*
türk yemekleri	*türkische Gerichte*
çok seviyorum	*ich liebe (es) sehr*
çok	*sehr*
sevmek	*lieben*
beğeniyorum	*es gefällt mir*
beğenmek	*mögen, gern haben*
yeni işiniz	*eure/Ihre neue Arbeit*
yeni	*neu*
iş	*Arbeit*
Memnun musunuz?	*Sind Sie zufrieden?*
memnun	*zufrieden*
işimden çok memnunum	*ich bin sehr zufrieden mit meiner Arbeit*
çalışma ortamı	*Arbeitsumgebung, Arbeitsatmosphäre*
çalışma	*(das) Arbeiten*
iş arkadaşlarım	*meine Arbeitskolleg(inn)en*
iş arkadaşı	*Arbeitskollege, -kollegin*
sempatik	*sympathisch*
örneğin [ˈörneğin]	*zum Beispiel*
Zeynep gibi	*wie Zeynep*
bir arkadaşım var	*ich habe eine(n) Freund(in)*
şefimiz de	*auch unser Chef*
çok iyi	*sehr gut*
iş yerine	*zum Arbeitsplatz*
iş yeri	*Arbeitsplatz*
gidiyorsunuz	*ihr fahrt/Sie fahren*
gitmek	*fahren, gehen*
ehliyetim	*mein Führerschein*
ehliyet	*Führerschein*
ama	*aber*
metro [ˈmetro]	*U-Bahn*
daha	*noch*
rahat	*bequem*
ve	*und*
ekonomik	*sparsamer*
Artık araba kullanmıyorum.	*Ich benutze das Auto nicht mehr.*
artık	*nun nicht mehr*
araba	*Auto*
kullanmak	*benutzen*
trafik	*Verkehr*
yoğun	*dicht*
benim evim	*meine Wohnung*
ev	*Haus, (hier:) Wohnung*
iş yerime çok uzak	*sehr weit von meinem Arbeitsplatz*
iş yerime	*zu meinem Arbeitsplatz*
metro ve otobüsle	*mit U-Bahn und Bus*
otobüs	*Bus*
zor oluyor	*es ist mühsam/umständlich*
işe gitmeniz	*eure/Ihre Fahrt zur Arbeit*
kaç dakika sürüyor?	*wie viele Minuten dauert es?*
sürmek	*dauern*
45 dakika	*45 Minuten*
arabayla	*mit dem Auto*
içinizde	*unter euch*
en şanslı benim	*ich habe am meisten Glück*
en şanslı	*der/die Glücklichste*
Bana araba da gerekmiyor, metro da.	*Ich brauche weder Auto noch U-Bahn.*
bana	*mir*
araba da	*auch das Auto*
gerekmiyor	*ist nicht nötig*
çünkü	*denn*
uzak	*weit*

değil	*nicht*	**herhangi**	*irgendein*
bir bisikletim var	*ich habe ein Fahrrad*	**plan**	*Plan, (hier:) Vorhaben*
bisiklet	*Fahrrad*	**yok**	*nicht vorhanden, es gibt nicht, man hat nicht*
ama yayan gidiyorum	*aber ich gehe zu Fuß*	Benim de önemli bir işim yok.	*Ich habe auch nichts Wichtiges vor.*
zaten [zaːten]	*sowieso*	**önemli**	*wichtig*
hep	*immer*	önemli bir iş	*eine wichtige Angelegenheit*
şanslısındır	*du hast Glück*	hava çok güzel olacak	*das Wetter wird schön sein/werden*
şanslı	*glücklich*	**hava**	*das Wetter*
Biz senin gibi şanslı değiliz ki!	*Wir haben nicht so viel Glück wie du!*	**çok güzel**	*sehr schön*
neyse ['neyse]	*naja*	Belgrad ormanında	*im Belgrader Wald*
hafta sonu	*Wochenende*	Mangal partisi yapalım mı?	*Wollen wir eine Grillparty machen?*
zamanınız var mı?	*habt ihr Zeit?*	mangal partisi	*Grillparty*
zaman	*Zeit*	fikir, fikri	*Gedanke*
arkadaşlar	*Freunde/ Freundinnen*		
hafta	*Woche*		
son	*Ende*		
Benim herhangi bir planım yok.	*Ich habe keinerlei Pläne.*		

Dilbilgisi

1. Die Possessivsuffixe A 1, 2, 3, 4, 7, 8, 9

Nach den Personalsuffixen, die Sie in → Lektion 1 kennengelernt haben, gehören die Possessivsuffixe, die den Besitz oder die Zugehörigkeit anzeigen, zu den am häufigsten verwendeten Suffixen. Sie müssen zwischen Possessivpronomen und Possessivsuffixen unterscheiden. Da die Personalpronomen grundsätzlich nur bei Hervorhebung der Person gebraucht und deshalb oft weggelassen werden, sollten Sie sich vor allem die Possessivsuffixe, die wieder vierförmig nach der großen Vokalharmonie gebildet werden, gut einprägen.

Die Possessivpronomen können Sie gut als Merkhilfe benutzen, weil sie bis auf die 3. Person Singular und Plural dieselben Suffixe haben. Beachten Sie, dass die 3. Person Singular eine von den übrigen Formen abweichende Endung hat. Bei der Bildung von Pluralformen müssen Sie die Possessivsuffixe lediglich um die Silbe **-iz** erweitern. Das Suffix für die 3. Person bleibt unverändert. Endet das Bezugsnomen auf einen Vokal, so entfallen die Suffixanlaute, bei der 3. Person wird jedoch ein **-s-** als Füllkonsonant eingeschoben.

Possessivpronomen		Possessivsuffix nach Konsonant		Possessivsuffix nach Vokal	
Singular	ben**im**	bilet**im**	*meine Eintrittskarte*	kahve**m**	*mein Kaffee*
	sen**in**	bilet**in**	*deine Eintrittskarte*	kahve**n**	*dein Kaffee*
	on**un**	bilet**i**	*seine/ihre Eintritts-karte*	kahve**si**	*sein Kaffee*
Plural	biz**im**	bilet**imiz**	*unsere Eintrittskarte*	kahve**miz**	*unser Kaffee*
	siz**in**	bilet**iniz**	*eure/Ihre Eintritts-karte*	kahve**niz**	*euer/Ihr Kaffee*
	onlar**ın**	bilet**i**	*ihre Eintrittskarte*	kahve**si**	*ihr Kaffee*

Prägen Sie sich nun die Tabelle mit den Possessivsuffixen gut ein:

	nach Konsonanten				**nach Vokalen**			
benim	-im	-ım	-üm	-um	-m			
senin	-in	-ın	-ün	-un	-n			
onun	-i	-ı	-ü	-u	-si	-sı	-sü	-su
bizim	-imiz	-ımız	-ümüz	-umuz	-miz	-mız	-müz	-muz
sizin	-iniz	-ınız	-ünüz	-unuz	-niz	-niz	-nüz	-nuz
onların	-i	-ı	-ü	-u	-si	-sı	-sü	-su

In der Umgangssprache wird häufig nur das Possessivpronomen verwendet, in der Hochsprache aber nur das Possessivsuffix:
Bizim firmada çok iş var. *In unserer Firma gibt es viel Arbeit.* (Umgangssprache)
Firma**mız**da çok iş var. *In unserer Firma gibt es viel Arbeit.* (Hochsprache)
Eleganter ist auf jeden Fall die zweite Variante.

2. Die Wiedergabe von *(nicht) haben* A2

Zur Wiedergabe dieses wichtigen Verbs der deutschen Sprache benötigen Sie im Türkischen die Possessivsuffixe, die Sie mit **var** *es gibt* und **yok** *es gibt nicht* kombinieren.
Wenn Sie also ausdrücken wollen, dass Sie ein Auto haben, sagen Sie:
Araba**m** **var**. *Ich habe ein Auto. (wörtl.: Mein Auto gibt es.)*
Araba**m** **yok**. *Ich habe kein Auto. (wörtl.: Mein Auto gibt es nicht.)*

Arabam var bedeutet, dass Sie im Besitz eines Autos sind, das Ihnen auch gehört. Erinnern Sie sich noch, in → Lektion 1 sagte Zeynep zu ihrer Freundin:
Bu akşam bizde bir konuk **var**. *Heute Abend gibt es einen Gast bei uns.*

Das bedeutet, dass Sie **var** bzw. **yok** auch mit einem Lokativ benutzen können. Den Satz können Sie auch mit *Heute Abend haben wir einen Gast.* übersetzen. Die goldene Regel lautet:
Possessivsuffix + **var/yok** ein dauerhaftes, lange anhaltendes Zugehörigkeitsverhältnis
Lokativsuffix + **var/yok** ein vorübergehendes Zugehörigkeitsverhältnis

Tipp: Entscheiden Sie sich im Zweifelsfall für das Possessivsuffix + **var/yok**.

3. Feste Substantivverbindungen A7,8

Das Possessivsuffix für die 3. Person **-(s)i/ı/ü/u** hat eine wichtige zusätzliche Funktion. Sie können damit zwei Substantive, die eine feste Einheit bilden, verknüpfen. Solche Substantivverbindungen werden im Türkischen nicht zusammengeschrieben, sie haben aber die gleiche Funktion wie zusammengesetzte Substantive im Deutschen.

Wenn Sie also **iş** *Arbeit* und **arkadaş** *Freund(in)* zu einer festen Substantivkonstruktion verbinden wollen, müssen Sie an das zweite Substantiv das Possessivsuffix der 3. Person **-(s)i/ı/ü/u** anhängen: **iş arkadaşı** *Arbeitskollege, -kollegin.* Das **-s-** brauchen Sie nur bei Wörtern, die auf einen Vokal enden. Aus → Lektion 1 kennen Sie bereits den Ausdruck **avukatlık bürosu** *Anwaltskanzlei.*

iş *Arbeit*	+ yer *Ort*	▶	iş yer**i**	*Arbeitsplatz, -stelle*
akşam *Abend*	+ yemek *Essen*	▶	akşam yeme**ği**	*Abendessen*
metro *U-Bahn*	+ bilet *Fahrkarte*	▶	metro bilet**i**	*U-Bahn-Fahrkarte*
firma *Firma*	+ araba *Auto*	▶	firma araba**sı**	*Firmenwagen*
posta *Post*	+ kod *Code*	▶	posta kod**u**	*Postleitzahl*
başvuru *Anmeldung*	+ form *Formular*	▶	başvuru form**u**	*Anmeldeformular*
Galata *(Stadtteil)*	+ köprü *Brücke*	▶	Galata köprü**sü**	*Galatabrücke (Istanbul)*

Beachten Sie folgende Besonderheit: Wenn Sie bei der 3. Person an das Possessivsuffix zusätzlich ein Kasussuffix anhängen wollen, brauchen Sie immer ein **-n-** als Füllkonsonant zwischen Possessivsuffix und Kasussuffix.

Nominativ	Akkusativ	Lokativ
akşam yeme**ği** lezzetli *das Abendessen ist köstlich*	akşam yeme**ğini** yiyorum *ich esse das Abendessen*	akşam yeme**ğindeyiz** *wir sind beim Abendessen*

Sie haben in → Lektion 1 gelernt, dass die Wörter **Almanca** *Deutsch*, **Türkçe** *Türkisch* usw. nur die Sprache bezeichnen. Alle anderen Substantivverbindungen mit einem Adjektiv, das die nationale Herkunft angibt (z.B. *deutsches Bier, türkische Küche*), führen dieses Suffix nicht. Da im Türkischen die Nationalität nicht als Adjektiv, sondern als Substantiv verwendet wird, wird das Possessivsuffix der 3. Person wie bei den festen Substantivverbindungen an den zweiten Bestandteil der Wortverbindung angehängt.

Alman bira**sı**	*deutsches Bier*	İngiliz park**ı**	*englischer Park*
Türk mutfağ**ı**	*türkische Küche*	Rus votka**sı**	*russischer Wodka*

Sie wissen nun, dass das Possessivsuffix der 3. Person das Bindeglied einer festen Substantivverbindung ist (**iş yeri** *Arbeitsplatz*). Es kann aber gleichzeitig auch als Possessivsuffix im eigentlichen Sinne verwendet werden (**iş yeri** *sein/ihr Arbeitsplatz*). Wollen Sie dies betonen, so stellen Sie bei der 3. Person das Possessivpronomen voran (**onun iş yeri** *sein/ihr Arbeitsplatz*).

Bei allen anderen Personen ist das Possessivpronomen nicht notwendig, da das Possessivsuffix den Bezug zu der Person bereits eindeutig zeigt (**iş yerim** *mein Arbeitsplatz*). Jede dieser Konstruktionen ist eine Substantivverbindung. Wenn sie unbestimmt ist, dann steht nur **-(s)i**, wenn die Substantivverbindung bestimmt ist durch eine andere Person, dann steht nur das Possessivsuffix für die andere Person. Bei vokalischem Auslaut wird das Suffix ohne eigenen Vokal angehängt.

iş	+ yer	▶ iş yer**i**	*Arbeitsplatz* (unbestimmt)
(benim) iş	+ yer	▶ (benim) iş yer**im**	*mein Arbeitsplatz*
(senin) iş	+ yer	▶ (senin) iş yer**in**	*dein Arbeitsplatz*
onun iş	+ yer	▶ onun iş yer**i**	*sein/ihr Arbeitsplatz*
(bizim) iş	+ yer	▶ (bizim) iş yer**imiz**	*unser Arbeitsplatz*
(sizin) iş	+ yer	▶ (sizin) iş yer**iniz**	*euer/Ihr Arbeitsplatz*
onların iş	+ yer	▶ onların iş yer**i**	*ihr Arbeitsplatz*

Bei vokalischem Auslaut:

firma + araba	▶ firma araba**sı**	*Firmenwagen* (unbestimmt)
firma + araba	▶ firma araba**m**	*mein Firmenwagen*

Achtung: Es kann immer nur ein Possessivsuffix angehängt werden.

4. Die Verneinung A5,6

- **yok** *es gibt nicht*

Sie wissen bereits (→ Punkt 2.), dass Sie Äußerungen verneinen können, indem Sie **var** *es gibt* durch den Ausdruck **yok** *es gibt nicht* ersetzen:

Arabam **var**. *Ich habe ein Auto.*	Arabam **yok**. *Ich habe kein Auto.*
Bizde konuk **var**. *Wir haben Besuch.*	Bizde konuk **yok**. *Wir haben keinen Besuch.*

değil *nicht*

Das Wort **değil** *nicht* brauchen Sie zur Verneinung von Nominalsätzen; das sind Sätze, die kein Verb enthalten, sondern nur ein Prädikat (im Gegensatz zu Verbalsätzen). Beachten Sie, dass **değil** das Personalsuffix an sich zieht:

Bu ev çok güzel **değil**. *Dieses Haus ist nicht sehr schön.*
Alman**ım**. *Ich bin Deutsche(r).*
Alman **değilim**. *Ich bin kein(e) Deutsche(r).*

Wie Sie aus → Lektion 1 (Seite 22) wissen, wird das Verb *sein* durch die Personalsuffixe ausgedrückt, die auch an den Lokativ angehängt werden können:

Bugün evdeyim. *Heute bin ich zu Hause.*
Bugün evde **değilim**. *Heute bin ich nicht zu Hause.*
Münih'tesiniz. *Sie sind in München.* (2. Person Plural)
Münih'te **değilsiniz**. *Sie sind nicht in München.*
Münih'teler. *Sie sind in München.* (3. Person Plural)
Münih'te **değiller**. *Sie sind nicht in München.*
Kardeşim bu akşam annemde. *Mein Bruder ist heute Abend bei meiner Mutter.*
Kardeşim bu akşam annemde **değil**. *Mein Bruder ist heute Abend nicht bei meiner Mutter.*

verneintes Verb

Wollen Sie ein Verb verneinen, benutzen Sie das Verneinungsinfix **-me/ma-**, das stets unbetont ist und zwischen Verbstamm und Suffix eingeschoben wird:

gel-mek *kommen* — gel**me**mek *nicht kommen*
yaz-mak *schreiben* — yaz**ma**mak *nicht schreiben*

Beim konjugierten Verb des **yor**-Präsens müssen Sie beachten, dass der Verneinungsvokal **e/a** immer zu **i/ı/ü/u** verengt wird:

Zeynep bu akşam geliyor. *Zeynep kommt heute Abend.*
Zeynep bu akşam gel**mi**yor. *Zeynep kommt heute Abend nicht.*
Erol mektup yazıyor. *Erol schreibt einen Brief.*
Erol mektup yaz**mı**yor. *Erol schreibt keinen Brief.*

Türkçesi Şöyle

So sprechen Sie über den Beruf

Öğrenciyim. *Ich bin Student(in).*
Şoförüm. *Ich bin Fahrer(in).*
Sekreterim. *Ich bin Sekretär(in).*

So sprechen Sie über das Alter

- Kaç yaşındasın? *Wie alt bist du?*
- 16 yaşındayım. *Ich bin 16 (Jahre alt).*
- Kaç yaşındasınız? *Wie alt sind Sie?*
- 29 yaşındayım. *Ich bin 29 (Jahre alt).*

- Ne iş yapıyorsunuz? *Was machen Sie beruflich?*
- Bir firmada çalışıyorum. *Ich arbeite in einer Firma.*

Aber:

- Ne yapıyorsunuz? *Was machen Sie (gerade)?*
- Çay içiyorum. *Ich trinke Tee.*

Konuyla İlgili

Familienstand	
evli	*verheiratet*
bekâr	*ledig*
ayrılmış	*getrennt*
dul	*verwitwet*
boşanmış	*geschieden*

Berufs- und Personenbezeichnungen

Berufs- und Personenbezeichnungen haben im Türkischen keine spezifisch weibliche oder männliche Form. Sie treffen dabei häufig auf das Suffix **-ci** (nach der großen Vokalharmonie), das den Beruf oder eine Tätigkeit angibt. Zur Differenzierung bei weiblichen Berufs- und Personenbezeichnungen verwenden Sie die Ausdrücke **bayan** *Dame* oder **kız** *Mädchen* vor der betreffenden Bezeichnung: **bayan avukat** *Rechtsanwältin*, **kız öğrenci** *Schülerin, Studentin*. Das Wort **erkek** *Mann* wird selten zur Unterscheidung gebraucht.

avukat	*Rechtsanwalt, -anwältin*	kapıcı	*Hausmeister*
doktor	*Arzt, Ärztin*	mimar	*Architekt(in)*
eczacı	*Apotheker(in)*	mühendis	*Ingenieur(in)*
garson	*Kellner(in)*	öğrenci	*Schüler(in); Student(in)*
gazeteci	*Journalist(in)*	profesör	*Professor(in)*
işçi	*Arbeiter(in)*	satıcı	*Verkäufer(in)*

Alıştırmalar

1 Bilden Sie Possessivkonstruktionen.

	bilet	plan	otobüs	kahve	araba	metro
benim	*biletim*	....	....	....	....	....
senin	....	*planın*	....	....	....	....
onun	....	....	*otobüsü*	....	....	....
bizim	....	....	....	*kahvemiz*	....	....
sizin	....	....	....	....	*arabanız*	....
onların	....	....	....	....	....	*metroları*

2 Sagen Sie, dass Sie Folgendes (nicht) haben.

	haben	*nicht haben*
kardeş	*kardeşim var*	*kardeşim yok*
araba	....	....
sekreter	....	....
iş	....	....
telefon	....	....
ders	....	....

3 Ergänzen Sie die richtigen Possessivsuffixe.

1. (Benim) bu akşam çok iş.......... var.
2. Sizin de iş.......... var mı?
3. Bizim ev.......... Ayazpaşa'da.
4. Sizin ev.......... nerede?
5. (Senin) kardeş.......... var mı?
6. Evet, benim iki kardeş.......... var.
7. (Sizin) ehliyet.......... var mı?
8. Ehliyet..... var, ama araba.......... yok.

4 Ersetzen Sie die Possessivpronomen durch Possessivsuffixe.

1. Sizin ev büyük mü? *Eviniz büyük mü?*
2. Sizin firmada kaç kişi çalışıyor? ....
3. Senin bisiklet nerede? ....
4. Bizim arkadaş bugün geliyor mu? ....
5. Senin metro ne zaman geliyor? ....
6. Senin arkadaş nerede? ....

5 Wie lauten die verneinten Formen dieser Verben?

1.	gelmek	....	geliyor	....
2.	çalışmak	....	çalışıyor	....
3.	gitmek	....	gidiyor	....
4.	aramak	....	arıyor	....

5. konuşmak .... konuşuyor ....
6. söylemek .... söylüyor ....
7. etmek .... ediyor ....
8. kullanmak .... kullanıyor ....

6 Verneinen Sie die Aussagen.

1. Bu akşam evdeyim. ....
2. Saat altıda evdesin. ....
3. Firmamız Kadıköy'de. ....
4. Arkadaşım Türk. ....
5. Evimiz çok büyük. ....
6. Onun arabası yeni. ....
7. Benim arabam eski. ....
8. Biz Türküz. ....

7 Verbinden Sie die Substantive zuerst zu festen Verbindungen und setzen Sie sie danach in den Lokativ.

1. Alman + araba ► *Alman arabası* (*das deutsche Auto*) ► *Alman arabasında* (*in dem deutschen Auto*)
2. hafta + son ► .... ► ....
3. iş + yer ► .... ► ....
4. Türk + mutfak ► .... ► ....
5. öğrenci + bilet ► .... ► ....
6. üniversite + kahve ► .... ► ....
7. Türkçe + ders ► .... ► ....
8. akşam + yemek ► .... ► ....

8 Bilden Sie feste Substantivverbindungen in der 1. und 2. Person Singular mit dem Lokativ. Beachten Sie, dass diese anstelle der sonst erscheinenden 3. Person stehen.

1. Alman + araba ▶ *Alman arabamda* (*in meinem dt Auto*) ▶ *Alman arabanda* (*in deinem dt Auto*)
2. hafta + son ▶ .... ▶ ....
3. iş + yer ▶ .... ▶ ....
4. Türk + mutfak ▶ .... ▶ ....
5. öğrenci + bilet ▶ .... ▶ ....
6. üniversite + kahve ▶ .... ▶ ....
7. Türkçe + ders ▶ .... ▶ ....
8. akşam + yemek ▶ .... ▶ ....

9 Brigitte stellt sich vor: Ergänzen Sie die fehlenden Suffixe.

Merhaba, ad.......... Brigitte.
İki aydır İstanbul'.......... .
Zeynep ile aynı bölüm..... çalışıyor.......... .
Şef.......... çok iyi.
İş arkadaşlar.......... çok sempatik.
İş yer.......... eve uzak değil.
Ehliyet.......... var ama, araba
kullan ....

10 Übersetzen Sie die Sätze ins Türkische.

1. *Dieses schöne Haus.* ....
2. *Unsere Küche ist groß.* ....
3. *Die kranken Schüler sind zu Hause.* ....
4. *Mein kleines Auto fährt schnell* (hızlı). ....
5. *Das türkische Essen ist gut.* ....
6. *Unsere Arbeitskollegen sind sehr sympathisch.* ....
7. *Meine Tochter lernt sehr gut.* ....
8. *Der Verkehr in Istanbul ist dicht.* ....

Üçüncü Ders 3

In dieser Lektion lernen Sie:

- **Bestellungen** aufzugeben und **Vorschläge** zu machen
- das **Verteilungs-** und das **Instrumentalsuffix**
- das **Fragesuffix**
- den **Aorist** und den **Optativ**
- den **Dativ** und den **Ablativ**
- die **Kasusformen**
- die **lose Substantivverbindung**

Nesi Meşhur?

Türkiye'de hemen hemen her şehir ve belde, bir yemeği ile tanınır. Örneğin İzmir'in köftesi; Adana, Antep ve Urfa'nın kebapları meşhurdur. Ayrıca Antep, baklavası ile meşhurdur. Bursa deyince akla İskender gelir. İskender bir döner çeşididir. Bu döneri yemek için Bursa'ya gidersiniz. Tekirdağ'ın rakısı meşhurdur. Bu isimle rakı bile vardır: Tekirdağ Rakısı. Trabzon'da ise hamsi balığının çeşitli yemeklerini yersiniz. Türkiye'de en iyi aşçılar Bolu'dan çıkar, denir.

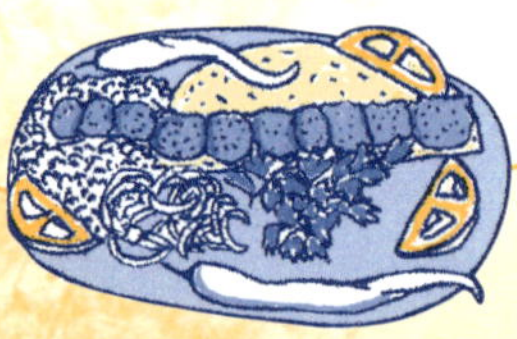

Was ist berühmt?

In der Türkei ist beinahe jede Stadt und jede Gemeinde für ein (spezielles) Gericht bekannt. Zum Beispiel Izmir für seine Fleischbällchen; Adana, Antep und Urfa sind berühmt für ihre Fleischspieße. Antep ist außerdem berühmt für sein Baklava. Wenn man von Bursa spricht, denkt man an Iskender. Iskender ist eine Art Döner. Um dieses Dönergericht zu essen, müssen Sie (unbedingt) nach Bursa fahren. Der Raki von Tekirdağ ist berühmt. Es gibt sogar einen Raki mit diesem Namen: Tekirdağ Raki. Und in Trabzon können Sie verschiedene Sardellengerichte essen. Die besten Köche (in) der Türkei stammen aus Bolu, sagt man.

Yeni Konu A5,8

Das Verteilungs- und das Instrumentalsuffix

Hasan und Özden sitzen zusammen und trinken Kaffee. Beide trinken je einen Kaffee.
Hasan ile Özden bir**er** kahve içiyor. *Hasan und Özden trinken je einen Kaffee.*

Wollen Sie die Menge angeben, müssen Sie das Zahlwort mit dem Verteilungssuffix **-(ş)er/ar** verbinden. Nach vokalischem Auslaut fügen Sie stets den Füllkonsonant **-ş-** ein. Sie können aber auch auf die Mengenangabe verzichten:
Hasan ile Özden kahve içiyor. *Hasan und Özden trinken Kaffee.*

Wenn das Wort **ile**, dem Sie häufig in der verbundenen Form **-(y)le/la** begegnen werden, zwischen zwei Substantiven steht, bedeutet es *und*. Steht es nach einem Substantiv, heißt es *mit*. Sie können nach jedem Subjekt im Satz ein Komma setzen:
Hasan **ile** Özden, kahve içiyor. *Hasan und Özden trinken Kaffee.*
Hasan, Özden **ile** kahve içiyor. *Hasan trinkt mit Özden Kaffee.*
Hasan**la** Özden, kahve içiyor. *Hasan und Özden trinken Kaffee.*
Kahve**yle** pasta alıyorlar. *Sie nehmen Kaffee und Kuchen.*

Das Fragesuffix

Mit dem Suffix **mi/mı/mü/mu** stellen Sie eine Aussage nach dem Muster *Stimmt es?* in Frage. Dieses Suffix dürfen Sie niemals betont aussprechen, die Betonung liegt auf der Silbe davor. Aus orthografischen Gründen wird dieses Suffix zwar immer getrennt geschrieben, vergessen Sie aber nicht, es zusammen mit dem in Frage stehenden Begriff auszusprechen und entsprechend der großen Vokalharmonie anzugleichen.

var **mı**?	['varmı]	*gibt es?*	geliyor **mu**?	[ge'liyormu]	*kommt er?*
yok **mu**?	['yokmu]	*gibt es nicht?*	burada **mı**?	[bura'damı]	*ist (es) hier?*

Das Fragesuffix steht immer vor dem Personalsuffix, außer in der 3. Person Singular und Plural, die ja kein Personalsuffix hat:

geliyor **musun**?	*kommst du?*	haklı **mı**?	*hat er/sie Recht?*
burada **mısın**?	*bist du hier?*	haklılar **mı**?	*haben sie Recht?*

Hasan'ın Randevusu

Hasan'ın bugün bir arkadaşı ile randevusu var. Onunla buluşmak için öğleden sonra saat 16.30'da işten çıkıyor. Saat 17.10'da randevu yerine geliyor. Randevu yeri bir Türk Lokantası. Hasan lokantaya giriyor, onu önce arkadaşı görüyor.

Özden: Hasan! Buradayım!
Hasan: Merhaba, Özden, nasılsın?
Özden: Merhaba, iyiyim, ya sen?
Hasan: Sağ ol, ben de iyiyim. Epeydir görüşmüyoruz. Nerelerdesin, ne yapıyorsun?
Özden: Haklısın. Bundan sonra daha sık görüşelim. Ama önce birşeyler içelim, sonra konuşuruz.

Özden garsonu çağırıyor.

Özden: Bakar mısınız?
Garson: Buyurun efendim, ne arzu edersiniz?
Özden: Hasancığım, bira içeriz, değil mi? Birer fıçı birası iyi gider. Buranın fıçı birası meşhurdur.
Hasan: Peki, bira içelim o zaman.
Özden: (*garsona*) Bize birer fıçı birası, lütfen.
Garson: Peki, efendim. Yemek alır mısınız? Bugünkü enginarlı kuzu kavurmamızı tavsiye ederim.
Özden: Önce biramızı içelim, yemekleri daha sonra söyleriz.
Garson: Peki, efendim. Ben yemek listesini size bırakayım. Yemeklerinizi listeden seçersiniz.
Özden: Teşekkür ederim. Biz siparişimizi daha sonra veririz.

Söz Dağarcığı

Nesi Meşhur

meşhur	*berühmt*
hemen hemen	*fast, beinahe*
her	*jede(r/s)*
şehir, şehri	*Stadt*
belde	*Gemeinde, Dorf*
tanınır	*ist bekannt*
örneğin	*zum Beispiel*
köfte	*Fleischbällchen*
kebap, kebabı	*Fleischspieß*
meşhurdur	*ist berühmt*
ayrıca	*außerdem*
baklava	*Süßspeise aus Blätterteig, Nüssen und Sirup*
Bursa deyince	*wenn man Bursa sagt*
İskender	*Alexander*
akla gelir	*es kommt in den Sinn, man denkt an*
döner çeşidi	*eine Döner-Art*
çeşit, çeşidi	*Art, Variante*
bu döneri yemek için	*um dieses Döner zu essen*
Tekirdağ	*Stadt in Thrakien*
rakı	*Raki, Anisschnaps*
bu isimle	*mit diesem Namen*
bile	*sogar*
Trabzon'da ise	*und in Trabzon*
hamsi balığının çeşitli yemekleri	*verschiedene Speisen mit Sardellen*
balık, balığı	*Fisch*
yemek yemek	*Essen/Speisen essen*
en iyi aşçılar	*die besten Köche*
en iyi	*best-*
Bolu'dan çıkar	*stammen aus Bolu*
denir	*sagt man*

Hasan'ın Randevusu

randevu	*Verabredung, Termin, Treffen, Rendezvous*
onunla buluşmak için	*um sich mit ihm zu treffen*
buluşmak (ile)	*sich treffen (mit)*
öğleden sonra	*Nachmittag*
işten çıkıyor	*(er) kommt von der Arbeit*
çıkmak	*hinausgehen*
randevu yeri	*Verabredungsort*
Türk lokantası	*türkisches Restaurant, Lokal*
lokantaya giriyor	*(er) betritt das Restaurant*
girmek *Dat*	*eintreten*
önce	*zuerst*
Epeydir görüşmüyoruz.	*Wir sehen uns seit langem nicht.*
epeydir	*(seit) lange(m), es ist lange her*
görüşmek (ile)	*sich sehen*
Nerelerdesin?	*Wo steckst du (denn)?*
haklısın	*du hast recht*
bundan sonra	*von nun an*
daha sık *Komp*	*öfter*
birşeyler içelim	*lass(t) uns etwas trinken*
birşeyler	*einiges, etwas*
sonra	*danach, später*
konuşuruz	*wir unterhalten uns, wir sprechen*
garson	*Kellner(in)*
çağırmak	*(zu)rufen*
Bakar mısınız?	*Würden Sie (bitte) herschauen?*
bakmak *Dat*	*schauen*
buyurun efendim	*bitte sehr (mein Herr/meine Dame)*
Ne arzu edersiniz?	*Was wünschen Sie?*
arzu etmek	*wünschen*
Hasancığım	*mein lieber Hasan*

bira içeriz, değil mi? ['di:mi]	*wir trinken doch Bier, nicht wahr?*
birer	*je (ein)*
fıçı birası	*Fassbier*
iyi gider	*es tut gut*
buranın fıçı birası	*Fassbier von hier*
peki	*in Ordnung, gut*
o zaman	*dann*
Peki, efendim.	*In Ordnung, mein Herr/meine Dame.*
Yemek alır mısınız?	*Möchten Sie essen?*
yemek almak	*Speisen zu sich nehmen*
bugünkü ['bugünkü]	*heutig*

enginarlı kuzu kavurmamızı	*Lammrostbraten mit Artischocken*
tavsiye etmek	*empfehlen*
daha sonra söyleriz	*wir bestellen später*
söylemek	*sagen, mitteilen; (hier:) bestellen*
yemek listesi	*Speisekarte*
size bırakayım	*ich lasse Ihnen da*
bırakmak	*(da)lassen*
listeden seçersiniz	*Sie wählen aus der Liste*
seçmek	*auswählen*
Biz siparişimizi daha sonra veririz.	*Wir geben unsere Bestellung später auf.*
sipariş vermek [a:]	*Bestellung aufgeben*

Dilbilgisi

1. Der Aorist A1,4

Der Aorist, auch unbestimmte Gegenwart genannt, drückt im Türkischen die Möglichkeit oder die Regelmäßigkeit einer Tätigkeit aus. Wenn Sie beispielsweise jeden Tag mit der U-Bahn fahren, grundsätzlich lieber Tee als Kaffee trinken, brauchen Sie diese Zeitform. Während das **yor**-Präsens eine im Augenblick vollzogene Handlung ausdrückt, beschreibt der Aorist, der auch **r**-Präsens genannt wird, Handlungen, die nicht zum Zeitpunkt der Aussage ausgeführt werden. Beachten Sie, dass der Aorist auch zur Bildung von höflichen Aufforderungen, Bitten und Wünschen benutzt wird.

Nach Verbstämmen, die auf Vokal enden, benötigen Sie als Aorist-Suffix nur ein **-r**:

Infinitiv	Aorist	
de-mek	de**r**	*er/sie sagt*
ye-mek	ye**r**	*er/sie isst*
ara-mak	ara**r**	*er/sie sucht, ruft an*
oku-mak	oku**r**	*er/sie liest*
tanı-mak	tanı**r**	*er/sie kennt*

Bei Verbstämmen mit konsonantischem Auslaut müssen Sie zwischen einsilbigen und mehrsilbigen Verbstämmen unterscheiden. Nach einsilbigen Verbstämmen lautet das Suffix für den Aorist zweiförmig **-er/ar**:

Infinitiv	Aorist	
sev-mek	sev**er**	*er/sie liebt*
yap-mak	yap**ar**	*er/sie macht, tut*

Nach mehrsilbigen Verbstämmen lautet das Aoristuffix vierförmig **-ir/ır/ür/ur**:

Infinitiv	Aorist	
öğren-mek	öğren**ir**	*er/sie lernt*
çalış-mak	çalış**ır**	*er/sie arbeitet*
görüş-mek	görüş**ür**	*er/sie trifft sich*
konuş-mak	konuş**ur**	*er/sie spricht*

Zur Konjugation des Aorists benötigen Sie dieselben Personalsuffixe wie beim Präsens. Sie richten sich nach der großen Vokalharmonie:

sevmek *lieben*	**çalışmak** *arbeiten*	**görüşmek** *sich treffen*	**okumak** *lesen*
sever-**im**	çalışır-**ım**	görüşür-**üm**	okur-**um**
sever-**sin**	çalışır-**sın**	görüşür-**sün**	okur-**sun**
sever	çalışır	görüşür	okur
sever-**iz**	çalışır-**ız**	görüşür-**üz**	okur-**uz**
sever-**siniz**	çalışır-**sınız**	görüşür-**sünüz**	okur-**sunuz**
sever-**ler**	çalışır-**lar**	görüşür-**ler**	okur-**lar**

Achtung: Der Aorist kennt 13 Ausnahmen bei den einsilbigen Verben. Sie lauten nicht auf **-er/ar**. Zwei dieser Ausnahmen haben Sie bereits kennengelernt: **gelirim** *ich komme (gern)*, **veririz** *wir geben.*

Und hier finden Sie die vollständige alphabetische Liste mit den Ausnahmen beim Aorist. Bei den letzten drei Verben handelt es sich um die Passivform:

almak	al**ır**	*nehmen, holen, kaufen*
bilmek	bil**ir**	*wissen*
bulmak	bul**ur**	*finden*
durmak	dur**ur**	*stehen, halten*
gelmek	gel**ir**	*kommen*
görmek	gör**ür**	*sehen*
kalmak	kal**ır**	*bleiben*
olmak	ol**ur**	*werden, sein*
ölmek	öl**ür**	*sterben*
sanmak	san**ır**	*meinen, glauben*
varmak	var**ır**	*ankommen*
vermek	ver**ir**	*geben*
vurmak	vur**ur**	*schlagen*
denmek	den**ir**	*gesagt werden*
konmak	kon**ur**	*gesetzt, gestellt werden*
yenmek	yen**ir**	*gegessen werden*

Besonders die Frageform des Aorists kommt in der Umgangssprache sehr häufig vor und bedeutet so viel wie: *Würdest du ...?, Würden Sie ...?*
Yarın bana telefon eder misin? *Würdest du mich (bitte) morgen anrufen?*
Yarın bana telefon eder misiniz? *Würden Sie mich (bitte) morgen anrufen?*

2. Der Optativ A2,3

Der Optativ ist eine besondere Art der Aufforderung, die ausdrückt, dass auch der Auffordernde an der Handlung teilnimmt. Aus diesem Grund benutzen Sie den Optativ. Er wird nur noch in der 1. Person Singular und Plural verwendet (die anderen Personen gelten als veraltet). Das Personalsuffix bildet mit dem Optativsuffix eine Einheit und darf nie von diesem getrennt werden. Das bedeutet, das Fragesuffix **mi** steht immer am Ende und erscheint beim Optativ nur zweiförmig **mi/mı**.

Im Singular (Ich-Form) lautet das Suffix **-(y)eyim/ayım**:
gel**eyim** *ich will kommen*
di**yeyim** *ich will sagen*
yap**ayım** *ich will machen*
ara**yayım** *ich will suchen/anrufen*

Im Plural (Wir-Form) wird das **-y-** im Suffix durch **-l-** ersetzt. Das Suffix lautet dann **-(y)elim/alım**:
ge**lelim** *wir wollen kommen*
di**yelim** *wir wollen sagen*
yap**alım** *wir wollen machen*
ara**yalım** *wir wollen suchen/anrufen*

Wenn Sie jemanden zu etwas auffordern, müssen Sie folglich unterscheiden, ob Sie an der Handlung teilnehmen oder nicht. Wenn nur der oder die Angesprochene etwas tun soll, benutzen Sie den Aorist mit der Frageform:
Yarın bana gelir misin? *Kommst du (bitte) morgen zu mir?*

Sind Sie an der Handlung beteiligt, brauchen Sie den Optativ in der Wir-Form. Noch höflicher ist der Optativ in der Frageform.
Yarın lokantaya gidelim. *Gehen wir morgen in ein Restaurant. (Lass/t uns ... gehen!)*
Yarın lokantaya gidelim mi? *Gehen wir morgen in ein Restaurant? (Wollen wir ... gehen?)*

Im Deutschen können Sie den Optativ in der Ich-Form mit *lass mich* ... wiedergeben:
Önce bir çay içeyim. *Lass mich zuerst einen Tee trinken.*

3. Die Kasusformen A6,8,9

Im Türkischen gibt es sechs Fälle des Substantivs, wobei der Nominativ wie im Deutschen keine Endung hat. Am besten lernen Sie die Kasusformen zusammen mit den entsprechenden türkischen Fragewörtern. Auch sie enthalten die Kasussuffixe.

	Suffix	Fragewort	Beispiel
Nominativ	–	kim/ne *wer/was*	iş, firma, göl, yol
Genitiv	-(n)in/ın/ün/un	kimi**n**/neyi**n** *wessen*	iş**in**, firma**nın**, göl**ün**, yol**un**
Dativ	-(y)e/a	kim**e**/nerey**e** *(zu) wem/wohin*	iş**e**, firma**ya**, göl**e**, yol**a**
Akkusativ	-(y)i/ı/ü/u	kim**i**/ne**yi** *wen/was*	iş**i**, firma**yı**, göl**ü**, yol**u**
Lokativ	-de/da, -te/ta	kim**de**/nere**de** *bei wem/wo*	iş**te**, firma**da**, göl**de**, yol**da**
Ablativ	-den/dan, -ten/tan	kim**den**/nere**den** *von wem/woher*	iş**ten**, firma**dan**, göl**den**, yol**dan**

Vergessen Sie nicht, alle Kasussuffixe betont auszusprechen, es sei denn, die Betonung des (Fremd)Wortes liegt nicht auf der letzten Silbe. Bei den Beispielen in der Tabelle wird das Wort **firma** auf der ersten Silbe betont, die Betonung bleibt immer dort: '**firma**, '**firmanın**, '**firmaya**, '**firmayı**, '**firmada**, '**firmadan**.

4. Der Dativ und der Ablativ

In der Kasusübersicht haben Sie gesehen, dass der Dativ auf **-(y)e/a** endet und dass das Fragewort, mit dem Sie nach der Richtung fragen, **nereye** lautet. Lernen Sie die Verben immer gleich mit den entsprechenden Kasussuffixen. Für den Ablativ lautet das Suffix **-den/dan** bzw. **-ten/tan** mit dem Fragewort **nereden**.
Nere**ye** gidiyorsunuz? Sinema**ya** gidiyoruz. *Wohin geht ihr? Wir gehen ins Kino.*
Nere**den** geliyorsunuz? Ankara'**dan** geliyorum.
Woher kommen Sie? Ich komme (soeben) aus Ankara.

5. Die lose Substantivverbindung A7

In → Lektion 2 haben Sie bereits die feste Substantivverbindung kennengelernt, der im Deutschen in der Regel ein zusammengesetztes Substantiv entspricht. Bei der losen Substantivverbindung, die eine Genitivverbindung darstellt, erhält nun das Bezugswort das Genitivsuffix (**-(n)in/ın/ün/un**) und das mit dem Bezugswort verbundene Substantiv erhält – wie bei den festen Substantivverbindungen – das Possessivsuffix der 3. Person **-(s)i/ı/ü/u**:
Hasan'**ın** randevu**su** *Hasans Verabredung*
Tekirdağ'**ın** rakı**sı** *der Raki von Tekirdag*

ev**in** odaları *die Zimmer des Hauses*
öğrenci**nin** kitapları *die Bücher des Studenten/der Studentin*

Beachten Sie, dass bei Eigennamen das Genitivsuffix immer mit einem Apostroph angehängt wird, damit der Eigenname eindeutig zu erkennen ist.

Vergleichen Sie nun noch einmal die beiden Substantivverbindungen:

ev kapı**sı** *Haustür*	çocuk para**sı** *Kindergeld*
ev**in** kapı**sı** *die Tür des Hauses*	çocuğ**un** para**sı** *das Geld des Kindes*

Die feste Substantivverbindung ist ein unbestimmter Ausdruck, der nur in seiner Gesamtheit ein Adjektiv zu sich nehmen kann. Bei der losen Substantivverbindung kann jedes Wort durch ein Adjektiv erweitert werden:
güzel ev kapı**sı** *eine schöne Haustür*
büyük ev**in** güzel kapı**sı** *die schöne Tür des großen Hauses*

Türkçesi Şöyle A1

So geben Sie eine Bestellung auf

Bakar mısınız? *Würden Sie (bitte) herschauen?*

Mit diesem Satz machen Sie einen Kellner oder eine Verkäuferin auf sich aufmerksam. Auch in anderen Situationen, in denen Sie jemanden ansprechen wollen, um z. B. nach etwas zu fragen oder um etwas zu bitten, können Sie diese Wendung benutzen.

Der Kellner oder Verkäufer wird sich mit folgender Aufforderung an Sie wenden:
Buyurun! *Bitte (sehr)!*

Wenn Sie um etwas bitten, verwenden Sie **lütfen**. Sie können **lütfen** auch nachstellen.
Lütfen, bir çay. *Bitte einen Tee.*
Bir çay, lütfen. *Einen Tee, bitte.*

Noch höflicher können Sie sagen:
Lütfen, bir çay getirir misiniz? *Würden Sie (mir) bitte einen Tee bringen?*

Mit **buyurun** ist eine Aufforderung oder Gefälligkeit gemeint, mit **lütfen** wird die direkte Bitte um etwas ausgedrückt.

Der Ausdruck **efendim** ist eine höfliche Universalanrede. Je nachdem, ob Sie eine Frau oder einen Mann ansprechen, bedeutet es meine Dame, mein Herr.
Buyurun efendim, ne arzu edersiniz?
Bitte sehr (meine Dame/mein Herr), was wünschen Sie?

Konuyla İlgili A9

Bei Verabredungen sind natürlich Wochentage und Monatsnamen von großer Bedeutung. Sie sollten die Wochentage mit **gün** *Tag* verwenden. Es handelt sich um eine feste Substantivverbindung (→ Lektion 2): **pazar günü**, **pazartesi günü** usw.

günler	***Wochentage***	çarşamba	*Mittwoch*
pazar	*Sonntag*	perşembe	*Donnerstag*
pazartesi [pa'zartesi]	*Montag*	cuma [cuma:]	*Freitag*
salı	*Dienstag*	cumartesi [cu'martesi]	*Samstag*

Auch die türkischen Monatsnamen sollten Sie mit dem Zusatz **ay** *Monat* bzw. **ayında** *im Monat* benutzen, um etwaigen Missverständnissen vorzubeugen. **Ocak** bedeutet z. B. nicht nur *Januar*, sondern auch *Herd*.

aylar	***Monate***	***im Monat***
ocak	*Januar*	ocak ayı(nda), ocakta
şubat	*Februar*	şubat ayı(nda), şubatta
mart	*März*	mart ayı(nda), martta
nisan [ni:san]	*April*	nisan ayı(nda), nisanda
mayıs	*Mai*	mayıs ayı(nda), mayısta
haziran [hazi:ran]	*Juni*	haziran ayı(nda), haziranda
temmuz	*Juli*	temmuz ayı(nda), temmuzda
ağustos	*August*	ağustos ayı(nda), ağustosta
eylül	*September*	eylül ayı(nda), eylülde
ekim	*Oktober*	ekim ayı(nda), ekimde
kasım	*November*	kasım ayı(nda), kasımda
aralık	*Dezember*	aralık ayı(nda), aralıkta

Bei konkreten Datumsangaben schreiben Sie die Monatsnamen und Wochentage groß, ansonsten immer klein:
22 Şubat**ta** geliyorum. *Ich komme am 22. Februar.*

Kommt der Wochentag hinzu, brauchen Sie den Lokativ beim Monatsnamen nicht:
22 Şubat Cumartesi **günü** geliyorum. *Ich komme am Samstag, den 22. Februar.*
Şubat **ayında** geliyorum. *Ich komme im (Monat) Februar.*
Şubat**ta** geliyorum. (Diese Form ist in der Umgangssprache häufig zu hören.)

- Ne zaman geliyorsun? *Wann kommst du?*
- Pazartesi **günü** geliyorum. *Ich komme am Montag.*

Alıştırmalar

1 Präsens oder Aorist? Wie würden Sie entscheiden?

1. *Hasan kommt jeden Tag um 18 Uhr nach Hause.* Aorist
2. *Özden geht gerade ins Restaurant.* ....
3. *Kommst du heute ins Kino?* ....
4. *Rauchen Sie?* ....
5. *Ich wünsche Ihnen einen guten Tag.* ....
6. *Sie trinkt lieber Tee, was trinken Sie?* ....
7. *Wir fahren jeden Sommer in die Türkei.* ....
8. *Wann fahren Sie dieses Jahr?* ....

2 Machen Sie Vorschläge mit dem Optativ (Wir-Form).

1. biraz konuşmak *biraz konuşalım mı?*
2. çay içmek ....
3. birşeyler yemek ....
4. sinemaya gitmek ....
5. biraz çalışmak ....
6. biraz ara vermek ....
7. yemekleri söylemek ....

3 Schlagen Sie nun in der Ich-Form (ohne Fragesuffix) etwas vor.

1. biraz konuşmak *biraz konuşayım*
2. çay içmek ....
3. birşeyler yemek ....
4. sinemaya gitmek ....
5. biraz çalışmak ....
6. biraz ara vermek ....
7. yemekleri söylemek ....

4 Machen Sie weitere Vorschläge, diesmal mit dem Aorist.

1. biraz konuşmak ... *biraz konuşur muyuz?*
2. çay içmek ...
3. birşeyler yemek ...
4. sinemaya gitmek ...
5. biraz çalışmak ...
6. biraz ara vermek ...

5 Erinnern Sie sich noch, wie das Instrumentalwort **ile** an das Wort angehängt wird?

1. Bursa – döneri (ile) meşhurdur ... *Bursa döneriyle meşhurdur.*
2. Adana – kebabı (ile) meşhurdur. ...
3. Tekirdağ – rakısı (ile) meşhurdur. ...
4. İzmir – köftesi (ile) meşhurdur. ...
5. Antep – baklavası (ile) meşhurdur. ...

6 Ergänzen Sie die richtigen Suffixe.

1. Hasan......... Özden lokanta......... yemek yiyor.
2. Özden, firma......... saat 17.30'......... çıkıyor.
3. Garson, Hasan'......... Özden'......... kuzu kavurması......... tavsiye ediyor.
4. Kim liste......... yemek seçiyor?
5. Hasan garson......... sipariş veriyor.
6. Önce bira......... içelim, yemekler......... daha sonra söyleriz.
7. Ankara'......... ne......... meşhurdur?
8. İstanbul, Türkiye'......... en büyük şehridir.

7 Verbinden Sie die beiden Wörter zu einer losen oder festen Substantivverbindung.

1. ev kapı ...
2. Nermin araba ...
3. çocuk kitap ...
4. Sevil arkadaş ...
5. anne para ...
6. Türk kahve ...

8 Verbinden Sie die Zahlwörter 1–12 mit dem Lokativ- und dem Verteilungssuffix.

Zahlwort	Lokativ (um ...)	Verteilung (je ...)	Zahlwort	Lokativ (um ...)	Verteilung (je ...)
1 bir	*birde*	*birer*	7 yedi	....	....
2 iki	....	....	8 sekiz	....	....
3 üç	....	....	9 dokuz	....	....
4 dört	....	....	10 on	....	....
5 beş	....	....	11 on bir	....	....
6 altı	....	....	12 on iki	....	....

9 Schauen Sie sich den Terminkalender von Özden an. Was macht er diese Woche? Achten Sie auf den Kasus.

Haziran 2006

*dinlenmek: *(sich) ausruhen*

Pazartesi	12	*10:30 Ali beyle konuş!*
Salı	13	*19:30 Akşam yemeğine git!*
Çarşamba	14	*11:30 firmaya telefon et!*
Perşembe	15	*Öğleden sonra: Siparişleri kontrol et!*
Cuma	16	*17:00 Hasan'la buluş!*
Cumartesi	17	*18:00 Sinemaya git!*
Pazar	18	*Evde dinlen*! / Parkta yürü!*

1. *Özden, bu hafta pazartesi günü saat on otuzda Ali beyle konuşuyor.*
2. ....
3. ....
4. ....
5. ....
6. ....
7. ....

In dieser Lektion geht es um:
- verschiedene **Aufforderungsformen**
- Fragen nach dem **Weg**
- den Ausdruck **zukünftiger** Handlungen
- den **verneinten Aorist**
- die Wiedergabe der Konjunktion ***auch***
- den **Imperativ**
- das **Futur**

İstanbul'dan Kart

Karte aus Istanbul

Sevgili Fatma,
Nasılsın, iyi misin? Yakında görüşeceğiz. Biz hâlâ İstanbul'dayız. Yeni bir iş arkadaşım var. Adı Brigitte. O çok cana yakın. Onunla şehri geziyoruz. Kendisi Alman; İstanbul'u daha pek tanımıyor. Ona şehri tanıtmak için birkaç gün burada şehri gezeceğiz. Vapurla bir Boğaz turu yapacağız.
Taksim'de çok güzel bir simithane var, şu an orada çay içiyoruz. İzmir'e gelir gelmez sana telefon edeceğiz. Brigitte de bizimle beraber İzmir'e gelecek.
Görüşmek üzere ...
Sevil

Fatma Tüzün
İstasyon Caddesi No. 2
35540 Karşıyaka – İzmir

Liebe Fatma,
wie geht es dir, geht es dir gut? Wir werden uns bald wiedersehen. Wir sind immer noch in Istanbul. Ich habe eine neue Arbeitskollegin. Sie heißt Brigitte. Sie ist sehr sympathisch. Wir besichtigen mit ihr die Stadt. Sie selbst ist Deutsche und kennt Istanbul noch nicht sehr gut. Um sie mit der Stadt vertraut zu machen, werden wir hier einige Tage die Stadt besichtigen. Mit dem Schiff werden wir eine Bosporusfahrt unternehmen.
In Taksim gibt es ein wunderschönes Sesamkringelhaus, dort trinken wir gerade Tee. Sobald wir nach Izmir kommen, rufen wir dich (natürlich) an. Brigitte wird auch mit uns nach Izmir kommen.
Bis bald ...
Sevil

Fatma Tüzün
Bahnhofstraße Nr. 2
35540 Karşıyaka – Izmir

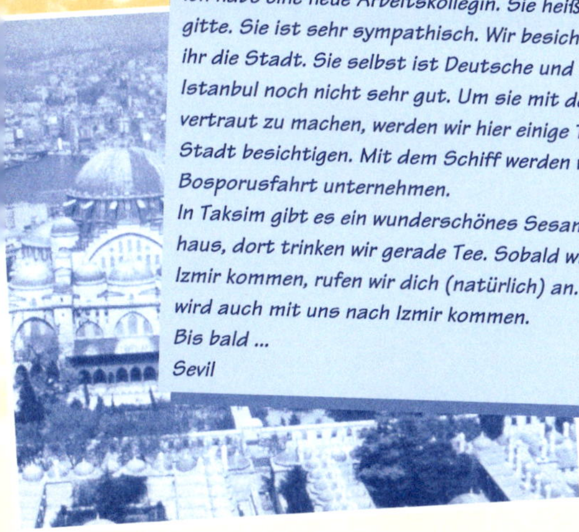

Yeni Konu A1,2,3

Der verneinte Aorist

Der verneinte Aorist weicht von der positiven Form, die Sie in → Lektion 3 kennengelernt haben, ab. Das Verneinungsinfix **-me/ma-** ist mit dem Aoristsuffix zusammengewachsen und lautet zweiförmig **-mez/maz**. Es handelt sich bei dieser Form um die grundsätzliche Verneinung eines Standpunktes oder einer Absicht.

Aorist		Verneinter Aorist	
gel**ir**	*er/sie kommt*	gel**mez**	*er/sie kommt nicht*
yap**ar**	*er/sie macht*	yap**maz**	*er/sie macht nicht*

Stehen der positive und der negative Aoriststamm ohne Personalendungen hintereinander, haben sie im Deutschen die Bedeutung sobald:

ben	gel**ir** gel**mez**	*sobald ich komme*
sen	gel**ir** gel**mez**	*sobald du kommst*
o	gel**ir** gel**mez**	*sobald er/sie kommt*
biz	gel**ir** gel**mez**	*sobald wir kommen*
siz	gel**ir** gel**mez**	*sobald ihr kommt/Sie kommen*
onlar	gel**ir** gel**mez**	*sobald sie kommen*

Das gilt für alle Personen und Verben gleichermaßen, denn die handelnde Person geht aus dem Hauptverb am Ende des Satzes hervor. Diese Konstruktion sagt nichts über die Zeit aus, sie muss in der deutschen Übersetzung angeglichen werden. Bezieht sich die Aussage auf verschiedene handelnde Personen, werden diese durch Personalpronomen genannt.
Eve gel**ir** gel**mez** sana telefon eder**im**.
Sobald ich nach Hause komme (gekommen bin), rufe ich dich an.
Sen gid**er** git**mez** biz gel**dik**. *Kaum bist (warst) du gegangen, da sind wir gekommen.*

Einige dieser Formen werden im Deutschen durch feststehende Wendungen wiedergegeben:
Gülay ist**er** iste**mez** taksiye bin**di**.
Gülay stieg wohl oder übel (= ob sie will oder nicht will) ins Taxi.

Die Wiedergabe der Konjunktion *auch*

Das türkische Wort für *auch* lautet zweiförmig **de/da** und steht hinter seinem Bezugswort. Es gleicht sich im Vokal dem Bezugswort an, obwohl es nicht angehängt wird.

Fatma İzmir'de oturuyor. *Fatma wohnt in Izmir.*
Ablası **da** İzmir'de oturuyor. *Ihre ältere Schwester wohnt auch in Izmir.*
O **da** bizimle beraber sinemaya gelecek. *Sie wird auch mit uns ins Kino kommen.*

Yarın Ne Yapacağız?

Sevil:	Yarın ne yapacağız, abla?
Ablası:	Bilmem, sizin bir planınız var mı?
Sevil:	Yok. Aslında Topkapı Sarayı'nı, sonra da Ayasofya ve Sultanahmet'i gezmek istiyoruz.
Ablası:	İyi ya, önce Sultanahmet'e, sonra Ayasofya'ya gidin, orayı gezin; sonra da Topkapı Sarayı'na gidersiniz.
Sevil:	Sen ne dersin, Brigitte? Önce Sultanahmet'e mi, Ayasofya'ya mı gidelim, yoksa Topkapı Sarayı'na mı?
Brigitte:	İstanbul'u sen daha iyi tanırsın; sence ne yapalım?
Sevil:	Ben de onu düşünüyorum ya ...
Brigitte:	Ablan da gelecek mi bizimle?
Sevil:	Tabii gelecek, ablam iyi bir rehberdir. İstanbul'u bize en iyi o anlatır.
Ablası:	Ben gelmeyeyim çocuklar, evde çok işim var. Enişten de eve yorgun gelecek.
Sevil:	Dünyada olmaz! Sen de bizimle geleceksin. Yarın akşama kadar gezeriz; ondan sonra bir yerde yemek yeriz. Enişteme telefon ederiz, o da bize katılır. Yani yarın yemek pişirmek yok, tamam mı?
Ablası:	Peki öyleyse, öyle olsun.
Brigitte:	Yaşasın, yarın iyi bir gün geçireceğiz.

Söz Dağarcığı

İstanbul'dan Kart	
kart	*(Post-)Karte*
istasyon	*Bahnof*
cadde	*Straße*
Karşıyaka	*Stadtteil von Izmir*
İzmir	*Izmir (drittgrößte türkische Stadt an der Ägäisküste)*
No = numara	*Nummer*
sevgili	*liebe(r)*
yakında	*demnächst*
görüşeceğiz	*wir werden uns sehen*
hâlâ ['ha:la:]	*immer noch*
cana yakın	*sympathisch*
şehri geziyoruz	*wir besichtigen die Stadt*
gezmek	*spazieren gehen, besichtigen*
daha	*noch*
pek	*sehr*
tanıtmak	*bekannt machen, vorstellen*
birkaç	*einige*
vapurla	*mit dem Schiff*
Boğaz turu yapacağız	*wir werden eine Bosporusfahrt unternehmen*
Taksim	*(zentraler Platz in Istanbul-Beyoğlu)*
simithane [simitha:'ne]	*Sesamkringelhaus (eine Art Teehaus)*
şu an	*momentan*
an	*Augenblick*
gelir gelmez	*sobald (wir) kommen*
bizimle beraber	*mit uns zusammen*
görüşmek üzere	*auf Wiedersehen*
Yarın Ne Yapacağız?	
abla [ab'la]	*ältere Schwester*
bilmem	*ich weiß nicht (so recht)*
aslında	*eigentlich*
Topkapı Sarayı	*Topkapi (Kanonentor-)Palast (ehem. Sultanspalast in Istanbul)*
Ayasofya	*Hagia Sophia*
Sultanahmet (camii)	*Stadtteil (und Moschee)*
iyi ya	*ja gut*
önce	*zuerst, vorher*
sen ne dersin	*was meinst du*
orayı gezin	*besichtigt das dortige*
ora	*jener Ort, jene Stelle*
gidelim	*wir wollen gehen*
yoksa ['yoksa]	*oder, sonst*
daha iyi	*besser*
tanırsın	*du kennst*
sence ['sence]	*nach deiner Meinung*
ne yapalım?	*was wollen wir machen?*
ben de onu düşünüyorum ya	*ich überlege ja gerade*
ben de ['bende]	*ich auch*
ablan da gelecek	*meine ältere Schwester wird auch (mit)kommen*
rehber	*Führer(in)*
en iyi	*am besten*
anlatmak	*erklären, erzählen*
ben gelmeyeyim	*ich komme lieber nicht*
çocuk, çocuğu	*Kind*
çok işim var	*ich habe viel zu erledigen*
enişten	*dein Schwager*
enişte	*Ehemann der Schwester, (auch:) Onkel*
yorgun	*müde*

Dünyada olmaz!	*Das geht auf gar keinen Fall! (wörtl.: Das gibt es nicht auf dieser Welt!)*
sen de ['sende]	*du auch*
yarın	*morgen*
akşam üzerine kadar	*bis gegen Abend*
akşam üzeri	*gegen Abend*
kadar + *Dat*	*bis*
ondan sonra	*danach*
bir yerde	*irgendwo*
yemek yeriz	*wir essen*
o da bize katılır	*auch er schließt sich uns an*
o da ['oda]	*er auch*
katılmak	*hinzukommen, sich anschließen*
yani ['ya:ni]	*das heißt, also*
yemek pişirmek	*(Essen) kochen*
tamam mı?	*in Ordnung?*
peki öyleyse	*also gut*
öyle olsun	*so soll es sein*
yaşasın	*hurra (wörtl.: du sollst leben!)*
gün geçirmek	*einen Tag verbringen*

Dilbilgisi

1. Die Konjugation des verneinten Aorist A1,2

Da das Verneinungsinfix **-me/ma-** beim Aorist mit dem Aoristsuffix zusammengewachsen ist, ist die Suffixkombination **-mez/maz** betont. Sie erinnern sich, dass das Verneinungsinfix normalerweise unbetont ist (→ Lektion 2, Seite 37). Die Personalsuffixe bleiben unverändert. In der folgenden Tabelle haben wir den betonten Vokal für Sie als Aussprachehilfe unterstrichen.

Aorist		Verneinter Aorist	
gelir-**im**	*ich komme*	gelme-**m**	*ich komme nicht*
gelir-**sin**	*du kommst*	gelmez-**sin**	*du kommst nicht*
gelir	*er/sie kommt*	gelmez	*er/sie kommt nicht*
gelir-**iz**	*wir kommen*	gelme-**yiz**	*wir kommen nicht*
gelir-**siniz**	*ihr kommt/Sie kommen*	gelmez-**siniz**	*ihr kommt/Sie kommen nicht*
gelir-**ler**	*sie kommen*	gelmez-**ler**	*sie kommen nicht*

Beachten Sie bei der Verneinung, dass das -z in der 1. Person Singular und Plural entfällt. Im Singular lautet das Personalsuffix **-m**, im Plural steht die Endung **-yiz/yız**: yapar**ım** *ich mache*, yapma-**m** *ich mache nicht* und yapar**ız** *wir machen*, yapma-**yız** *wir machen nicht*.
In der Frageform entfällt das -z in der 1. Person nicht, da das Personalsuffix durch das Fragesuffix von dem -z getrennt wird. Beachten Sie die 3. Person Plural: Das Suffix **-ler/lar** hängt hier nicht am Fragesuffix, sondern am Aorist:

Gelmez **mi**yim?	*Komme ich (etwa) nicht?*	Yapmaz **mı**yım?	*Tue ich das (etwa) nicht?*
Gelmez **mi**sin?	*Kommst du ...?*	Yapmaz **mı**sın?	
Gelmez **mi**?	*Kommt er/sie ...?*	Yapmaz **mı**?	
Gelmez **mi**yiz?	*Kommen wir ...?*	Yapmaz **mı**yız?	
Gelmez **mi**siniz?	*Kommen Sie / Kommt ihr ...?*	Yapmaz **mı**sınız?	
Gelmez**ler mi**?	*Kommen sie ...?*	Yapmaz**lar mı**?	

Die verneinte Frage im Aorist muss situationsbezogen ins Deutsche übersetzt werden (*würden, möchten* und mit der Bedeutung *etwa, denn*).

2. Der Imperativ A5

Der Imperativ ist die sogenannte Aufforderungsform, mit der Sie einer anwesenden (2. Person Singular und Plural) oder einer nicht anwesenden (3. Person Singular und Plural) Person mitteilen, was sie tun soll. Es gibt keine Imperativform für die 1. Person Singular und Plural, dafür steht Ihnen der Optativ (→ Lektion 3) zur Verfügung.

Die Aufforderungsform für die 2. Person Singular ist der reine Verbstamm. Das gilt auch für die Verneinung.

Infinitiv		**Imperativ (2. Person Singular)**	
gel-mek	*kommen*	gel!	*komm!*
yap-mak	*machen*	yap!	*mach!*
gel**me**-mek	*nicht kommen*	gel-**me**!	*komm nicht!*
yap**ma**-mak	*nicht machen*	yap-**ma**!	*mach nicht!*

Die Aufforderungsform für die 2. Person Plural wird mit dem unbetonten Suffix **-(y)in/ ın/ün/un** nach der großen Vokalharmonie gebildet, das Sie direkt an den Verbstamm anhängen. Endet der Verbstamm auf einen Vokal, wird **-y-** eingeschoben.

Imperativ (2. Person Singular)		**Imperativ (2. Person Plural)**	
gel!	*komm!*	gel-**in**!	*komm!/kommen Sie!*
yap!	*mach!*	yap-**ın**!	*macht!/machen Sie!*
gör!	*sieh!*	gör-**ün**!	*seht!/sehen Sie!*
ol!	*sei!*	ol-**un**!	*seid!/seien Sie!*
bekle!	*warte!*	bekle-**yin**!	*wartet!/warten Sie!*
başla!	*fang an!*	başla-**yın**!	*fangt an!/fangen Sie an!*

Das Suffix -**(y)in/ın/ün/un** wird bei Aufforderungen an die Allgemeinheit um die Silbe **-iz/ız/üz/uz** erweitert, vor allem bei negativen Aufforderungen in Verbindung mit **lütfen** *bitte*.
Lütfen sigara içme**yiniz**! *Bitte nicht rauchen! (wörtl.: Bitte rauchen Sie nicht.)*
Lütfen buraya park etme**yiniz**! *Bitte hier nicht parken!*

Für Aufforderungen an nicht anwesende Personen verwenden Sie im Singular das betonte Suffix **-sin/sın/sün/sun** und im Plural das Suffix **-sinler/sınlar/sünler/sunlar**. Vorsicht: Nicht mit der Personalendung der 2. Person Singular verwechseln!

Imperativ (3. Person Singular)		Imperativ (3. Person Plural)	
gel-**sin**	*er/sie soll kommen*	gel-**sinler**	*sie sollen kommen*
yap-**sın**	*er/sie soll machen*	yap-**sınlar**	*sie sollen machen*
gör-**sün**	*er/sie soll sehen*	gör-**sünler**	*sie sollen sehen*
ol-**sun**	*er/sie soll sein*	ol-**sunlar**	*sie sollen sein*

In der folgenden Tabelle sehen Sie alle Auffordungsformen im Überblick:

	Singular	Plural
1. Person	gele**yim** yapa**yım** bekleye**yim** başlaya**yım**	gele**lim** yapa**lım** bekleye**lim** başlaya**lım**
2. Person	gel yap bekle başla	gel**in** yap**ın** bekle**yin** başla**yın**
3. Person	gel**sin** yap**sın** bekle**sin** başla**sın**	gel**sinler** yap**sınlar** bekle**sinler** başla**sınlar**

3. Das Futur A 2, 4

Das Suffix für das Futur -**(y)ecek/acak** ist zweiförmig und Sie konjugieren die Futurform mit denselben unbetonten Personalsuffixen wie das Präsens. Das Futur drückt im Türkischen ein Vorhaben oder einen Plan aus und wird sehr viel häufiger verwendet als im Deutschen. Gelegentlich bedeutet es auch eine Vorschrift. Beachten Sie, dass der Suffixauslaut **-k** in der 1. Person Singular und Plural zu **-ğ-** erweicht wird, weil er zwischen zwei Vokalen steht.

gel-eceğ-**im**	*ich werde kommen*	yap-acağ-**ım**	*ich werde machen*
gel-ecek-**sin**	*du wirst kommen*	yap-acak-**sın**	
gel-ecek	*er/sie wird kommen*	yap-acak	
gel-eceğ-**iz**	*wir werden kommen*	yap-acağ-**ız**	
gel-ecek-**siniz**	*ihr werdet/Sie werden kommen*	yap-acak-**sınız**	
gel-ecek-**ler**	*sie werden kommen*	yap-acak-**lar**	

bekle-yeceğ-**im**	*ich werde warten*	başla-yacağ-**ım**	*ich werde anfangen*
bekle-yecek-**sin**		başla-yacak-**sın**	
bekle-yecek		başla-yacak	
bekle-yeceğ-**iz**		başla-yacağ-**ız**	
bekle-yecek-**siniz**		başla-yacak-**sınız**	
bekle-yecek-**ler**		başla-yacak-**lar**	

Bu akşam size geleceğim! *Heute Abend werde ich zu euch kommen.*
Bizi simithanede bekleyecekler. *Sie werden im Sesamkringelhaus auf uns warten.*

Türkçesi Şöyle A3,5

Eine zukünftige Handlung ausdrücken

Eine Aussage über eine zukünftige Handlung können Sie entweder mit einer entsprechenden Zeitangabe im Präsens oder im Futur formulieren.
Yarın sinemaya **gidiyoruz**. *Morgen gehen wir ins Kino.*
Yarın sinemaya **gideceğiz**. *Morgen werden wir ins Kino gehen.*

Dieselbe Aussage im Aorist relativiert die Aussage:
Yarın sinemaya **gideriz**. *Morgen gehen wir vielleicht ins Kino.*

Die Aussage im Präsens ist nicht so entschieden, eher ein Vorhaben, während die Futurform die feste Absicht ausdrückt und den Charakter eines Versprechens annimmt. Die Formulierung im Aorist bedeutet immer eine allgemeine Aussage über die Handlung oder den Sachverhalt. Sie ist kein Versprechen, mit dem Aorist will der Sprecher sich nicht festlegen.

Wenn Sie jemanden bitten, Sie morgen anzurufen, sagen Sie:
Yarın bana telefon **eder misin**? *Würdest du mich bitte morgen anrufen?* Oder:
Yarın bana telefon **et**! *Ruf mich morgen an!*

Sie werden eine dieser drei möglichen Antworten erhalten:
Olur, yarın sana telefon **ederim**. *In Ordnung, ich ruf dich morgen (wahrscheinlich) an.*

Olur, yarın sana telefon **ediyorum**. *In Ordnung, ich ruf dich morgen (also) an.*
Olur, yarın sana telefon **edeceğim**. *In Ordnung, ich ruf dich morgen (bestimmt) an.*

Nach dem Weg fragen

Wenn Sie jemanden nach dem Weg fragen, formulieren Sie ihre Frage am besten im Aorist: Taksim'e nasıl **giderim**? *Wie gehe ich am besten zum Taksimplatz?*

Die Antwort erfolgt meist im Imperativ:
Bu yoldan dümdüz **gidin**. *Gehen/Fahren Sie diesen Weg geradeaus.*
Lambadan sola **dönün**. *Halten Sie sich an der Ampel links.*
İkinci ışıktan sağa **sapın**. *Biegen Sie an/nach der zweiten Ampel nach rechts ab.*

Wünsche zu verschiedenen Gelegenheiten übermitteln

Geçmiş olsun! *Es möge vorübergehen!* (Krankheit, Prüfung usw.)
Allah mesut etsin! *Gott möge glücklich machen!*
Bereket versin! *Möge es Segen bringen!*
Doğum gününüz kutlu olsun!
Herzlichen Glückwunsch zum Geburtstag! (wörtl.: Ihr Geburtstag möge gesegnet sein!)

Konuyla İlgili

Viele Futur- und Aoriststämme sind mittlerweile zu selbstständigen Substantiven geworden:

açacak	*Öffner (wörtl.: etwas zum Öffnen)*	giyecek	*Bekleidung*
		içecek	*Getränk*
		yiyecek	*Nahrungsmittel*

Mit den Wörtern **şey** *Sache*, **birisi** *jemand* und **yer** *Ort* kombiniert bedeuten sie *etwas/jemand/ein Ort zum ...*

konuşacak bir yer	*Besprechungsort (= ein Ort, an dem man etwas bespricht)*	oturacak bir yer	*Sitzplatz (= Ort, an dem man sitzt)*
konuşacak bir şey	*Gesprächsthema (= etwas zum Besprechen)*	yazacak bir şey	*Schreibutensil (= Stift, Papier usw.)*
konuşacak birisi	*Gesprächspartner (= jemand zum Sprechen)*	yiyecek bir şey	*Lebensmittel (= etwas zum Essen, Essbares)*

Der Aorist dient auch für konkrete Dinge:

bilgisayar	*Computer (= etwas zum Daten zählen)*	okur	*Leser (z. B. einer Zeitung) (= der regelmäßig Lesende)*
döner	*Drehspieß (= der sich drehende Kebab)*	yazar	*Schriftsteller (= der regelmäßig Schreibende)*
düşünür	*Denker, Philosoph (= jemand, der (nach)denkt)*	çalar saat	*Wecker (= klingelnde Uhr)*
gelir(ler)	*Einkommen (= das regelmäßig aufs Konto Kommende)*	çıkmaz sokak	*Sackgasse (= Gasse, aus der es keinen Ausweg gibt)*
gider(ler)	*Ausgaben (= das regelmäßig vom Konto Gehende)*	çıkar yol	*Ausweg*

Häufig werden Sie auf das Wort **sever** *der Liebende, Liebhaber* in Wortverbindungen stoßen:

barışsever	*Friedliebende(r), Pazifist(in)*
tiyatrosever	*Theaterliebhaber(in)*
konuksever	*Gastfreund(in)*

Richtungsangaben

sağ	*rechts*	sağa	*nach rechts*	sağdan	*von rechts*
sol	*links*	sola	*nach links*	soldan	*von links*
ön	*vorne*	öne	*nach vorne*	önden	*von vorne*
arka	*hinten*	arkaya	*nach hinten*	arkadan	*von hinten*

Denken Sie daran, die Richtungsangaben in den richtigen Kasus zu setzen, z. B.: Lambadan sağa dönün! *Wenden Sie sich an der Ampel nach rechts.*

Auch die Wörter **ileri** *vorwärts* und **geri** *rückwärts* sollten Sie in diesem Zusammenhang lernen, vor allem in den Fügungen **ileri gitmek** *vorwärts gehen* und **geri gelmek** *zurückkommen*.

Ortsangaben

sağda	*auf der rechten Seite*	arkada	*hinten*
solda	*auf der linken Seite*	ileride	*weiter vorne*
önde	*vorne*	geride	*weiter hinten, zurück*

Alıştırmalar

1 Verneinen Sie die Sätze.

1. Sana telefon ederim. *Sana telefon etmem.*
2. Yarın sinemaya giderim. ....
3. Yarın 8 saat çalışırsın. ....
4. Bu akşam bize gelirsiniz. ....
5. Hasan sigara içer mi? ....
6. Bu otobüs Taksim'e gider mi? ....
7. Hafta sonu tiyatroya gider miyiz? ....
8. Yarın sabah firmaya gelir misin? ....

2 Verbinden Sie die beiden Sätze zuerst im Aorist, dann im Futur.

1. Akşam eve geliyorum. Hemen sana telefon ediyorum.
   Akşam eve gelir gelmez sana telefon ederim/edeceğim.
2. Öğrenciler dersten çıkıyor. Hemen kantine koşuyorlar.
   ....
3. İşten geliyorsun. Hemen gazete okuyorsun.
   ....
4. Sevil İzmir'e gidiyor. Hemen Fatma'ya telefon ediyor.
   ....
5. Yemeğimi yiyorum. Hemen evden çıkıyorum.
   ....
6. İşinizi bitiriyorsunuz. Hemen bana haber veriyorsunuz.
   ....
7. Akşam oluyor. Hemen eve gidiyorum.
   ....
8. Sabah uyanıyoruz. Hemen çay içiyoruz.
   ....

3 Beschreiben Sie den Tagesablauf im Aorist.

1. Her gün saat 7'de ..kalkarım.. (kalkmak).
2. Önce kahvaltı .... (yapmak).
3. Saat 8'de evden .... (çıkmak).
4. 9'da işime .... (gelmek).
5. Öğle yemeğini kantinde .... (yemek).
6. Saat 17'ye kadar .... (çalışmak).
7. Sonra eve .... (dönmek).
8. Akşamları televizyon .... (seyretmek).

4 Sagen Sie, was diese Personen vorhaben und achten Sie dabei auf die Endungen.

1. Sevil İzmir.'e... ..gidecek.. (gitmek).
2. Ben de İzmir...... .... (gitmek).
3. Hasan İstanbul...... .... (kalmak).
4. Brigitte İstanbul...... .... (gezmek).
5. Hasan ile Özden lokanta...... .... (yemek yemek).
6. Zeynep bu akşam Sevil...... telefon .... (etmek).
7. Biz birlikte simithane...... çay .... (içmek).
8. Siz de bizimle birlikte...... .... (gelmek).

5 Formulieren Sie die Aufforderungen auf Türkisch.

1. *Ruf mich bitte heute Abend an.* ....
2. *Gehen wir doch heute Abend ins Kino.* ....
3. *Hasan soll heute zu Hause bleiben.* ....
4. *Bitte warten Sie hier.* ....
5. *Sie (2. Pers Pl) werden hier warten, in Ordnung?* ....
6. *Sie (3. Pers Pl) sollen uns Bescheid geben.* ....
7. *Würden Sie uns bitte Bescheid geben?* ....
8. *Geben Sie uns bitte Bescheid.* ....

Diese Lektion beschäftigt sich mit:
- dem Empfang von **Gästen**
- der **Wohnungseinrichtung**
- der Deklination der **Personal- und Fragepronomen**
- dem **Perfekt**
- den **Postpositionen**
- der Wiedergabe von ***gehören*** und ***heißen***
- der Bedeutung des Ausdrucks ***diye***

Beşinci Ders 5

İzmir'den Sevgilerle!

Sevgili Kardeşim Seçil,
İzmir'den sevgilerle! Biz İzmir'e dün öğleye doğru vardık, ama bir an önce yazlığa gidelim diye acele ettik. Fatma bizi garajdan aldı ve hemen buraya getirdi. Hava çok sıcak, ama kuru. Şu anda Özdere'de, yazlıktayız. Burada cep telefonları pek çalışmıyor. Allah'tan bir internet cafe var. Sana haber vereyim diye bugün internete girdim, bu maili oradan yazıyorum. Yazlığımız dağ yamacında sade bir yer. Eve kapanmayalım diye yazı masası, kütüphane, televizyon gibi şeyler yok. Oturma odası, yatak odalarımız ve banyolar süper. Mutfakta her şey var, buzdolabı, fırın ve ocak. Bütün bunları buraya sen de gelesin diye yazıyorum. Zaten annem de Seçil ne zaman gelecek diye soruyor hep. Yani hepimiz seni bekliyoruz.
Bizi merak etme, hepimiz iyiyiz.
Selam ve sevgilerle
Sevil

Not: Brigitte ile Bodrum'a iner inmez sana haber vereceğiz, belki iki hafta sonra. Annemiz eve dönecek. Ümit ederiz ki sen de buraya gelirsin!

Liebe Grüße aus Izmir!

Meine liebe (Schwester) Seçil,
liebe Grüße aus Izmir! Wir sind gestern gegen Mittag in Izmir angekommen, aber weil wir so schnell wie möglich zum Sommerhaus fahren wollten, hatten wir es eilig. Fatma hat uns vom Busbahnhof abgeholt und uns sofort hierher gebracht. Hier ist es sehr heiß, aber trocken. Nun sind wir in Özdere, in unserem Ferienhaus. Hier funktionieren die Handys nur schlecht. Gott sei Dank gibt es ein Internet-Café. Um dir eine Nachricht zu geben, bin ich ins Internet gegangen und schicke dir die E-Mail von hier aus. Unser Feriendomizil ist ein sehr schlichter Ort an einem Berghang. Damit wir uns nicht ins Haus verkriechen, gibt es so Dinge wie Schreibtisch, Bibliothek oder Fernseher nicht. Das Wohnzimmer, unsere Schlafzimmer und Bäder sind super. In der Küche gibt es alles, Kühlschrank, Backofen und Herd. Das alles schreibe ich dir, um (dir) zu sagen, komm du doch auch. Und außerdem fragt Mutter ständig, wann kommt Seçil? Also, wir alle warten auf dich.
Mach dir keine Sorgen um uns, uns geht es allen gut.
Liebe Grüße und Küsse
Sevil

PS: Sobald Brigitte und ich in Bodrum angekommen (wörtl.: ausgestiegen) sind, geben wir Nachricht. Vielleicht in zwei Wochen. Unsere Mutter wird nach Hause zurückkehren. Wir hoffen, dass du doch noch hierherkommst!

Yeni Konu

Die Bedeutung des Ausdrucks *diye* A7

Der Ausdruck **diye** ist ein wichtiges grammatisches Strukturwort und schließt eine wörtliche Rede ab. Er ersetzt im Türkischen die Anführungsstriche. Sinngemäß bedeutet **diye** *sagend*, das Wort selbst, das sich von **demek** *sagen* ableitet, wird aber nicht übersetzt. Sie werden **diye** häufig vor Verben des Sagens, Fragens, Antwortens und Mitteilens antreffen. Merken Sie sich den Ausdruck auch als ein typisches Wort zum Abschluss eines Zitats.
Sevil, ne zaman gideceğiz **diye** sordu. *Sevil fragte: „Wann werden wir fahren?"*
Ablası, yarın gideceğiz **diye** cevap verdi.
Ihre Schwester antwortete: „Wir werden morgen fahren."
Hasan arkadaşına, yarın geleceğiz **diye** bir kart yazdı.
Hasan schrieb an seinen Freund eine Karte: „Wir werden morgen kommen."
Özden, şimdi bir çay içeyim **diye** düşündü.
Özden überlegte sich: „Jetzt trinke ich einen Tee."

Das Wort **diye** wird nicht mit **demek** *sagen* gebraucht, da es davon abgeleitet ist:
Özden, şimdi bir çay içmeyeyim **diyor**. *Özden sagt/meint: „Ich trinke jetzt keinen Tee."*

Otogarda

Fatma:	İzmir'e hoş geldiniz çocuklar. Ne iyi ettiniz de geldiniz!
Sevil'in annesi:	Hoş bulduk, Fatmacığım.
Fatma:	Ee, anlatın bakalım, nasılsınız, iyi misiniz, keyifler nasıl?
Sevil:	Sağ ol Fatmacığım, hepimiz iyiyiz, bizim keyifler iyi; ya sen nasılsın?
Fatma:	Fena sayılmaz. Bizler de iyiyiz. Yolculuk nasıl geçti?
Sevil:	Çok iyi. Bu sefer Bursa üzerinden gidelim diye düşündük. Kaptan şoför Balıkesir'de ihtiyaç ve yemek molası verdi. Dinlenme tesisleri çok güzeldi, yemekler şahaneydi.
Fatma:	Ne bekliyoruz? Arabam park yerinde. Oraya kadar yürüyeceğiz. Başka eşyanız var mı?
Sevil'in annesi:	Yok, hepsi bu. Valizler tekerlekli, taşımak zor değil yani.
Fatma:	Buyurun öyleyse arabaya. Hemen Özdere'ye gidelim.

Yazlıkta.

Fatma:	Özdere'ye hoş geldiniz.
Sevil'in annesi/Brigitte:	Hoş bulduk.
Fatma:	Buyurun, size odalarınızı göstereyim. Banyo ileride, mutfağın yanında. Duş almak istersiniz belki.
Sevil:	Valizleri nereye koyayım?

Fatma:	Şimdilik şu aynalı dolabın önüne koy; önce birer yorgunluk çayı içelim.
Sevil'in annesi:	İyi fikir. Duştan sonra da valizleri yerleştiririz. Sonra biraz dinleniriz.
Fatma:	Ben çaydan sonra bir kere denize girip akşama doğru İzmir'e dönmek istiyorum.

Söz Dağarcığı

İzmir'den Sevgilerle!

sevgilerle	*liebe Grüße (wörtl.: mit aller Liebe)*
öğleye doğru	*gegen Mittag*
vardık	*wir kamen an*
varmak + *Dat*	*ankommen*
bir an önce	*so schnell wie möglich*
yazlık, yazlığı	*Sommerhaus, Ferienwohnung*
acele	*Eile*
bizi garajdan aldı	*sie hat uns vom Busbahnhof abgeholt*
garaj	*Garage; Busbahnhof*
almak + *Akk/+ Abl*	*abholen*
getirmek *Dat*	*(her)bringen*
hava	*das Wetter*
çok sıcak	*sehr heiß*
kuru	*trocken*
Özdere	*kleiner Ort in der Nähe von Izmir*
cep telefonu	*Handy, Mobiltelefon*
Allah'tan	*Gott sei Dank (wörtl.: bei Gott)*
dağ yamacında	*am Berghang*

sade [saːde]	*einfach, schlicht*
haber vereyim diye	*weil ich Nachricht geben will*
internete girdim	*ich bin ins Internet gegangen*
mail	*E-Mail*
eve kapanmayalım diye	*um uns nicht ins Haus einzusperren*
yazı masası	*Schreibtisch*
kütüphane [kütüphaː'ne]	*Bibliothek; Bücherschrank*
televizyon	*Fernseher*
oturma odası	*Wohnzimmer*
yatak odaları *Pl*	*Schlafzimmer*
banyo ['banyo]	*Badezimmer*
süper ['süper]	*sehr gut, super*
buzdolabı	*Kühlschrank*
fırın	*Backofen*
ocak, ocağı	*Herd*
sen de gelesin	*komm doch du auch*
bütün + *Subst*	*alle*
hafta	*Woche*
Bodrum	*Stadt (das antike Halikarnassos)*
not	*PS, Nachtrag*
Otogarda	
otogarda	*am Busbahnhof*
İzmir'e hoş geldiniz	*ihr seid willkommen in Izmir*
Ne iyi ettiniz de geldiniz!	*Wie gut, dass ihr gekommen seid!*
Fatmacığım *Dim*	*meine liebe Fatma*
ee, anlatın bakalım	*nun, erzählt mal*
keyifler nasıl?	*wie steht es mit eurer Laune/Lust?*
keyif, keyfi	*gute Verfassung, gute Laune*
Fena sayılmaz.	*Nicht schlecht. (wörtl.: Das Schlechte wird nicht gezählt.)*

fena [fe'naː]	*schlecht, böse*
bu sefer	*diesmal*
Bursa üzerinden	*über Bursa*
diye düşündük	*dachten wir*
düşünmek	*(nach)denken, überlegen*
kaptan şoför	*Busfahrer*
ihtiyaç ve yemek molası	*Toiletten- und Essenspause*
Balıkesir [ba'lıkesir]	*Stadt in Westanatolien*
dinlenme tesisleri	*Erholungsanlagen (der Raststätte)*
yemekler şahaneydi	*das Essen war wunderbar*
Ne bekliyoruz?	*Worauf warten wir?*
park yerinde	*auf dem Parkplatz*
oraya kadar	*bis dorthin*
yürüyeceğiz	*wir werden zu Fuß gehen*
yürümek	*zu Fuß gehen, laufen*
Başka eşyanız var mı?	*Habt ihr noch anderes Gepäck?*
Yok, hepsi bu.	*Nein, das ist alles.*
valiz	*Koffer*
tekerlekli	*mit Rädern*
taşımak	*tragen*
zor	*schwer*
Buyurun öyleyse arabaya.	*Also bitte zum Wagen.*
Özdere	*(kleiner Ort bei Izmir)*
hemen ['hemen]	*gleich, sofort*
mutfağın yanında	*neben der Küche*
duş almak	*duschen*
belki ['belki]	*vielleicht*
Valizleri nereye koyayım?	*Wohin soll ich die Koffer stellen?*
koymak	*stellen, legen*
şimdilik	*vorerst*

aynalı dolabın önüne	*vor den Spiegelschrank*	yerleştirmek	*aufräumen, an seinen Platz stellen*
aynalı dolap, dolabı	*Spiegelschrank*	**biraz** ['biraz]	*etwas, ein wenig*
yorgunluk çayı	*Tee gegen die Müdigkeit*	**dinlenmek**	*sich ausruhen, erholen*
duştan sonra da valizleri yerleştiririz	*und nach der Dusche packen wir die Koffer aus*	bir kere	*einmal*
		dönmek + *Dat*	*zurückkehren*

Dilbilgisi

1. Das Perfekt A1,2

Das türkische Perfekt hat das vierförmige Suffix **-di/dı/dü/du** (nach stimmlosen Konsonanten **-ti/tı/tü/tu**) und drückt immer eine abgeschlossene, vollendete Handlung aus, die der Sprecher selbst erlebt hat. Im Deutschen können Sie das türkische Perfekt entweder durch das Imperfekt oder das Perfekt wiedergeben: **gelmek** *kommen* → **geldi** *er/sie kam, er/sie ist gekommen,* **geldi mi?** *kam er/sie?, ist er/sie gekommen?* In den Tabellen beschränken wir uns aus Gründen der Übersicht auf die Wiedergabe im Imperfekt.

Zur Konjugation des Perfekts verwenden Sie die Personalsuffixe, die von den Possessivsuffixen abgeleitet sind (→ Lektion 2). Bei der Frageform bleibt das konjugierte Verb unverändert und die Fragepartikel **mi** wird bei allen Personen nachgestellt (→ Lektion 3, Präsens **-yor**). Beim Perfekt liegt die Betonung (wegen des kurzen Perfektsuffixes) immer auf der letzten Silbe.

Singular	Perfekt		Frageform	
1. Pers	gel-**di-m**	*ich kam*	gel**dim mi?**	*kam ich?*
2. Pers	gel-**di-n**	*du kamst*	gel**din mi?**	*kamst du?*
3. Pers	gel-**di**	*er/sie kam*	gel**di mi?**	*kam er/sie?*
Plural				
1. Pers	gel-**di-k**	*wir kamen*	gel**dik mi?**	*kamen wir?*
2. Pers	gel-**di-niz**	*ihr kamt/Sie kamen*	gel**diniz mi?**	*kamt ihr?/ kamen Sie?*
3. Pers	gel-**di-ler**	*sie kamen*	gel**diler mi?**	*kamen sie?*

Entsprechend der großen Vokalharmonie (**-i/ı/ü/u**) lauten die weiteren drei Varianten:

kal-mak	*bleiben*	kal-**dı**	*er/sie blieb*	kal**dı mı?**	*blieb er/sie?*
gör-mek	*sehen*	gör-**dü**	*er/sie sah*	gör**dü mü?**	*sah er/sie?*
otur-mak	*wohnen*	otur-**du**	*er/sie wohnte*	otur**du mu?**	*wohnte er/sie?*

Endet der Verbstamm auf einen stimmlosen Konsonanten (→ Lektion 1: **Fe PaŞa ÇoK HaSTa**), wird das **d** im Suffix zu **t**:

geç-mek	*vorbeigehen*	geç-**ti**	*er/sie ging vorbei*	geç**ti mi?**	*ging er/sie vorbei?*
bak-mak	*schauen*	bak-**tı**	*er/sie schaute*	bak**tı mı?**	*schaute er/sie?*
öp-mek	*küssen*	öp-**tü**	*er/sie küsste*	öp**tü mü?**	*küsste er/sie?*
koş-mak	*laufen*	koş-**tu**	*er/sie lief*	koş**tu mu?**	*lief er/sie?*

2. Die Verneinung des Perfekts A4

Die Verneinung des Perfekts bilden Sie mit dem Infix **-me/ma-**:

Singular	Perfekt		Frageform	
1. Pers	gel-**me**-dim	*ich kam nicht*	gel**me**dim **mi**?	*kam ich nicht?*
2. Pers	gel-**me**-din	*du kamst nicht*	gel**me**din **mi**?	*kamst du nicht?*
3. Pers	gel-**me**-di	*er/sie kam nicht*	gel**me**di **mi**?	*kam er/sie nicht?*
Plural				
1. Pers	gel-**me**-dik	*wir kamen nicht*	gel**me**dik **mi**?	*kamen wir nicht?*
2. Pers	gel-**me**-diniz	*ihr kamt/ Sie kamen nicht*	gel**me**diniz **mi**?	*kamt ihr/kamen Sie nicht?*
3. Pers	gel-**me**-diler	*sie kamen nicht*	gel**me**diler **mi**?	*kamen sie nicht?*

Bei der Verneinung bleibt das **d** im Suffix auch bei Verben mit Stammauslaut auf einen stimmlosen Konsonanten erhalten, weil das Verneinungsinfix **-me/ma-** zwischen den Endkonsonanten und das Suffix rückt:

geç**me**di	*er/sie ging nicht vorbei*	geç**me**di **mi**?	*ging er/sie nicht vorbei?*
bak**ma**dı	*er/sie schaute nicht*	bak**ma**dı **mı**?	*schaute er/sie nicht?*
öp**me**di	*er/sie küsste nicht*	öp**me**di **mi**?	*küsste er/sie nicht?*
koş**ma**dı	*er/sie lief nicht*	koş**ma**dı **mı**?	*lief er/sie nicht?*

3. Das Perfekt von *sein* A4

Das Perfektsuffix für die Entsprechung des deutschen Verbs *sein* lautet **idi**. Sie können es entweder unverbunden zu einem Substantiv oder Adjektiv stellen oder es mit diesem verbinden. Die nachgestellte Form behält immer **i** als Vokal und ist stets unbetont. Wenn Sie **idi** anhängen, müssen Sie die Vokalangleichung beachten. Geht ein Vokal voraus, wird das erste **i** zu **y**, nach einem Konsonanten entfällt es.

Öğretmen**dim**./Öğretmen **idim**. *Ich war Lehrer(in).*
Dün hasta**ydın**./Dün hasta **idin**. *Du warst gestern krank.*
● Hafta sonu nerede**ydin/nerede idin**? *Wo warst du am Wochenende?*
● Evde**ydim/evde idim**. *Ich war zu Hause.*
Sevil İstanbul'da**ydı/**İstanbul'**da idi**. *Sevil war in Istanbul.*
Hasan dün çok yorgun**du/yorgun idi**. *Hasan war gestern sehr müde.*

Die Verneinung erfolgt mit **değil**. Beachten Sie, dass die unverbundene Nachstellung bei der Verneinung nicht üblich ist.
Öğretmen değil**dim**. *Ich war nicht Lehrer(in).*
Dün hasta değil**din**. *Du warst gestern nicht krank.*
Hasan dün çok yorgun değil**di**. *Hasan war gestern nicht sehr müde.*
Sevil İstanbul'da değil**di**. *Sevil war nicht in Istanbul.*

4. Die Deklination der Personal- und Fragepronomen

Personal- und Fragepronomen werden im Türkischen wie Substantive dekliniert. Sie können somit alle Kasussuffixe (→ Lektion 3, Seite 48) annehmen, die auch für Substantive in Frage kommen.

Personalpronomen

Nominativ	ben *ich*	sen *du*	o *er/sie*	biz *wir*	siz *ihr/Sie*	onlar *sie*
Genitiv	ben**im***	sen**in**	on**un**	biz**im***	siz**in**	onlar**ın**
Dativ	ban**a****	san**a****	on**a**	biz**e**	siz**e**	onlar**a**
Akkusativ	ben**i**	sen**i**	on**u**	biz**i**	siz**i**	onlar**ı**
Lokativ	ben**de**	sen**de**	on**da**	biz**de**	siz**de**	onlar**da**
Ablativ	ben**den**	sen**den**	on**dan**	biz**den**	siz**den**	onlar**dan**

* Beachten Sie die Ausnahme im Genitiv: In der 1. Person Singular und Plural lautet das Suffix **-im** statt **-in**: **benim, bizim.**
** Im Dativ müssen Sie bei der 1. und 2. Person Singular einen Vokalwechsel im Wortstamm beachten: **ben** ▸ **bana**, **sen** ▸ **sana**.

Fragepronomen

Nominativ	kim? *wer?*	kim**ler**? *wer alles?*	ne? *was?*	ne**ler**? *was alles?*	nere(si)?* *welcher Ort?*
Genitiv	kim**in**	kim**lerin**	ne**yin**	ne**lerin**	nere(si)**nin***
Dativ	kim**e**	kim**lere**	ne**ye****	ne**lere**	nere**ye**
Akkusativ	kim**i**	kim**leri**	ne**yi**	ne**leri**	nere**yi**/ neres**ini***
Lokativ	kim**de**	kim**lerde**	ne**de****	ne**lerde**	nere**de**
Ablativ	kim**den**	kim**lerden**	ne**den****	ne**lerden**	nere**den**

* Das Pronomen **neresi** vertritt den Ort selbst. Hierauf weist das Possessivsuffix **i** mit dem Füllkonsonanten **-s-** hin.
- Burası **neresi**? *Wie heißt dieser Ort?*
- Burası Ankara Radyosu! *Hier ist Radio Ankara.*

** Das Pronomen **neye** ist zu **niye** geworden und bedeutet *wieso?*, das Pronomen **neden** bedeutet *weshalb?* und **nede** kommt so gut wie gar nicht vor (es erscheint nur der Vollständigkeit halber in der Tabelle).
Niye İzmir'e gittin? *Wieso bist du nach Izmir gefahren?*
Neden otelde kaldı? *Weshalb hat er/sie im Hotel gewohnt?*
(Vgl. dazu auch → Lektion 14)

5. Postpositionen

Sie kennen aus dem Deutschen Präpositionen, d.h. Verhältniswörter, die vor einem Substantiv stehen (z.B. *nach Hause*). Im Türkischen gibt es keine Präpositionen, sondern nur nachgestellte Verhältniswörter, die deshalb Postpositionen heißen.

Die türkische Sprache kennt zwei Gruppen von Postpositionen, die sogenannten echten Postpositionen, die einen bestimmten Kasus verlangen (z.B. **sonra** *nach*, **-e kadar** *bis zum*), und die sogenannten unechten lokalen Postpositionen. Echte Postpositionen können entweder den Nominativ, Dativ oder Ablativ verlangen. Postpositionen mit dem Akkusativ oder Lokativ gibt es nicht. Der Genitiv ist nur bei Pronomen erforderlich.

Echte Postpositionen

Es gibt nur vier Postpositionen, die in Verbindung mit dem Nominativ stehen:

ile	*mit*	arkadaş **ile**	*mit dem Freund*
gibi	*(so) wie*	Türk **gibi**	*wie ein Türke*
kadar	*(so viel) wie*	Sevil **kadar**	*wie Sevil*
için	*für*	babam **için**	*für meinen Vater*

Beachten Sie, dass **ne için** zu **niçin** verschmolzen ist und die Bedeutung *warum* hat.
Die Postposition **ile** *mit* treffen Sie häufig als unbetontes Suffix **-(y)le/la** an:

kardeş **ile**	▶	kardeş**le**	*mit dem Bruder*
arkadaş **ile**	▶	arkadaş**la**	*mit dem Freund*
otobüs **ile**	▶	otobüs**le**	*mit dem Omnibus*
araba **ile**	▶	araba**yla**	*mit dem Auto*
anne **ile**	▶	anne**yle**	*mit der Mutter*

Nimmt ein Substantiv mit vokalischem Auslaut ein Possessivsuffix zu sich, entfällt der Füllkonsonant **-y**:

ann**em ile**	▶	anne**mle**	*mit meiner Mutter*
araba**n ile**	▶	araba**nla**	*mit deinem Auto*
Aber:			
araba**sı ile**	▶	araba**sıyla**	*mit seinem/ihrem Auto*

Wenn Sie diese Nominativpostpositionen mit Personal- oder Fragepronomen verbinden, müssen diese Pronomen im Genitiv stehen:

kim**in için**?	*für wen?*	kim**inle**?	*mit wem?*
		(in der Umgangssprache auch **kimle**)	
ben**im için**	*für mich*	on**unla**	*mit ihm*

Merken Sie sich die folgenden Postpositionen mit dem Dativ:

dair [da:ir]	*bezüglich, über*	bu konuy**a dair**	*über dieses Thema*
göre	*gemäß, entsprechend*	benim fikrim**e göre**	*meiner Meinung nach*
kadar	*bis zum/nach*	Bursa'**ya kadar**	*bis nach Bursa*
karşı	*gegen*	bu görüş**e karşı**	*gegen diese Meinung*
rağmen	*trotz*	kötü hava**ya rağmen**	*trotz (des) schlechten Wetters*

Und nun noch die wichtigsten Postpositionen mit dem Ablativ:

başka	*außer*	bun**dan başka**	*außer diesem, außerdem*
beri	*seit*	pazartesi**den beri**	*seit Montag*
dolayı	*wegen*	yağmur**dan dolayı**	*wegen (des) Regens*
itibaren [itiba:ren]	*ab*	pazartesi**den itibaren**	*ab Montag*
önce	*vor*	pazartesi**den önce**	*vor dem Montag*
sonra	*nach*	pazartesi**den sonra**	*nach dem Montag*

Unechte lokale Postpositionen

Es handelt sich bei den folgenden zwölf Wörtern um Substantive, die eine lokale Bedeutung haben. In Bezug auf ein weiteres Substantiv, d. h. in einer Genitivkonstruktion (z. B. *an der Unterseite des Tisches*), entsprechen sie den deutschen lokalen Präpositionen (z. B. *unter dem Tisch*).

alt	*die Unterseite*	**ön**	*das Vordere*
ara	*der Zwischenraum*	**üst**	*das Obere*
arka	*das Hintere*	**üzer**	*die Oberfläche*
dış	*das Äußere*	**yan**	*die Seite*
iç	*das Innere*	**sağ**	*das Rechte*
orta	*die Mitte*	**sol**	*das Linke*

Die unechten lokalen Postpositionen werden nur dann verwendet, wenn der Kasus allein (Dativ, Lokativ und Ablativ) die Lage nicht detailliert genug beschreibt:
Kitap nerede? *Wo ist das Buch?*
Kitap dolap**ta**. *Das Buch ist/liegt im Schrank.*
Kitap masa**da**. *Das Buch ist/liegt auf dem Tisch.*
Aber:
Kitap masa**nın** **altında**.
Das Buch ist unter dem Tisch. (wörtl.: Das Buch ist an der Unterseite des Tisches.)
Schauen Sie sich die weiteren Beispiele genau an. Beachten Sie, dass die Postpositionen **üst** *über* und **üzer** *auf* bedeutungsgleich verwendet werden.

masa**nın** alt**ında** *unter dem Tisch*	oda**nın** orta**sında** *inmitten des Zimmers*
ağaçlar**ın** ara**sında** *zwischen den Bäumen*	televizyon**un** ön**ünde** *vor dem Fernseher*
dolab**ın** arka**sında** *hinter dem Schrank*	dolab**ın** üst**ünde** *auf dem Schrank*
ev**in** dış**ında** *außerhalb des Hauses*	koltuğ**un** üzer**inde** *auf dem Sessel*
çanta**nın** iç**inde** *in der Tasche*	kalorifer**in** yan**ında** *neben der Heizung*
radyo**nun** sol**unda** *links vom Radio*	vazo**nun** sağ**ında** *rechts von der Vase*

Türkçesi Şöyle

Die Wiedergabe von *gehören* A5

Um die Zugehörigkeit von Gegenständen, Ideen usw. zu bestimmten Personen auszudrücken, benötigen Sie die Possessivpronomen (**benim**, **senin**, **onun**, **bizim**, **sizin**, **onların**), die mit dem Genitiv der Personalpronomen (→ Lektion 1) identisch sind. Sie stehen im Aussagesatz am Satzende:
Bu kitap **benim**. *Dieses Buch gehört mir. (wörtl.: Dieses Buch ist meines.)*

Wenn Sie statt des Pronomens die Person nennen, muss der Name im Genitiv stehen:
- Bu kitap **kimin**? *Wem gehört dieses Buch? (wörtl.: Wessen Buch ist das?)*
- Bu kitap **Sevil'in**. *Dieses Buch gehört Sevil.*

Neben dieser Möglichkeit können Sie auch den Ausdruck **ait** [a:it] *(zu)gehörig* benutzen. Dabei steht der Besitzer wie im Deutschen im Dativ:
Bu ev bize **ait**. *Dieses Haus gehört uns.*
Bu ev **Sevil'e ait**. *Dieses Haus gehört Sevil.*

Die Wiedergabe von *heißen* A6,7

Auch für die Wiedergabe des Verbs *heißen* brauchen Sie die Possessivkonstruktion. Statt *ich heiße, du heißt* usw. sagen Sie im Türkischen *mein Name ist*:
Benim adım Fatma Tüzün. *Mein Name ist Fatma Tüzün.*

Auch dem arabischen Ausdruck **isim** *Name* werden Sie ab und zu begegnen. Die Possessivformen von **ad** und **isim** lauten:

ben**im** ad**ım**	*mein Name (ist), ich heiße*	ben**im** ism**im**
sen**in** ad**ın**	*dein Name (ist), du heißt*	sen**in** ism**in**
o**nun** ad**ı**	*sein/ihr Name (ist), er/sie heißt*	o**nun** ism**i**
biz**im** ad**ımız**	*unser Name (ist), wir heißen*	biz**im** ism**imiz**
siz**in** ad**ınız**	*euer/Ihr Name (ist), ihr heißt/Sie heißen*	siz**in** **isminiz**
onlar**ın** ad**ları**	*ihr Name (ist), sie heißen*	onlar**ın** isim**leri**

Wenn Sie jemanden nach dem Namen fragen, müssen Sie im Türkischen das Fragewort **ne?** *was?* und nicht **nasıl?** *wie?* benutzen:
Adın **ne**? *Wie ist dein Name?*
İsminiz **ne**? *Wie ist Ihr Name?*

Geläufige Redewendungen in Frageform

Ne oldu? ['no:ldu] *Was ist passiert?*
Ne var? *Was gibt's? Was ist los?*
Ne var, ne yok? *Was gibt's Neues? Wie geht's, wie steht's?*
Ne haber? ['na:ber] *Hallo, wie geht's?*
Ne olsun? ['no:lsun] *Was soll es (denn) sein?*

Und so können Sie auf Entscheidungs- und andere Fragen antworten:
Olur. *In Ordnung. (wörtl.: Es geht.)*
Olmaz. *Es geht nicht, unmöglich.*
Oldu. *In Ordnung, ist erledigt.*
Olsun. *So soll es sein. (wörtl.: Es möge so sein.)*

Hunger bekommen und Durst haben A3

Wenn Sie sagen wollen, dass Sie hungrig sind, benötigen Sie im Türkischen das Verb **acıkmak** *Hunger bekommen*:
Acıktım. *Ich habe Hunger (bekommen).*
Karnım aç. *Ich habe Hunger.*
(wörtl.: Mein Bauch ist hungrig. = Zustandsbeschreibung im Präsens)
Karnım acıktı. *Ich habe Hunger.*
(wörtl.: Mein Bauch hat Hunger bekommen. = Beschreibung mit Perfekt)
Açım. *Ich bin hungrig.* (Kann auch *ich leide Hunger* bedeuten und ist seltener als die oben genannten Formen.)

Beachten Sie den Unterschied bei der Fragestellung:
Acıktınız mı? *Haben Sie Hunger?* (= Frage an Gäste, die erwartet wurden.)
Karnınız aç mı? *Haben Sie Hunger?* (= Frage an Gäste, die unerwartet gekommen sind.)

Wenn Sie sagen wollen, dass Sie durstig sind, benötigen Sie das Verb **susamak** *Durst haben*, das immer im Perfekt verwendet wird:
Susadım. *Ich habe Durst (bekommen).*

Konuyla İlgili

Rund um die Wohnung

salon, oturma odası	*Wohnzimmer*
yatak odası	*Schlafzimmer*
çocuk odası	*Kinderzimmer*
çalışma odası	*Arbeitszimmer*
yemek odası	*Esszimmer*
tuvalet	*Toilette*
lavabo [la'vabo]	*Bad und Toilette (wörtl.: Waschbecken)*
kiler	*Vorratskammer, Abstellraum*
bodrum	*Keller*
balkon	*Balkon*
zemin kat	*Erdgeschoss*
birinci kat	*erstes Stockwerk*
ikinci kat	*zweites Stockwerk*
bodrum katı	*Kellergeschoss*

Reisegepäck

bavul	*Reisekoffer*
valiz	*Reisetasche*
el bagajı	*Handgepäck*
çanta ['çanta]	*Tasche*
el çantası	*Handtasche*
bel çantası	*Gürteltasche*
sırt çantası	*Rucksack*
okul çantası	*Schultasche*
poşet	*Einkaufstüte*
torba	*Beutel, Tüte*
cüzdan	*Brieftasche*

Alıştırmalar

1 Formulieren Sie die Sätze im Perfekt. Achten Sie bei Fragesätzen auf die Stellung des Fragesuffixes.

1. Hasan pazartesi günü çalışıyor mu? *Hasan pazartesi günü çalıştı mı?*
2. Siz de pazartesi günü çalışıyor musunuz? ....
3. Bu hafta çocuklar evde mi? ....
4. Bugün firmaya gelmiyor musun? ....
5. Hafta sonu neredesin? ....
6. Bu akşam sinemaya gidiyoruz. ....
7. Çocuklar bu sabah 8'de okula gidiyorlar. ....

2 Erzählen Sie Fatmas Tagesablauf im Perfekt.

Fatma bugün saat 7'de kalkıyor. Önce kahvaltı ediyor. Sonra çantasını alıyor. Arabasıyla otogara gidiyor. Orada Sevil ve Brigitte ile buluşuyor. Fatma bugün çok mutlu (*glücklich*) oluyor.

....

....

....

3 Wie lauten diese Sätze auf Türkisch?

1. ● *Haben Sie Hunger?* ....
   ● *Danke, ich habe keinen Hunger.* ....
2. *Gibt es etwas zu trinken? Ich habe großen Durst.* ....
3. ● *Kommst du morgen zu mir?* ....
   ● *Nein, das geht nicht. Ich habe morgen keine Zeit.* ....
4. ● *Gehen wir heute Abend ins Kino?* ....
   ● *Ja, es geht. Ich habe sowieso* (zaten) *nichts zu tun.* ....
5. ● *Hallo, Hasan, wie geht's, wie steht's?* ....
   ● *Danke dir, es geht mir gut. Wie geht's dir?* ....

4 Verneinen Sie die Aussagen.

1. geldim	*gelmedim*	**6.** Karnım aç.	....
2. yazdın	....	**7.** Acıktım.	....
3. okudu	....	**8.** Susadım.	....
4. gördük	....	**9.** Açım.	....
5. sordunuz	....	**10.** Bu çanta bana ait.	....

5 Welcher Gegenstand gehört welcher Person?

1. kırmızı çanta – Sevil *Kırmızı çanta kimin? Sevil'in.*

2. Almanca kitaplar – Zeynep ....

3. cep telefonu – ablam ....

4. bilgisayar – arkadaşım Ahmet ....

6 Wie heißen diese Personen?

1. Zeynep'in arkadaşı (Brigitte) *Zeynep'in arkadaşının adı Brigitte.*

2. Fatma'nın kocası (Zeynel) ....

3. Sevil'in ablası (Fatma) ....

4. Hasan'ın annesi (Canan) ....

7 Geben Sie diese Aussagen auf Türkisch wieder. Benutzen Sie dazu das Wort ***diye***.

1. *Ich fragte meinen Freund: „Wann kommst du?"*

Arkadaşıma, ne zaman geleceksin diye sordum.

2. *Er antwortete: „Ich komme am Mittwoch."*

....

3. *Mein Freund schrieb mir: „Istanbul ist sehr schön."*

....

4. *Ich denke: „Ich fahre diesen Sommer nach Bodrum."*

....

1 Lesen Sie den Text und entscheiden Sie, ob die Aussagen richtig (**doğru**) oder falsch (**yanlış**) sind.

Türkiye'de hemen hemen her şehir ve belde, bir yemeği ile tanınır. Örneğin İzmir'in köftesi; Adana, Antep ve Urfa'nın kebapları meşhurdur. Ayrıca Antep, baklavası ile meşhurdur. Bursa deyince akla İskender gelir. İskender bir döner çeşididir. Bu döneri yemek için Bursa'ya gidersiniz. Tekirdağ'ın rakısı meşhurdur. Bu isimle rakı bile vardır: Tekirdağ Rakısı. Trabzon'da ise hamsi balığının çeşitli yemeklerini yersiniz. Türkiye'de en iyi aşçılar Bolu'dan çıkar, denir.

	doğru	yanlış
1. Her şehrin meşhur bir yemeği var.	☐	☐
2. İskender yemek için Urfa'ya gidersiniz.	☐	☐
3. Urfa kebabı ile Antep kebabı meşhur değildir.	☐	☐
4. Bolu, aşçıları ile tanınır.	☐	☐

Punkte ....../4

2 Ergänzen Sie die richtigen Kasussuffixe.

1. Ahmet, firma.............. saat 17.30'.............. çıkıyor.
2. Garson, Hasan'.............. kuzu kavurması tavsiye ediyor.
3. Kim liste.............. yemek seçiyor?
4. Hasan garson.............. sipariş veriyor.
5. Önce bira içelim, yemekler.............. daha sonra söyleriz.
6. İstanbul, Türkiye'.............. en büyük şehridir.

Punkte ....../6

3 Ergänzen Sie das passende Verb im Aorist.

gelmek	içmek	dilemek	gitmek	sevmek	görüşmek

1. Hasan her gün eve saat 18'de ....
2. Sigara .... misiniz?
3. Size iyi günler ....
4. Biz her yaz Türkiye'ye ....
5. Sen Türk kahvesi .... misin
6. Allahaısmarladık, akşam ....

Punkte ....../6

4 Welche Verbform ist richtig?

1. Benim evim iş yerime çok uzak, metro ve otobüsle zor ....
   a. oluyor b. olur c. olacak
2. Bundan sonra daha sık ....
   a. görüşüyoruz b. görüşürüz c. görüşelim.
3. Önce çay içelim, yemekleri daha sonra ....
   a. söylüyoruz b. söyleyeceğiz c. söyleriz.
4. Sen yarın akşam ne .... ?
   a. yapacaksın? b. yaparsın? c. yapalım?
5. Kahve içelim mi, ne .... ?
   a. diyorsun? b. dersin? c. diyeceksin?
6. Türkçe öğrenmek ....
   a. isteyeceğim b. isteyeyim c. istiyorum

Punkte ....../6

5 Setzen Sie die folgenden Fragen in die Sie-Form.

1. Merhaba Hasan, nasılsın? ....
2. Akşam bana geliyor musun? ....
3. Ne zaman geldin? ....
4. Bu akşam mı sinemaya gideceksin? ....
5. Dün akşam neredeydin? ....
6. Kuzu kızartması sever misin? ....

Punkte ....../6

6 Finden Sie das Gegenteil der markierten Wörter.

1. Bu yemek çok **güzel**. ....
2. Bu akşam **çok** çalıştım. ....
3. Kitap masanın **altında**. ....
4. Ben bu **akşam** size geliyorum. ....
5. Hasan'nın annesi **hasta**. ....
6. Özden **bugün** gelmedi. ....

Punkte ....../6

Punkte ....../34

6

Diese Lektion behandelt folgende Themen:

- Gesprächsthemen aus dem **täglichen Leben**
- **Tageszeiten** und **Grußformeln**
- die Weitergabe von **Informationen**
- das **Reflexivpronomen** ***kendi***
- das **unbestimmte Perfekt**
- **Zahlwörter** und **unbestimmte Angaben**

Nasreddin Hoca'dan Üç Fıkra

Dünya kaç arşın?

Nasreddin Hoca'ya bir gün sormuşlar:

? Acaba, dünyanın boyu kaç arşındır?
Tam o sırada yoldan bir cenaze geçiyormuş.
Hoca tabutu göstermiş ve şöyle cevap vermiş:

! Bu soruyu bana değil, ona sorun; o bilir.
Bakın; ölçmüş, biçmiş gidiyor.

Sana ne?

Hoca bir gün köy kahvesinde oturuyormuş.
Gevezenin biri:

» Hoca Efendi, demiş, az önce buradan bir tepsi baklava götürdüler.

Hoca aldırış etmemiş:

: Bana ne, demiş.

» İyi ama, demiş geveze, baklava tepsisini sizin eve götürdüler.

Hoca adamı terslemiş:

: Sana ne!?

Uykusu kaçmış.

Hoca bir gece sokakta geziyormuş. Bekçiler Hoca'yı

? Bu saatte sokakta ne arıyorsun? diye sıkıştırmışlar.

Hoca şu cevabı vermiş:

! Uykum kaçtı, onu arıyorum.

Drei Anekdoten von Nasreddin Hodscha*

Wie viele Ellen misst die Welt?

Eines Tages fragten sie Nasreddin Hodscha:

? Wie viele Ellen misst wohl die Länge der Welt?

Genau in diesem Augenblick zog auf der Straße ein Leichenzug vorbei. Der Hodscha zeigte auf den Sarg und gab folgende Antwort:

! Stellt diese Frage nicht mir, sondern ihm; er müsste es wissen. Schaut, er hat ausgemessen, und jetzt verlässt er uns.

Was geht das dich an?

Der Hodscha saß eines Tages im Dorfcafé.
Einer von den Schwätzern sagte (zu ihm):

» Hodscha Efendi, vor kurzem haben sie ein Tablett mit Baklava von hier weggetragen.

Der Hodscha beachtete ihn nicht:

: Was geht das mich an, sagte er.

» Gut, aber das Baklava-Tablett haben sie zu eurem Haus getragen.

Der Hodscha fuhr den Mann an:

: Was geht das dich an!?

Der Schlaf ist entflohen.

Der Hodscha spazierte eines nachts auf der Gasse. Die Nachtwächter bedrängten ihn und sagten zum Hodscha:

? Was suchst du um diese Zeit auf der Gasse?

Der Hodscha gab folgende Antwort:

! Mein Schlaf ist entflohen, ich suche ihn.

* Der oft mit Till Eulenspiegel verglichene Nasreddin Hodscha lebte im 13. Jahrhundert in Zentralanatolien. Seine Anekdoten sind auch heute noch sehr beliebt.

Yeni Konu A5

Das Reflexivpronomen *kendi*

Das Reflexivpronomen **kendi** *das Selbst* ist eigentlich ein Substantiv und benötigt stets ein Possessivsuffix:

ben kendim	*ich selbst*	biz kendimiz	*wir selbst*
sen kendin	*du selbst*	siz kendiniz	*ihr/Sie selbst*
o kendisi	*er/sie selbst*	onlar kendileri	*sie selbst*

Anstelle der Personalpronomen, die Sie auch weglassen können, können Sie den Ausdruck **bizzat** *persönlich* verwenden: **bizzat kendim** *ich persönlich*, **bizzat kendin** *du persönlich* usw. Er kommt häufig im Dativ oder Akkusativ vor:

Dativ		Akkusativ	
kendime	*mir selbst*	kendimi	*mich selbst*
kendine	*dir selbst*	kendini	*dich selbst*
kendisine	*ihm/ihr selbst*	kendisini	*sich selbst*
kendimize	*uns selbst*	kendimizi	*uns selbst*
kendinize	*euch/sich selbst*	kendinizi	*euch/sich selbst*
kendilerine	*sich selbst*	kendilerini	*sich selbst*

Almancayı **kendi kendime** öğrendim.
Deutsch lernte ich selbstständig. (= im Selbststudium; brachte ich mir selbst bei)
Bunu **bizzat kendisine** söyledin mi? *Hast du ihm das persönlich gesagt?*
Hasan **kendisine** güzel bir ceket aldı. *Hasan kaufte sich eine schöne Jacke.*
Biz **kendi kendimizi** davet ettik! *Wir haben uns selbst eingeladen.*
Onlar **kendi kendilerine** ne öğrendiler? *Was haben sie selbst gelernt?*

Bodrum Ne Kadar da Güzelmiş!

Brigitte: İyi ki, buraya gelmişiz. Bodrum ne kadar da güzelmiş!
Sevil: Evet, Bodrum dinlenmek için ideal bir yer. Havası, suyu, insanları çok güzeldir. İnsan kendisini burada Cennet'te gibi hisseder.
Brigitte: Ama, adını beğenmedim. Cennet gibi bir yerin adı niye Bodrum olmuş?
Sevil: Burasının antik adı Halikarnassos'muş. Daha sonra Aziz Peter Kalesinin adı Petronium değişmiş, Bodrum olmuş.
Brigitte: İlginç.
Sevil: Bodrum'da gezecek çok yer var. Bu akşam dinlenelim, yarın kahvaltıdan sonra bir plan yaparız. Nereleri gezeceğiz, bir listesini yaparız.

Brigitte: Bodrum Kalesi'nin içine girmek istiyorum. Orada Sualtı Arkeoloji Müzesi var. Kalenin kendisi de ilginç, üslup bakımından çok karışık bir yapı. Sen Jan şövalyeleri ayrı ayrı uluslardandı; İtalyan, Fransız ve İngiliz şövalyeleri. Her ulus kendi kulesini kendi üslubunda inşa etmiş. Hepsi çok enteresan.

Sevil: Evet ama, gezeceğiz diye de, kendimizi yormayalım. Abartmayalım, öyle değil mi?

Brigitte: Haklısın, önce kaleyi gezelim, ondan sonra da denize girelim, yüzmek ve güneşlenmek için!

Söz Dağarcığı

Nasreddin Hoca'dan Üç Fıkra	
dünya	*Welt*
arşın	*Elle (altes Längenmaß)*
hoca	*Lehrer; (früher:) Gelehrter (dt. Hodscha)*
şöyle	*so*
acaba ['acaba:]	*wohl*
dünyanın boyu	*Länge/Größe/Umfang der Welt*
tam o sırada	*gerade in diesem Augenblick*
yoldan	*am Weg vorbei*
cenaze [cena:ze]	*Leichenzug*
geçmek	*vorbei ziehen, passieren*
tabutu göstermek	*auf den Sarg zeigen*
cevap vermek	*antworten*
bu	*diese(r,s)*
soru	*Frage*
ölçmüş biçmiş	*er hat ausgemessen (Idiom)*
Sana ne?	*Was geht das dich an?*
köy	*Dorf*
geveze	*Schwätzer*
az önce	*vor kurzem*
götürmek	*wegbringen, -tragen*
aldırış	*Beachtung*
tepsi	*Tablett*
adam	*Mensch, Mann*
terslemek	*grob anfahren, unfreundlich antworten*
uyku	*Schlaf*

kaçmak	*(ent)fliehen, weglaufen, flüchten*
gece	*Nacht*
bekçi	*(Nacht-)Wächter*
bu saatte	*zu dieser Stunde*
sıkıştırmak	*zusammendrücken, (hier:) bedrängen*
Bodrum Ne Kadar ...	
İyi ki buraya gelmişiz.	*Gut, dass wir hierher gekommen sind.*
ne kadar da güzel!	*und wie schön!*
dinlenmek için	*um sich zu erholen*
güzel (ideal) bir yer	*ein schöner (idealer) Ort*
hava	*Wetter*
suyu* *Poss*	*sein Wasser*
su, suyun* *Gen*	*Wasser*
insan	*Mensch*
cennet	*Paradies*
hissetmek	*fühlen*
beğenmedim *Akk*	*es gefiel mir nicht*
Bodrum olmuş	*ist (zu) Bodrum geworden*
bodrum	*Keller*
antik ad	*antiker Name*
Aziz Peter Kalesi	*Sankt-Peter-Kastell*
değişmiş	*hat sich verändert*
değişmek	*sich (ver)ändern*
ilginç	*interessant*
gezecek çok yer	*viele Orte zum Besichtigen*
kahvaltıdan sonra	*nach dem Frühstück*
kahvaltı	*Frühstück*
plan	*Plan*
nereleri gezeceğiz?	*Welche Orte werden wir besichtigen?*
liste ['liste]	*Liste*
Sualtı Arkeoloji Müzesi	*Museum für Meeresarchäologie*
üslup bakımından	*vom Standpunkt des Stils*
karışık	*verschieden, unterschiedlich*
yapı	*Bau, Gebäude*
Sen Jan Şövalyeleri	*Johanniter-Orden*
ayrı	*getrennt; anders, verschieden*
uluslar(dandılar)	*(sie waren von den) Nationen*
kule	*Turm*
inşa etmek [inşa:]	*errichten, erbauen*
kendimizi *Akk*	*uns selbst*
yormak	*jmdn ermüden*
abartmak	*übertreiben*
öyle, değil mi?	*oder nicht?, nicht wahr?*
yüzmek	*schwimmen*
güneşlenmek	*sonnen*

*Ausnahme: Bei **su** *Wasser* lautet der Füllkonsonant beim Possessivsuffix **y** statt **s** und beim Genitiv **y** statt **n**.

Dilbilgisi

1. Das unbestimmte Perfekt A 1, 2, 3

Das unbestimmte Perfekt drückt im Türkischen eine vom Sprecher selbst nicht erlebte Handlung aus. Für diese Vergangenheitsform verwenden Sie das Suffix **-miş/mış/müş/muş**, das Sie wie beim Präsens (→ Lektion 1), Aorist (→ Lektion 3) oder Futur (→ Lektion 4) mit den Personalsuffixen konjugieren. Dieses Suffix schließt direkt an den Verbstamm an.

Die Form mit dem Suffix **-miş/mış/müş/muş** wird allerdings nicht nur als Perfekt verwendet, sondern kann in allen Zeiten angewandt werden, wenn die Bedeutung *es soll (angeblich)* ausgedrückt werden soll oder Sie sich von der Aussage distanzieren.

In der ersten Person bedeutet das unbestimmte Perfekt etwa: *Ich habe etwas gemacht, das ich nicht bemerkt* oder *als solches nicht bewusst wahrgenommen habe.* Für alle Situationen, in denen Sie etwas nachträglich feststellen oder Informationen weitergeben, die Ihnen erzählt worden sind, benötigen Sie diese Zeitform:

yapmışım	*ich soll gemacht haben* (so wird behauptet)
yapmışsın	*du sollst gemacht haben*
yapmış	*er/sie soll gemacht haben*
yapmışız	*wir sollen gemacht haben*
yapmışsınız	*ihr sollt/Sie sollen gemacht haben*
yapmışlar	*sie sollen gemacht haben*

Öğlen çok yemek ye**mişim**.
Am Mittag habe ich zu viel gegessen. (= ohne es bemerkt zu haben)
Onu dün görmüşüm ama, selamlama**mışım**. *Ich soll ihn gestern gesehen, aber nicht gegrüßt haben. (= ich habe ihn selbst aber gar nicht wahrgenommen)*
İyi ki buraya gel**mişiz**. *Es ist gut, dass wir hierher gekommen sind! (= wir sind zufrieden darüber, dass wir gekommen sind)*

Vergleichen Sie nun **-miş** in Verbindung mit dem Futur und achten Sie auf den Unterschied:

- Hasan Bodrum'a gelecek mi? *Wird Hasan nach Bodrum kommen?*
- Evet, gelecek. *Ja, er wird kommen. (= er sagte es mir selbst)*
- Evet, gelecek**miş**. *Ja, er wird kommen. (= wie man mir erzählt hat)*

2. Das unbestimmte Perfekt von *sein*

Das unbestimmte Perfektsuffix für das Hilfsverb *sein* lautet **imiş**. Sie können es an ein Substantiv oder ein Adjektiv anhängen, wobei die Zeitangabe nicht notwendigerweise das Perfekt sein muss. Es entspricht in der grammatikalischen Form **idi** (→ Lektion 5).

Nach vokalisch auslautenden Wörtern wird **i** in **y** verwandelt: **-(y)miş/mış/müş/muş**. Bei konsonantischem Auslaut entfällt das **i**. Die getrennte Form dient nur zur Betonung und ist eher selten, z. B.: Bodrum güzel **imiş**. → Bodrum güzel**miş**.
Bodrum ne kadar da güzel**miş**! *Wie schön doch Bodrum ist!*
Sevil hasta**ymış**. *Sevil soll krank sein. (= sagt man/habe ich erfahren)*
Çok güzel Türkçe konuşur, Alman**mış**.
Er spricht sehr gut Türkisch, er soll Deutscher sein.

3. Die Weitergabe von Informationen

Für die Weitergabe von Informationen und nachträgliche Feststellungen wird das Suffix **-(y)miş/mış/müş/muş** ebenso verwendet wie für Erzählungen, Berichte und Geschichten, wie Sie in den Anekdoten von Nasreddin Hodscha gesehen haben.
Bodrum Cennet gibiymiş. *Bodrum ist wie ein Paradies.*
(= eigene nachträgliche Feststellung)
Oder:
Bodrum sei wie ein Paradies. (= wie die Leute erzählen)
Gece yağmur yağmış. *In der Nacht muss es geregnet haben.*
(= weil die Straßen nass sind, ich habe es aber nicht selbst gesehen)

In der Tabelle sehen Sie alle möglichen Kombinationen mit dem Suffix **-(y)miş/mış/müş/muş**:

Nominalwort		Tempusstämme		
Vokalisch	**Konsonantisch**	**Präsens**	**Futur**	**Aorist**
burada	üzgün	geliyor	gelecek	gelir
buradaymışım *ich soll hier gewesen sein*	üzgünmüşüm *ich soll traurig gewesen sein*	geliyormuşum *ich soll (angeblich) kommen*	gelecekmişim *ich werde (angeblich) kommen*	gelirmişim *ich soll (angeblich) bereit sein zu kommen*
buradaymışsın	üzgünmüşsün	geliyormuşsun	gelecekmişsin	gelirmişsin
buradaymış	üzgünmüş	geliyormuş	gelecekmiş	gelirmiş
buradaymışız	üzgünmüşüz	geliyormuşuz	gelecekmişiz	gelirmişiz
buradaymışsınız	üzgünmüşsünüz	geliyormuşsunuz	gelecekmişsiniz	gelirmişsiniz
buradalarmış	üzgünlermiş	geliyorlarmış	geleceklermiş	gelirlermiş

Beachten Sie, dass das Pluralsuffix **-ler/lar** kein Konjugationssuffix ist, deshalb müssen Sie es direkt an den Wortstamm anhängen. Erst danach folgt das Tempussuffix.

4. Zahlwörter und unbestimmte Angaben A7

Da es im Türkischen keinen Artikel gibt, müssen unter anderem auch Zahlwörter und unbestimmte Angaben wie *alle, einige, viele, wenige, manche(r,s), keine(r,s), welche(r,s)* in Possessivkonstruktionen mit Possessivsuffixen verwendet werden, wobei beim Bezugswort das Pluralsuffix steht: çocuk**ların** tüm**ü** *alle Kinder (wörtl.: die Gesamtheit der Kinder).*

çocukların birkaçı	*einige der Kinder*	çocukların her biri	*(ein) jedes der Kinder*
çocukların (bir)çoğu	*viele der Kinder*	çocukların her ikisi	*jedes der beiden Kinder*
çocukların birazı	*wenige der Kinder*	çocukların biri	*eines der Kinder*
çocukların bazısı	*manche der Kinder*	çocukların ikisi	*zwei der Kinder*
çocukların hiçbiri	*keines der Kinder*	çocukların üçü	*drei der Kinder*
çocukların hangisi	*welches der Kinder*	çocukların beşi	*fünf der Kinder*
çocukların yarısı	*die Hälfte der Kinder*	çocukların hepsi	*alle Kinder*

Manche der obigen Wendungen können Sie jedoch auch adjektivisch bilden:

hiçbir çocuk	*kein (einziges) Kind*	birçok çocuk	*viele Kinder*
bazı çocuklar	*manche Kinder*	birkaç çocuk	*einige Kinder*
bütün çocuklar	*alle Kinder*		

Wie Sie sehen, gibt es im Türkischen drei Möglichkeiten *alle* auszudrücken. Beachten Sie, dass **bütün** nur in Verbindung mit einem Substantiv stehen kann, **hepsi** dagegen stets ohne, **tüm** meint immer *die Gesamtheit.*
Bütün çocuklar okula gidiyor. *Alle Kinder gehen in die Schule.*
Hepsi ilk sınıfta oturuyor. *Alle sitzen in der ersten Klasse.*
Çocukların **tümü** okulu seviyor. *Alle Kinder lieben die Schule. (= die Gesamtheit)*

Türkçesi Şöyle A4,6,8,9

So fragen Sie nach dem Grund

In → Lektion 5 haben Sie die drei Fragewörter **neden** *weshalb*, **niçin** *warum* und **niye** *wieso* kennengelernt. Mit diesen Fragewörtern fragen Sie differenzierter nach dem Grund. Das Fragewort **ne diye** bedeutet eigentlich dasselbe. Es drückt aber zusätzlich aus, dass der Fragende den Grund zwar erfahren will, aber nicht unbedingt mit ihm einverstanden sein muss.
Sevil Bodrum'a **niçin** gitti? *Warum fuhr Sevil nach Bodrum?*
Sevil Bodrum'a **neden** gitti? *Weshalb fuhr Sevil nach Bodrum?*
Sevil Bodrum'a **niye** gitti? *Wieso fuhr Sevil nach Bodrum?*
Aber:
Sevil **ne diye** Bodrum'a gitmiş? *Warum (um Himmels Willen) fuhr Sevil nach Bodrum?*

Der Fragende meint: *Warum fuhr Sevil bloß nach Bodrum? Was hat sie sich denn dabei gedacht? Ich möchte wirklich wissen, welche Begründung sie dabei angegeben hat.* Hier wird das Perfekt auf **miş** verwendet, weil es entweder ausdrückt, dass die Information von anderen stammt (Hörensagen) oder selbst nachträglich festgestellt wird.

Und so geben Sie den Grund an

Die Postposition **için** *für* kennen Sie bereits. Nach einem Infinitiv bedeutet **için** *um zu*. Damit können Sie auf Fragen mit **niçin?** *warum?* antworten.

- Sevil Bodrum'a **niçin** gitti? *Warum fuhr Sevil nach Bodrum?*
- Orada dinlenmek **için**. *Um sich dort zu erholen.*

Türkçe öğrenmek **için** kursa gidiyorum. *Um Türkisch zu lernen besuche ich einen Kurs.*

So weisen Sie auf Personen oder Gegenstände hin

Im Türkischen gibt es drei Demonstrativpronomen. Mit **bu** *diese(r,s) da* weisen Sie auf Personen oder Gegenstände in Ihrer unmittelbaren Nähe hin (Sie können sie berühren), mit **şu** *diese(r,s) dort* bezeichnen Sie Personen oder Gegenstände, die nicht in Ihrer unmittelbaren Nähe sind (Sie können sie nicht berühren). Mit **o** *jene(r,s)* beziehen Sie sich auf Personen oder Gegenstände, die zum Zeitpunkt des Gesprächs nicht anwesend oder vom Sprecher sehr weit entfernt sind.

Bu iyi bir kitap. *Das ist ein gutes Buch.*

- **O** kim? *Wer ist sie (über die du sprichst)?*
- **O** Zeynep hanım. *Es ist Frau Zeynep.*

Entsprechend den Demonstrativpronomen gibt es drei Pronomen der Art und Weise:

bu, şu, o	**böyle, şöyle, öyle**
dieser hier, dieser dort, jener	*auf diese Weise, auf die folgende Weise, auf jene Weise*

Türk kahvesi **şöyle** yapılır: ... *Türkischer Kaffee wird folgendermaßen zubereitet: ...*

- Bugün nasılsınız? *Wie geht es Ihnen heute?*
- **Şöyle böyle!** *So einigermaßen!/So lala!*

So fragen Sie nach verschiedenen Mahlzeiten

Kahvaltı veriyor musunuz? *Gibt es auch Frühstück? (wörtl.: Reichen Sie auch Frühstück?)*
Kahvaltı var mı? *Gibt es Frühstück?*
Kahvaltı fiyata dahil mi? *Ist das Frühstück im Preis inbegriffen? (Hotel)*
Öğle yemeği olarak ne tavsiye edersiniz? *Was empfehlen Sie zum Mittagessen?*
İkindi kahvaltısı alır mıyız! *Wollen wir Brotzeit machen? (am Nachmittag)*
Akşam yemeği için nereye gidelim? *Wohin wollen wir zum Abendessen gehen?*

Rund um den Kaffee

- Çay mı, kahve mi istersiniz? *Möchten Sie Tee oder Kaffee?*
- Kahve isteriz. *Wir möchten Kaffee.*
- Kahveniz nasıl olacak? Sade, orta, az şekerli, ya da şekerli mi?
  Wie möchten Sie den (Ihren) Kaffee? Pur, mittel(süß), wenig gesüßt oder süß?
- Az şekerli. *Wenig gesüßt.*
- Kahve nasıldı?/Kahve nasıl idi? *Wie war der Kaffee?*
- Çok lezzetli. *Sehr köstlich.*

Konuyla İlgili A8,9

Tageszeiten	
sabah	*Morgen*
gün	*Tag*
öğleden önce	*Vormittag*
öğle	*Mittag*
öğleden sonra	*Nachmittag*
akşam	*Abend*
gece	*Nacht*
gece yarısı	*Mitternacht*

Grußformeln	
iyi sabahlar	*guten Morgen*
iyi günler	*guten Tag*
günaydın	*guten Tag* (bis mittags)
merhaba ['meraba]	*guten Tag/grüß Gott* (familiär)
merhabalar	*hallo* (sehr familiär)
iyi akşamlar	*guten Abend*
iyi geceler	*gute Nacht*

Der Gruß **iyi günler** wird sowohl zur Begrüßung als auch zur Verabschiedung im Sinne von *alles Gute* verwendet und bedeutet *gute Tage*.

Religiöse Grußformen	
selamünaleyküm [se'laːmünaleyküm]	*Friede sei mit euch*
aleykümselam [a'leykümselaːm]	*mit euch sei Friede* (als Antwort)
allahaısmarladık [a'laːsmaldık]	*auf Wiedersehen* (= *wir sind Gott befohlen*; sagt der Weggehende)
güle güle	*auf Wiedersehen* (= *gehe mit Freude/lächelnd*; sagt der Zurückbleibende)
eyvallah ['eyvallah]	*tschüs* (*wörtl.: Vergelt's Gott*, als familiäre Abschiedungsformel)

Alıştırmalar

1 Sie haben von anderen gehört, was Hasan gestern gemacht hat. Erzählen Sie die Geschichte einer Freundin weiter.

Hasan dün işine gitti. Önce büroda 4 saat	*Hasan dün işine gitmiş.* ....
çalıştı. Sonra bir arkadaşıyla öğle yemeği	....
yedi. Yemekten sonra tekrar büroya geldi.	....
Bürodan bir arkaşına telefon etti. Ona	....
"Bu akşam birlikte sinemaya gidelim mi?"	....
diye sordu.	....

2 Sie haben etwas gehört und erzählen es weiter.

1. Onlar yarın 8 saat çalışacaklar. *Onlar yarın 8 saat çalışacaklarmış.*
2. Sinemaya gideceğiz. ....
3. Siz İstanbul'a geliyorsunuz. ....
4. Bu akşam evde kalıyorsun. ....
5. Dün çok yorgundun. ....
6. Zeynep Bodrum'a gitmedi. ....
7. Hasan her gün saat 8'de işine gider. ....
8. İzmir'de havalar sıcak olur. ....

3 Welches Perfekt ist hier gefragt?

1. Saat kaç? – Özür dilerim, saatimi evde unut.......... .
2. Yemekler çok güzel ol.......... Kim pişir..........?
3. Özden anlat.......... . Dün Hasan'la buluş.......... . Bir lokantada yemek ye..........
   Hasan, kendisinin eski bir arkadaşı.......... .
4. Sevil biraz önce burada.......... Ama şimdi git.......... .

4 Welche Perfektform ist richtig? Achten Sie auf das Fragewort.

1. Hasan niçin Özden'le buluş..........?
2. Özden, ne diye Hasan'la buluş..........?
3. Sevil, neden Bodrum'a git..........?
4. Sevil, ne diye Bodrum'a git..........?
5. Brigitte niye İstanbul'da çalış..........?
6. Brigitte ne diye İstanbul'da çalış..........?
7. Biz bu ay tatili niçin İzmir'de geçir..........?
8. Sevil neden evde kal..........?

5 Setzen Sie die richtigen Kasusformen von **kendi** ein und übersetzen Sie die Sätze.

1. Hasan, kendi.......... güzel bir saat aldı. Ben kendi.......... bir şey almadım.
2. Özden nerede? "Kendi.......... iyi hissetmiyorum" dedi ve yattı.
3. Hasan Bey dün buradaydı. Biz, kendi.......... konuştuk.
4. Ben bunu kendi.......... için istemiyorum.
5. Bunu kim söyledi? Hasan'ın bizzat kendi.......... söyledi.
6. Özden kendi kendi.......... "Ben artık tatil yapayım" diye düşündü.
7. Mustafa, iyi görünmüyorsun. Kendi.......... iyi bakmıyor musun?
8. Brigitte kendi kendi.......... Türkçe öğreniyor.

6 Verbinden Sie die Sätze mit **-mek/mak için**.

1. Türkçe öğreneceğim. İstanbul'a gitmek istiyorum.
   Türkçe öğrenmek için İstanbul'a gitmek istiyorum.
2. Tatil yapacağım. İzmir'e gitmek istiyorum.
   ....
3. Sevil ve Brigitte dinlenecekler. Bodrum'a gidiyorlar.
   ....
4. Yemek yemek istiyorsunuz. Burada güzel bir lokanta var.
   ....
5. Şehri gezeceğiz. İstanbul'da birkaç gün kalacağız.
   ....
6. Boğaz turu yapmak istiyoruz. Vapura bineceğiz.
   ....
7. Çay içelim. Simithanede oturalım.
   ....
8. İyi bir gün geçirmek istiyoruz. Plan yapıyoruz.
   ....

7 Welcher deutsche Satz entspricht welchem türkischen? Verbinden Sie.

1. *Drei haben einen Hut.*
2. *Welcher hat keinen Hut?*
3. *Manche sitzen auf dem Sessel.*
4. *Einer von ihnen isst gerade.*
5. *Nicht alle sitzen auf einem Stuhl.*
6. *Keine(r) raucht.*
7. *Alle haben eine Brille.*
8. *Manche stehen.*

a. Bazıları/Bazısı koltukta oturuyor.
b. Hepsi sandalyede oturmuyor.
c. Bazıları/Bazısı ayakta duruyor.
d. Hepsinin gözlüğü var.
e. Hiçbiri sigara içmiyor.
f. Üçünün şapkası var.
g. Hangisinin şapkası yok?
h. Birisi yemek yiyor.

8 Welches türkische Wort sollten Sie in den folgenden Fällen verwenden?

1. *Sie bieten jemandem etwas zu trinken an.* ....
2. *Wenn Sie jemand ruft.* ....
3. *Sie bitten jemanden um etwas.* ....
4. *Wie antworten Sie auf "selamünaleyküm"?* ....
5. *Was sagen Sie, wenn jemand sich entschuldigt?* ....
6. *Sie haben etwas nicht verstanden.* ....
7. *Jemand gesteht einen Fehler ein.* ....
8. *Wie melden Sie sich am Telefon?* ....

9 Ergänzen Sie die Lücken und übersetzen Sie den Dialog ins Deutsche.

- Günaydın, Sevil hanım, nasılsınız?
- ...., Ayşe hanım, iyiyim. Bugün çok .... var. Büroya git.................... .... ama, evde misafir var.
- Niçin büroya .... lâzım? Bugün cumartesi!
- Dün çalışmadım ...., misafirimizle şehir turu yaptık. Onun .... gitmem gerek.
- Misafirleriniz bugün ne yap....................?
- Bugün kendi .... müzeye gidiyorlar. Allahaısmarladık.
- ....

In dieser Lektion lernen Sie:
- einige Empfehlungen für einen gesunden **Lebensstil**
- die Wiedergabe von ***nötig, erforderlich sein*** und ***brauchen***
- den **verkürzten Infinitiv**
- die Wiedergabe von ***können*** und ***dürfen***
- die **Notwendigkeitsform**
- die Wiedergabe von ***(nicht) müssen***

Yedinci Ders

7

Nelere Dikkat Etmeliyiz?

Worauf müssen wir achten?

Yazın nelere dikkat etmeliyiz?

- Sıvı kaybını önlemek için bol su içmeliyiz.
- Öğle saatlerinde sokağa çıkmamalıyız.
- Açık renk elbiseler giymeliyiz.
- Koruyucu cilt kremi kullanmalıyız.
- Sebze ve meyve ağırlıklı beslenmeliyiz.

Worauf müssen wir im Sommer achten?

- Wir sollen viel Wasser trinken, um dem Flüssigkeitsverlust vorzubeugen.
- Wir sollen in den Mittagsstunden nicht auf die Straße gehen.
- Wir sollen helle Kleidung tragen.
- Wir sollen eine Sonnenschutzcreme verwenden.
- Wir sollen uns hauptsächlich von Gemüse und Obst ernähren.

Kışın nelere dikkat etmeliyiz?

- Kalın elbiseler giymeliyiz
- Bol bol C vitamini almalıyız.
- Sıcak içecekler içmeliyiz.
- Ellerimizi korumak için eldiven giymeliyiz.
- Yağmur nedeniyle ıslanmış elbiseleri hemen değiştirmeliyiz.

Worauf müssen wir im Winter achten?

- Wir sollen warme Kleidung tragen.
- Wir sollen reichlich Vitamin B zu uns nehmen.
- Wir sollen heiße Getränke trinken.
- Wir sollen Handschuhe tragen, um unsere Hände zu schützen.
- Wenn unsere Kleidung nass geworden ist, sollen wir sie sofort wechseln.

Yeni Konu A1

Die Wiedergabe von *nötig, erforderlich sein* und *brauchen*

Die Wörter **lâzım** *nötig* oder **gerek** *erforderlich sein* können in der positiven Form als Synonyme verwendet werden, wobei **gerek** der türkische Ausdruck ist und **lâzım** ein Lehnwort aus dem Arabischen, das auch ohne Zirkumflex vorkommt. **Gerek** ist zugleich der Verbstamm von **gerekmek** *erforderlich sein, bedürfen*. Wenn Sie *etwas brauchen* oder *tun müssen*, drücken Sie das im Türkischen anders aus als im Deutschen:
Bana bir şey **lâzım/gerek**. *Ich brauche etwas. (wörtl.: Mir ist etwas nötig.)*
Bir şey yapmam **lâzım/gerek**. *Ich muss etwas tun. (wörtl.: Mein Tun ist nötig.)*

Wenn Sie *brauchen* mit *nur* verbinden, steht Ihnen im Türkischen das Wort **yeterli** *ausreichend, genügend* in Verbindung mit **sadece** [saːdece] *nur, bloß* zur Verfügung:
Sadece gelmeniz **yeterli**.
Sie brauchen nur zu kommen. (wörtl.: Nur Ihr Kommen genügt.)
Sadece gelmeniz **yeterli** değil!
Sie brauchen nur nicht zu kommen! (Im Sinne von: ..., dann ist der Fall erledigt.)

Der verkürzte Infinitiv A1

In dem letzten Beispiel ist das Verb, das die Haupttätigkeit wiedergibt, ein Substantiv. Sie können aus jedem Verb im Infinitiv ein Substantiv bilden, indem Sie den Auslaut **-k** weglassen; deshalb heißen solche Verbalsubstantive auch verkürzte Infinitive. An einen verkürzten Infinitiv können Sie Possessivsuffixe anhängen:

Infinitiv	verkürzter Infinitiv	Possessivform
gelmek *kommen*	gelme *das Kommen*	gelmem *mein Kommen*
çalışmak *arbeiten*	çalışma *das Arbeiten*	çalışmam *mein Arbeiten*

Beachten Sie, dass ein verkürzter Infinitiv ohne Suffix wie der verneinte Imperativ aussieht.
Durch die Betonung (unterstrichener Vokal) und die Stellung im Satz wird der Unterschied deutlich:
gelme *das Kommen* — Gelme! *Komm nicht!*
çalışma *das Arbeiten* — Çalışma! *Arbeite nicht!*

Der verkürzte Infinitiv mit dem Possessivsuffix ist in der 1. Person Singular identisch mit dem verneinten Aorist der 1. Person Singular:
gelmem *mein Kommen* — gelmem *ich komme nicht*
çalışmam *mein Arbeiten* — çalışmam *ich arbeite nicht*

Auch hier zeigt die Satzstellung die Funktion. Sie können die Bedeutung aber durch Hinzufügen der entsprechenden Personalpronomen klarstellen:

benim gelmem *mein Kommen*
benim çalışmam *mein Arbeiten*

ben gelmem *ich komme nicht*
ben çalışmam *ich arbeite nicht*

Vergleichen Sie:
Benim gelmem lâzım/gerek.
Ich muss kommen. (wörtl.: Mein Kommen ist nötig/erforderlich.)
Şimdi gitmem lâzım/gerek. *Ich muss jetzt gehen.*
Türkçe öğrenmek için çalışmam lâzım/gerek.
Um Türkisch zu lernen, muss ich fleißig (dafür) arbeiten.

Dolmuşta

Mustafa: Şoför Bey, müsait bir yerde inebilir miyiz?
Şoför: Olur, ağabey*. Tabii.
Mustafa: Acaba, bir soru sorabilir miyim?
Şoför: Estağfurullah. Buyurun.
Mustafa: Yenimahalle'ye gitmemiz gerekiyor. Nasıl gidebiliriz?
Şoför: Çok kolay, ağabey. Şimdi buradan dümdüz Kızılay'a kadar yürüyün. Orada metroya binin. Sizi doğrudan oraya götürür. Ama dikkat etmelisiniz, Sıhhiye yönüne binmeniz lâzım.
Mustafa: Teşekkür ederim. Çok sağ olun.
Şoför: Eyvallah, ağabey.
...
Mustafa: Haydi Seçkin, şimdi Kızılay'a doğru yürümemiz lâzım. Çabuk olmalıyız.
Seçkin: Dur yahu, acele etmemize gerek yok. Daha vakit var.
Mustafa: Acele etmemize gerek yok ama, Kızılay'da hediye almamız lâzım. Bu iş uzun sürebilir.

*In der Türkei ist es üblich, sich mit Verwandtschaftbezeichnungen anzusprechen, auch wenn man nicht verwandt ist. Das drückt die respektvolle Nähe zu einer fremden Person aus.

Söz Dağarcığı

Nelere Dikkat Etmeliyiz?

nelere *Pl* + *Dat*	*auf was alles, worauf*
dikkat etmek	*achten auf, beachten*
yazın ['yazın]	*im Sommer*
sıvı	*Flüssigkeit*
sıvı kaybı	*Flüssigkeitsverlust*
önlemek	*vorbeugen*
bol	*ausgiebig*
bol bol	*viel, reichlich*
öğle saatlerinde	*in den Mittagsstunden*
sokağa çıkmamalıyız	*wir sollen nicht auf die Straße gehen*
çıkmak + *Dat*	*hinaus gehen*
açık renk	*helle Farben*
elbiseler giymeliyiz	*wir sollen Kleidung tragen*
elbise	*Kleidung*
giymek	*tragen, anziehen*
koruyucu cilt kremi	*Sonnenschutzcreme*
kullanmalıyız	*wir sollen benutzen*
kullanmak	*benutzen, verwenden*
sebze ve meyve ağırlıklı	*hauptsächlich Gemüse und Obst*
beslenmeliyiz	*wir sollen uns ernähren*
beslenmek	*sich ernähren*
kışın ['kışın]	*im Winter*
kalın	*dick, dunkel; hier: warm*
C vitamini almalıyız [dsche:]	*wir sollen Vitamin C einnehmen*
sıcak içecekler	*heiße Getränke*
içmeliyiz	*wir sollen trinken*
içmek	*trinken*
el	*Hand*
korumak	*schützen*
eldiven giymeliyiz	*wir sollen Handschuhe tragen*
eldiven	*Handschuhe*
yağmur nedeniyle	*wegen des Regens*
ıslanmış	*nass geworden*
hemen değiştirmeliyiz	*wir sollen sofort wechseln*
değiştirmek	*wechseln, austauschen*

Dolmuşta

dolmuşta	*im Sammeltaxi*
şoför bey	*(Herr) Fahrer*
müsait bir yerde	*an einem geeigneten Ort*
inebilir miyiz?	*können wir aussteigen?*
inmek	*aussteigen*
Olur, ağabey	*In Ordnung, Bruder!*
tabii	*natürlich*
bir soru sorabilir miyim?	*darf ich (Sie) etwas fragen?*
soru sormak	*fragen, eine Frage stellen*
gitmemiz gerekiyor	*wir müssen gehen*
nasıl gidebiliriz?	*wie können wir gehen?*
estağfurullah	*bitte sehr*
Yenimahalle	*(Stadtviertel in Ankara)*
ağabey (*Kurzform:* abi)	*älterer Bruder*
çok kolay	*ganz einfach*
dümdüz ['dümdüz]	*ganz gerade(aus)*
Kızılay'a kadar	*bis zum Kizilay (zentraler Platz)*
Sıhhiye ['sıhhiye]	*(Stadtviertel in Ankara)*
yürüyün!	*gehen Sie zu Fuß!*

metroya binin	*steigen Sie in die U-Bahn ein*
metro ['metro]	*U-Bahn*
binmek	*einsteigen*
doğrudan oraya götürür	*fährt/bringt (Sie) direkt dorthin*
ama dikkat etmelisiniz	*aber Sie müssen beachten*
Sıhhiye yönüne binmeniz lâzım	*Sie müssen in Richtung Sıhhiye einsteigen*
yön	*Richtung*
Haydi!	*Los!*
çabuk olmalıyız	*wir müssen schnell machen*
Dur yahu!	*Moment mal! Bleib doch stehen!*
acele etmemize gerek yok	*wir brauchen uns nicht zu beeilen*
acele etmek	*beeilen*
daha vakit var	*wir haben (wörtl.: es gibt) noch Zeit*
hediye almamız lâzım	*wir müssen ein Geschenk kaufen*
hediye	*Geschenk*
bu iş	*diese Angelegenheit, Sache*
uzun sürebilir	*es kann lange dauern*
uzun	*lange*
sürmek	*dauern*

Dilbilgisi

1. Die Wiedergabe von *können* und *dürfen* A4

Um im Türkischen können auszudrücken, steht Ihnen das Verb **bilmek** *wissen* zur Verfügung, das Sie mit dem Infix **-(y)e/a-** an den Stamm des Hauptverbs anhängen:

gelmek	*kommen*	gel**e**bilmek	*kommen können*
konuşmak	*sprechen*	konuş**a**bilmek	*sprechen können*
beklemek	*warten*	bekle**ye**bilmek	*warten können*
başlamak	*anfangen*	başla**ya**bilmek	*anfangen können*

Da es bei *können* um grundsätzliche Aussagen geht, wird vornehmlich der Aorist als Zeitform verwendet:

gelebilirim	*ich kann kommen*	gelebiliriz	*wir können kommen*
gelebilirsin	*du kannst kommen*	gelebilirsiniz	*ihr könnt/Sie können kommen*
gelebilir	*er kann kommen*	gelebilirler	*sie können kommen*

In der Verneinung entfällt **bil-** und das Verneinungssuffix **-me/ma** wird direkt an das Infix **-(y)e/a** angehängt. In Kombination mit dem Aorist, der ja die am häufigsten verwendete Zeitform in dieser Zusammensetzung ist, erhalten Sie die Verneinung des Aorists, die Sie bereits aus → Lektion 4 kennen.

Vergleichen Sie nun in der Tabelle die Verneinung von *kommen können* und den verneinten Aorist von *kommen (nicht kommen).*

Verneintes Können am Beispiel von *gelmek*		**Verneinter Aorist**	
gelemem	*ich kann nicht kommen*	gelmem	*ich komme nicht*
gelemezsin	*du kannst nicht kommen*	gelmezsin	*du kommst nicht*
gelemez	*er/sie kann nicht kommen*	gelmez	*er/sie kommt nicht*
gelemeyiz	*wir können nicht kommen*	gelmeyiz	*wir kommen nicht*
gelemezsiniz	*ihr könnt nicht kommen*	gelmezsiniz	*ihr kommt nicht*
gelemezler	*sie können nicht kommen*	gelmezler	*sie kommen nicht*

Der einzige Unterschied ist das betonte Infix (unterstrichener Vokal). Achten Sie deshalb darauf, ihn immer deutlich auszusprechen. Auch die Frageformen der Verneinung unterscheiden sich nur durch das Infix **-e/a-** vom Aorist:

Verneintes Können		**Verneinter Aorist**	
gelemez miyim?	*kann ich nicht kommen?*	gelmez miyim?	*komme ich nicht?*
gelemez misin?	*kannst du nicht kommen?*	gelmez misin?	*kommst du nicht?*
gelemez mi?	*kann er/sie nicht kommen?*	gelmez mi?	*kommt er/sie nicht?*
gelemez miyiz?	*können wir nicht kommen?*	gelmez miyiz?	*kommen wir nicht?*
gelemez misiniz?	*könnt ihr nicht kommen?*	gelmez misiniz?	*kommt ihr nicht?*
gelemezler mi?	*können sie nicht kommen?*	gelmezler mi?	*kommen sie nicht?*

Der Aorist enthält ebenfalls die Bedeutung von *können,* aber eher im Sinne von *bereit* oder *fähig sein,* er wird daher auch die „weite (umfangreiche) Zeit“ genannt. In der Frage wird durch das Suffix **-(y)e/abilmek** vor allem *dürfen* ausgedrückt. Vergleichen Sie die Beispiele:
Brigitte Türkçe konuşur mu? *Kann Brigitte Türkisch sprechen? (= Ist sie fähig dazu?)*
Buraya park edebilir miyim? *Darf ich hier parken?*
İçeri girebilir miyim? *Darf ich eintreten?*
Gazeteyi alabilir miyim? *Darf ich die Zeitung nehmen?*
Nermin Hanımla konuşabilir miyim? *Kann ich (mit) Frau Nermin sprechen?*

2. Die Notwendigkeitsform A1, 2

Die Notwendigkeitsform zum Ausdruck von *müssen/sollen* wird durch Anhängen des Suffixes **-meli/malı** an den Verbstamm gebildet. Daran schließt sich die Personalendung an. Sie betont das Eigeninteresse oder die (moralische) Selbstverpflichtung oder Selbsterkenntnis des Sprechers und bedeutet soviel wie *ich sollte eigentlich.*

gel**meli**yim	*ich sollte kommen* (die Notwendigkeit sehe ich ein)
gel**meli**sin	*du solltest kommen* (ich habe Interesse an deinem Kommen)
gel**meli**	*er/sie sollte kommen* (es gibt Interesse an seinem/ihrem Kommen)
gel**meli**yiz	*wir sollten kommen* (die Notwendigkeit sehen wir ein)
gel**meli**siniz	*ihr solltet kommen* (ich habe/wir haben Interesse an eurem Kommen)
gel**meli**ler	*sie sollten kommen* (es gibt Interesse an ihrem Kommen)

Die Frage- und Verneinungsformen verhalten sich wie beim Präsens oder Futur:

Frage	Verneinung	Verneinte Frage
gelmeli miyim?	gelmemeliyim	gelmemeli miyim?
muss ich gehen?	*ich muss nicht gehen*	*muss ich nicht gehen?*
gelmeli misin?	gelmemelisin	gelmemeli misin?
gelmeli mi?	gelmemeli	gelmemeli mi?
gelmeli miyiz?	gelmemeliyiz	gelmemeli miyiz?
gelmeli misiniz?	gelmemelisiniz	gelmemeli misiniz?
gelmeliler mi?	gelmemeliler	gelmemeliler mi?

3. Die Wiedergabe von *(nicht) müssen* A3

Im Türkischen kann *müssen* auch mit *nötig, notwendig, erforderlich sein* umschrieben werden. Hier finden Sie die wichtigsten Kombinationen. Beachten Sie, dass es sich um Possessivkonstruktionen handelt:

Benim gitmem lâzım/gerek.	*Ich muss gehen. (wörtl.: Mein Gehen ist nötig.)*
Senin gitmen lâzım/gerek.	*Du musst gehen.*
Onun gitmesi lâzım/gerek.	*Er/sie muss gehen.*
Hasan'ın gitmesi lâzım/gerek	*Hasan muss gehen.*
Bizim gitmemiz lâzım/gerek.	*Wir müssen gehen.*
Sizin gitmeniz lâzım/gerek.	*Ihr müsst/Sie müssen gehen.*
Onların gitmesi lâzım/gerek.	*Sie müssen gehen.*

Wie Sie sehen, stehen die Subjekte im Türkischen im Genitiv. Die Sätze sind alle im Präsens und das grammatische Subjekt steht immer in der dritten Person (*mein, dein, sein, unser, euer/Ihr, ihr Gehen* **ist** *nötig*). Benötigen Sie eine andere Zeitform als das Präsens, verwenden Sie das Verb **gerekmek**, das Sie ja (ebenfalls in der dritten Person) mit Tempussuffixen bereits konjugieren können:
Benim gitmem gerekiyor. *Ich muss (jetzt) gehen.*
Senin gitmen gerekti. *Du musstest gehen.*
Onun gitmesi gerekecek. *Er/Sie wird gehen müssen.*

Wenn Sie **lâzım** verwenden möchten, brauchen Sie ein Hilfsverb, das hier interessanterweise **gelmek** *kommen* ist:
Benim gitmem lâzım geldi.
Ich habe gehen müssen. (wörtl.: Es kam so, dass ich gehen musste.)
Senin gitmen lâzım gelecek.
Du wirst gehen müssen. (wörtl.: Es wird so kommen, dass du gehen musst.)

Für die Verneinung dieser Sätze, d.h. für die Wiedergabe von *nicht müssen*, verwenden Sie am besten folgende Verbalformen:
Benim gitmem gerekmiyor. *Ich muss nicht gehen.*
Benim gitmem gerekmedi. *Ich musste nicht gehen.*
Benim gitmem lâzım gelmeyecek. *Ich werde nicht gehen müssen.*

Türkçesi Şöyle A5, 6, 7

So sagen Sie, dass Sie etwas benötigen

Bana para lâzım. *Ich brauche Geld. (wörtl.: Mir ist Geld nötig.)*
- Hasan'a ne lâzım? *Was braucht Hasan?*
- Hasan'a bir araba lâzım.
  Hasan braucht ein Auto. (wörtl.: (Dem) Hasan ist ein Auto nötig.)

So sagen Sie, dass Sie etwas nicht unbedingt tun müssen

Oraya gitmeniz lâzım/gerek**li** değil. *Sie müssen nicht dorthin gehen.*
Bugün çalışmam lâzım/gerek**li** değil. *Heute muss ich nicht arbeiten.*
Acele etmemiz lâzım/gerek**li** değil. *Wir müssen uns nicht beeilen.*
Yarın gitmem lâzım/gerek**li** değil mi? *Muss ich morgen nicht kommen?*

Achtung: Bei Verneinung und Fragen muss gerek**li** verwendet werden!

Auch mit dem Wort **ihtiyaç** [ihtiya:ç] *Bedürfnis*, das Sie aus → Lektion 5 kennen, können Sie *brauchen* ausdrücken. Dieses Wort kann mit **var** oder **yok** kombiniert werden. Dabei steht das Objekt im Dativ und die Person, die der Sache bedarf, bildet eine Genitivkonstruktion mit **ihtiyaç** (*Bedürfnis*):

(Benim) tatile ihtiyacım var. *Ich brauche Urlaub.*
(wörtl.: Es gibt mein Bedürfnis an Urlaub.)

- Hasan'ın neye ihtiyacı var? *Was braucht Hasan?*
- Hasan'ın bir arabaya ihtiyacı var.
  Hasan braucht ein Auto. (wörtl.: Hasans Bedürfnis nach einem Auto ist vorhanden.)

Konuyla İlgili

Verkehrsmittel

tramvay	*Straßenbahn*
metro ['metro]	*U-Bahn*
otobüs	*Bus*
minibüs ['minibüs]	*Kleinbus*
dolmuş	*Sammeltaxi*
taksi ['taksi]	*Taxi*
gemi	*Schiff*
vapur	*Schiff*
belediye otobüsü	*Stadtbus*

Verkehrsplätze

durak, durağı	*Haltestelle*
gar	*Hauptbahnhof*
istasyon	*Haltestelle für Schienenfahrzeuge*
terminal, terminali	*Busbahnhof für Überlandbusse (in Großstädten)*
otogar	*Busbahnhof (offiziell)*
garaj	*Busbahnhof (ugs); Garage (privat)*
iskele [is'kele]	*Anlegestelle (für Schiffe)*

Rund um den Verkehr

hareket	*Abfahrt*
kalkış	*Abfahrt*
gidiş	*Hinfahrt*
dönüş	*Rückfahrt*
gidiş-dönüş	*Hin- und Rückfahrt*
bilet	*Fahrkarte*
jeton	*Münze (U-Bahn)*
hareket etmek	*abfahren, in Bewegung setzen*
kalkmak	*abfahren*
işlemek	*verkehren*
dönmek	*zurückfahren*
varmak	*ankommen*

Rund um die Pause

mola ['mola]	*Unterbrechung (einer Tätigkeit)*
çay molası	*Teepause*
ihtiyaç molası	*Bedürfnispause*
yemek molası	*Essenspause*
ara	*Unterbrechung, Zwischenzeit*
kahve arası	*Kaffeepause*
teneffüs	*Schulpause*
mola/ara vermek/ teneffüs yapmak	*Pause machen*

Auf die Frage **Biraz ara verelim mi?** *Wollen wir ein wenig Pause machen?* können Sie auch bejahend mit der folgenden feststehenden Wendung antworten: **Olabilir.** *Es ist möglich./Es kann passieren.*

Alıştırmalar

1 Formulieren Sie die Sätze zuerst in der Bedeutung von ***verpflichtet sein*** und anschließend mit ***lâzım*** oder ***gerek***.

1. Hasan bugün çalışacak.
   Hasan bugün çalışmalı. / Hasan'ın bugün çalışması lâzım.
2. Brigitte yarın erken kalkacak.
   ....
3. Arkadaşıma telefon edeceğim.
   ....
4. Mutlaka Bodrum'a gideceksiniz.
   ....
5. Şimdi biraz dinleneceksin.
   ....
6. İstanbul'a kart yollayacağız.
   ....
7. Kızılay'da metroya bineceğiz.
   ....
8. Sigarayı bırakacaksın.
   ....

2 Verneinen Sie die Sätze.

1. Salı günü geç gelmelisin. *Salı günü geç gelmemelisin.*
2. Yarın sabah geç kalkmalıyız. ....
3. Bodrum'da az kalmalıyız. ....
4. Pasaportu evde unutmalısınız. ....
5. Acele etmelisiniz. ....
6. Hep Almanca konuşmalıyız. ....
7. Denizde çok yüzmelisin. ....
8. Özden çok yemek yemeli. ....

3 Formulieren Sie die Sätze im Perfekt und Futur.

1. Hasan'ın dört saat çalışması gerek.
   Hasan'ın dört saat çalışması gerekti/gerekecek.
2. Özden'in bir firmaya telefon etmesi lâzım.
   ....
3. İzmir'e gitmemiz gerek.
   ....
4. Bodrum'da daha çok kalmamız lâzım.
   ....
5. Benzin almaları gerek.
   ....
6. Doktora gitmen lâzım.
   ....

4 Fragen Sie, ob Sie folgende Handlungen ausführen dürfen. Beantworten Sie die Fragen anschließend verneinend.

1. (ben) burada beklemek:
   - *Burada bekleyebilir miyim?*
   - *Hayır, burada bekleyemezsin.*
2. (biz) burada beklemek:
   - ....
   - ....
3. (ben) sigara içmek:
   - ....
   - ....
4. (biz) sigara içmek:
   - ....
   - ....
5. (ben) arabayı park etmek:
   - ....
   - ....
6. (biz) arabayı park etmek:
   - ....
   - ....
7. (ben) burada suya girmek:
   - ....
   - ....
8. (biz) burada suya girmek:
   - ....
   - ....

5 Folgende Personen brauchen etwas. Formulieren Sie die Sätze mit ***ihtiyaç*** um. Denken Sie daran, die Personen in Genitiv- bzw. Possessivkonstruktionen zu setzen.

1. Özden'e bir araba lâzım. *Özden'in bir arabaya ihtiyacı var.*
2. Sevil'e bir telefon lâzım. ....
3. Zeynep'e bir bilet lâzım. ....
4. Brigitte'ye koruyucu krem lâzım. ....
5. Bana bir çanta lâzım. ....
6. Bize biraz zaman lâzım. ....
7. Sana ne lâzım? ....
8. Size tatil lâzım. ....

6 Das Gespräch zwischen Özden und seinem Freund ist durcheinandergeraten. Welche Teile passen zusammen? Verbinden Sie.

1. Özden, sen	a. ihtiyacın yok.
2. Bu kadar çok	b. araba lâzım.
3. Hasta	c. çalışman gerekmiyor.
4. Benim çok	d. çok çalışıyorsun.
5. Çünkü paraya	e. olabilirsin.
6. Senin paraya	f. ihtiyacım var.
7. Senin çalışman	g. çalışmam gerekiyor.
8. Bana bir de	h. çalışmamalısın.

7 Übersetzen Sie die Sätze ins Türkische.

1. *Morgen muss ich zum Arzt gehen.* ....
2. *Meine Mutter braucht ein Auto.* ....
3. *Wir müssen heute Abend nach Ankara fahren.* ....
4. *Musstest du heute nicht ins Büro fahren?* ....
5. *Würdest du hier bitte auf mich warten?* ....
6. *Braucht er heute das Buch?* ....
7. *Er wird heute zur Schule gehen müssen.* ....
8. *Kannst du morgen zu mir kommen?* ....

In dieser Lektion lernen Sie:
- über **Hobbys** und **Freizeit** zu sprechen
- **höfliche Aufforderungen** zu formulieren
- **verpasste Gelegenheiten** auszudrücken
- über **frühere Gewohnheiten** zu sprechen
- das Suffix ***idi***
- das Instrumentalwort ***ile***
- das **Imperfekt** und **Plusquamperfekt**

Dario Moreno (1921–1968)

Onu güzel gür sesi, hafif aksanı ve Akdeniz kokulu şarkılarından tanıdık. Bir dönemin unutulmaz şarkıcısı, sinema oyuncusu, tatlı şişkosu. Dario Moreno 1921 yılında Aydın'da doğdu. Ailesi yoksuldu. Yetimhanede büyüdü. Gönlü müzikteydi.

Dario'nun çocukluğu çileli geçmişti. Su sattı, Eşrefpaşa Pazarı'nda bir terlik satıcısının yanında çıraklık yaptı. Ama kalbi müzikteydi. Bir gitar aldı ve kendi kendine çalıştı. 1946'da İstanbul'a, sonra da Ankara'ya geldi. Türkiye'de 1956 yılına kadar çeşitli gazinolarda çok başarıyla sahneye çıktı.

1956'da Avrupa'ya gitti. Asıl şöhretini Paris'te kazandı. Sahneler yetmedi, sinemaya gönül verdi. 45 kadar da film çevirdi. Güzel yaşardı. En iyi terzilerden giyinir, çiçekli kravat takar, parfüm sürerdi. Tansiyonu ve şeker hastalığı vardı, ama kavanozla reçel yerdi, Türk hamamına giderdi. Ülkesini unutmadı. 11 Aralık 1968'de İstanbul'da öldü. Son şarkısı "Hatıralar Hayal Oldu".

Dario Moreno (1921–1968)

Wir kannten ihn mit seiner schönen lauten Stimme, seinem leichten Akzent und seinen nach dem Mittelmeer duftenden Liedern. Er war der unvergessene Sänger einer Epoche, er war Filmschauspieler und der süße Dicke. Dario Moreno wurde 1921 in Aydın geboren. Seine Familie war arm. Er ist in einem Waisenhaus groß geworden. Sein Herz gehörte der Musik.

Darios Kindheit verlief sorgenvoll. Er verkaufte Wasser und absolvierte eine Lehrzeit bei einem Pantoffelverkäufer im Eşrefpaşa Basar. Aber sein Herz schlug für die Musik. Er kaufte sich eine Gitarre und lernte selbst zu spielen. 1946 kam er nach Istanbul und später auch nach Ankara. Bis 1956 eroberte er in der Türkei erfolgreich verschiedene Musikbühnen.

1956 ging er nach Europa. Wirklich berühmt wurde er in Paris. Die Bühnen waren ihm nicht mehr genug, sein Herz verlangte nach dem Kino. Er drehte etwa 45 Filme. Er lebte gut. Von den besten Schneidern ließ er sich einkleiden, trug geblümte Krawatten und duftete nach Parfüm. Obwohl er unter Bluthochdruck litt und zuckerkrank war, aß er gläserweise Marmelade und ging weiter ins türkische Bad. Sein Land hat er nicht vergessen. Am 11. Dezember 1968 starb er in Istanbul. Sein letztes Lied hieß „Erinnerungen wurden Wunschträume".

Yeni Konu

Das Suffix *-(y)di* A2,3,4

Sie haben in → Lektion 5 das bestimmte Perfekt (**-di/dı/dü/du** nach stimmhaften Konsonanten, **-ti/tı/tü/tu** nach stimmlosen Konsonanten) und in → Lektion 6 das unbestimmte Perfekt (**-miş/mış/müş/muş**) gelernt.

Sie wissen auch, dass Sie das Suffix **-(y)di/dı/dü/du** mit Substantiven und Adjektiven benutzen können und nach vokalisch auslautenden Wörtern ein **y** vorschalten müssen. Diesem Suffix liegt eigentlich das Wörtchen **idi** zugrunde, das im Gegensatz zum betonten **-di/dı/dü/du** unbetont ist. Sie können es mit allen Konjugationsstämmen kombinieren und diese damit in die Vergangenheit setzen. Die einzelnen Zeitformen werden in der Grammatik (→ Seite 111) genauer behandelt.

Hasan gidiyor.	Hasan gidiyor idi	▶	gidiyordu.	*Hasan ging.* (türkisches Imperfekt)
Hasan gider.	Hasan gider idi	▶	giderdi.	*Hasan ging.* (wiederholte Handlung)
Hasan gidecek.	Hasan gidecek idi	▶	gidecekti.	*Hasan wollte gehen.* (Vergangenheit des Futurs)
Hasan gitmiş.	Hasan gitmiş idi	▶	gitmişti.	*Hasan war gegangen.* (Plusquamperfekt)
Hasan gitmeli.	Hasan gitmeli idi	▶	gitmeliydi.	*Hasan hätte gehen sollen.* (Notwendigkeitsform)

Balığa Çıkalım ...

Sertaç: Merhaba Erman, nasılsın?
Erman: Merhaba Sertaç, sağ ol, iyiyim, ya sen?
Sertaç: Ben de iyiyim. Dün seni Kadıköy vapurunda gördüm, nereye gidiyordun?
Erman: Bizim Rıza'ya gidiyordum. Biliyorsun, eskiden onunla futbol oynardık. Şimdi oynamıyoruz, daha doğrusu oynayamıyoruz. O futbolu bıraktı. Ben devam edecektim, ama başka arkadaş bulamadım.
Sertaç: Gerçekten yazık olmuş. İnsan spor yapmalı. Ben de hanımla sahil yolunda yürüyüşe çıkardım. Biz de bıraktık. Bıraktık da ne oldu? Kilo aldık. Senin hanım ne yapıyor şu sıralar? Eskiden o spor yapardı.
Erman: Haklısın, o yine sağlıklı yaşam merkezine gidiyor, jimnastik falan yapıyor. Şimdi en son merakı suluboya resim. Suluboya resim kursuna gidiyor. Bayağı da başarılı resimler yapıyor. Bir gün gel de göstersin.
Sertaç: Gelirim, bir gün seninle buluşalım, birlikte balığa çıkalım. Akşama da ailecek yemek yeriz. Biliyorsun balık tutmayı ben de severim.

Erman:	Şahane fikir! Yahu, niye böyle ayakta konuşuyoruz, bir yere oturalım, birer kahve içelim.
Sertaç:	Seninle kahve içmeye gelirdim, çok da iyi olurdu, ama çok önemli bir randevum var. Oraya gitmem gerek. Başka sefere ...
Erman:	Ne yapalım, sağlık olsun. Birer kahve iyi giderdi. Ama en kısa zamanda buluşalım, balık işini iyice planlayalım.
Sertaç:	Tamam, söz ... Hadi, şimdilik eyvallah.
Erman:	Güle güle ...

Söz Dağarcığı

Sie erkennen inzwischen den Verbstamm ohne Mühe, deshalb stehen ab dieser Lektion nur noch die Infinitive der Verben in den Wortlisten. So finden Sie diese Wörter auch im Wörterbuch.

Dario Moreno (1921–1968)	
gür	*laut*
ses	*Stimme*
hafif aksanı	*sein leichter Akzent*
hafif	*leicht*
aksan	*Akzent; Tonfall*
kokulu	*riechend, duftend*
şarkı	*Lied*
dönem	*Periode; Phase*
unutulmaz	*unvergesslich*
şarkıcı	*Sänger*
sinema oyuncusu	*Filmschauspieler*
şişko	*fett, dick*
yılında	*im Jahre*
yıl	*Jahr*
Aydın ['aydın]	*Stadt in Westanatolien*
doğmak	*geboren werden*
yoksul	*arm, mittellos*
yetimhane [yetimha:'ne]	*Waisenhaus*
büyümek	*aufwachsen, heranwachsen*
gönül, gönlü	*Herz; Seele*

çocukluk, çocukluğu	*Kindheit*
çileli	*mühevoll, mühsam*
su satmak	*Wasser verkaufen*
Eşrefpaşa Pazarı	*Name eines Basars*
terlik, terliği	*Pantoffel*
satıcı	*Verkäufer*
çıraklık yapmak	*Lehrzeit absolvieren*
kalp, kalbi	*Herz*
gitar	*Gitarre*
çalışmak	*arbeiten; hier: lernen, sich bemühen*
çeşitli	*verschieden(e)*
gazino [ga'zino]	*vornehmes Restaurant mit Musikprogramm*
başarıyla	*erfolgreich*
sahneye çıkmak	*auftreten; die Bühne erobern*
sahne	*Bühne*
Avrupa	*Europa*
asıl şöhreti	*seine grundlegende Berühmtheit*
kazanmak	*gewinnen, erlangen; verdienen*
çevirmek	*drehen*
yaşamak	*leben*
terzi	*Schneider*
giyinmek	*sich kleiden*
çiçekli	*geblümt*
kravat takmak	*Krawatte umbinden*
tansiyon	*Bluthochdruck*
şeker hastalığı	*Zuckerkrankheit*
kavanoz	*Gefäß, Einweckglas*
reçel	*Marmelade*
Türk hamamı	*türkisches Bad*
ülke	*Land*
unutmak	*vergessen*
aralık	*Dezember*
ölmek	*sterben*
hatıra	*Erinnerung*

hayal [haya:l]	*Wunschtraum*
Balığa Çıkalım ...	
balığa çıkmak	*fischen gehen*
çıkalım	*lass uns gehen*
Kadıköy [ka'dıköy]	*(Stadtviertel von Istanbul auf der asiatischen Seite)*
görmek + *Akk*	*sehen*
eskiden	*früher*
daha doğrusu	*besser gesagt, richtiger*
oynamak	*spielen*
devam etmek [a:]	*fortsetzen*
gerçekten	*tatsächlich, wirklich*
yazık	*schade*
insan	*Mensch, man*
spor	*Sport*
sahil yolu [a:]	*Uferstraße*
yürüyüşe çıkmak	*wandern gehen*
bırakmak	*lassen, bleibenlassen*
kilo almak	*zunehmen*
sağlıklı yaşam merkezi	*Fitnesscenter*
sağlık	*Gesundheit*
yaşam	*Leben*
merkez	*Zentrum*
jimnastik, jimnastiği	*Gymnastik*
falan	*und so weiter*
merak	*Sorge; (hier:) Interesse, Hobby*
suluboya resim	*Aquarell*
bayağı	*ziemlich, gewöhnlich*
aile, ailecek [a:]	*Familie, als Familie*
balık tutmak	*Fische fangen; ergreifen*
ayak, ayağı	*Fuß*
başka sefere	*ein anderes Mal*
sağlık olsun	*nichts für ungut*
iyice [i'yice]	*ziemlich gut*
söz	*Wort; versprochen*

Dilbilgisi

1. Das Imperfekt A 1, 2, 3, 4

Der Präsensstamm, erweitert mit **idi**, also **(i/ı/ü/u)yordu**, drückt das türkische Imperfekt (unvollendete Vergangenheit) aus. Unvollendet ist eine vergangene Handlung, wenn sie jemanden in der Gegenwart noch geistig beschäftigt.

Mit dem türkischen Imperfekt aktualisieren Sie vergangene Handlungen, d. h. Sie kommen damit auf vergangene Themen zu sprechen. Sie möchten über vergangene Ereignisse sprechen, die zwar für andere abgeschlossene Handlungen sind, für Sie selbst aber noch nicht als abgeschlossen gelten.
Dün seni gördüm, nereye gidiyordun? *Ich habe dich gestern gesehen, wohin fuhrst du?*

Im ersten Satzteil ist die Handlung auch für den Sprecher abgeschlossen, während er oder sie im zweiten Teil noch wissen möchte, wohin die angesprochene Person gefahren ist. Diese Handlung ist deshalb für den Sprecher noch nicht abgeschlossen.

Beachten Sie auch das folgende Beispiel. Sie eröffnen ein Gespräch über ein vergangenes Thema, d. h. Sie aktualisieren es. Sie berichten darüber, was Sie alles gemacht haben. Im zweiten Satzbeispiel ist die Handlung wieder abgeschlossen.
Dün eve gidiyordum. *Gestern war ich unterwegs nach Hause.*
Yolda Hasan'ı gördüm. *Auf dem Weg habe ich Hasan gesehen.*

2. Frühere Gewohnheiten A 1, 2, 3

Wenn Sie **idi** an den Aoriststamm (→ Lektion 3) anhängen, drückt das Suffix frühere Gewohnheiten und Tätigkeiten aus, die in der Gegenwart nicht mehr aktuell sind.
Eskiden spor yapardım. *Früher trieb ich Sport.*
Münih'te Schwabing'de otururduk.
(Damals) In München pflegten wir in Schwabing zu wohnen.
Münih'te Schwabing'de oturduk. *In München haben wir in Schwabing gewohnt.*
Hasan sigara içerdi, ama bıraktı. *Hasan war Raucher, aber jetzt hat er aufgehört.*

3. Höfliche Aufforderungen A 1, 2, 3

Der erweiterte Aoriststamm kann auch eine sehr höfliche Aufforderung ausdrücken, wenn sich die Handlung auf die unmittelbare Zukunft bezieht.
Garson bey, bakar mıydınız? *Herr Kellner, würden Sie bitte herschauen?*
İsminizi söyler miydiniz? *Würden Sie (bitte) Ihren Namen sagen?*

Sie müssen je nach Situation selbst festlegen, wie höflich Sie sein möchten. Denn diese Aufforderungen können Sie auch ohne das Suffix **idi** formulieren:
Garson bey, bakar mısınız? *Herr Kellner, schauen Sie bitte her!*
İsminizi söyler misiniz? *Sagen Sie bitte Ihren Namen!*

Im Türkischen stehen Ihnen drei Stufen zum Ausdruck einer Aufforderung zur Auswahl: der Imperativ, der einfache und der erweiterte Aoriststamm in Frageform.

Imperativ	Einfacher Aorist	Erweiterter Aorist
Buraya gel! *Komm hierher!*	Buraya gelir misin? *Komm bitte hierher!*	Buraya gelir miydin? *Würdest du bitte hierher kommen?*
Buraya gelin! *Kommen Sie hierher!*	Buraya gelir misiniz? *Kommen Sie bitte hierher!*	Buraya gelir miydiniz? *Würden Sie bitte hierher kommen?*

Sie können natürlich alle Aufforderung noch mit **lütfen** *bitte* verstärken, um die Höflichkeit noch einmal besonders hervorzuheben. Beachten Sie, dass die Aoristformen (2. und 3. Stufe der Aufforderungen) nur in der 2. Person Singular und Plural möglich sind (du- und Sie-Form) und dass diese Aufforderungen nicht verneint werden können.

4. Ursprüngliche Absichten und Vorhaben äußern A2

Am Futurstamm drückt das Suffix **idi** aus, dass ein Vorhaben der Vergangenheit angehört, also nicht mehr aktuell ist. Es bedeutet soviel wie: *ich hatte vor, ich wollte, aber.* Es kann noch erweitert werden durch **aslında** *ursprünglich, eigentlich.*
Dün yürüyüşe çıkacaktım, ama yağmur yağdı.
Gestern wollte ich wandern, aber es hat geregnet.
Hasan bize gelecekti, ama işi çıkmış.
Hasan wollte zu uns kommen, aber es kam etwas dazwischen.
Aslında sinemaya gidecektik, sonra vazgeçtik.
Ursprünglich wollten wir ins Kino gehen, dann haben wir darauf verzichtet.

5. Das Plusquamperfekt A3

Das Suffix **idi** an einem Perfektstamm drückt eine Handlung in der Vorvergangenheit aus, wobei es zwischen den beiden Formen einen geringen Unterschied gibt. Geläufiger ist das unbestimmte Plusquamperfekt **mişti**:

gel + miş + idi	▶ gelmişti	*er war gekommen* (als Ergebnis eines Geschehens)
gel + di + idi	▶ geldiydi	*er war gekommen* (als Ablauf des Geschehens)

Hasan üç yıl önce Ankara'ya gitmişti/gittiydi.
Hasan war vor drei Jahren nach Ankara gegangen.

- Hatırlıyor musun, seninle yıllar önce bir kez balığa çıkmıştık?
  Erinnerst du dich, wir waren vor Jahren einmal (mit dir) angeln gegangen?
- Evet, hatırladım, Sertaç da gelmişti.
  Ja, ich erinnere mich, auch Sertaç war mitgekommen.

Die Vergangenheitsformen werden auf der Zeitachse folgendermaßen eingeordnet:

Plusquamperfekt	Perfekt	Imperfekt	Präsens	Futur	
gelmişti/ geldiydi	geldi	geliyordu	geliyor	gelecek*	*bestimmte Tempusformen*
					▶ Zeit
	gelmiş	gelirdi	gelir		*unbestimmte Tempusformen*

*gelecekti

6. Verpasste Gelegenheiten ausdrücken A3

In → Lektion 7 haben Sie die Notwendigkeitsform **-meli/malı** kennengelernt. Mit **idi** kombiniert, dient sie dazu, verpasste Gelegenheiten auszudrücken.
Sporu bırakmamalıydım. Çünkü kilo aldım.
Ich hätte den Sport nicht aufgeben sollen. Nun habe ich zugenommen.
Zamanında ehliyet yapmalıydın. *Du hättest damals den Führerschein machen sollen.*
Dün sinemaya gelmeliydin. Film çok güzeldi.
Du hättest gestern ins Kino kommen sollen. Der Film war sehr schön.

7. Das Instrumentalwort *ile* A5

Das Wort **ile** bedeutet *mit*. Sie kennen es bereits aus → Lektion 3 und werden es häufig, ähnlich wie das Wort **idi**, in verbundener Form antreffen. Nach Konsonant entfällt das **i**, nach Vokal wird es wieder zu **y**: **-(y)le/la**. Die Wortbedeutung bleibt auf dem Bezugswort (der betonte Vokal ist unterstrichen).

araba ile ▶ arabayla	*mit dem Wagen*	taksi ile ▶ taksiyle	*mit dem Taxi*
otobüs ile ▶ otobüsle	*mit dem Bus*	vapur ile ▶ vapurla	*mit dem Dampfer*

Zwei Begriffe, die ein Paar bilden, können Sie ebenfalls mit **ile** verbinden. Dann bedeutet **ile** allerdings *und* und nicht *mit*:

Hasan ile Zeynep	▶	Hasan'la Zeynep	*Hasan und Zeynep*
Ayşe ile annesi	▶	Ayşe'yle annesi	*Ayşe und ihre Mutter*
kâğıt ile kalem	▶	kâğıtla kalem	*Papier und Stift*

Mit Personal-, Demonstrativ- und Fragepronomen verlangt **ile** immer den Genitiv.

ben + ile	▶	benimle	*mit mir*	biz + ile	▶	bizimle	*mit uns*
sen + ile	▶	seninle	*mit dir*	siz + ile	▶	sizinle	*mit euch, mit Ihnen*
o + ile	▶	onunla	*mit ihm*	onlar + ile	▶	onlarla (!)	*mit ihnen*

bu + ile	▶	bununla	*mit diesem, damit*	kim + ile	▶	kiminle?	*mit wem?*
şu + ile	▶	şununla	*mit diesem da, damit*	ne + ile	▶	neyle?	*womit?*
o + ile	▶	onunla	*mit jenem, damit*				

Türkçesi Şöyle A6

Einen Vorschlag machen

Biz bu akşam sinemaya gidiyoruz. *Wir gehen heute Abend ins Kino.*
Sen/Siz de gel/gelin! *Komm du/Kommen Sie auch mit!*
Sen de gelir misin? *Kommst du auch mit?*
Siz de gelir misiniz? *Kommen Sie auch mit?*
Sen de gelir miydin? *Würdest du auch mitkommen?*
Siz de gelir miydiniz? *Würden Sie auch mitkommen?*

Einen Vorschlag mit Freuden annehmen

Seve seve. *Gern.*
Memnuniyetle! *Mit Freuden!*
Tabii, niye olmasın? *Selbstverständlich, warum nicht?*
Tabii, gelirim. *(Ja,) Natürlich komme ich.*

Einen Vorschlag mit Bedauern ablehnen

Maalesef. *Leider.*
Ne yazık ki gelemem. *Wie schade, dass ich nicht kommen kann.*

Teşekkür ederim ama, … *Ich danke (dir/Ihnen), aber …*
Gelirdim ama, maalesef … / ne yazık ki … *Ich würde kommen, aber leider …*
Seve seve gelirdim ama, maalesef … *Ich würde gerne kommen, aber leider …*

Konuyla İlgili

Rund um die Freizeit

spor		*Sport*	
yüzmeye gitmek		*Schwimmen gehen*	
futbol	oynamak	*Fußball*	*spielen*
tavla ['tavla]	oynamak	*Backgammon*	*spielen*
satranç, satrancı	oynamak	*Schach*	*spielen*

hobi ['hobi]		*Hobby*	
resim yapmak		*Bilder malen*	
müzik dinlemek		*Musik hören*	
keman	çalmak	*Geige*	*spielen*
piyano [pi'yano]	çalmak	*Klavier*	*spielen*
saz	çalmak	*Langhalslaute*	*spielen*

konsere	gitmek	*Konzert*	*besuchen*
tiyatroya [ti'yatro]	gitmek	*Theater*	*besuchen*
sinemaya [si'nema]	gitmek	*Kino*	*besuchen*
konferanslara	gitmek	*Vorträge*	*besuchen*

Alıştırmalar

1 Bringen Sie die Sätze in die richtige Reihenfolge und übersetzen Sie sie anschließend ins Deutsche.

☐ Sen de gelir misin diye sordu? ……………………………………

☐ Yolda Sertaç'a rastladım. ……………………………………

☐ Ayrıldık. ……………………………………

☐ Biraz konuştuk. ……………………………………

☐ Yarın maça gidecekmiş. ……………………………………

☐ Tabii, gelirim dedim. ……………………………………

☐ Daha konuşacaktık ama, yağmur başlamıştı. ……………………………………

[1] Dün akşam eve gidiyordum. ……………………………………

2 Wie lauten die richtigen Aoristformen?

1. Ben bu akşam sinemaya gel..............., ama maalesef zamanım yok.
2. Rıza'lar yarın yürüyüşe çıkıyor. Biz de gider ....?
3. Biz eskiden Kadıköy'de otur...............
4. Hasan çok sigara iç..............., artık içmiyor.
5. Eskiden iş yerime arabamla gid..............., şimdi metroyla gidiyorum.
6. Eski firmada birinci katta çalış..............., şimdi üçüncü kattayız.
7. Onlar eskiden sebze yemeklerini sev............... Şimdi seviyorlar.

3 Welche Sätze gehören zusammen?

1.	Hasan eskiden sigara içerdi.	a.	Bir arkadaşım bize geldi.
2.	Dün otobüsle eve gidiyordum.	b.	Niye olmasın?
3.	Bizimle maça gelir misin?	c.	Orayı çok beğenmiştik.
4.	Bu kadar çok çalışmamalıydın.	d.	Yağmur yağdı.
5.	Dün evde oturuyordum.	e.	Gelirdim ama, misafirimiz var.
6.	Üç yıl önce Hasan'la İspanya'ya gitmiştik.	f.	Şimdi bırakmış.
7.	Yarın akşam bana telefon eder miydin?	g.	Rıza'yla karısını gördüm.
8.	Dün şehir turu yapacaktık.	h.	Tabii, hasta olursun.

4 Formulieren Sie die Aufforderungen höflicher.

1. Yarın bana telefon et!

   Yarın bana telefon eder misin?

   Yarın bana telefon eder miydin?

2. Burada bekleyin!

   ....

   ....

3. Bize haber ver!

   ....

   ....

4. Adınızı söyleyin!

   ....

   ....

5. Hasan'a mektup yaz!

   ....

   ....

6. Biraz acele edin!

   ....

   ....

7. Beni affet!

   ....

   ....

8. Sessiz olun!

   ....

   ....

5 Verbinden Sie die Pronomen in Klammern mit **ile** und übersetzen Sie die Sätze danach mündlich ins Deutsche.

1. Dün seni metroda gördüm. ..Kiminle........ (Kim ile) konuşuyordun?
2. Hasan'la konuşuyordum. .... (O ile) tanışıyor musun?
3. Bir bey, ... (siz ile) konuşmak istiyor.
4. Sarıyer'e gideceğim, (ben ile) .... gelir misin?
5. Sarıyer'e .... (ne ile) gideceksin? Arabayla mı?
6. Maalesef .... (sen ile) gelemem, çünkü bir arkadaşımla buluşacağım.
7. Biz sinemaya gideceğiz. .... (Biz ile) gelir miydiniz?
8. Onlar yarın maça gidecekler, ben de .... (onlar ile) gidiyorum.

6 Wie lautet der Dialog auf Türkisch?

- *Wir treffen uns heute Abend mit Erman.* ....
  Möchtest du nicht auch kommen? ....
- *Ich würde gerne kommen, aber leider* ....
  haben wir heute Besuch. ....
- *Sehr schade. Wann hast du Zeit?* ....
- *Wie wäre es, wenn ihr zu uns kommen würdet?* ....
- *Ja, das wäre auch möglich. Ich frage Erman.* ....
- *Das wäre schön, würdest du mir Nachricht geben?* ....
- *Sehr gerne, sobald ich Erman angerufen habe,* ....
  gebe ich dir Bescheid. ....
- *Ich würde mich freuen.* ....

Dokuzuncu Ders

9

In dieser Lektion stehen folgende Themen im Mittelpunkt:
- nach dem **Befinden** fragen
- das **Wetter** und die **Jahreszeiten**
- die **Regionen** der Türkei
- **Bedingungssätze** bilden
- der **reale** und **irreale Konditional**
- feststehende **Konditionalausdrücke**
- die Postposition ***için***

Müşteri Memnuniyeti

Anket – Ege Com Ltd. Şti.
Sizin memnuniyetiniz bizim esin kaynağımızdır. Müşteri hizmetlerimizden memnunsanız veya herhangi bir şikâyetiniz varsa lütfen aşağıdaki formu doldurun ve kutuya atın.

1 Son bir ay içinde firmamızın ürünlerinden birini satın aldınız mı?
( ) Evet, aldım. ▸ Soru 2
( ) Hayır, almadım ▸ Soru 4

2 Bu ürün nasıl bir ürün veya hizmet idi?
( ) Yazılım ( ) Bilgisayar Donanımı
( ) Donanım ( ) Danışmanlık Hizmeti

3 Satış sonu hizmetlerimizden memnun musunuz?
( ) Evet, memnunum.
( ) Hayır, memnun değilim.
Memnun değilseniz, formun arkasına nedenlerini yazabilirsiniz.

4 Bilgisayar almak isteseydiniz,
( ) bunu tek başınıza mı yapardınız?
( ) internetten mi araştırırdınız?
( ) herhangi bir bilgisayar firmasına mı giderdiniz?

5 Bilgisayarınız olsaydı, internet bağlantısı da ister miydiniz?
( ) Evet, bilgisayarım olsaydı, internet de isterdim.
( ) Hayır, internet istemezdim.

Anketle ilgili sorularınız olursa danışma hattımızı arayabilirsiniz: 0232-366 02 51. Cevap ve katkılarınız için şimdiden teşekkürler. **Ege Com Ltd. Şti.**, Müşteri Hizmetleri Bölümü.

Kundenzufriedenheit

Umfrage – Ägäis Gesellschaft mbH
Ihre Zufriedenheit ist unsere Inspirationsquelle. Wenn Sie mit unserem Kundendienst zufrieden sind oder irgendeine Beschwerde haben, füllen Sie bitte dieses Formular aus und werfen Sie es in den Kasten.

1 Haben Sie im letzten Monat eines unserer Firmenprodukte gekauft?
( ) Ja, ich habe gekauft. ▸ Frage 2
( ) Nein, ich habe nicht gekauft. ▸ Frage 4

2 Um welches Produkt bzw. um welche Dienstleistung handelte es sich?
( ) Software ( ) Computerzubehör
( ) Hardware ( ) Beratungsdienst

3 Sind Sie zufrieden mit unserem Kundendienst?
( ) Ja, ich bin zufrieden.
( ) Nein, ich bin nicht zufrieden.
Wenn Sie nicht zufrieden sind, können Sie die Gründe auf die Rückseite schreiben.

4 Wenn Sie einen Computer kaufen würden, würden Sie
( ) es alleine machen?
( ) im Internet recherchieren?
( ) zu einer Computerfirma gehen?

5 Wenn Sie einen Computer hätten, würden Sie auch Internet-Zugang haben wollen?
( ) Ja, wenn ich einen Computer hätte, würde ich auch Internet-Zugang haben wollen.
( ) Nein, ich würde kein Internet haben wollen.

Wenn Sie Fragen zur Umfrage haben, können Sie unsere Info-Nr. anrufen: 0232-366 02 51. Vielen Dank im Voraus für Ihre Antworten und Ihren Beitrag. **Ege Com GmbH**, Abteilung Kundendienste.

Yeni Konu A1

Der Konditional

Im Türkischen unterscheidet man im Konditional zwischen möglichen, realen und nicht realisierbaren, also irrealen Handlungen. Der reale Konditional wird mit dem unbetonten Suffix **-(y)se/sa** von dem Wörtchen **ise** *wenn/falls (es so ist)* gebildet. Das Suffix muss immer an einen Tempusstamm angehängt werden:

gel-iyor	*er kommt*	▶	geliyor**sa**	*wenn er kommt*
gel-ecek	*er wird kommen*	▶	gelecek**se**	*wenn er kommen wird/sollte*
gel-di	*er kam/ist gekommen*	▶	geldi**yse**	*wenn er gekommen wäre*
gel-miş	*er soll gekommen sein*	▶	gelmiş**se**	*wenn er gekommen sein sollte*
gel-ir	*er kommt (hat die Absicht)*	▶	gelir**se**	*wenn er kommt*

Für den irrealen Konditional steht das betonte Suffix **-se/sa**, das Sie direkt an den Verbstamm anfügen. Bei dem irrealen Konditional steht im Türkischen kein Tempussuffix:

gel-mek	*kommen*	▶	gelse	*wenn er käme/kommen würde*
başla-mak	*anfangen*	▶	başlasa	*wenn er anfinge/anfangen würde*

Karşılaşma

Gül: Merhaba Nermin, ne var ne yok?
Nermin: Merhaba efendim? Kiminle görüşüyorum?
Gül: Şöyle söylesem, yıllarca önce üniversiteye beraber giderdik. Sen beni ...
Nermin: Gül, sen misin?
Gül: Evet, aferin. Unutmamışsın. Tebrikler.
Nermin: Gülcüğüm, seni nasıl unutabilirim? Nasılsın, iyi misin?
Gül: Ben iyiyim, seni sormalı.
Nermin: İyiyim, iyiyiz. Geçenlerde Semra'yla ben seni konuşmuştuk, inanır mısın?
Gül: Ben de onun için telefon ediyorum zaten. Üçümüz şöyle bir dolaşmaya çıksak hiç de fena olmaz yani. Örneğin bu cumartesi günü Beyoğlu'na gitsek ... Benim için uygun. Senin için de uygun mu?
Nermin: Benim için de uygun. Ancak bir şartla, eğer eşlerimizle akşam Çiçek Pasajı'nda yemekte buluşacaksak, olur mu?
Gül: Ben benimkiyle konuştum bile, o geliyor, sizinle tanışmak ister. Semra'nın eşi de gelirse eski kız grubumuzla eşlerimiz de tamamlanır.
Nermin: Tamam, ben Semra'ya telefon ederim.
Gül: Keşke bizim Sevinç de İstanbul'da olsaydı, o da gelseydi!

Nermin:	Gerçekten, o da gelseydi dörtlü tamam olurdu.
Gül:	Baksana, bu şehir turunu bu kadar abartmasak diyorum.
Nermin:	Niye?
Gül:	Alışverişe gidersek, konuşmak için çok vakit kalmaz! Son buluşmamızdan beri anlatacağımız çok şeyler var. Bir Boğaz turu yapalım, sohbet edelim!
Nermin:	Canım, iyi bir öneri, Semra da beğenir.
Gül:	Herhalde keyifli bir gün olacak! İyi öyleyse, ben yarın sana tekrar telefon edeyim mi?
Nermin:	Edersen fena olmaz. Eğer Semra'lar gelmeyecekse başka bir gün kararlaştıralım!
Gül:	Oldu Nerminciğim, inşallah hava rüzgârlı olmaz, fırtına falan çıkmaz da güzel bir hafta sonu geçiririz.
Nermin:	Merak etme, hava açık ve güneşli olacakmış. Rüzgâr karayelden hafif esecekmiş. Meteoroloji öyle diyor.

Söz Dağarcığı

Müşteri Memnuniyeti

müşteri	*Kunde*
memnuniyet [u:]	*Zufriedenheit*
Ege Com Ltd. Şti.	*Ägäis Gesellschaft mbH (Firmenname)*
anket	*Umfrage*
Com Ltd. Şti. = şirket	*Gesellschaft mbH*
Cevdet Bilsay Caddesi	*Cevdet Bilsay-Straße*
Karşıyaka	*Stadtteil in Izmir*
esin	*Inspiration*
kaynak, kaynağı	*Quelle*
hizmet	*Dienst*
memnunsanız	*wenn Sie zufrieden sind*
şikâyet [a:]	*Beschwerde, Reklamation*
varsa ['varsa]	*wenn es gibt, vorhanden ist*

aşağıdaki	*unten befindlich*
formu	*Fragebogen*
doldurmak	*ausfüllen*
kutu	*Kasten, Schachtel*
atmak	*(ein)werfen*
ürün	*Produkt*
satın almak	*käuflich erwerben, kaufen*
yazılım	*Software*
donanım	*Hardware*
bilgisayar	*Computer; Rechner*
danışmanlık hizmeti	*Beratungsdienst*
satış sonu hizmetlerimiz	*Kundendienst*
satış	*Verkauf*
eğer + *Kond* ['eğer]	*wenn, falls (nur in Einleitung zu Konditionalsatz)*
yoksa	*wenn es nicht gibt*
tek başı + *Poss* + *Dat*	*alleine*
araştırmak	*recherchieren*
internet bağlantısı	*Internetzugang*
bağlantı	*Verbindung*
danışma hattı	*Auskunftsleitung (-telefon)*
katkı	*Beitrag*
Karşılaşma	
karşılaşma	*Treffen, Begegnung*
yıllarca [yıl'larca]	*jahrelang*
aferin ['a:ferin]	*bravo*
unutmak	*vergessen*
tebrikler	*Gratulation, Glückwünsche*
inanmak *Dat*	*glauben*
dolaşmak	*bummeln, besichtigen*
uygun	*geeignet, passend*
geçenlerde	*neulich, kürzlich*
şart	*Bedingung*
Çiçek Pasajı	*(Blumenpassage in Istanbul-Beyoğlu)*
tamamlamak	*vervollständigen, komplettieren*
keşke + *Kond* ['keşke]	*wenn doch (nur in Einleitung zu Konditionalsatz)*
alışveriş	*Einkaufen*
sohbet etmek	*sich unterhalten, plaudern*
herhalde ['heralde]	*sicherlich, auf jeden Fall*
keyifli	*lustig, gut gelaunt*
kararlaştırmak	*gemeinsam beschließen, entscheiden*
inşallah ['inşallah]	*hoffentlich (wörtl.: So Gott will!)*
rüzgâr, rüzgârlı	*Wind, windig*
fırtına [fır'tına]	*Sturm*
açık	*klar*
güneşli	*sonnig*
karayel	*Nordosten*
esmek	*wehen*
meteoroloji	*Wetterbericht*

Dilbilgisi

1. Der reale Konditional des Hilfsverbs *sein* A2, 5, 6

Der reale Konditional für das deutsche Hilfsverb sein lautet in der 3. Person Singular **ise** *wenn/falls (ist)*. Bei konsonantischem Auslaut verliert es das **i-**, bei vokalischem Auslaut wird **i-** zu **y-** und der Vokal **e/a** gleicht sich an.

Daran wird das Personalsuffix so angehängt, wie Sie es vom Perfekt auf **-di** kennen. Die unverbundene Form steht nur bei besonderer Betonung:

çalışkan ise-m	▶	çalışkan**sam**	*falls ich fleißig bin*
üzgün ise-n	▶	üzgün**sen**	*falls du traurig bist*
güzel ise	▶	güzel**se**	*falls er/sie hübsch ist*
yorgun ise-k	▶	yorgun**sak**	*falls wir müde sind*
hasta ise-niz	▶	hasta**ysanız**	*falls Sie krank sind/ihr krank seid*
güçlü ise-ler	▶	güçlü**yseler**	*falls sie stark sind*

Die Verneinung erfolgt mit **değil**. Wie Sie bereits wissen, rückt das Personalsuffix an **değil** heran, dazwischen wird noch das Suffix **-se/sa** eingeschoben:
çalışkan değil**sem** *falls ich nicht fleißig bin*
üzgün değil**sen** *falls du nicht traurig bist*

Vergleichen Sie die folgenden Beispiele:
Hasan bugün hasta. *Hasan ist heute krank.*
Hasan bugün hasta **ise**/hasta**ysa**, ... *Falls Hasan heute krank ist, ...*
Hasan bugün hasta değil**se**, ... *Falls Hasan heute nicht krank ist, ...*

Das Suffix **ise** kann in Verbindung mit dem Lokativ auch an Substantive angehängt werden. Auch mit die Wörtern **var** und **yok** kann **ise** (suffigiert **-se/sa**) verbunden werden.
Antalya'**daysanız** ... *Falls ihr in Antalya seid, ...*
Tatil**deysem** ... *Wenn ich in Ferien bin, ...*
var**sa** *falls er/sie hat, wenn es gibt*
yok**sa** *falls er/sie nicht hat, wenn es nicht gibt*

2. Der reale Konditional des Verbs A1,5

Das Wort **ise** zum Ausdruck des realen Konditionals rückt beim Verb in der unbetonten suffigierten Form **-(y)se/sa** zwischen Temporal- und Personalsuffix, wobei der Vokal angeglichen wird: gelmek ▶ geliyor**sam**, geliyor**san**, geliyor**sa**, geliyor**sak**, geliyor**sanız**, geliyor**larsa**.

Das unbetonte Suffix **-(y)se/sa** kann an alle Temporalstämme (**geliyor**, **gelecek**, **geldi**, **gelmiş** usw.) angefügt werden und nimmt die Bedeutung *gesetzt den Fall, dass* an. Es drückt also stets eine reale Bedingung aus:
Hasan yarın gelecek. *Hasan wird morgen kommen.*
Hasan yarın gelecek **ise**/gelecek**se** ... *Falls Hasan morgen kommt ...*
Hasan yarın gelmeyecek**se** ... *Falls Hasan morgen nicht kommt ...*
Hasan dün geldi. *Hasan ist gestern gekommen.*

Hasan dün geldi **ise**/geldiy**se** ... *Falls Hasan gestern gekommen wäre ...*
Hasan dün gelmedi**yse** ... *Wenn Hasan gestern nicht gekommen wäre ...*

Bei zeitlich nicht näher differenzierten, allgemein formulierten realen Konditionalsätzen steht meist der Aorist:
Hasan gelirse çok seviniriz. *Wenn Hasan kommt, freuen wir uns sehr.*

Folgendes Zeitschema gilt für den realen Konditionalsatz, wobei im Hauptsatz nur das jeweils passende Tempussuffix folgen kann:

	Realer Konditionalsatz	Hauptsatz
Präsens	-yorsa	-r, -yor, -ecek
	-rse	-r, -ecek, -elim, *Imperativ*
Präteritum	-diyse	-r, -rdi, -di, -ecek, -meli
	-mişse	-r, -rdi, -ecek
Futur	-ecekse	-r, -ecek
	-ecek olursa	-r, -miş olur, olacak

Hasan bizimle gelmek iste**rse**, acele et**sin**.
Falls Hasan mit uns kommen will, soll er sich beeilen.
Kaç mektup yazdı**ysa**, cevapsız bırak**tı**.
Wie viele Briefe er auch geschrieben hat, (alle) blieben unbeantwortet.
Kim gel**ecekse**, gel**ecek**. *Wer immer auch kommen will, wird kommen.*

3. Der irreale Konditional A3, 4, 6

Das betonte Suffix **-se/sa** hingegen, das direkt an Verbstämme angehängt wird, drückt den irrealen Konditional aus, also eine Handlung, die nicht realisierbar erscheint. Bei Nominalsätzen und Sätzen mit **var** und **yok** benötigen Sie das Hilfsverb **olmak**, sonst entsteht der reale Konditional:
Hasan bugün gelmeyecek. *Hasan wird heute nicht kommen.*
Hasan bugün gelse ... *Falls Hasan heute käme/kommen würde ...*
Hasan bugün hasta. *Hasan ist heute krank.*
Hasan bugün hasta olmasa ... *Falls Hasan heute nicht krank wäre ...*
Arabamız yok. *Wir haben kein Auto.*
Arabamız olsa ... *Falls/Wenn wir ein Auto hätten/haben würden ...*

Irreale Konditionalsätze können Sie zusätzlich um das Suffix **-ydi** (→ Lektion 8) erweitern, wenn Sie die Irrealität besonders betonen möchten. Die genaue Zeitstufe muss hierbei dem Zusammenhang entnommen oder durch Zusätze wie **bugün** klar gestellt werden:

gelse	*wenn er käme*	▶	gel**seydi**	*wenn er gekommen wäre*
başlasa	*wenn er anfinge*	▶	başla**saydı**	*wenn er angefangen hätte*

Bugün hava iyi ol**saydı** bir gezinti yapardık.
Wenn das Wetter heute schön wäre, würden wir einen Ausflug machen.
Dün hava iyi ol**saydı** bir gezinti yapardık.
Wenn das Wetter gestern schön gewesen wäre, hätten wir einen Ausflug gemacht.

Sie müssen bei irrealen Konditionalsätzen besonders auf das Tempussuffix des Hauptsatzes achten, der meist im Aorist (→ Lektion 3 + 4) steht.

Für die Anwendung des irrealen Konditionals gilt folgendes Zeitschema:

	Irrealer Konditionalsatz	Hauptsatz
Präsens	-se	-r, -rdi
Präteritum	-seydi -seymiş	-rdi, -ecekti -rmiş
Futur	-ecek olsa	-r

Hasan bize gel**se** iyi olu**r**.
Es wäre schön, wenn Hasan zu uns käme/kommen würde.
Hasan bize gel**seydi** iyi olu**rdu**.
Es wäre schön gewesen, wenn Hasan zu uns gekommen wäre.
Param ol**saydı** bol bol seyahat ede**rdim**.
Wenn ich Geld hätte, würde ich sehr viel reisen.
Yarın gel**ecek olsan** ben de geli**rdim**.
Falls du morgen kommen würdest, würde ich auch kommen.

4. Feststehende Konditionalausdrücke

Eine Reihe von Redewendungen, denen eine Konditionalform zugrunde liegt, sind heute zu feststehenden Wendungen geworden. Beachten Sie, dass die Betonung (unterstrichener Vokal) bei den Konstruktionen mit **-(y)se/sa** nicht auf der letzten Silbe liegt:

Redewendung	Ursprüngliche Bildung	Heutige Bedeutung
1. hiç değilse	*wenn überhaupt nicht*	*wenigstens*
2. kimse (kim ise)	*wer auch immer es ist*	*jemand/niemand*
3. nasılsa, her nasılsa	*wie auch immer es ist*	*irgendwie*

Redewendung	Ursprüngliche Bildung	Heutige Bedeutung
4. neyse (ne ise)	*was auch immer es ist*	*nun wenn schon*
5. neredeyse	*wo auch immer es ist*	*beinahe*
6. öyleyse	*wenn es so ist*	*also, dann*
7. yoksa	*wenn es (den Umstand) nicht gibt*	*sonst*

1. Dün bana gelmedin. Hiç değilse telefon etmeliydin.
   Du bist gestern nicht zu mir gekommen. Du hättest wenigstens anrufen sollen.
2. Bugün kimse geldi mi? Bugün kimse gelmedi.
   Ist heute jemand gekommen? Heute ist niemand gekommen.
3. Aslında sinemaya gitmek istiyorduk, ama her nasılsa evde kaldık.
   Eigentlich wollten wir ins Kino gehen, aber irgendwie sind wir doch zu Hause geblieben.
4. Neyse, tartışmayı bırakalım arkadaşlar!
   Nun wenn schon, lassen wir das Streiten, Freunde!
5. Arabayla Bodrum'a gidiyordum, yolda neredeyse kaza yapacaktım.
   Ich fuhr mit dem Auto nach Bodrum, unterwegs hätte ich beinahe einen Unfall verursacht.
6. Düşünüyorum, öyleyse varım.
   Ich denke, also bin ich. (wörtlich: Ich denke, also gibt es mich.)
7. Saat beşte bizde ol. Yoksa seni daha fazla beklemeyiz.
   Sei um fünf Uhr bei uns, sonst warten wir nicht länger auf dich.

5. Die Postposition *için* A7

Die Postposition **için** bedeutet *für*, wenn Sie sie mit Substantiven verwenden. Nach Infinitiven übersetzen Sie sie mit *um zu* oder *zum*:
annem için *für meine Mutter*
telefon etmek için *um zu telefonieren, zum Telefonieren*
akşam yemeği için *für das Abendessen*
akşam yemek için *um abends zu essen*

Beim Gebrauch mit Pronomen verlangt diese Postposition ebenso wie **ile** *mit* (→ Lektion 8) Possessivformen:

Personal- und Fragepronomen		Demonstrativpronomen	
benim için	*für mich*	bunun için	*für diese(s,n) hier, dafür*
senin için	*für dich*	şunun için	*für diese(s,n) da, dafür*
onun için	*für ihn/sie*	onun için	*für jene(s,n), dafür*
bizim için	*für uns*		
sizin için	*für euch/Sie*		
kimin için?	*für wen?*		

Achtung: Bei Pronomen mit dem Pluralsuffix **-ler/lar** und dem Fragewort **ne?** *was?* brauchen Sie keine Possessivformen:

onlar için	*für sie* (kein Possessiv!)
bunlar için	*für diese*
şunlar için	*für diese da*
onlar için	*für jene*
ne için?	*wofür?, wozu?* (Nicht verwechseln mit **niçin?** *warum?*)

Annem için bir hediye aldım. *Für meine Mutter habe ich ein Geschenk gekauft.*
Benim için hiçbir şey almadın, onlar için kitap aldın.
Für mich hast du nichts, (aber) für sie hast du Bücher gekauft.
Ankara'ya gitmek için bana bir araba lâzım.
Um nach Ankara zu fahren, brauche ich ein Auto.
Onu görmek için geldim. *Ich bin gekommen, um sie/ihn zu sehen.*
Bu kitabı Türkçe öğrenmek için aldım.
Dieses Buch habe ich gekauft, um Türkisch zu lernen.

Türkçesi Şöyle A3,4

Nach dem Befinden fragen

Mit **ne haber**? *wie geht's? (wörtl.: Was für eine Nachricht (gibt es)?)* fragen Sie gute Freunde nach deren Befinden. Vielfach wird **ne haber?** noch mit **ne var ne yok?** *Was gibt's Neues? (wörtl.: Was gibt es nicht (alles)?)* verstärkt:
Merhaba Ali, ne haber? Ne var ne yok? *Hallo Ali, wie geht's? Was gibt's Neues?*

Auf die Frage nach dem Befinden antworten Sie:
Sağ ol, iyilik sağlık. Senden ne haber?
Danke, es geht gut (Wohlbefinden und Gesundheit). Welche Neuigkeiten gibt es von dir?

Die Einleitung eines Konditionalsatzes

Alle Konditionalsätze, ob reale oder irreale, können Sie mit den Wörtern **eğer** oder **şayet** ['şaːyet] einleiten. Damit kündigen Sie unmissverständlich an, dass nun ein Konditionalsatz folgt. Beachten Sie, dass diese Wörter keine direkte Entsprechung im Deutschen haben und immer mit dem Konditionalsuffix stehen müssen:
Eğer bana haber verir**se**niz, çok sevinirim.
Wenn Sie mir Bescheid geben, freue ich mich sehr.
Şayet bana haber ver**se**ydiniz, iyi olurdu.
Wenn Sie mir Bescheid gegeben hätten, wäre es gut gewesen.

Das Wort **keşke** ['keşke] steht ebenfalls immer in Verbindung mit dem Konditionalsuffix. Es leitet eine Äußerung ein, in der Sie eine verpasste Gelegenheit mitteilen, häufig wird der andere Teil des Satzes (die Konsequenz oder Schlussfolgerung) weggelassen:
Keşke bana haber ver**se**ydiniz (çok iyi olurdu)!
Wenn Sie mir doch (nur) Bescheid gegeben hätten (, das wäre sehr gut gewesen)!

Konuyla İlgili

Rund ums Wetter	
hava durumu	*Wetterlage*
yağmur	*Regen*
kar	*Schnee*
dolu	*Hagel*
fırtına	*Sturm*
sis	*Nebel*
rüzgâr	*Wind*
gök gürültüsü	*Donner*
yıldırım	*Blitz*
açık	*klar*
kapalı	*bedeckt*
bulutlu	*bewölkt*
yağmurlu	*regnerisch*
yer yer yağmurlu	*örtlich regnerisch*
zaman zaman yağmurlu	*zeitweise regnerisch*
yağışlı	*niederschlagsreich*
sisli	*neblig*
karlı	*verschneit*

Hava nasıl olacak? *Wie wird das Wetter werden?*
Yağmur/Kar/Dolu yağacak. *Es wird regnen/schneien/hageln.*
Fırtına/Sis çıkacak. *Es wird Sturm/Nebel geben.*
Rüzgâr batıdan esecek. *Der Wind wird aus Westen wehen.*

Mevsimler	*Jahreszeiten*	Aylar	*Monatsnamen*
kış	*Winter*	Aralık	*Dezember*
		Ocak	*Januar*
		Şubat	*Februar*
ilkbahar	*Frühling*	Mart	*März*
		Nisan [ni:'san]	*April*
		Mayıs	*Mai*
yaz	*Sommer*	Haziran [hazi:'ran]	*Juni*
		Temmuz	*Juli*
		Ağustos	*August*
sonbahar	*Herbst*	Eylül	*September*
		Ekim	*Oktober*
		Kasım	*November*

Regionen in der Türkei

Die Türkei wird geografisch in verschiedene Regionen (**bölgeler**) eingeteilt, nach denen sich auch die Wettervorhersagen richten. Vier Regionen erhielten ihre Namen von dem Meer, an das sie grenzen.

Marmara Denizi	*Marmarameer*	Marmara Bölgesi	*Marmara-Region*
Ege Denizi	*Ägäisches Meer*	Ege Bölgesi	*Ägäis-Region*
Karadeniz	*Schwarzes Meer*	Karadeniz Bölgesi	*Schwarzmeer-Region*
Akdeniz	*Mittelmeer (Weißes Meer)*	Akdeniz Bölgesi	*Mittelmeer-Region*

Nur Thrakien – umgeben von der Ägäis, dem Marmarameer und dem Schwarzen Meer – liegt in Europa, die drei weiteren Regionen befinden sich im asiatischen (anatolischen) Landesinnern:

Trakya	*Thrakien (= europäischer Teil der Türkei)*	Doğu Anadolu Bölgesi	*Ostanatolien*
İç Anadolu Bölgesi	*Inner- oder Zentralanatolien*	Güneydoğu Anadolu Bölgesi	*Südostanatolien*

Alıştırmalar

1 Was passt zusammen? Verbinden Sie.

1. Yarın zamanın olursa
2. İzmir'e gidersek
3. Eğlenceye gelirseniz
4. Saat beşte gelirsen
5. Dokuzda telefon edersem
6. Yarın çalışmazsam
7. Gelmeyeceksen
8. Bizi ararsanız

a. evde dinleneceğim.
b. biz bürodayız.
c. mutlaka haber vermelisin.
d. sen büroda olur musun?
e. bana telefon eder misin?
f. çok seviniriz.
g. beni büroda bulursun.
h. fuarı da gezeceğiz.

2 Bilden Sie reale Konditionalsätze in der 1. Person Singular im Aorist und übersetzen Sie sie. Sie brauchen eventuell das Hilfsverb **olmak**.

1. Param yok. / araba almak: *Param olursa araba alırım.*

   Wenn ich Geld habe, kaufe ich mir ein Auto.

2. Arabam yok. / İstanbul'a gitmek: ....

....

3. Zamanım yok. / bu kitabı okumak: ....

....

4. Kredi kartım yanımda yok. / para çekmek: ....

....

5. Cep telefonum yok. / SMS çekmek: ....

....

6. İnternetim yok. / chat yapmak: ....

....

7. Arkadaşım yok. / yürüyüşe çıkmak: ....

....

8. Bisikletim yok. / gezmek: ....

....

3 Wie sagen Sie es auf Türkisch?

1. *Sie haben diese Woche nicht Lotto gespielt* (loto oynamak). *(Es sind aber Ihre Lieblingszahlen gezogen worden.)*

   Keşke loto oynasaydım!

2. *Sie haben einen empfohlenen Film nicht angeschaut* (filmi seyretmek). *Hinterher haben Sie erfahren, dass er doch sehr gut war.*

   ....

3. *Sie sind nicht zum Angeln mitgefahren* (balığa çıkmak). *Ihre Freunde haben erzählt, dass es sehr lustig war.*

   ....

4. *Sie haben einen interessanten Roman nicht gelesen* (romanı okumak), *den Ihnen ein Bekannter empfohlen hat.*

   ....

5. *Was würden Sie in den vier Situationen sagen, wenn Sie sie nicht bereuen würden?*

   ....

4 Formulieren Sie die Sätze im irrealen Konditional und leiten Sie sie mit **keşke** ein.

1. Yarın bir saat erken geleceğiz. *Keşke yarın bir saat erken gelmeseydik.*
2. Dün çok para harcadık. ....
3. Bankadan çok para çektik. ....
4. Dün çok kahve içtim. ....
5. Dün akşam yemeğinde balık yedim. ....
6. Bugün 10 saat çalışacaklar. ....

5 Beantworten Sie die Fragen mit beiden Alternativen.

1. Sertaç da gelir mi? / büroda çalışmak: *Büroda çalışırsa gelmez, çalışmazsa gelir.*
2. Yarın balığa çıkar mıyız? / yağmur yağmak: ....
3. Bana telefon eder misin? / unutmak (ben): ....
4. Yürüyüşe çıkar mıyız? / gelmek (Hasan): ....
5. Sinemaya gidelim mi? / güzel olmak (Hava): ....

6 Welches Konditional- (**-se/sa** oder **-(y)se/sa**) und welches Personalsuffix brauchen Sie?

1. Bu kadar çok çalışma.......... hasta olmazdın.
2. Hasan evde.......... onu ziyaret edelim.
3. Telefonum yanımda ol.......... size telefon ederdim.
4. Vaktim ol.......... ehliyet yapacağım, param ol.......... bir araba alacağım.
5. Biraz daha dikkatli ol.......... kaza yapmazdın.
6. Sertaç gel.......... gideriz, gelme.......... evde otururuz.

7 Entscheiden Sie, ob Sie **için** oder **ile** benötigen. Ergänzen Sie das richtige Wort.

1. Langenscheidt kitabı .... Türkçe öğreniyorum.
2. Fuarı gezmek .... İstanbul'dan geldik.
3. Ne .... Türkçe öğreniyorsunuz?
4. İzmir'e kimin .... gideceksiniz?
5. Ben sana telefon .... haber veririm.

In dieser Lektion geht es um:

- Small Talk beim **Essen**
- **Verwandtschaftsbezeichnungen**
- den **Vollinfinitiv** auf ***-mek/mak***
- den **verkürzten Infinitiv** auf ***-me/ma***
- **Finalsätze** auf ***-mek/mak için***
- das **Passiv**

Onuncu Ders

10

İletişim Kurma Sanatı

İletişim kurabilme yeteneği doğuştan gelmez, sonradan kazanılır. İyi iletişim kuramamak, kişilerde yalnızlık duygusunun doğmasına neden olur. Çeşitli sorunlara, kavgalara ve çatışmalara yol açar. Bu sorunların başında çekingenlik, ürkeklik, kendine güvensizlik gibi kişilik sorunları gelir. Bunlara insan ilişkilerinde başarısızlıklar da eklenebilir.

Acaba biz ailemizdeki bireyleri, etrafımızdaki insanları gerçekten dinliyor muyuz veya dinlemesini biliyor muyuz? İletişim kurmanın temelinde mesajı anlama ve ona uygun tepkiyi verebilme vardır. Anlamak için de karşımızdaki kişiyi dinlememiz gerekir. İletişim kurmak, sadece dinlemek demek değildir. Dinlemekle beraber, konuşmak, kendi duygu ve düşüncelerini anlatabilmek de iletişim için çok önemlidir.

Die Kunst des Kommunikationsaufbaus

Die Fähigkeit zum Kommunikationaufbau ist nicht angeboren, sondern wird später erworben. Kann keine gute Kommunikation aufgebaut werden, verursacht dies bei (den betroffenen) Personen ein Gefühl der Einsamkeit. Das ebnet verschiedenen Problemen, Streitereien und Konflikten den Weg. Es kommt zu persönlichen Verhaltensweisen wie Rückzug in sich selbst, Schüchternheit, Mangel an Selbstvertrauen, die die eigentlichen Gründe dieser Persönlichkeitsmängel sind. Zu diesen kann noch ein Scheitern (*wörtl.:* die Erfolglosigkeit) in der menschlichen Beziehung hinzukommen.

Hören wir den Menschen um uns herum, den Mitgliedern unserer Familie wirklich zu oder (besser gesagt) können wir (überhaupt) zuhören? Der Aufbau einer Kommunikation basiert darauf, die Botschaft zu verstehen und richtig zu reagieren. Und um zu verstehen, ist es notwendig, dass wir unserem Gegenüber zuhören. Eine Kommunikation aufzubauen heißt nicht nur zuzuhören. Neben dem Zuhören spielt auch das Sprechen und die eigenen Gefühle und Gedanken ausdrücken zu können, eine wichtige Rolle für die Kommunikation.

Yeni Konu

Das Passiv A6,7

Im Türkischen können Sie grundsätzlich von allen Verben, die nicht auf **-l** und auf Vokal enden, die Passivform bilden, indem Sie an den Verbstamm das vierförmige Infix **-il/ıl/ül/ul-** anhängen. Die Wortstellung im Satz bleibt unverändert.

Bei Verbstämme, die auf **-l** enden, verwenden Sie das Reflexivsuffix **-in/ın/ün/un-** als Ersatz des Passivs. Vokalisch auslautende Verbstämme erhalten ebenfalls das Reflexivsuffix, allerdings nur das **-n-** als Passivmarkierung:

sevmek	*lieben*	▶ sev-il-mek	*geliebt werden*
yazmak	*schreiben*	▶ yaz-ıl-mak	*geschrieben werden*
görmek	*sehen*	▶ gör-ül-mek	*gesehen werden*
sormak	*fragen*	▶ sor-ul-mak	*gefragt werden*
bilmek	*wissen*	▶ bil-in-mek	*gewusst werden*
almak	*nehmen (kaufen; holen)*	▶ al-ın-mak	*genommen werden*
bölmek	*teilen*	▶ böl-ün-mek	*geteilt werden*
bulmak	*finden*	▶ bul-un-mak	*gefunden werden; sich befinden*
başlamak	*beginnen*	▶ başla-n-mak	*begonnen werden*
beklemek	*warten*	▶ bekle-n-mek	*erwartet werden*
yürümek	*wandern, laufen*	▶ yürü-n-mek	*durchwandert werden*
okumak	*lesen*	▶ oku-n-mak	*gelesen werden*

Söz Sözü Açtı ...

Nermin: Ooo, hoş geldiniz çocuklar buyurun, içeriye girin.
Gül: Hoş bulduk Nermінciğim. Beyefendi nerede?
Nermin: İçerde balıkları pişirecek. Mezeler hazır bile, ben öğleden sonra hazırladım.
Gül: Belli oluyor. Kokular gelmeye başlamış bile.
Nermin: Nasılsınız, Sevinç?
Sevinç: Teşekkür ederim, iyiyiz, ya siz nasılsınız?
Nermin: Sağ ol, bizler de iyiyiz.
Sevinç: Söyle bakalım, bu harika fikir, burada buluşma fikri kimden geldi?
Nermin: Geçenlerde Beyoğlu'nda buluştuk ve bu fikri orada ortaklaşa geliştirdik. Vallahi, söz sözü açtı.
Gül: Sevil'ler de geliyor, değil mi?
Nermin: Gelmeye çalışacaklar. Öyle söyledi. Saat beşe kadar gelmezsek, bizi beklemeyin dedi.

Yemekte.

Sevinç:	Lüferler harika! Kendiniz tuttunuz, değil mi?
Nermin:	Bilmiyorum, beyler beraber Bebek Koyu'na gitmişlerdi ve balık tutmak istediler. Kendileri mi tuttular, yoksa satın mı aldılar, bize söylemiyorlar.
Sevinç:	Eylül sonunda Bebek'te lüfer tutuluyor mu?
Sertaç:	Tabii ki, Eylül sonu, Ekim başı lüfer tutma zamanıdır.
Gül:	Sevinççiğim, anlat bakalım, şimdi ne iş yapıyorsun? İş yerini değiştirdin mi?
Sevinç:	Evet. Biliyorsunuz, şimdiye kadar bankamızda yönetmen asistanı olarak çalıştım. Çünkü bu işe alışkınım, bana kültür işleri müdürlüğü teklif edildi. Tabii memnuniyetle kabul ettim. Harika bir iş! Çeşitli gösteriler düzenliyorum. Bursa'da sergiler ve konserler düzenliyorum.
Nermin:	Şahane! Bu etkinlikler kamu yararına mı? Gelecek konser ne zaman olacak, bize mutlaka bildir! Biz de Bursa'ya geliriz!
Sevinç:	Evet, size haber veririm. Hepiniz birlikte gelirsiniz!

Söz Dağarcığı

İletişim Kurma Sanatı

iletişim	*Kommunikation*
kurma	*das Aufbauen, Errichten*
sanat	*Kunst*
yetenek, yeteneği	*Begabung, Fähigkeit, Talent*
doğuştan	*angeboren*
kişi	*Person*
yalnızlık	*Alleinsein, Einsamkeit*
yalnızlık duygusunun doğması	*das Entstehen des Einsamkeitsgefühls*
duygu	*Gefühl; Sinn*

doğmak	*geboren werden; entstehen, hervorgehen*
neden olmak	*verursachen*
çeşitli	*verschieden*
sorun	*Problem*
kavga	*Streit, Zank*
çatışma	*Konflikt*
yol açmak	*den Weg öffnen, ebnen*
baş	*Kopf, Haupt; Anfang*
çekingenlik	*Zurückhaltung, Befangenheit, Schüchternheit*
ürkeklik	*Scheu, Schüchternheit*
güvensizlik	*Misstrauen; Unsicherheit; Unzuverlässigkeit*
ilişki	*Kontakt, Beziehung*
başarısızlık	*Erfolglosigkeit*
eklenebilir	*kann hinzukommen*
eklenmek *Pass*	*hinzugefügt werden*
ailemizdeki [aː]	*in unserer Familie (befindlich)*
birey	*Mitglied*
etrafımızdaki [aː]	*in unserer Umgebung (befindlich)*
temel	*Fundament, Grundlage, Basis*
mesaj	*Botschaft*
anlama	*Bedeutung, (hier:) Verstehen*
tepki	*Reaktion*
karşımızdaki	*uns gegenüber (befindlich)*
düşünce	*Gedanke*
Söz Sözü Açtı ...	
mezeler	*türkische Vorspeisen*
hazırlamak	*zubereiten*
belli	*klar, offenkundig*
koku	*Geruch, Duft*
fırsat	*Gelegenheit*
ortaklaşa	*Gesamtheit*
geliştirmek	*sich entwickeln, zustandekommen*
lüfer	*Blaubarsch*
Bebek ['bebek]	*(Stadtviertel am europäischen Bosporusufer)*
koy	*Bucht*
yönetmen	*Direktor*
alışkın	*gewöhnt sein*
müdürlük *arab*	*Direktion*
teklif etmek	*anbieten, vorschlagen*
gösteri	*Veranstaltung*
düzenlemek	*veranstalten*
sergi	*Austellung*
etkinlik	*Aktivität; (hier:) Veranstaltung*
kamu yararına	*für die Öffentlichkeit*
mutlaka ['mutlakaː]	*unbedingt*

Dilbilgisi

1. Der Infinitiv auf *-mek/mak* A5

In dieser Lektion dreht sich alles um den Infinitiv. Sie wissen bereits, dass alle Verben im Türkischen auf **-mek** oder **-mak** enden. Diese Infinitive nennt man

Vollinfinitive. Sie können auch als Substantive dienen und Subjekte von Sätzen sein. Am besten übersetzen Sie sie mit einem Infinitivsatz:
Istanbul'da **yaşamak** güzel.
In Istanbul zu leben ist schön. / Es ist schön, in Istanbul zu leben.

Der Vollinfinitiv kann im Türkischen auch das Prädikatsnomen bilden:
Niyetimiz Istanbul'a **taşınmak**. *Unsere Absicht ist es, nach Istanbul umzuziehen.*
Niyetimiz haftasonunda balığa **çıkmak** ve balık **tutmak**.
Unsere Absicht ist es, am Wochenende zum Fischen zu gehen und Fische zu fangen.

Außerdem steht der Vollinfinitiv im Türkischen häufig auch im Lokativ oder Ablativ:
Arabayı buraya park **etmekte** bir sakınca yok.
Es gibt keine Bedenken, hier zu parken. (wörtl.: Beim hier Parken gibt es keine Bedenken.)
İstanbul'da araba kullanmaktan çekiniyorum.
Ich hüte mich davor, in Istanbul das Auto zu benutzen. (wörtl.: Ich hüte mich in Istanbul vor dem Benutzen des Autos.)

2. Der verkürzte Infinitiv auf *-me/ma* A 2, 3, 4

Ob Sie ein Verb in konjugierter Form (z. B. **geliyorum**, **geleceksin**, **geldik**, **gelmişsiniz**) oder als Infinitiv (**gelmek**, **gelme**) verwenden, seine Eigenschaft bleibt immer unverändert, ganz gleich, ob es als Subjekt, Objekt oder andere Ergänzung dient. Verbalnomen geben Sie im Deutschen am besten mit *dass*-Sätzen wieder.
Sertaç burada beklememizi istemiyor.
Sertaç will nicht, dass wir hier warten. (wörtl.: Sertaç will unser Hier-Warten nicht.)

Zwischen Vollinfinitiven und verkürzten Infinitiven gibt es inhaltlich keinen Unterschied. Der einzige (formale) Unterschied zwischen den beiden Infinitiven besteht darin, dass die Vollinfinitive nicht mit Possessivsuffixen verwendet werden können. Diese müssen Sie aber benutzen, wenn z. B. unterschiedliche Subjekte beteiligt sind:
Sertaç burada beklemek istemiyor.
Sertaç will nicht hier warten. (wörtl.: Sertaç will nicht, dass (er selbst) hier wartet.)
Sertaç burada bekleme**mizi** istemiyor. *Sertaç will nicht, dass wir hier warten.*
Sertaç burada bekleme**nizi** istemiyor. *Sertaç will nicht, dass ihr hier wartet.*

Sie haben demnach zwei Möglichkeiten, um einen Sachverhalt (z. B. **burada beklemek** *hier warten*) auszudrücken: Entweder Sie bilden einen Hauptsatz mit dem konjugierten Verb am Schluss dieses Satzes, dann muss der Verbstamm mit einem Tempussuffix (Präsens, Futur, Perfekt usw.) ausgestattet sein.

Oder Sie formulieren den Sachverhalt in einem Nebensatz, dann steht anstelle des Tempussuffixes das Infinitivsuffix **-mek/mak** (bei unpersönlicher Formulierung) und **-me/ma** (bei persönlicher Formulierung).

Diese beiden Infinitivsuffixe können Sie als Nebensatzsuffixe betrachten. Da Nebensätze zeitlich von einem Hauptsatz abhängen, benötigen Sie grundsätzlich kein Tempussuffix, wenn Sie einen Nebensatz bilden.
(Senin) bu firmada çalışman çok güzel.
Es ist sehr schön, dass du bei dieser Firma arbeitest.
(Benim) o firmada çalışmamı arkadaşım istemiyordu.
Mein(e) Freund(in) wollte nicht, dass ich bei jener Firma arbeitete. (Deshalb habe jetzt Arbeit bei einer anderen Firma.)

Beachten Sie bei Nebensätzen, dass das Subjekt immer im Genitiv steht, auch wenn es nicht ausdrücklich genannt werden muss.

Hauptsätze: Subjekte im Nominativ: biz	burada	bekli**yor**uz	*wir warten hier*
		bekle**yeceğ**iz	*wir werden hier warten*
		bekle**r**iz	*wir warten hier*
		bekle**dik**	*wir warteten hier*
		bekle**miş**iz	*wir warteten wohl hier (obwohl wir uns nicht daran erinnern)*
Nebensätze: Subjekte im Genitiv:	burada	bekle**mek**	*hier zu warten, dass man hier wartet*
bizim		bekle**me**miz	*dass wir hier warten*
sizin		bekle**me**niz	*dass Sie hier warten*

Das Suffix für verkürzte Infinitive ist betont, das Verneinungssuffix **-me/ma-** ist unbetont. Verkürzte Infinitive und verneinte Verbstämme sehen gleich aus, Sie können sie nur durch die Betonung unterscheiden:

gelm<u>e</u>	*das Kommen*	g<u>e</u>lme!	*komm nicht!*
çalışm<u>a</u>	*das Arbeiten*	ç<u>a</u>lışma!	*arbeite nicht!*

Eine Verwechslungsgefahr besteht nicht, da verkürzte Infinitive fast immer mit Possessivsuffixen stehen und der Satz weitergeht, während er beim Imperativ endet.

3. Finalsätze auf *-mek/mak için* A5

Vollinfinitive verbunden mit der Postposition **için** drücken Absichten und Begründungen aus. Im Deutschen geben Sie diese Verben am besten durch einen Infinitiv mit *zu* wieder. Auch im Türkischen müssen die Subjekte übereinstimmen:

Türkçe öğrenmek **için** bir kursa gidiyorum.
Um Türkisch zu lernen besuche ich einen Kurs.
Türkçe öğrenmek **için** bir kursa gidiyor.
Um Türkisch zu lernen besucht er/sie einen Kurs.

Wenn Sie das Subjekt nennen wollen oder müssen (z. B. bei der 3. Person), so muss es entweder am Satzanfang oder – betont – nach der Postposition **için** stehen:
Eva Türkçe öğrenmek için bir kursa gidiyor.
Eva besucht einen Kurs, um Türkisch zu lernen.
Türkçe öğrenmek için **Eva** bir kursa gidiyor.
Um Türkisch zu lernen besucht Eva einen Kurs.

Wenn Sie das Fragewort **ne?** *was?* mit **için** zu **ne için?** verbinden, können Sie nach Absichten fragen:
- Eva ne için kursa gidiyor? *Wozu besucht Eva einen Kurs?*
- Türkçe öğrenmek için. *Um Türkisch zu lernen.*

Achtung: Verwechseln Sie die Fragewörter **ne için** *wozu?* und **niçin?** *warum?* nicht.

Auch die Fragewörter **niçin?** *warum?*, **neden?** *weshalb?* und **niye?** *wieso?* (Ablativ- und Dativform von **ne**) drücken die Frage nach dem Grund aus:
Eva **niçin** kursa gidiyor? *Warum besucht Eva einen Kurs?*
Eva **neden** kursa gidiyor? *Weshalb besucht Eva einen Kurs?*
Eva **niye** kursa gidiyor? *Wieso besucht Eva einen Kurs?*

Diese drei Fragen beantworten Sie mit **çünkü** *denn*:
Çünkü Türkçe öğrenmek istiyor. *Weil sie Türkisch lernen will.*
Aber:
- Eva **ne için** bir kursa gidiyor? *Wozu besucht Eva einen Kurs?*
- Türkçe öğrenmek **için**. *Um Türkisch zu lernen.*

Türkçesi Şöyle A8

Verwandtschafts- und Freundschaftsverhältnisse

Verwandtschafts- und Freundschaftsverhältnisse spielen in der türkischen Gesellschaft auch beim Small Talk eine große Rolle. Erinnern Sie sich an Sertaç, der mit Nermin verheiratet und ein guter Freund von Rıza ist? Solche Beziehungen drücken Sie im Türkischen immer mit Hilfe des Genitivs und dem Verb **olur** aus:
Sertaç, Nermin'in kocası olur. *Sertaç ist der Ehemann von Nermin.*
Nermin, Sertaç'ın karısı olur. *Nermin ist die Ehefrau von Sertaç.*
Rıza, Sertaç'ın arkadaşı olur. *Rıza ist ein Freund von Sertaç.*
Nermin, Rıza'nın arkadaşının karısı olur. *Nermin ist die Ehefrau des Freundes von Rıza.*

Das Wort **karı** + Possessivsuffix (**karım, karın, karısı** usw.) bedeutet *Ehefrau*, **koca** + Possessivsuffixe (**kocam, kocan, kocası** usw.) bedeutet *Ehemann*.
Die Bezeichnung für ein Ehepaar ist **karı-koca**:
Sizi karı-koca ilan ediyorum. *Ich erkläre Sie zu Mann und Frau.*

Achtung: Das Wort **karı** ohne Possessivsuffixe ist sehr negativ und bedeutet *Weib*, **kocakarı** bezeichnet eine unsympathische, alte Frau und bedeutet so viel wie *Hexe*. Sie sollten diese beiden Wörter nie verwenden.

Der moderne Oberbegriff für *Ehegatte/Ehegattin* lautet **eş**. Je nach Sprecher(in) kann **eşim** entweder *mein Ehegatte* oder *meine Ehegattin* bedeuten. Daneben gibt es noch das Wort **kadın** als allgemeine, sachliche Bezeichnung für *Frau* und **adam** für einen (erwachsenen) *Mann*.

Die Anredeformen **bay** und **bayan** (den europäischen Nachnamen vorangestellt) sowie **bey** und **hanım** (den Vornamen nachgestellt) heißen *Herr* und *Frau*.
Bay Müller *Herr Müller* — Bayan Müller *Frau Müller*
Sertaç Bey *Herr Sertaç* — Nermin Hanım *Frau Nermin*

Konuyla İlgili

Verwandtschaftsbezeichnungen A1

Im türkischen Verwandtschaftssystem wird die mütterliche und väterliche Linie unterschieden:

anne-baba	*Eltern (Mutter-Vater)*
anneanne [an'na:ne]	*Großmutter (Mutter der Mutter)*
babaanne [ba'ba:nne]	*Großmutter (Mutter des Vaters)*
dede	*Großvater (mütterlicher- und väterlicherseits)*
hala	*Tante (Schwester des Vaters)*
teyze	*Tante (Schwester der Mutter)*
amca	*Onkel (Bruder des Vaters)*
dayı	*Onkel (Bruder der Mutter)*
enişte	*Schwager (Mann der Schwester)*
yenge	*Schwägerin (Schwester der Ehefrau oder eines Onkels)*
kuzen	*Cousin*
kuzin	*Cousine*
torun	*Enkel*
çocuk	*Kind*
kız	*Tochter*
oğul, oğlu	*Sohn*
kız çocuk/ erkek çocuk	*Tochter/Sohn (amtliche Bezeichnung für beide Geschlechter)*
kardeş	*Geschwister*
kız kardeş	*Schwester*

erkek kardeş	*Bruder*	abla	*ältere Schwester*
ağabey [a:bi]	*älterer Bruder*		

Ältere Geschwister werden immer mit dem Titel anstelle des Vornamens angesprochen. Hier ist der Stammbaum der Familie Boyacı:

Boyacı ailesi soyağacı

Gül *(anneanne* ⚭ Orhan Taner *dede)*
Emine *(babaanne* ⚭ Şevket Boyacı (vefat etti) *dede)*

Özlem *(yenge) (teyze)*
Özgür *(enişte) (dayı)*
Özden *(anne)* ⚭ Hasan Boyacı *(baba)*
Halime *(yenge) (hala)*
Hüseyin *(enişte) (amca)*

Sevinç *(kız çocuk) (torun)*
Serkan *(erkek çocuk, oğul) (torun)*

Alıştırmalar

1 Schauen Sie sich den Stammbaum der Familie Boyacı an und lesen Sie den folgenden Bericht über die Familienmitglieder. Tragen Sie anschließend die Verwandtschaftsbeziehungen mit dem richtigen Possessivsuffix in die Tabelle ein.

Boyacı ailesini tanıyalım: Özden Boyacı ile Hasan Boyacı evli. İki çocukları var. Sevinç 19 yaşında, Serkan 12 yaşında. Emine Boyacı, Hasan Boyacı'nın annesi, onlarla birlikte yaşıyor. Özden Boyacı'nın iki kardeşi var, bir kız kardeşi, bir de erkek kardeşi: Özlem ile Özgür. Hasan Boyacı'nın bir ablası var, adı Halime; bir de Hüseyin adında kardeşi.

		Verwandtschaftsbeziehung
1. Özden Boyacı	Hasan Boyacı*'nın*	*karısı olur.*
	Sevinç ile Serkan.........	....
	Ölem ile Öznur.........	....

		Verwandtschaftsbeziehung
2. Hasan Boyacı	Özden Boyacı.........	....
	Sevinç ile Serkan.........	....
	Hüseyin Boyacı.........	....
3. Emine Boyacı	Sevinç ile Serkan.........	....
	Hasan Boyacı.........	....
4. Halime	Hasan Boyacı.........	....
	Sevinç ile Serkan.........	....
5. Hüseyin Boyacı	Hasan Boyacı.........	....
	Sevinç ile Serkan.........	....
6. Özlem	Sevinç ile Serkan.........	....
7. Özgür	Sevinç ile Serkan.........	....

2 Bilden Sie die Sätze mit dem verkürzten Infinitiv. (Subjekt im Genitiv!)

1. Sertaç yarın çalışıyor. *Sertaç'ın yarın çalışması.*
2. Biz dün balığa çıktık. ....
3. Nermin bugün çalışmadı. ....
4. Eva Türkçe öğrenmek istiyor. ....
5. Rıza bir arkadaşına rastladı. ....
6. Siz biraz burada bekleyin. ....

3 Verknüpfen Sie die Äußerungen mit **istiyorum** ***ich möchte***.

1. Hasan yarın bana gelecek. *Hasan'ın yarın bana gelmesini istiyorum.*
2. Eva Türkçe öğreniyor. ....
3. Yarın akşam bana telefon et. ....
4. Ece biraz daha çalışsın. ....
5. Bu filmi seyredin. ....
6. Burada sigara içmeyin. ....

4 Wie lauten diese Sätze auf Türkisch?

1. *Ich will, dass Eva nach Izmir kommt.* (istemek)

   ....

2. *Es hat mich gefreut, dass Eva Türkisch lernt.* (-e sevinmek)

   ....

3. *Es ist nicht nötig, dass Sie mich anrufen.* (-e gerek yok)

   ....

4. *Wir wünschen, dass Sie diesen Roman lesen.* (arzu etmek)

   ....

5. *Ich schlage vor, dass wir noch eine Stunde arbeiten.* (önermek)

   ....

6. *Dass du uns gestern besucht hast, hat uns gefreut.* (sevindirmek)

   ....

5 Verbinden Sie die beiden Sätze miteinander und übersetzen Sie den neu entstandenen Satz anschließend mündlich ins Deutsche.

1. Türkçe öğrenmek istiyorum. Bir kurs arıyorum.

   Türkçe öğrenmek için bir kurs arıyorum.

2. İzmir'e gitmek istiyorum. Otobüs bileti alacağım.

   ....

3. Sana haber vermek istiyorum. Sana telefon ettim.

   ....

4. Bizimle sinemaya gelir misin diye sormak istiyorum. Sana SMS çektim.

   ....

5. Lokantada yemek yemek istiyoruz. Lokantada yer ayırttık.

   ....

6. Ehliyet almak istiyorum. Bir sürücü kursuna yazıldım.

   ....

6 Wie lauten diese Sätze im Passiv?

1. Arkadaşıma bir mektup yazacağım. *Arkadaşıma mektup yazılacak.*
2. Bu işi iki saatte yaptılar. ……………………
3. Dün çok kahve içtiler. ……………………
4. Arabayı tamir ettirdik. ……………………
5. Pazar günü balığa çıktık. ……………………
6. Ayasofya'ya bu yoldan gidersiniz. ……………………
7. Bu dükkânda Türkçe konuşuyoruz. ……………………
8. Size haber verdiler mi? ……………………

7 Die folgenden Sätze stehen im Passiv. Übersetzen Sie sie ins Deutsche.

1. Buraya park yapılmaz. ……………………
2. Bu su içilmez. ……………………
3. Burada sigara içilmez. ……………………
4. Dün inanılmaz bir kaza oldu. ……………………
5. Arkadaşım bir Türkçe kursuna yazıldı. ……………………
6. Bu sözcük nasıl okunuyor? ……………………

8 Was gehört zusammen? Zeichnen Sie Verbindungslinien ein.

1.	*gefüllte Weinblätter*	a.	kuzu kavurması
2.	*gefüllte Paprikaschote*	b.	kızartma
3.	*Eiscreme*	c.	lüfer kızartması
4.	*Braten*	d.	dondurma
5.	*gebratener Blaubarsch*	e.	yaprak sarması
6.	*geröstetes Lamm*	f.	biber dolması

1 Lesen Sie die E-Mail und entscheiden Sie, ob die Aussagen richtig (**doğru**) oder falsch (**yanlış**) sind.

Sevgili Kardeşim,
İzmir'den sevgilerle! Buraya iki gün önce vardık. Hava çok sıcak ve kuru. Fatma bizi garajdan aldı. Şu anda Özdere'de, yazlıktayız. Burada cep telefonları pek çalışmıyor. Sana haber vereyim diye bugün internete girdim, bu maili oradan yazıyorum. Bodrum'a iner inmez sana haber vereceğiz. Bizi merak etme, hepimiz iyiyiz. Selam ve sevgilerle.
Sevil

		doğru	yanlış
1.	Sevil İzmir'e dün vardı.	☐	☐
2.	Fatma Sevil'i garajdan aldı.	☐	☐
3.	Sevil İzmir'den Bodrum'a gidecek.	☐	☐
4.	Bu mektubu Sevil annesine yazdı.	☐	☐

Punkte ....../4

2 Welche Postposition ist richtig?

1. Televizyon dolabın .... duruyor.
   a. altında b. arkasında c. önünde
2. Telefon masanın .... duruyor.
   a. içinde b. üstünde c. dışında
3. Kedi masanın .... uyuyor.
   a. üstünde b. altında c. içinde
4. Gazeteyi çantanın .... koydum.
   a. dışına b. arkasına c. içine
5. Arabayı bahçenin .... park et.
   a. içine b. üstüne c. önüne
6. Çiçekleri vazonun .... alır mısın?
   a. altından b. arasından c. içinden

Punkte ....../6

3 Welches Wort passt nicht in die Reihe?

1. akşam – sabah – pazar – gece – gün
2. otobüs – yayan – metro – tren – araba
3. durak – gar – istasyon – garaj – iskele
4. mola – ara – teneffüs – ihtiyaç – kahve arası
5. futbol – sinema – tiyatro – konser – konferans
6. rüzgârlı – yağmurlu – kötü– karlı – sisli

Punkte ....../6

4 Wie lautet der Konditional der markierten Verben?

1. Arkadaşım İzmir'e **gidecek mi**? ....
2. Hasan bey **bürosunda mı**? ....
3. Yarın zamanın **var mı**? ....
4. Özden dün akşam **çalıştı mı**? ....
5. Arkadaşın mektubu **yazmış mı**? ....
6. Hava yarın **yağmurlu mu**? ....

Punkte ....../6

5 Welche der drei Verbformen passt hier? Fügen Sie sie ein.

Hoca bir gece sokakta .... (gezdi, gezmiş, geziyormuş). Bekçiler Hoca'yı "Bu saatte sokaklarda ne .... (aradın, arıyorsun, arayacaksın)?" diye .... (sıkıştırmışlar, sıkıştırdılar, sıkıştırıyorlardı). Hoca şu cevabı .... (verdi, vermiş, veriyormuş): – Uykum .... (kaçmış, kaçtı, kaçıyordu), onu .... (arayacağım, aradım, arıyorum).

Punkte ....../6

6 Antworten Sie mit dem passenden Objektpronomen.

1. Sen dün **Hasan'ı** mı gördün? Evet, ...
2. Yarın **Özden'e** mi telefon edeceksiniz? Evet, ...
3. Arkadaşım **Fatmalarda** mı kalıyor? Hayır, ...
4. Biraz önce **Sevil'le** mi konuşuyordunuz? Hayır, ...
5. Bu araba **Rıza'nın** mı? Evet, ...
6. **Erman'ın** arabası var mı? Hayır, ...

Punkte ....../6

Punkte ....../34

In dieser Lektion lernen Sie:
- über **Beschäftigungsverhältnisse** zu sprechen
- verschiedene Arten von **Berufsbezeichnungen**
- die **Darstellungsweise** der **Suffixe**
- **Verbalnomen** auf ***-dik+*** und ***-(y)ecek***
- Sätze mit **Verbalsubstantiven**
- die **Tempusdifferenzierung** in Nebensätzen
- die Hilfsverben ***etmek*** und ***olmak***

On Birinci Ders

11

Merkez Şubemiz Taşındı

Unsere Hauptniederlassung ist umgezogen

Sevgili Kardeşim,
Göndermiş olduğun mektubu aldım.
Sağ ol. İstediklerimi gönderdiğini yazıyorsun. Ne kadar sevindiğimi bilemezsin. Tabii, başka isteklerim olursa da sana yazarım.
Son zamanlarda neler yaptığımı soruyorsun. Neler yapmıyorum ki! Firmamızın merkez şubesi İzmir'e taşındı. Benim konumum değişti, personel şefi oldum. İzmir'de başarılı olacağımızı umuyoruz.
Burada piyasa durumu iyi. Mesai arkadaşlarımla da uyum içinde çalışıyoruz.
Verdiğin adrese gittim ve yetkililerle görüştüm. Sorduklarına olumlu cevap verdiler. O konuda hiç meraklanma.
Kardeşim şimdilik bu kadar. Annemin ve babamın ellerinden öptüğümü, tanıdıklara selâm ettiğimi iletirsin.
Senin de gözlerinden öperim.
Ağabeyin Yılmaz

Mein lieber Bruder,
den Brief, den du mir geschickt hast, habe ich erhalten. Danke. Du schreibst, dass du die von mir gewünschten Dinge geschickt hast. Du kannst gar nicht wissen, wie sehr ich mich (darüber) freue. Natürlich, wenn ich andere Wünsche habe, schreibe ich dir.
Du fragst, was ich in der letzten Zeit alles getan habe. Was habe ich nicht alles gemacht! Die Hauptniederlassung unserer Firma ist nach Izmir umgezogen. Meine Stellung hat sich geändert, ich bin Personalchef geworden. Wir hoffen, dass wir in Izmir erfolgreich sein werden. Hier ist die Marktsituation gut. Und wir arbeiten mit unseren Mitarbeitern harmonisch zusammen.
Ich bin zu der von dir genannten Adresse gegangen und habe mit den Verantwortlichen gesprochen. Sie haben alle Fragen, die du gestellt hast, positiv beantwortet. Mach dir keine Sorgen über dieses Thema.
Lieber Bruder, so weit, so gut! Übermittle bitte meiner Mutter und meinem Vater, dass ich ihnen die Hände küsse (und) den Verwandten, dass ich sie grüßen lasse.
Dir küsse ich die Augen.
Dein großer Bruder Yılmaz

Yeni Konu A4

Die Hilfsverben *etmek* und *olmak*

In → Lektion 1 haben Sie den Ausdruck **teşekkür** *Dank* gelernt und Sie wissen auch bereits, dass es im Türkischen kein Verb gibt, das dem deutschen *danken* entspricht. Sie sagen im Türkischen stattdessen **teşekkür etmek**, was so viel wie *Dank machen* bedeutet. Außer **teşekkür** gibt es noch eine Reihe weiterer Substantive und Adjektive, die Sie mit dem Hilfsverb **etmek** kombinieren können. Bei kurzen Silben werden die Wörter zusammengeschrieben.

af	*Verzeihung*	affetmek	*verzeihen*
davet	*Einladung*	davet etmek	*einladen*
memnun	*zufrieden*	memnun etmek	*jmdn zufriedenstellen*
rica	*Bitte*	rica etmek	*bitten*
şikâyet	*Beschwerde*	şikâyet etmek	*sich beschweren*
telefon	*Telefonat*	telefon etmek	*telefonieren, anrufen*
ziyaret	*Besuch*	ziyaret etmek	*besuchen*

Für **olmak** gilt dasselbe, allerdings verleiht es dem gesamten Ausdruck eine passive, reflexive oder intransitive Bedeutung:

tıraş olmak	*sich rasieren*	tıraş etmek	*jmdn rasieren*
memnun olmak	*sich erfreuen*	memnun etmek	*jmdn erfreuen*
güzel olmak	*schön werden*		

Sakal tıraşı oldum. *Ich habe mich rasieren lassen. (= Ich wurde rasiert.)*
Berber beni tıraş etti. *Der Friseur hat mich rasiert.*

Die Hilfsverben **etmek** und **olmak** dienen dazu, ein Substantiv oder Adjektiv als Verb benutzen zu können. Sie werden nicht übersetzt. Das Wort **olmak** als grammatisches Hilfsverb wird später in dieser Lektion unter → Punkt 5. (Seite 152) behandelt.

Hava yarın güzel olacak. *Das Wetter wird morgen schön.*
Hasan bugün berberde tıraş oldu. *Hasan hat sich heute beim Friseur rasieren lassen.*
Yılmaz yeni işinden çok memnun olacak.
Yılmaz wird mit seiner neuen Arbeit sehr zufrieden sein.

Personel Şefi Oldum

Ersin:	Hayrola Yılmaz, İzmir'de olduğunu bilmiyordum!
Yılmaz:	Evet, iki aydır İzmir'deyim. Firmamızın merkez şubesi buraya taşındı.
Ersin:	İzmir'e geleceğiniz ne zaman belli olmuştu? İnsan önceden bir haber verir.
Yılmaz:	Üç ay önceden belli olmuştu. Ama inan, her şey o kadar çok hızlı gelişti ki!
Ersin:	Sen iki aydır İzmir'desin ve İzmir'de olduğunu bize söylemiyorsun.
Yılmaz:	Buradaki yeni işimi beğeneceğimi bilmiyordum. Buraya alışamasaydım sessiz sedasız Ankara'ya geri dönmeyi planlıyordum.
Ersin:	Ee? Anlat bakalım Yılmazcığım, senin şu personel şefliği nasıl oldu?
Yılmaz:	Uzun hikâye aslında. Ama firma yatırımları İzmir'e nakletti ve sonra birçoğumuza "Kim firmayla birlikte İzmir'e taşınmak ister?" diye sordular. Biliyorsun, bekârım, çoluk çocuk yok. Ben hemen İzmir'e taşınmaya hazır olduğumu söyledim. Kabul edip aynı zamanda personel şefi yaptılar işte.
Ersin:	Neyse. Yeni işinden memnun görünüyorsun.
Yılmaz:	Evet, gördüğün gibi İzmir'deyim. Yeni işime ve iş ortamına alıştığımı söyleyebilirim. Aslında buraya bunu söylemek için geldim. Sende ne var ne yok?
Ersin:	Bildiğin gibi. Evlendiğimi biliyorsun. Daha sonra bir kızımız oldu. Onun sağlık sorunlarıyla uğraştık.
Yılmaz:	Aa, bir kızın olduğunu bana neden söylemedin? Ne zaman oldu?
Ersin:	Ooo ... Üç yaşını dolduracak neredeyse.
Yılmaz:	Çok sevindim. Analı babalı büyüsün.
Ersin:	Sağ ol. Aylar sonra tekrar görüştüğümüze gerçekten çok sevindim. En son ne zaman görüştüğümüzü sen hatırlıyor musun?
Yılmaz:	Vallahi, zaman o kadar hızlı geçiyor ki, ben dün ne yediğimi hatırlamıyorum. Evet, ne diyordum? Önümüzdeki hafta cuma günü küçük bir kutlama yapacağız. Sen de gelirsen sevinirim.
Ersin:	Güzel, gelirim tabii.
Yılmaz:	Eşinle birlikte gel. Kutlama eşlerle birlikte yapılacak çünkü.

Söz Dağarcığı

Merkez Şubemiz Taşındı

göndermiş olduğun	*(den) du geschickt hast*
istediklerimi	*alles, was ich gewünscht habe*
gönderdiğini	*dass du geschickt hast*
ne kadar sevindiğimi	*wie sehr ich mich gefreut habe*
bilemezsin	*du kannst nicht wissen*
isteklerim	*meine Wünsche*
son zamanlarda	*in der letzten Zeit*
neler yaptığımı	*was ich alles gemacht (unternommen) habe*
Neler yapmıyorum ki!	*Was ich nicht alles mache!*
merkez şubesi	*Hauptniederlassung, Zentrale*
taşınmak *Dat*	*umziehen*
konum	*Lage; (hier:) Bereich*
değişmek	*sich ändern*
piyasa durumu	*Marktlage, Handelssituation*
mesai arkadaşları	*Arbeitskollegen*
uyum içinde	*in Harmonie, harmonisch*
verdiğin adres	*die Adresse, die du mir gegeben hast*
yetkililer	*Verantwortliche*
sordukları	*alles, was sie gefragt haben*
olumlu	*positiv, bejahend*
meraklanmak	*sich sorgen*
şimdilik bu kadar	*so weit, so gut (wörtl.: vorläufig soweit)*
ellerinden öptüğümü	*mein Küssen ihrer Hände (Grußformel für Ältere)*
tanıdık	*Bekannte(r)*
gözlerinden öperim	*ich küsse deine Augen (Grußformel an Jüngere)*

Personel Şefi Oldum

hayrola *ugs*	*nanu*
hızlı	*rasant*
gelişmek	*sich entwickeln, wachsen*
alışmak *Dat*	*sich gewöhnen*
sessiz sedasız	*sang- und klanglos*
geri	*zurück*
ortam	*Milieu*
uzun	*lang*
hikâye [hikaːˈje]	*Geschichte, Erzählung*
yatırımlar	*Investitionen*
nakletmek	*transportieren, befördern; (hier:) verlagern*
bekâr	*ledig*
çoluk çocuk	*Kind und Kegel*
kabul etmek	*akzeptieren, annehmen*
hazır olmak	*bereit sein*
evlenmek	*heiraten, sich vermählen*
Onun sağlık sorunlarıyla uğraştık.	*Wir waren mit ihren Gesundheitsproblemen beschäftigt.*
sorun	*Problem*
uğraşmak	*beschäftigt sein, sich befassen*
doldurmak	*ausfüllen; (hier:) vollenden*
Analı babalı büyüsün.	*Es (das Kind) möge mit Mutter und Vater aufwachsen. (Redewendung)*
hayat	*Leben*

vallahi ['valla:hi]	*bei Gott!*	**cuma günü** [a:]	*Freitag*
önümüzdeki hafta	*die kommende Woche (wörtl.: vor uns seiende ...)*	**kutlama**	*Feier*

Dilbilgisi A 1, 2, 3, 4, 5, 6

1. Die Darstellungsweise der Suffixe

„Herzlichen Glückwunsch! Sie haben schon zwei Drittel Ihres Türkischkurses erfolgreich bewältigt. Es ist jetzt an der Zeit, über einige Besonderheiten der türkischen Suffixe zu sprechen. Es gibt im Türkischen grundsätzlich zwei Arten von Wörtern: Nominalwörter und Verbalwörter. Dementsprechend gibt es nominale Suffixe und verbale Suffixe.

Verbalsuffixe, also Suffixe, die an Verbalstämme angehängt werden, werden in der türkischen Grammatik mit einem Minuszeichen dargestellt, Nominalsuffixe dagegen mit einem Pluszeichen.

Ein **e** steht für die zweiförmigen Suffixvokale (**e/a**) und ein **i** für die vierförmigen Vokale (**i/ı/ü/u**). Auch alternierende konsonantische Suffixteile werden mit den entsprechenden Buchstaben angegeben: **d** steht für **d** oder **t** und **k** steht für **k** oder **ğ**.

Betrachten Sie das Lokativsuffix: Es wurde bisher mit **-de/da** und **-te/ta** angegeben. Jetzt können Sie diese Endung mit **+de** notieren. Das Ablativsuffix lautet entsprechend **+den** (anstelle der bisherigen Angaben **-den/dan** und **-ten/tan**).

Prägen Sie sich gut ein, was die folgenden Buchstaben bei Suffixen bedeuten:

i = i/ı/ü/u, e = e/a, d = d/t, k = k/ğ, c = c/ç

Minuszeichen kennzeichnen verbale, Pluszeichen nominale Suffixe.

Beachten Sie das Vor- und Nachzeichen(!): **-me-** ist ein verbales Suffix, das aus einem Verbstamm einen weiteren (verneinten) Verbstamm bildet; **-me+** ist ebenfalls ein verbales Suffix, es bildet aber aus einem Verbstamm ein Nomen. Das Ergebnis ist ein Verbalnomen.

Auf diese Weise können auch Suffixe exakt beschrieben werden, die auf den ersten Blick gleich aussehen. Erinnern Sie sich noch an das Verneinungssuffix bei Verben und an das Suffix für verkürzte Infinitive?

Verneinungssuffix -me-		Verkürzter Infinitiv -me+	
gel-me-di	*er kam nicht*	gel-me+miz	*unser Kommen*
Gel-me!	*Komm nicht!*	Gel-me+ni istiyorum.	*Ich will, dass du kommst.*

2. Das perfektisch-präsentische Verbalnomen auf *-dik+*

Mit diesem Suffix lernen Sie ein sehr wichtiges Element der türkischen Sprache kennen, mit dem Sie eine Reihe von deutschen Nebensätzen wiedergeben können. Dazu müssen Sie folgendes beachten:

Das Suffix **-dik+** (konkrete Formen **-dik/dık/dük/duk** und **-tik/tık/tük/tuk**) macht einen Verbstamm zu einem Nomen, das Sie im Deutschen am besten mit einem *dass*-Satz wiedergeben. Die handelnde Person ist immer durch ein Possessivsuffix bestimmt und führt(e) die Handlung real, also nicht fiktiv aus. Die Tätigkeit wurde begonnen und kann in die Gegenwart hineinreichen (abgeschlossene Handlungen → Punkt 6.; zukünftige Handlungen → Punkt 4.).

Beachten Sie den Konsonantenwandel von **k** zu **ğ**:

benim	geldiğim	*dass ich kam/gekommen bin (wörtl.: mein Gekommensein)*
senin	geldiğin	*dass du kamst/gekommen bist*
onun	geldiği	*dass er/sie kam/gekommen ist*
bizim	geldiğimiz	*dass wir kamen/gekommen sind*
sizin	geldiğiniz	*dass ihr kamt/gekommen seid/dass Sie kamen/gekommen sind*
onların	geldiği/geldikleri	*dass sie kamen/gekommen sind*

Wie bilden Sie nun konkret einen Nebensatz? Nehmen wir einmal an, Hasan arbeitet heute zu Hause und Sie wissen das.

Zwei Hauptsätze:

Hasan bugün evde **çalışıyor**.	**Bunu** biliyorum.
Hasan arbeitet heute zu Hause.	*Ich weiß das.*

Nebensatz + Hauptsatz:

Hasan'**ın** bugün evde **çalıştığını** biliyorum.
Dass Hasan heute zu Hause arbeitet, weiß ich.

Um die Konstruktion verstehen zu können, hier die annähernd wörtliche Wiedergabe: *Hasans heute zu Hause (sein) Arbeiten weiß ich.* Es handelt sich bei *Hasans Arbeiten* also um eine Genitivverbindung.

Wie Sie sehen, wurde aus dem Verb des ersten Hauptsatzes, der nun zum Nebensatz wird, ein Verbalnomen. Das Akkusativsuffix von **bunu** wird an dieses Verbalnomen angehängt, weil das Hauptsatzverb ein Akkusativobjekt verlangt. Der Kasus des Verbalnomens wird immer vom Verb des Hauptsatzes regiert.

Auch Fragesätze können in Form von untergeordneten Nebensätzen formuliert werden.

Zwei Hauptsätze:

Hasan ne zaman geldi?	Bunu biliyor musun?
Wann ist Hasan gekommen?	*Weißt du das?*

Nebensatz + Hauptsatz:
Hasan'**ın** ne zaman **geldiğini** biliyor musun? *Weißt du, wann Hasan gekommen ist?*

Wie Sie an diesem Beispiel erkennen, leiten Sie den deutschen Nebensatz mit dem entsprechenden Fragewort ein.

3. Sätze mit Verbalsubstantiven

Das Verbalnomen auf **-dik+** steht in direkter Konkurrenz zu verkürzten Infinitiven auf **-me+** (→ Lektion 10). Mit beiden Suffixen bilden Sie Verbalnomen, die Sie mit Possessivsuffixen beugen.

Während Verbalnomen auf **-dik+** sich auf reale Sachverhalte beziehen, drücken Verbalnomen auf **-me+** Wunschvorstellungen, Verallgemeinerungen oder Abstrahierungen aus.

Realer Sachverhalt:
Senin gel**diğini** biliyorum. *Ich weiß, dass du kommst.*
Hasan'ın bizi ziyaret et**tiğini** biliyor muydun? *Wusstest du, dass Hasan uns besuchte?*

Wunschvorstellung:
Senin gel**meni** istiyorum. *Ich möchte, dass du kommst.*
Hasan'ın bizi ziyaret et**mesini** istiyorum. *Ich möchte, dass Hasan uns besucht.*

Verallgemeinerung bzw. Abstrahierung:
Hasan'ın bizi dün ziyaret et**mesi** çok güzel oldu.
Es war sehr schön, dass Hasan uns gestern (überhaupt) besuchte. (= Hasans gestriger Besuch bei uns war sehr schön.)

Zusammenfassung:
- Mit Verbalnomen auf **-dik+** oder **-me+** bilden Sie einem Hauptsatz untergeordnete Aussagen, die Sie im Deutschen am besten mit einem *dass*-Satz wiedergeben.

- Subjekte dieser Verbalnomen setzen Sie immer in den Genitiv, wenn Sie sie explizit nennen.
- Der Kasus des Verbalnomens hängt vom Hauptsatzverb ab.
- Diese Verbalnomen sind zeitlich unbestimmt. Verwenden Sie **-dik+** für reale Sachverhalte und **-me+** für Wunschvorstellungen oder Verallgemeinerungen.

4. Das Verbalnomen *-(y)ecek+* zum Ausdruck des Futurs

Für in der Zukunft auszuführende Handlungen im Nebensatz steht Ihnen das Sufffix **-(y)ecek+** zur Verfügung, an das wieder das Possessivsuffix angehängt wird: geleceğ**im**, geleceğ**in**, geleceğ**i**, geleceğ**imiz**, geleceğ**iniz**, gelecek**leri** *dass ich kommen werde* usw.
Sehen Sie sich wieder die bereits genannten Beispiele an:

Zwei Hauptsätze:

Hasan bugün evde **çalışacak**.	**Bunu** biliyorum.
Hasan wird heute zu Hause arbeiten.	*Ich weiß das.*

Nebensatz + Hauptsatz:
Hasan'**ın** bugün evde çalış**acağını** biliyorum.
Dass Hasan heute zu Hause arbeiten wird, weiß ich.
Hasan'**ın** bugün gel**eceğini** biliyorum. *Ich weiß, dass Hasan heute kommen wird.*

5. Das grammatische Hilfsverb *olmak*

- Nominalsätze

Wenn Sie einen Nominalsatz in einen Nebensatz umformen, haben Sie ein Problem: Sie haben kein Verb, an das Sie **-dik+** oder **-me+** anhängen können. In solchen Situationen müssen Sie auf das Hilfsverb **olmak** zurückgreifen, das Sie bereits auf → Seite 146 kennengelernt haben.

Wie sieht zum Beispiel der Satz: Hasan bugün evde. *Hasan ist heute zu Hause.* in den folgenden Nebensätzen aus:
Hasan'**ın** bugün evde **olduğunu** biliyorum. *Ich weiß, dass Hasan heute zu Hause ist.*
Hasan'**ın** bugün evde **olmasını** istiyorum. *Ich möchte, dass Hasan heute zu Hause ist.*

Das Hilfsverb **olmak** funktioniert hier als Suffixträger, Sie brauchen es nicht zu übersetzen. Ansonsten gilt, was Sie über Sätze mit **Verbalsubstantiven** unter → Punkt 3. (Seite 151) gelernt haben.

Sätze mit *var* und *yok*

Das Gleiche gilt auch für Sätze mit **var** und **yok**, die ebenfalls keine Verbalsätze sind:
Vaktim var. *Ich habe Zeit.*
Vaktim **olduğunu** söyledim. *Ich sagte, dass ich Zeit habe.*
Vaktim yok. *Ich habe keine Zeit.*
Vaktim **olmadığını** söyledim. *Ich sagte, dass ich keine Zeit habe.*
Vaktim **olmadığını** söylemedim. *Ich sagte nicht, dass ich keine Zeit habe.*

Achtung: Das Subjekt von **var/yok**-Sätzen steht auch in Nebensätzen im Nominativ.

6. Die Tempusdifferenzierung in Nebensätzen

Das grammatische Hilfsverb **olmak** benötigen Sie auch zur Tempusdifferenzierung in Nebensätzen, die Sie mit **-dik+** bilden. Sie kennen den Satz:
Hasan'ın geldiğini biliyorum. *Ich weiß, dass Hasan kommt/kam.*

Wenn Sie nun betonen wollen, dass die Handlung (Hasans Kommen) sowohl in der Vergangenheit als auch in der Zukunft abgeschlossen ist, gehen Sie folgendermaßen vor: Fügen Sie an den Verbstamm die verbalen Tempusstämme auf **-miş** bzw. **-(y)ecek** an und verbinden Sie sie mit dem Hilfsverb **olmak**, um Perfekt bzw. Futur (auch grammatikalisch) genau auszudrücken. Das Suffix **-dik+** wird nun an **olmak** angehängt:

Hasan'ın gelmiş olduğunu biliyorum. *Ich weiß, dass Hasan gekommen ist.*
Hasan'ın gelecek olduğunu biliyorum. *Ich weiß, dass Hasan kommen wird.*
Hasan'ın gelmiş olması çok iyi oldu.
(Die Tatsache,) dass Hasan gekommen ist, war sehr gut.
Hasan'ın gelecek olması hoşumuza gider.
(Die Tatsache,) dass Hasan kommen wird, gefällt uns.

Das Hilfsverb **olmak** ist das einzige grammatische Hilfsverb der türkischen Sprache. Prägen Sie sich seine Formen mit **-dik+** bzw. **-me+** zusammen mit den Possessivsuffixen gut ein, am besten auch gleich mit dem Akkusativsuffix, weil die meisten Hauptsatzverben den Akkusativ nach sich ziehen.

Das grammatische Hilfverb **olmak** in Nebensätzen mit **-dik+**:

Nominativ	Akkusativ	Dativ	Lokativ	Ablativ
olduğum	olduğumu	olduğuma	olduğumda	olduğumdan
olduğun	olduğunu	olduğuna	olduğunda	olduğundan
olduğu	olduğunu	olduğuna	olduğunda	olduğundan
olduğumuz	olduğumuzu	olduğumuza	olduğumuzda	olduğumuzdan
olduğunuz	olduğunuzu	olduğunuza	olduğunuzda	olduğunuzdan
oldukları	olduklarını	olduklarına	olduklarında	olduklarından

Beachten Sie bitte, dass die 2. und 3. Person Singular außer im Nominativ übereinstimmen.

Das grammatische Hilfverb **olmak** in Nebensätzen mit **-me+**:

Nominativ	Akkusativ	Dativ	Lokativ	Ablativ
olmam	olmamı	olmama	olmamda	olmamdan
olman	olmanı	olmana	olmanda	olmandan
olması	olmasını	olmasına	olmasında	olmasından
olmamız	olmamızı	olmamıza	olmamızda	olmamızdan
olmanız	olmanızı	olmanıza	olmanızda	olmanızdan
olmaları	olmalarını	olmalarına	olmalarında	olmalarından

Türkçesi Şöyle A7

Das Wort **olarak** drückt immer die Eigenschaft oder Tätigkeit einer Person aus. Damit können Sie Ihre berufliche Funktion genauer beschreiben:

Ne olarak çalışıyorsunuz? *Als was arbeiten Sie?*
Firmada kısım şefi olarak çalışıyorum. *In der Firma arbeite ich als Abteilungsleiter.*
Bir büroda sekreter olarak çalışıyorum. *Ich arbeite in einem Büro als Sekretär(in).*

Sie können **olarak** auch im übertragenen Sinn benutzen:
Arkadaşın olarak şunu söylemek istiyorum.
Als dein Freund möchte ich Folgendes sagen.
Bu masayı yazı masası olarak kullanabiliriz.
Diesen Tisch können wir als Schreibtisch verwenden.
Kimse uzun zaman işsiz olarak yaşamak istemez.
Niemand will längere Zeit als Arbeitsloser leben.

Konuyla İlgili

Geschäfte

alışveriş merkezi	*Einkaufszentrum*	eczane [ezza:ne]	*Apotheke*
dükkân	*Laden*	fırın	*Bäckerei*
market	*Markt*	kasap	*Metzgerei*
süpermarket	*Supermarkt*	manav	*Gemüseladen*
pazar	*Wochenmarkt*	pastane [pasta:ne]	*Konditorei*
çarşı	*Einkaufsviertel*	balıkçı dükkânı	*Fischgeschäft*

Rund um den Beruf

öğrenci	*Schüler; Student*	çırak	*Lehrling*
öğretmen	*Lehrer*	kalfa	*Gehilfe, Geselle*
yönetmen	*Leiter*	usta	*Meister*
proje yönetmeni	*Projektleiter*	uzman	*Fachmann*
işçi	*Arbeiter*	uzman eleman	*Fachpersonal*
memur/e [me:mur]	*Beamter, Beamtin*	uzman/kalifiye işçi	*Facharbeiter*

Traditionelle Berufsbezeichnungen

bakkal	*Krämer*	memur [me:mur]	*Beamter*
berber	*Barbier*	mimar [mi:mar]	*Architekt*
hâkim	*Richter*	müdür	*Leiter, Chef*
hekim	*Arzt*	mühendis	*Ingenieur*
hemşire	*Krankenschwester*	tüccar	*Kaufmann*

Berufe mit dem Suffix +ci

çiçekçi	*Florist*	eczacı	*Apotheker*
çiftçi	*Bauer*	elektrikçi	*Elektriker*
bankacı ['bankaci]	*Bankangestellte(r)*	gazeteci	*Journalist*
denizci	*Seemann*	komisyoncu	*Makler*
emlâkçı	*Immobilienhändler*	kitapçı	*Buchhändler*

Lehnwörter

aktör	*Schauspieler*	kaptan	*Kapitän*
artist	*Schauspielerin*	menecer	*Manager*
avukat	*Rechtsanwalt*	müzisyen	*Musiker*
doçent	*Dozent*	personel	*Fachpersonal*
garson	*Kellner(in)*	polis	*Polizist*

Alıştırmalar

1 Bilden Sie aus den zwei Hauptsätzen die Verbindung Nebensatz plus Hauptsatz.

1. Hasan dün İzmir'e gitti. Bunu biliyorum.
   Hasan'ın dün İzmir'e gittiğini biliyorum.
2. Ankara'ya kar yağdı. Bunu biliyor musun?
   ....
3. Ne zaman geldin? Bunu duymadım.
   ....
4. Yeni adrese taşındık. Bunu söylemek istiyorum.
   ....
5. Kısım şefi oldunuz. Bunu bilmiyordum.
   ....
6. Kısım şefi oldunuz. Buna çok sevindim.
   ....
7. Tanıştık. Buna memnun oldum.
   ....
8. Yeni araba almışsın. Bunu yeni öğrendim.
   ....

2 Sie teilen jemandem Folgendes mit, indem Sie **söylüyorum** verwenden.

1. *Wir sind gestern ins Kino gegangen.* *Dün sinemaya gittiğimizi söylüyorum.*
2. *Gülhan hat mich heute besucht.* ....
3. *Ich habe acht Stunden gearbeitet.* ....
4. *Hasan und Özden sind nach Izmir gefahren.* ....
5. *Sertaç ist heute zu Hause.* ....
6. *Erman ist nicht mehr in dieser Firma.* ....
7. *Das Wetter ist heute sehr schön.* ....
8. *Das Wetter war gestern sehr kalt.* ....

3 Ermitteln Sie die konkreten Suffixformen und übersetzen Sie die Sätze danach mündlich.

1. Mektup yaz(dik+in) *yazdığın* çok iyi oldu.
2. İsteklerimi gönder(dik+ini) .... yazıyorsun.
3. Ne kadar sevin(dik+imi) .... bilemezsin.
4. Son zamanlarda neler yap(dik+imi) .... soruyorsun.
5. Annemin ve babamın ellerinden öp(dik+imi) .... söyle.
6. Tanıdıklara selâm et(dik+imi) .... ilet.
7. Firmamızın taşın(dik+ini) .... söylemek istiyorum.
8. Personel şefi ol(dik+imi) .... biliyor musun?

4 Reagieren Sie auf diese Aussagen mit: ***Ich wusste nicht, dass ...***

1. Hasan personel şefi. *Hasan'ın personel şefi olduğunu bilmiyordum.*
2. Dün akşam evdeydik. ....
3. Bu roman çok ilginçmiş. ....
4. Bu film çok uzunmuş. ....
5. Hasan'ın arabası varmış. ....
6. Sertaç firmada değilmiş. ....
7. Sertaç'ın vakti yokmuş. ....
8. Özden'in iki kardeşi var. ....

5 Wählen Sie das passende Nebensatzsuffix und hängen Sie das richtige Personal- und Kasussuffix an.

1. Yarın firmaya ne zaman gel(dik/ecek) *geleceğini* söyle.
2. Senin dün 8 saat çalış(dik/ecek) .... bilmiyordum.
3. Senin yarın 8 saat çalış(dik/ecek) .... biliyorum.
4. Eşime telefon ettim. Yemeği bir lokantada yi(dik/ecek) .... söyledim.
5. Bizim dün akşam yemeğini bir lokantada ye(dik/ecek) .... anlattım.
6. Yılmaz'ın personel şefi ol(dik/ecek) .... bana iki ay önce söylemişlerdi.
7. Onun personel şefi ol(dik/ecek) .... çok sevindim.

6 Notieren Sie die Handlungen in Stichworten. Verwenden Sie Nominalformen.

1. Hasan personel şefi oldu. .... *Hasan'ın personel şefi olması.*
2. Dün sinemaya gittik. ....
3. Özden'in iki kardeşi var. ....
4. Senin bir sorunun var. ....
5. Dün Sertaçları ziyaret ettik. ....
6. Akşam yemeğini lokantada yedik. ....
7. Benim ehliyetim yok. ....
8. Bana haber vermediniz. ....

7 Wer arbeitet als was? Verbinden Sie.

Kim nerede ne olarak çalışıyor?

1. Hasan bir büroda	a. personel şefi	
2. Özden bir hastanede	b. aşçı	
3. Selma üniversitede	c. artist	olarak çalışıyor.
4. Ahmet bir firmada	d. öğretmen	
5. Emine bir ajansta	e. mimar	
6. Mustafa bir lokantada	f. hemşire	
7. Rıza bir okulda	g. doçent	
8. Yılmaz bir merkez şubede	h. uzman işçi	

8 Ein Herrenklub trifft sich in Istanbul im Restaurant „Gül Lokantası". Erraten Sie ihre Berufe.

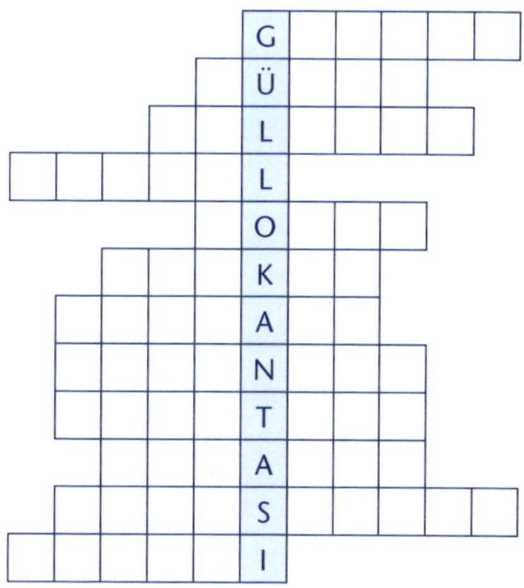

In dieser Lektion stehen im Mittelpunkt:

- die **Zubereitung** von Speisen und Getränken
- das Essen im **Restaurant**
- die **indirekte Rede**
- **Komparativ** und **Superlativ**
- wichtige **Verbaladverbien**
- **indirekte Fragesätze** mit ***ob***
- die Suffixe ***+li, +siz, +lik***

On İkinci Ders

12

Türk Mutfağı

Türkische Küche

Orta Şekerli Türk Kahvesi (1 Kişilik)

Malzemeler

2 çay kaşığı şeker
2 tepeleme dolu çay kaşığı kahve
1 fincandan biraz fazla su

Yapılışı: Cezveye suyu koyup şeker ve kahve ilave edin. İyice karıştırarak orta ateşte pişirin. Köpük olunca kahve fincanına kahvenin yarısını dökün. Diğer kısmını kaynatın. Sonra fincanın üzerine köpüğü bozmadan ilave edin.

Not: Kahvenin yanında mutlaka bir bardak su da ikram etmek âdettendir.

Türkischer Kaffee – mittelsüß (1 Person)

Zutaten

2 TL Zucker
2 gehäufte TL Kaffee
etwas mehr als eine Tasse Wasser

Zubereitung: Geben Sie das Wasser in das Kaffeegefäß und fügen Sie Zucker und Kaffee hinzu. Rühren Sie gut um und kochen Sie (ihn) bei mittlerer Hitze. Sobald Schaum entsteht, gießen Sie die Hälfte des Kaffees in die Tasse. Den anderen Teil bringen Sie zum Kochen. Danach fügen Sie ihn, ohne den Schaum zu zerstören, in die Tasse.

Tipp: Es ist Sitte, zum Kaffee stets ein Glas Wasser zu reichen.

Patates Köftesi (2–3 Kişilik)

Malzemeler

5 adet orta boy patates
1 adet soğan
2 dilim bayat ekmek içi
7–8 dal maydanoz
1 çorba kaşığı zeytinyağı
1 adet yumurta
karabiber, kimyon, tuz
1 bardak sıvı kızartma yağı

Yapılışı: Patatesleri haşlayıp soyun. Sonra bir kaba alıp ezin. Bayat ekmek içini suda ıslatıp sıkın. Soğanı rendeleyip maydanozu kıyın. Hepsini karıştırarak yumurta, zeytinyağı, karabiber, kimyon ve tuzu ilave edin. Malzemeyi yoğurup hamuru hazırlayın. Hamurdan parçalar koparıp elinizle şekil verin. Tavada yağda kızartın. Afiyet olsun!

Kartoffelpuffer (2-3 Personen)

Zutaten

5 mittelgroße Kartoffeln
1 Zwiebel
2 Scheiben altes Brot ohne Rinde
7–8 Stengel Petersilie
1 EL Olivenöl
1 Ei
schwarzer Pfeffer, Kümmel, Salz
1 Glas flüssiges Öl zum Braten

Zubereitung: Die Kartoffeln kochen und schälen. Danach in ein Gefäß geben und zerdrücken. Das alte Brot in Wasser einweichen und ausdrücken. Die Zwiebel reiben und die Petersilie dazugeben. Ei, Olivenöl, schwarzen Pfeffer, Kümmel und Salz hinzugeben und alles gut vermischen. Die Zutaten kneten und den Teig zubereiten. Vom Teig Stücke abtrennen und mit den Händen in Form bringen. In der Pfanne in Öl braten. Guten Appetit!

Yeni Konu A6,7

Die indirekte Rede

Das Verbalnomen auf **-dik+** (→ Lektion 11) können Sie auch zur Wiedergabe der indirekten Rede einsetzen, während Sie mit **diye** (→ Lektion 5) die Sätze in der direkten Rede abschließen.

Hasan bana, "dün sinemaya gitti**m**" diye söyledi. (direkte Rede)
Hasan sagte mir: „Ich bin gestern ins Kino gegangen."

Hasan bana dün sinemaya gitti**ğini** söyledi. (indirekte Rede)
a) *Hasan sagte mir, dass er gestern ins Kino gegangen sei.*
b) *Hasan sagte mir, er sei gestern ins Kino gegangen.*

Auch für die indirekte Rede gilt: Sie müssen die Aussage mit dem tempusdifferenzierten (→ Lektion 11) Verbalnomen **-(y)ecek olduğu** (oder der kürzeren Form **-(y)ecek+**) bilden, wenn die Aussage zukunftsbezogen ist:

Hasan bana "yarın sinemaya gideceğim" diye söyledi. (zukunftsbezogene direkte Rede)
Hasan sagte mir: „Ich werde morgen ins Kino gehen."

Hasan bana yarın sinemaya gidecek olduğunu söyledi.
(zukunftsbezogene indirekte Rede)
Hasan bana yarın sinemaya gideceğini söyledi.
a) *Hasan sagte mir, dass er morgen ins Kino gehen werde.*
b) *Hasan sagte mir, er werde morgen ins Kino gehen.*

Übrigens steht **demek** *sagen* immer nur in der direkten Rede und **söylemek** *sagen* in Verbindung mit **diye** immer in der indirekten Rede.

Komparativ und Superlativ

Adjektive mit einem vorangestellten **daha** *noch* drücken den Komparativ und mit einem ebenfalls vorangestellten **en** *am ...sten* den Superlativ aus.

güzel	*schön*	**iyi**	*gut*
daha güzel	*schöner*	**daha iyi**	*besser*
en güzel	*am schönsten*	**en iyi**	*am besten*

Beim Vergleich im Komparativ steht der oder das Verglichene im Ablativ:
Hasan, Mehmet'ten daha çalışkandır.
Hasan ist fleißiger als Mehmet. (Hasan ist aus Mehmets Sicht fleißiger.)
Çocukların en çalışkanı Ahmet'tir. *Das fleißigste der Kinder ist Ahmet.*

Lokantada İş Görüşmesi

Yılmaz: Bakar mısınız?

Garson: Ooo, Yılmaz Bey, hoş geldiniz! Kusura bakmayın, geldiğinizi fark etmedim.

Yılmaz: Fark etmez. Arkadaşım Vural'a sizin lokantanızın ne kadar iyi olduğunu anlattım. Onun için öğle yemeğini sizde yiyelim dedik; ama ne yiyeceğimize hâlâ karar veremedik. Bugün bize ne yememizi önerirsiniz? Size danışmadan seçmeyelim.

Garson: Bana kalırsa, size bugün yayla çorbası ve ızgara köfte tavsiye edebilirim. Taze taze yapıldığını bizzat gördüm.

Yılmaz: İyi öyleyse ... (*Vural'a dönerek*) Izgara köfte yeriz, değil mi Vuralcığım.

Vural: Evet, şefin tavsiyesine uyarak ızgara köfte yiyelim.

Yılmaz: Duydunuz, bize birer ızgara köfte. Çorba da içelim.

Garson: İçecek olarak ne alırdınız, efendim?

Vural: Bana maden suyu lütfen.

Yılmaz: Ben de maden suyu alayım. ... İngilizce ve Almanca bilen bir bilgisayar uzmanı arıyoruz. Tanıdığın biri var mı?

Vural: Yılmazcığım, sen böyle sorunca aklıma gelmiyor tabii. Aradığınız eleman bayan da olabilir mi?

Yılmaz: Bayan elemanları tercih ediyoruz.

Vural: Vaktiyle Almanca ve Danca bilen bir bilgisayarcı kız vardı. Çok yönlü bir kız. İşinin yanı sıra hem İngilizce de öğreniyordu?

Yılmaz: Ee, n'oldu sonra?

Garson: Buyurun efendim, çorbalarınız geldi.

Vural: Ne olacak? Firmada onu desteklemediler. O da gerekli ilgi ve desteği göremeyince o firmayı bırakıp başka bir firmaya geçti.

Yılmaz: Onunla tanışmayı isterdim. Ne bileyim, belki cazip bir teklif götürürsek, onu bizim firmaya kazanabiliriz. Ne dersin?

Vural: Bilmem ki. O eski firmadan ayrıldığı zaman, ben de o firmayla iş yapıyordum. Onunla bağlantı kurmadan önce ortam hazırlamak gerek...

Yılmaz: Ne gerekiyorsa yaparız. Danca bilmesi de çok iyi. Biliyorsun, bizim firma Almanya'yla ticari ilişkilerini geliştirmek istiyor. Çok daha ilerisi için Danimarka'ya da açılabiliriz. Danca bilmesi çok iyi.

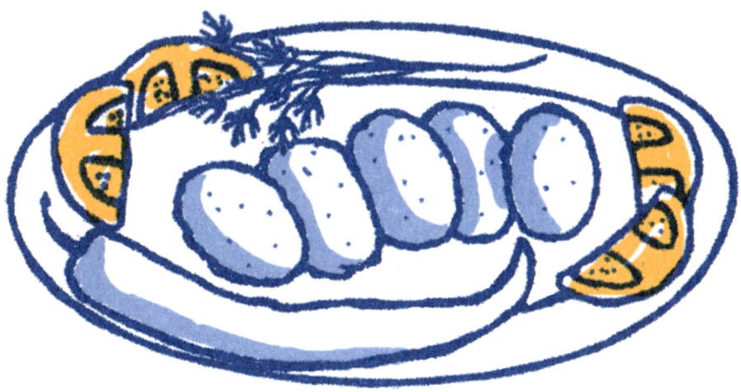

Vural:	Sanırım, kendisi Danimarka'da doğup orada büyümüş. Danca ve Türkçeyi aynı derecede biliyormuş. Senin anlayacağın ikidilli birisi.
Yılmaz:	Almanca bildiğini de söylemiştin. Üç dilli olmuyor mu?
Vural:	Almancayı sonradan öğrenmiş, okulda... Kısaca söylemek gerekirse, bu kızın iki anadili var Türkçe ve Danca; bir de yabancı dili, Almanca. İngilizcesi ne durumdadır bilmiyorum.

Yemekten sonra Yılmaz hesabı ödeyerek garsona üstü kalsın dedi.

Yılmaz:	Saat dört buçuk olmuş. Akşam misafirler gelecek. Yarın saat on buçukta sana telefon edeyim mi? Bu konuyu telefonda görüşürüz.
Vural:	Tamam, nasıl istersen.

Söz Dağarcığı

Türk Mutfağı	
kişilik	*für ... Personen*
malzeme	*Zutaten*
çay kaşığı	*Teelöffel*
tepeleme dolu	*gehäuft*
fincan	*Tasse*
fincandan biraz fazla su	*etwas mehr als eine Tasse Wasser*
yapılışı	*Zubereitung*
cezve	*Kupferkännchen mit Stil (zur Kaffeezubereitung)*
koymak	*setzen, legen, stellen, (hier:) geben*
ilave etmek [ila:ve]	*hinzufügen*
iyice	*ziemlich*
karıştırarak	*indem Sie schütteln*
karıştırmak	*schütteln*
orta ateşte	*bei mittlerer Hitze*
pişirmek	*kochen*
köpük, köpüğü	*Schaum*
köpük olunca	*sobald Schaum entsteht*
dökmek	*gießen*
diğer kısmını kaynatın	*bringen Sie den anderen Teil zum Kochen*
bozmadan	*ohne zu zerstören*
bardak, bardağı	*Glas*
âdet [a:'det]	*Brauch, Sitte*
âdettendir	*es ist Brauch/Sitte*
patates köftesi	*Kartoffelpuffer*
patates	*Kartoffeln*
köfte	*Bällchen, Buletten*
adet, adedi	*Stück; Anzahl*
orta boy	*mittlere Größe*
soğan	*Zwiebel*
dilim	*Scheibe*
bayat ekmek içi	*altes Brot ohne Rinde (wört.: das Innere)*
dal	*Zweig; Stengel*
maydanoz	*Petersilie*
çorba	*Suppe*
çorba kaşığı	*Esslöffel*
kaşık, kaşığı	*Löffel*
zeytinyağı	*Olivenöl*
yumurta	*Ei*
karabiber	*schwarzer Pfeffer*
kimyon	*Kümmel*
tuz	*Salz*
sıvı kızartma yağı	*flüssiges Öl zum Braten*
haşlamak	*kochen*
soymak	*schälen*
kaba	*Gefäß, Schüssel*

ezmek	*ausdrücken*
ıslamak	*einweichen*
sıkmak	*auspressen*
rendelemek	*reiben*
kıymak	*hinzugeben*
yoğurmak	*kneten*
hamur	*Teig*
hazırlamak	*zubereiten*
parça	*Stück, Teil*
kopmak	*abtrennen, abbrechen*
şekil, şekli	*Form*
elinizle şekil verin	*geben Sie mit Ihren Händen eine Form*
tavada yağda kızartın	*braten Sie in der Pfanne in Öl*

Lokantada İş Görüşmesi

iş görüşmesi	*Gespräch*
Kusura bakmayın.	*Verzeihen Sie. (wörtl.: Schauen Sie nicht auf den Fehler.)*
fark etmek	*bemerken*
anlatmak	*erzählen, erklären*
hâlâ ['ha:la:]	*noch nicht*
karar vermek	*entscheiden*
önermek	*vorschlagen*
bana kalırsa	*wenn es nach mir geht, wenn Sie mich fragen*
yayla	*Alm, Sommerweide*
ızgara	*gegrillt, vom Grill*
taze taze [a:]	*ganz frisch*
bizzat ['bizzat]	*persönlich*
tavsiye etmek	*empfehlen*
duymak	*hören; fühlen, wahrnehmen*
çorba içmek	*Suppe trinken*
içecek	*(alkoholfreies) Getränk*
maden suyu [a:]	*Mineralwasser*
aklına gelmek	*einfallen, in den Sinn kommen*
Danca ['danca]	*Dänisch (die dänische Sprache)*
Danimarka [-'marka]	*Dänemark*
vaktiyle	*früher, seinerzeit; rechtzeitig*
yönlü	*vielseitig*
destek görmek	*Unterstützung erfahren*
ilgi görmek	*Interesse erfahren*
cazip [ca:'zip]	*verlockend*
teklif götürmek	*ein Angebot unterbreiten*
ayrıldığı zaman	*als sie ... verließ, wegging*
kurmak	*aufbauen, gründen*
kurmadan önce	*vor dem Gründen Aufbau*
ortam hazırlamak gerek	*es muss gut vorbereitet werden*
ticari [tica:'ri]	*geschäftlich*
derece	*Grad*
ikidilli	*zweisprachig*
kısaca	*kurzum*
anadil	*Muttersprache*
yabancı	*Fremd-; ausländisch; Ausländer*
ne durumdadır	*wie steht es mit, wie ist die Lage mit*
hesap, hesabı [a:]	*Rechnung*
ödemek	*bezahlen*
üstü kalsın	*der Rest ist (Trinkgeld) für Sie (wörtl.: der Rest soll bleiben)*
buçuk, buçuğu	*halb (nach Zahlwort)*
misafir	*Besuch, Gast*

Dilbilgisi

1. Verbaladverbien

Verbaladverbien sind neben Verbalnomen die zweite Möglichkeit, zwei Hauptsätze miteinander zu verbinden. Wie die Verbalnomen stehen auch Verbaladverbien vor dem jeweiligen Hauptsatz und sind diesem formal untergeordnet. Wie der Name schon sagt, sind Verbaladverbien eigentlich Adverbien, die aber von einem Verb abgeleitet sind. Sie bestimmen wie normale adverbiale Bestimmungen das Hauptsatzverb näher. Die Verbaladverbien, die Sie in dieser Lektion lernen, müssen Sie nicht beugen.

-(y)ip/ıp/üp/up A1, 3

Das Verbaladverb **-(y)ip** *und* verbindet zwei Hauptsätze, deren Zeit- und Personalformen identisch sind. Dieses Verbaladverb wird immer mit *und* wiedergegeben.

Çantayı aldım. Evden çıktım. *Ich nahm die Tasche. Ich ging aus dem Haus.*
Çantayı alıp evden çıktım. *Ich nahm die Tasche und ging aus dem Haus.*

Wie Sie sehen, erscheint das adverbiale Suffix **-(y)ip** genau an der Stelle des Tempus- und Personalsuffixes. Adverbialsätze benötigen keine eigenen Zeit- und Personalsuffixe, weil sie von einem Hauptsatz abhängig sind. So kann z. B. **alıp** je nach Kontext *ich nahm, du nahmst*, aber auch *ich werde nehmen, du wirst nehmen* usw. heißen.

Çantayı alıp evden çıktın. *Du nahmst die Tasche und gingst aus dem Haus.*
Çantayı alıp evden çıktı. *Er nahm die Tasche und ging aus dem Haus.*
Çantayı alıp evden çıkacağım. *Ich werde die Tasche nehmen und aus dem Haus gehen.*
Çantayı alıp evden çıkacaksın. *Du wirst die Tasche nehmen und aus dem Haus gehen.*

-meden/madan A2, 3

Die Funktion des Verbaladverbs **-meden** *ohne zu* ist ähnlich wie die von **-(y)ip**, der Unterschied liegt allerdings in der Verneinung. Die erste Silbe dieses Suffixes ist das Negationssuffix **-me-**, das Sie bereits kennen (→ Lektion 2). Die Wortbetonung liegt auf der Silbe unmittelbar vor **-meden**, das Sie immer mit *ohne zu* übersetzen.
Çantayı al**ma**dım. Evden çıktım. *Ich nahm die Tasche nicht. Ich ging aus dem Haus.*
Çantayı almadan evden çıktım.
Ohne die Tasche mitgenommen zu haben, ging ich aus dem Haus.
Çantayı almadan evden çıktın.
Ohne die Tasche mitgenommen zu haben, gingst du aus dem Haus.
Çantayı almadan evden çıktı.
Ohne die Tasche mitgenommen zu haben, ging er aus dem Haus.
Çantayı almadan evden çıkacağım.
Ohne die Tasche mitzunehmen, werde ich aus dem Haus gehen.
Çantayı almadan evden çıkacaksın.
Ohne die Tasche mitzunehmen, wirst du aus dem Haus gehen.

-(y)erek/arak A5

Ein weiteres wichtiges Verbaladverb ist **-(y)erek** *indem*. Es betont, auf welche Weise die Haupthandlung ausgeführt wird. In der Regel übersetzen Sie es mit *indem*, umgangssprachlich wird es oft auch mit *und* wiedergeben.

Çantayı alarak evden çıktım.
Ich ging aus dem Haus, indem ich die Tasche mitnahm. (= Ich nahm die Tasche und ging so aus dem Haus.)
Hasan arkadaşına telefon ederek haber verdi.
Hasan benachrichtigte seinen Freund, indem er ihn anrief. (= Hasan rief seinen Freund an und benachrichtigte ihn somit.)

-(y)ince/ınca/ünce/unca A4

Das Verbaladverb **-(y)ince** *sobald, als, wenn* setzt die Subjektgleichheit nicht zwingend voraus. Es gibt keine direkte deutsche Entsprechung. Sie können es entweder mit *sobald, als* oder mit *wenn* übersetzen. Dieses Verbaladverb drückt aus, dass die Haupthandlung erst nach Vollendung der Nebenhandlung erfolgt. Beide Handlungen (Neben- und Haupthandlung) können in der Vergangenheit, aber auch in der Gegenwart oder Zukunft liegen. Die adverbial ausgedrückte Handlung wirkt hier wie ein zeitlicher Auslöser für die zweite Handlung.

İzmir'e gelince sana haber veririz. *Wir geben dir Bescheid, sobald wir in Izmir sind.*
Akşam olunca Ahmet eve gitti. *Als es Abend wurde, ging Ahmet nach Hause.*
Sen gelince birlikte gideriz. *Sobald du gekommen bist, gehen wir zusammen.*

2. Indirekte Fragesätze mit *ob* A6

Sie wissen bereits, dass Sie das Verbalnomen auf **-dik+** auch zur Bildung von indirekten Aussagen verwenden (→ Yeni Konu, Seite 160) und dass Sie damit auch Ergänzungsfragen bilden können (→ Lektion 11).

Hasan: "Dün geldim" diye haber verdi. (Aussagesatz)
Hasan, dün geldiğini haber verdi. *Hasan teilte mit, dass er gestern gekommen sei.*

Hasan, bana "Ne zaman geldin?" diye sordu. (Ergänzungsfrage)
Hasan, bana ne zaman geldiğimi sordu. *Hasan fragte mich, wann ich gekommen sei.*

Hasan bana "Dün mü geldin?" diye sordu. (Entscheidungsfrage)
Hasan bana, dün gelip gelmediğimi sordu.
Hasan fragte mich, ob ich gestern gekommen bin oder nicht (gekommen bin).

Wenn Sie also Entscheidungsfragen indirekt formulieren, müssen Sie das Verb zweimal verwenden, einmal positiv mit dem Adverbialsuffix **-(y)ip (gelip, bekleyip** usw.) und einmal verneint mit dem Verbalnomen auf **-dik+** (**gelmediği, beklemediği** usw.). Vergessen Sie nicht, die entsprechenden Personal- und Kasussuffixe zusätzlich anzuhängen: **gelip gelmediğim, gelip gelmediğimi, gelip gelmediğime, gelip gelmediğimde** usw.

Bezieht sich die indirekte Frage auf die Zukunft, so müssen Sie das Futursuffix verwenden:
Hasan bana "Saat üçte mi geleceksin?" diye sordu.
Hasan bana saat üçte gelip gelme**yeceği**mi sordu.
Hasan fragte mich, ob ich um drei Uhr komme (kommen werde) oder nicht.

3. Wortbildungssuffixe

Mit den nominalen Suffixen **+li, +siz, +lik** lernen Sie die häufigsten Wortbildungselemente kennen.

- Das Suffix **+li/lı/lü/lu** bildet aus einem Nomen ein weiteres Nomen in der Grundbedeutung *versehen mit, der mit ... Versehene*. Diese entsprechen im Deutschen meist einem Adjektiv.

şeker	*Zucker*	şekerli	*mit Zucker, gezuckert*
tuz	*Salz*	tuzlu	*salzig, versalzen*
elektrik	*Strom*	elektrikli	*mit Strom (betrieben)*
pil	*Batterie*	pilli	*mit Batterie (betrieben)*
güneş	*Sonne*	güneşli	*sonnig*
yağmur	*Regen*	yağmurlu	*regnerisch*
kablo	*Kabel*	kablolu televizyon	*Kabelfernsehen*

Mit diesem Suffix können Sie auch örtliche und regionale Herkunftsbezeichnungen bilden:

Ankara	Ankaralı	*Ankaraner(in)*
İstanbul	İstanbullu	*Istanbuler(in)*
İzmir	İzmirli	*Izmirer(in)*
Münih	Münihli	*Münchner(in)*
Berlin	Berlinli	*Berliner(in)*
Bavyera	Bavyeralı	*Bayer(in)*

Renanya	Renanyalı	*Rheinländer(in)*
Ege	Egeli	*aus der Ägäisregion Stammende(r)*
Karadeniz	Karadenizli	*aus der Schwarzmeerregion Stammende(r)*

- Das Suffix **+siz/sız/süz/suz** drückt das Gegenteil von **+li** aus, nämlich *ohne*.

şeker	*Zucker*	şekersiz	*ungezuckert*
tuz	*Salz*	tuzsuz	*ungesalzen*
fayda	*Nutzen*	faydasız	*nutzlos*
kablo	*Kabel*	kablosuz (telefon)	*schnurloses Telefon*

- Das Suffix **+lik/lık/lük/luk** bildet aus Adjektiven Substantive, die meistens abstrakte Bedeutung haben und den deutschen Nachsilben *-heit* und *-keit* entsprechen:

güzel	*schön*	güzellik	*Schönheit*
iyi	*gut*	iyilik	*Güte*
hasta	*krank*	hastalık	*Krankheit*
kötü	*schlecht*	kötülük	*Bosheit*
özgür	*frei*	özgürlük	*Freiheit*
kişi	*Person*	kişilik	*Persönlichkeit*
kim	*wer?*	kimlik	*Ausweis, Identität*

Das Suffix **+lik** kann aber auch etwas Konkretes ausdrücken, dann nimmt es die Grundbedeutung *geeignet für* an.

iki kişilik	*für zwei Personen*
tuzluk	*Salzstreuer*
sözlük	*Wörterbuch*
gözlük	*Brille* (von **göz** *Auge*)
dolmalık biber	*Paprikaschote (zum Füllen)*

An Berufsbezeichnungen (→ Lektion 11) angehängt, bedeutet **+lik** *Tätigkeit*: Kasaplık yapıyor. *Er arbeitet als Metzger. Er ist als Metzger tätig.*

kasap	*Metzger*	kasaplık	*Tätigkeit des Metzgers*
öğretmen	*Lehrer*	öğretmenlik	*Tätigkeit des Lehrers*
reklamcı	*Werbefachman*	reklamcılık	*Tätigkeit des Werbefachmanns*

Somit erscheint die Suffixkombination **+cilik** entsprechend häufig: **aşçılık** *Kochen, Kochkunst*, **emlakçılık** *Immobiliengewerbe*, **fırıncılık** *Bäckergewerbe* usw. Auch auf Speisekarten werden Sie diese Suffixe oft entdecken.

Türkçesi Şöyle

In einem Restaurant rufen Sie die Bedienung am besten mit:
Bakar mısınız? *Würden Sie hierher schauen?*
Garson bey! *Herr Kellner!* Şefim! *Herr Ober! (wörtl.: Mein Ober!)*

Wenn Sie sich etwas empfehlen lassen wollen, fragen Sie:
Ne tavsiye edersiniz? *Was empfehlen Sie?*

Um die Rechnung wird entweder durch eine entsprechende Geste gebeten oder mit:
Hesabı lütfen! *Die Rechnung, bitte!*
(Biz hesabı) Ödeyelim. *(Wir möchten die Rechnung) Zahlen.*
Hesabı getirebilir misiniz? *Würden Sie bitte die Rechnung bringen?*

Die folgenden Fragen beziehen sich auf:

	die Gäste untereinander	die Bedienung
Ne yiyelim?	*Was wollen wir essen?*	*Was sollten wir essen?*
Ne içelim?	*Was wollen wir trinken?*	*Was sollten wir trinken?*

Übrigens: Suppen *trinkt* man in der Türkei: **çorba içmek.** Das Verb **içmek** (etwa: *einverleiben*) brauchen Sie auch, wenn es um das Rauchen geht:
sigara içmek *Zigarette rauchen*
pipo/puro içmek *Pfeife / Zigarre rauchen*
tütün içmek *(Tabak) rauchen*

Beachten Sie, dass **içmek** immer mit einem Objekt stehen muss, sonst bedeutet es so viel wie Alkohol trinken, d. h. ein Trinker sein.
Arkadaşım çok içiyor. *Mein Freund trinkt viel. (= Mein Freund ist ein Trinker.)*

Häufig verwendete Interjektionen
In den einzelnen Regionen der Türkei verwenden die Leute verschiedene Ausrufe. Hier sind die wichtigsten und landesweit am häufigsten verwendeten:

Ee?	*Nun, erzähl?*	Ee!/?	*Jetzt reicht's aber!/Na und?*
Ooo!	*Schon längst!*	Ooo.	*Oh!* (Freude, Zufriedenheit)
Aa!?	*Nanu?* (Überraschung)	Eyvah!	*Oh weh!*
Hay hay!	*Sehr gern!, Aber gewiss!*	'Hayrola!	*Nanu!*
Ee'si sağlık	*Ein weiteres Thema wäre nur die Gesundheit.* (Wenn man auf Ee? nichts mehr zu erzählen hat.)		
Oh olsun!	*Siehst du wohl!* (triumphierend), *Ja ja!* (Schadenfreude ausdrückend)		
Vah vah!	*Oh je!, So ein Jammer!* (Bedauern ausdrückend)		

Es gibt auch Interjektionen mit mehrfacher Bedeutung:
aman 1. *Hilfe!, Gnade!, Pardon!*, 2. *Donnerwetter!*; 3. aman da (*Gefallen*)

Konuyla İlgili

Rund um den Geschmack		Zubereitungsarten	
lezzetli	*wohlschmeckend*	fırında	*im Backofen*
tatsız	*geschmacks-neutral*	ızgarada	*auf Grill*
nefis	*köstlich*	kömürde	*auf Kohle gegrillt*
acı	*scharf*	tavada	*in der Pfanne*
tatlı	*süß*	tandırda	*im Tontopf (Römertopf)*
baharatlı	*gewürzt*		

Geschirr und Besteck			
tabak, tabağı	*Teller*	tencere	*Kochtopf*
bardak, bardağı	*Glas*	çatal-kaşık	*Besteck*
fincan	*Tasse*	çatal	*Gabel*
tepsi	*Tablett*	bıçak, bıçağı	*Messer*
tas	*Schüssel*	kaşık, kaşığı	*Löffel*

Beliebte Gemüsesorten			
		karnıbahar	*Blumenkohl*
bezelye	*Erbse*	patlıcan	*Aubergine*
domates	*Tomate*	patates	*Kartoffel*
fasulye	*Bohne*	pırasa	*Lauch*
ıspanak, ıspanağı	*Spinat*	sarmısak, sarmısağı	*Knoblauch*
kabak, kabağı	*Kürbis; Zucchini*	soğan	*Zwiebel*

Getränke			
		içkiler	*alkoholische Getränke*
içecekler	*Getränke*	bira	*Bier*
soda	*Mineralwasser*	rakı	*Anisschnaps*
maden suyu	*Mineralwasser*	şarap, şarabı (beyaz, kırmızı)	*Wein (weiß, rot)*
doğal kaynak suyu	*natürliches Quellwasser*	konyak, konyağı	*Kognak*
gazoz	*Limonade*		

i Ein typisch türkisches Menü setzt sich zusammen aus einer Suppe (**çorba**), Salat (**salata**), einer kalten Vorspeise mit Olivenöl (**zeytinyağlı soğuk yemek**), einem warmen Hauptgericht (**sıcak yemek**) mit Fleisch (**et yemeği**) oder einem Fischgericht (**balık yemeği**) und zum Schluss einer Nachspeise (**tatlı**). Zu guter Letzt trinkt man entweder einen türkischen Kaffee ohne Zucker (**sade kahve**) oder einen mittelsüßen Kaffee (**orta (şekerli) kahve**). Im Restaurant wird das Brot (**ekmek**) üblicherweise nicht extra berechnet. Die Rechnung erhält man auf einem Teller oder in einem Mäppchen, das mit dem Trinkgeld zurückgegeben wird.

Alıştırmalar

1 Wie können Sie folgende Handlungen mit **-(y)ip** ausdrücken?

1. Lokantaya gitmek / birşeyler yemek
   Lokantaya gidip birşeyler yemek istiyorum.
2. Süt içmek / artık yatmak
   ....
3. Çok çalışmak / sınava girmek
   ....
4. Telefon etmek / onlara haber vermek
   ....
5. Türkiye'de tatil yapmak / biraz dinlenmek
   ....
6. Çarşıda alışveriş etmek / eve dönmek
   ....

2 Verbinden Sie die Handlungen mit **-meden** und übersetzen Sie.

1. Tren dur..... kapıyı açmamak *Tren durmadan kapıyı açmayın.*
2. Çantayı al..... evden çıkmamak ....
3. Bilet al..... metroya binmemek ....
4. Haber ver.... onlara gitmemek ....
5. Yer ayırt..... lokantaya gelmemek ....
6. Arabayı gör..... satın almamak ....

3 Entscheiden Sie, ob Sie **-(y)ip** oder **-meden** benötigen.

1. Dün haber ver-.............. bir arkadaşıma gittim. Kapıyı aç-.............. "Kim o?" diye sordu. "Ben'im" dedim. "Bir dakika, şimdi giyin-.............. geliyorum" dedi. Az sonra kapıyı aç-.............. "Hoş geldin, Özgür!" de-.............. beni içeri buyur etti.

2. Kırmızı ışıkta bekle-.............. karşıya geçme!
3. Yeşil yan-.............. karşıya geçme!
4. Düşün-.............. konuşma!
5. Dün çay iç-.............. sohbet ettik.
6. Derste konuş-.............. durma!

4 Verbinden Sie die Sätze aus Übung 2 nun mit **-(y)ince** in der 1. Person Singular. Beachten Sie, dass das Hauptsatzverb positiv ist.

1. Tren dur..... kapıyı açmak *Tren durunca kapıyı açtım.*
2. Çantayı al..... evden çıkmak ....
3. Bilet al..... metroya binmek ....
4. Haber ver..... onlara gitmek. ....
5. Vize al..... tatile çıkmak. ....
6. Yer ayırt..... lokantaya gitmek ....
7. Arabayı gör..... satın almak ....

5 Erinnern Sie sich noch an die Verbaladverbien? Ergänzen Sie sie.

1. Şefin tavsiyesine uy.............. ızgara köfte yiyelim. ....
2. Köpük ol.............. fincana kahvenin yarısını dökün. ....
3. İyice karıştır.............. orta ateşte pişirin. ....
4. Köpüğü boz.............. ilave edin. ....
5. Gerekli desteği göreme.............. firmayı bıraktı. ....
6. Danimarka'da doğ.............. büyümüş. ....

6 Formulieren Sie die Fragen indirekt.

1. Ertaç Yılmaz'a "İzmir'e ne zaman geldin?" diye sordu.
   Ertaç Yılmaz'a İzmir'e ne zaman geldiğini sordu.
2. "Onlar yarın çalışacak mı?" diye arkadaşıma sordum.
   ....

3. Sana “Ne zaman geldin?” diye sordum.

....

4. Ona, “dün sinemaya mı gittiniz?” diye sordum.

....

7 Vergleichen Sie entsprechend den beiden Mustern.

a. Komparativ

1. Çocukların hangisi daha büyük?

Ahmet, Mehmet'ten daha büyük.

2. Hangisi daha yaşlı (dede – torun)

....

3. Hangisi daha ağır (valiz – çanta)

....

b. Superlativ

1. Hangisi en büyük? (araba – otobüs – tren)

Araba büyük, otobüs daha büyük ama, tren en büyük.

2. Hangi ülke en büyük? (İsviçre – Almanya – Türkiye)

....

3. Hangisi en hızlı? (bisiklet – araba – uçak)

....

On Üçüncü Ders

13

In dieser Lektion geht es um:

- Pläne für die **Zukunft**
- feststehende **Redewendungen**
- die **Beschreibung** von Personen
- die Verbaladjektive ***-dik+*** und ***-(y)en***
- die Wortbildungssuffixe ***-(y)ici*** und ***-(y)iş***
- die Suffixe ***+ki, -deki*** und ***-dir***
- Wörter und Wendungen mit ***-(y)ici***

Koç Burcu
(21 Mart – 20 Nisan)

Balık Burcu
(20 Şubat – 20 Mart)

Boğa Burcu
(21 Nisan – 20 Mayıs)

Yıldız Falınız

Koç Burcu (21 Mart – 20 Nisan)
Ailenize ve duygusal ilişki yaşadığınız kişiye karşı daha hoşgörülü ve anlayışlı olmalısınız. İş hayatınızdaki sorunlar o kadar önemli değil.

İkizler Burcu (22 Mayıs – 21 Haziran)
Çevrenizde olup biten her şeyi kontrol etmek hırsından uzaklaşın. Biraz daha rahat olmaya çalışın.

Terazi Burcu (24 Eylül – 23 Ekim)
Her alanda sizi çok büyük sürprizler bekliyor. Hiç beklemeyin ve hemen harekete geçin. Özellikle aşk ilişkileriniz çok umut verici.

Burcu (23 Kasım – 21 Aralık)
Fazla iyimser davranıp erkenden yanlış adımlar atmayın. İş ilişkilerinizde daha ılımlı olmanızda yarar var.

Kova Burcu
(21 Ocak – 19 Şubat)

İkizler Burcu
(22 Mayıs – 21 Haziran)

Oğlak Burcu
2 Aralık – 20 Ocak)

Yengeç Burcu
(22 Haziran – 23 Temmuz)

Ihr Horoskop

Widder (21. März – 20. April)
Sie sollten Ihrer Familie und Ihrem Partner gegenüber, zu denen Sie ein inniges Verhältnis haben, toleranter und verständnisvoller sein. Die Probleme in Ihrem Arbeitsleben sind nicht so wichtig.

Zwillinge (22. Mai – 21. Juni)
Sie sollten aufhören, alles, was in Ihrer Umgebung passiert, zu kontrollieren. Versuchen Sie, etwas entspannter zu sein.

Waage (24. September – 23. Oktober)
Es erwarten Sie große Überraschungen in jedem Bereich. Warten Sie nicht, sondern handeln Sie sofort. Besonders in Liebesangelegenheiten gibt es viel Hoffnung.

Schütze (23. Oktober – 21. Dezember)
Aus Optimismus sollten Sie nicht zu früh falsche Schritte unternehmen. Es ist von Vorteil, wenn Sie in Ihrem Tätigkeitsfeld etwas mäßiger agieren.

Arslan Burcu
(24 Temmuz – 23 Ağustos)

Burcu
23 Kasım – 21 Aralık)

Başak Burcu
(24 Ağustos – 23 Eylül)

Akrep Burcu
(24 Ekim – 22 Kasım)

Terazi Burcu
(24 Eylül – 23 Ekim)

Yeni Konu

Das Suffix *+ki* A6

Mit dem nominalen Suffix **+ki**, das nicht der Vokalharmonie unterliegt, bilden Sie aus Adverbien Adjektive:

yarın	*morgen*	yarın**ki**	*morgig*
burada	*hier*	burada**ki**	*hiesig*

Das Suffix **+ki** erscheint sehr häufig in Verbindung mit dem Lokativ und dem Genitiv:
İşim büroda cansıkıcı değil. *Meine Arbeit im Büro ist nicht langweilig.*
aber:
Büroda**ki** işim cansıkıcı değil. *Meine Arbeit im Büro ist nicht langweilig.*
Bu sandöviç benim, şu sandöviç senin, o sandöviç Yılmaz'ın.
Dieses Sandwich ist meines, dieses da ist deines, jenes ist das Sandwich von Yilmaz.
Benim**ki** peynirli, senin**ki** sucuklu, Yılmaz'ın**ki** sosisli.
Meines (das Meinige) ist mit Käse, deines ist mit Wurst, das von Yılmaz ist mit Salami.

Eine Ausnahme gibt es allerdings bei diesem Suffix: Bei Wörtern mit hellen runden Vokalen (also bei **ü** oder **ö**) wird es entsprechend der Vokalharmonie angeglichen:

dün	*gestern*	dün**kü**	*gestrig*
bugün	*heute*	bugün**kü**	*heutig*
		Özgür'ün**kü**	*das von Özgür*

Das Suffix *-dir*

Mit **-dir** lernen Sie ein weiteres, vielseitiges Suffix kennen. Dieses vierfache Suffix (**-dir/dır/dür/dur**) kann sowohl nach Nominalstämmen als auch nach Verbstämmen vorkommen. Der Suffixanlaut wird zu **-t** (**-tir/tır/tür/tur**), wenn das Bezugswort mit einem stimmlosen Konsonanten endet. In der Umgangssprache drückt dieses Suffix eine starke Vermutung aus:

- Hasan nerede? *Wo ist Hasan?*
- Evde. *Er ist zu Hause.* (Das weiß ich.)
- Evde**dir**. *Er ist (wohl) zu Hause.* (Das vermute ich.)
- Hasan gelecek mi? *Wird Hasan kommen?*
- Evet, gelecek. *Ja, er wird kommen.* (Das weiß ich.)
- Evet, gelecek**tir**. *Ja, er wird (wohl) kommen.* (Das vermute ich.)

In der Schriftsprache drückt das Suffix dagegen eine Art Allgemeingültigkeit aus:
Türkiye'nin başkenti Ankara'**dır**. *Die Hauptstadt der Türkei ist Ankara.*
Dünya yuvarlak**tır**. *Die Erde ist rund.*

Evlenmeyi Düşünmüyor musun?

Sibel: Ee? Anlat bakalım Gülgüncüğüm, ne zaman evleneceksin sen?

Gülgün: Evlenecek birisini bulamadım ki! Önceleri tanıştığım biri vardı. Akıllı, terbiyeli, zeki ve ilginç bir tip. Ama evlenmeyi de düşünmeyen birisiydi. Olmadı işte.

Sibel: Ee?

Gülgün: Ee'si sağlık! Şimdilerde ciddi olarak görüştüğüm biri yok, senin anlayacağın.

Sibel: Üzülme, evlenmek isteyen biri mutlaka aradığını bulur. Yeter ki, sen içindeki isteği canlı tut. Bak, bugünkü yıldız falında neler yazıyor: Her alanda sizi çok büyük sürprizler bekliyor. Hiç beklemeyin ve hemen harekete geçin. Özellikle aşk ilişkileriniz çok umut verici.

Gülgün: Biliyorsun, ben fala pek inanmam. İnşallah öyle olur. Benim sana anlatacağım haberler bu kadar. Senin taraftan neler var neler yok?

Sibel: Hiç, eski hamam eski tas. Yeni bir şey yok. Eşim, bildiğin gibi, mimarlık bürosundaki işine devam ediyor. Çocuklar büyüdü, oğlan Isparta'da okuyor, kız Ankara Gazi Üniversitesi'nde. Saçları ağartmaya devam ediyorum.

Gülgün: Bizim Sertap'tan bir haber alıyor musun?

Sibel: Sorma ya, en son eşinden ayrıldığını duymuştum. Depresyona girmiş ve girdiği bu kuyudan bir türlü çıkamamış. Kimseyle görüşmek istemiyormuş.

Gülgün: Vah vah. Üzüldüm doğrusu. Halbuki Sertap yaşama sevinciyle dolu olan, hayata hep olumlu bakan bir insandı. Ne oldu ona böyle birden bire.

Sibel: Vallahi, hayat böyle işte Gülgüncüğüm, kimin ne olacağı hiç belli olmuyor.

Söz Dağarcığı

Yıldız Falınız

yıldız	*Stern*
fal	*Horoskop*
Koç	*Widder*
burç, burcu	*Tierkreiszeichen*
Boğa	*Stier*
İkizler	*Zwillinge*
Yengeç	*Krebs*
Arslan	*Löwe*
Başak	*Jungfrau*
Terazi	*Waage*
Akrep	*Skorpion*
Yay	*Schütze*
Oğlak	*Steinbock*
Kova	*Wassermann*
Balık	*Fische*
duygusal	*innig*
ilişki	*Beziehung*
hoşgörülü	*tolerant*
anlayışlı	*verständnisvoll*
olup biten her şeyi	*alles, was passiert*
hırs	*Ehrgeiz*
hırsından uzaklaşın	*Sie sollten aufhören*
alan	*Feld, Gebiet*
sürpriz	*Überraschung*
harekete geçin	*werden Sie aktiv*
özellikle	*besonders*
ümit, ümidi	*Hoffnung*
fazla	*mehr, viel*
iyimser	*Optimist; optimistisch*
davranmak	*sich verhalten*
yanlış adımlar atmak	*falsche Schritte ergreifen*
ılımlı	*gemäßigt*
yarar	*Nutzen*

Evlenmeyi Düşünmüyor musun?

evlenmek	*heiraten*
düşünmek	*überlegen*
akıllı	*intelligent*
terbiyeli	*gut erzogen*
zeki	*klug*
ilginç	*interessant*
Ee'si sağlık!	*Nichts weiter!*
ciddi [cid'di:]	*ernst, ernsthaft*
üzülmek	*traurig sein*
canlı	*lebendig; (hier:) Hauptsache, du gibst den Willen nicht auf!*
eski hamam eski tas	*altes Hamam(bad); alte (Wasch-) Schüssel (wörtl.: alles wie gehabt)*
mimarlık bürosu	*Architekturbüro*
saçı ağartmak	*die Haare werden immer weißer*
ayrılmak	*sich trennen*
depresyona	*Depression*
kuyu	*Brunnen*
vah vah	*oje, oje*
halbuki [hal'buki]	*eigentlich, jedoch*
olumlu	*positiv*
birden bire	*plötzlich*

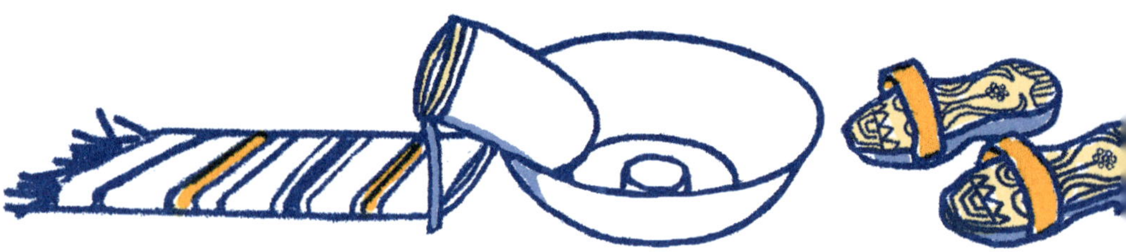

Dilbilgisi

1. Das Verbaladjektiv auf -*dik*+ A 2, 3, 4

In → Lektion 11 haben Sie das Verbalnomen **-dik+** in substantivischer Funktion kennengelernt. Diese Funktion der Verbalnomen auf **-dik+** erkennen Sie immer an den Possessiv- und den Kasussuffixen: **gel-diğ-iniz-i**.
gel**diğinizi** biliyorum
ich weiß, dass Sie gekommen sind (= Ihr Gekommensein (+ Akkusativ) weiß ich)

Dieses Verbalnomen können Sie aber auch in adjektivischer Funktion, also als Verbaladjektiv, benutzen. Verbaladjektive stehen immer vor einem Substantiv, das sie näher bestimmen. Sie enthalten keine Kasussuffixe und entsprechen den deutschen Relativsätzen:

Okuduğum roman çok ilginç.
Der Roman, den ich lese, ist sehr interessant. (wörtl.: der von mir gelesene Roman)
Okuduğum roman çok ilginçti. *Der Roman, den ich las, war sehr interessant.*
Geldiğin tren rötar yaptı. *Der Zug, mit dem du kamst, hatte Verspätung.*
Çay içtiği lokal çok güzel. *Das Lokal, in dem er/sie Tee trinkt/trank, ist sehr schön.*

Für die Subjekte und die Tempusdifferenzierung der Verbaladjektive gilt, was Sie bereits bei Verbalsubstantiven gelernt haben (→ Lektion 11):
(Benim) okumuş olduğum romanı çok iyi buldum.
Den Roman, den ich gelesen habe, fand ich gut.
(Senin) okuyacak olduğun roman çok hoşuna gidecek.
Der Roman, den du lesen wirst, wird dich begeistern.

(Senin) gelmiş olduğun tren çok doluydu.
Der Zug, mit dem du gekommen bist, war sehr voll.
(Senin) gidecek olduğun trende rötar varmış.
Der Zug, mit dem du fahren wirst, soll Verspätung haben.
(Onun) çay içmiş olduğu lokali tanımıyorum.
Das Lokal, in dem er/sie Tee getrunken hat, kenne ich nicht.
(Onun) çay içecek olduğu lokal çok güzelmiş.
Das Lokal, in dem er/sie Tee trinken wird, soll sehr schön sein.

çocukların futbol oynadığı bahçe *der Garten, in dem die Kinder Fußball spielen*
çocukların futbol oynamış olduğu bahçe
der Garten, in dem die Kinder Fußball gespielt haben
çocukların futbol oynayacak olduğu bahçe kızkardeşimin
der Garten, in dem die Kinder Fußball spielen werden, gehört meiner Schwester

Wie Sie sehen, beinhaltet das türkische Verb die Einleitung für den deutschen Relativsatz. Sie brauchen diese nicht extra auszudrücken. Relativsätze, die sich auf die Zukunft beziehen, können Sie auch in verkürzter Form bilden. Sie kommen in der gesprochenen Sprache häufig vor:

Okuyacak olduğun roman hoşuna gidecek./Okuyacağın roman hoşuna gidecek.
Der Roman, den du lesen wirst, wird dich begeistern.
gelecek olduğun tren/geleceğin tren *der Zug, mit dem du kommen wirst*
çay içecek olduğu lokal/çay içeceği lokal *das Lokal, in dem er/sie Tee trinken wird*
çocukların futbol oynayacak olduğu bahçe/çocukların futbol oynayacağı bahçe
der Garten, in dem die Kinder Fußball spielen werden

2. Das Verbaladjektiv auf *-(y)en* A3

Ist ein Substantiv, das einen Relativsatz näher bestimmt, gleichzeitig Subjekt desselben, müssen Sie das Suffix **-(y)en/an** verwenden. Sie benötigen das Verbaladjektiv auf **-(y)en** also immer dann, wenn Sie im Deutschen einen Relativsatz bilden, dessen Einleitung im Nominativ steht. Für alle anderen Relativsätze steht Ihnen **-dik+** zur Verfügung:
bugün gel**en** tren *der Zug, der heute kommt*
futbol oyna**yan** çocuk *das Kind, das Fußball spielt*
çay iç**en** adam *der Mann, der Tee trinkt*

Wenn diese Ausdrücke eine abgeschlossene Handlung beinhalten, lauten sie:
bugün gel**miş** olan tren *der Zug, der heute gekommen ist*
futbol oyna**mış** olan çocuk *das Kind, das Fußball gespielt hat*
çay iç**miş** olan adam *der Mann, der Tee getrunken hat*

Und wenn sie die Zukunft betreffen:
bugün gel**ecek** olan tren/bugün gelecek tren *der Zug, der heute kommen wird*
futbol oyna**yacak** olan çocuk/futbol oynayacak çocuk
das Kind, das Fußball spielen wird
çay iç**ecek** olan adam/çay içecek adam *der Mann, der Tee trinken wird*

Achten Sie bei den Sätzen im Futur auf die Wortstellung. Im ersten Fall ist der Satz abgeschlossen, im zweiten Fall handelt es sich um einen Relativsatz, der mit einem zweiten Verb beendet wird:
Tren bugün gelecek. *Der Zug wird heute kommen.*
Bugün gelecek tren rötar yapacak.
Der Zug, der heute kommen wird, wird Verspätung haben.
Çocuk futbol oynayacak. *Das Kind wird Fußball spielen.*
Futbol oynayacak çocuk ... *Das Kind, das Fußball spielen wird, ...*
Adam çay içecek. *Der Mann wird Tee trinken.*
Çay içecek adam ... *Der Mann, der Tee trinken wird, ...*

Denken Sie daran, das Hilfsverb **olmak** für die Relativsatzformen der Nominalsätze und der Sätze mit **var** und **yok** (→ Lektion 11) zu verwenden:
Çocuk bahçede. Çocuk benim kardeşim.
Das Kind ist im Garten. Das Kind ist mein Bruder.
Bahçede **olan** çocuk benim kardeşim. *Das Kind, das im Garten ist, ist mein Bruder.*

Häufig werden bei offensichtlichen, eindeutigen Bezugswörtern wie **şey** *Sache*, **kişi** *Person*, **biri** *jemand* diese Bezugswörter weggelassen, so dass auch die Verbaladjektive zu Substantiven werden. Beachten Sie den folgenden Satz aus dem Dialog:
Evlenmek isteyen (biri) mutlaka aradığını bulur.
Jemand, der heiraten möchte, findet auf jeden Fall die/den, die/den er sucht.
(Ohne **biri**: *Wer heiraten möchte, findet sicher, wen er sucht.)*

3. Verbale Wortbildungssuffixe

Mit dem Wortbildungssuffix **-(y)ici** lassen sich Adjektive aus Verbstämmen ableiten.

önlemek	*verhindern, vorbeugen*	önley**ici**	*vorbeugend*
yapmak	*machen, (auf)bauen*	yap**ıcı**	*konstruktiv*
yıkmak	*zerstören*	yık**ıcı**	*destruktiv*
can sıkmak	*die Seele belasten*	cansık**ıcı**	*langweilig*
ilgi çekmek	*Interesse wecken*	ilgi çek**ici**	*interessant*

Eine Reihe von Verbaladjektiven auf **-(y)ici** können auch zu Substantiven werden:

al**ıcı**	*Empfänger(in)* (auch technisch)
ekran koruy**ucu**	*Bildschirmschoner*
renklendir**ici**	*Farbstoff* (renk *Farbe*, renklendirmek *Farbe geben*)
taray**ıcı**	*Scanner* (taramak *durchkämmen*)
(radyo) ver**ici**	*(Radio-)Sender*
yaz**ıcı**	*Drucker* (yazmak *schreiben*)

Das Wortbildungssuffix **-(y)iş** hingegen bildet aus Verbstämmen Substantive:

gitmek	*gehen, fahren*	gid**iş**	*Hinfahrt*
dönmek	*zurückkehren*	dön**üş**	*Rückfahrt*
varmak	*ankommen*	var**ış**	*Ankunft*
kalkmak	*abfahren*	kalk**ış**	*Abfahrt*
almak-vermek	*kaufen* (wörtl.: *nehmen-geben*)	alışver**iş**	*Einkauf*

Auch Verbaladjektive auf -**(y)en** können Ihnen als selbstständige Substantive begegnen:

gönder**en**	*Absender(in)*	bekle**yen**	*Wartende(r)*

Türkçesi Şöyle

Wichtige Redewendungen

Die türkische Sprache hält für nahezu jede Begebenheit eine passende Redewendung bereit. Sie werden Ihre türkischen Gesprächspartner(innen) sehr beeindrucken, wenn Sie zur richtigen Gelegenheit die passende Wendung parat haben.

Vor dem Essen:
- Afiyet olsun! *Wohl bekomm's!*
- Sana da./Size de. *Dir/Ihnen auch.*

Nach dem Essen (zum Koch/zur Köchin):
Elin(iz)e sağlık (olsun). *Gesundheit deinen/Ihren Händen.*

In einer schwierigen Situation (Krankheit, Prüfung, Unfall usw.):
Geçmiş olsun. *Es möge vorübergehen.*
Allah bir daha göstermesin. *Allah möge es nicht mehr zeigen.*

Bei einer guten Nachricht:
- Gözün(üz) aydın olsun. *Dein/Ihr Auge möge klar sein.*
- Teşekkür ederim. *Danke.*

Bei größeren Anschaffungen:
- Güle güle kullan(ın)! *Benutze/Benutzen Sie es mit Freuden!*
- Teşekkür ederim. *Danke.*

Bei der Arbeit:
- Kolay gelsin! *Es möge leicht gehen!*
- Eyvallah!/Sağ ol(un)! *Danke!*

Beim Einkauf von Kleidung:
Güle güle giy(in)! *Trage/Tragen Sie es mit Freuden/lächelnd!*
İyi günlerde giy(in)! *Trage/Tragen Sie es an guten/glücklichen Tagen!*

Bei der Geburt eines Kindes:
Analı babalı büyüsün. *Es möge mit den Eltern groß werden.*
Allah anasına babasına bağışlasın. *Gott möge es den Eltern schenken.*

Bei einer Heirat:
Allah mesut etsin. *Allah möge sie glücklich machen.*

Vor einer Reise oder längeren Abwesenheit:
Güle güle git/gidiniz! *Gute Reise! (wörtl.: Gehe/Gehen Sie lächelnd!)*
İyi yolculuklar. *Gute Reise.*
Hayırlı yolculuklar! *Glückliche Reise!*
Yolunuz açık olsun. *Angenehme Reise! (wörtl.: Ihr Weg möge offen sein!)*
Allah kavuştursun. *Möge Gott (uns) wieder zusammenführen.*

Bei Todesfällen:
Başınız sağ olsun!/ Siz de sağ olun!
Herzliches Beileid! (wörtl.: Ihr Kopf möge gesund bleiben!)

Allgemeine Redewendungen:
Hayırlı olsun. *Alles Gute!*
Hayırlı uğurlu olsun! *Viel Glück!*
Bayramı(nız) kutlu olsun.
Alles Gute zum Fest. (wörtl.: Dein/Ihr Feiertag möge gesegnet sein.)
Doğum günün(üz) kutlu olsun. *Alles Gute zum Geburtstag.*
Yeni yılı(nız) kutlu olsun. *Alles Gute zum neuen Jahr.*
Sağlık olsun! *Bleibe/Bleiben Sie gesund (nur das ist wichtig)!* (beim Verlust von Dingen)
- Çok yaşa! *Du sollst lange leben.* (beim Nießen)
- Sen de gör/Siz de görün! *Du sollst/Sie sollen auch ein langes Leben leben!*

Personenbeschreibungen

Dedem uzun boyluydu. Babam ise kısa boylu.
Mein Großvater war groß (von großer Statur). Mein Vater dagegen klein.
Anneannem çok şişman değildi, ama annem biraz zayıf.
Meine Großmutter mütterlicherseits war nicht dick, aber meine Mutter ein bißchen zu dünn.
Bize ders veren öğretmen orta yaşlı/orta yaşta bir beydi. Ama öğrencilerin hepsi gençti.
Der Lehrer, der uns unterrichtete, war im mittleren Alter. Aber die Studenten waren alle jung.
Dünkü partide birçok güzel kız ve yakışıklı delikanlı vardı.
Auf der gestrigen Party gab es viele hübsche Mädchen und gutaussehende junge Männer.
Bize yardım eden bey elâ gözlü, esmer birisiydi. Saçları düz/dalgalı/kıvırcık idi.
Der Herr, der uns geholfen hat, war ein brünetter Typ mit honigbraunen Augen und er hatte glatte/lockige/gekräuselte Haare.
Bıyığı vardı/yoktu. *Er hatte einen/keinen Schnurrbart.*
Eniştem sakallıydı/bıyıklıydı. *Er trug einen Vollbart/Schnurrbart.*
Amcamın sakalı vardı/yoktu. *Mein Onkel väterlicherseits trug einen/keinen Vollbart.*

Konuyla İlgili

Charaktereigenschaften			
akıllı	*klug*	tembel	*faul*
anlayışlı	*verständnisvoll*	içten	*herzlich, aufrichtig*
bencil/egoist	*egoistisch*	iyiliksever	*wohltätig*
bilgili	*kenntnisreich*	kibar	*höflich*
canayakın/ sempatik	*sympathisch*	konuksever	*gastfreundlich*
saygılı	*respektvoll, ehrerbietig*	neşeli	*froh, fröhlich*
efendi	*seriös, taktvoll*	sevimli	*nett*
fakir	*arm, bedürftig*	yardımsever	*hilfsbereit*
yoksul	*arm*	hoşgörülü	*tolerant*
zengin	*reich*	zeki	*intelligent*
çalışkan	*fleißig*	aptal	*dumm*
		düzenli	*ordentlich*
		düzensiz	*unordentlich*

Familienstand			
bekâr	*ledig, Junggeselle/-gesellin*	ayrı yaşıyor	*lebt getrennt*
nişanlı	*verlobt, Verlobte/r*	ile nişanlanmak	*sich verloben mit*
evli	*verheiratet*	ile evlenmek	*jmdn heiraten*
dul	*verwitwet, Witwe/r*	dul kalmak	*Witwe/r werden*
boşanmış	*geschieden*	-den boşanmak	*sich scheiden lassen von*
		-den ayrı yaşamak	*getrennt leben von*

Alıştırmalar

1 Bilden Sie aus dem ersten Satz einen Relativsatz und verbinden Sie die Sätze.

1. Kitap masada duruyor. Kitap benim. *Masada duran kitap benim.*
2. Adam Yılmazla konuşuyor. Adamın adı Ertaç. ....
3. Çocuk futbol oynuyor. Okuldan yeni geldi. ....
4. Tren bugün geldi. Rötar yapmadı. ....
5. Arkadaşım Ankara'da çalışıyor. Evli değil. ....
6. Firmanın merkezi Ankara'da. İzmir'e taşınacak. ....
7. Adam evlenmek istiyor. Ertaç'ın eski bir arkadaşı. ....
8. Bu kitap çok ilginç. Kitabı yeni satın aldım. ....

2 Verbinden Sie die Sätze mit **-dik+**.

1. Kitabı okuyorum. Kitap çok ilginç. *Okuduğum kitap çok ilginç.*
2. Arkadaşa telefon etmek istiyorum.
   Arkadaşım İzmir'e gelecek. ....
3. Kitapları aldınız. Kitapları geri verin. ....
4. Mektubu aldınız. Mektuba cevap yazınız. ....
5. Kızı seviyorum. Kızın adı Sevtap. ....
6. İşte çalışıyorsunuz. İşten memnun musunuz? ....
7. Telefonda konuşuyorsunuz. Kim? ....
8. Çorba içiyorum. Çorba çok sıcak. ....

3 Ergänzen Sie **-dik+** oder **-(y)en**.

1. Sizi bekle-.............. sürprizler var.
2. Bugün tanış-.............. kişi sizi mutlu edecek.
3. Her şeyi kontrol etmek iste-.............. bir kişi olmayın.
4. Birlikte yaşa-.............. kişiye daha nazik olun.
5. Sedat hayata olumlu bak-.............. bir insandır.
6. Yılmaz'ın çalış-.............. firma şimdi İzmir'dedir.
7. İstanbul'a gid-.............. tren bu mu?
8. Dün yemek ye-.............. lokanta çok pahalıydı.

4 Übersetzen Sie die Sätze zuerst mündlich ins Türkische. Verbinden Sie die Sätze und schreiben Sie die kombinierte Form auf.

1. *Wo ist die Zeitung? Ich habe sie Ihnen gegeben.*
   Size verdiğim gazete nerede?
2. *Ich habe eine Tante in Istanbul. Ich schreibe ihr jeden Monat Briefe.*
   ....
3. *Er will uns das Auto zeigen. Er hat es vorige Woche gekauft.*
   ....

4. *Wer ist die Dame? Sie haben ihr „Guten Abend" gesagt.*

....

5. *Das ist der schönste Roman. Ich habe ihn gelesen.*

....

6. *Sind das die Schlüssel? Der Herr sucht sie.*

....

7. *Wir haben den Wein getrunken. Er war nicht gut.*

....

5 Bilden Sie sinnvolle Sätze mit Futuraspekt.

1. evlenmek – ben – kişi – çalışkan olmak ... *Evleneceğim kişi çalışkan olmalı.*
2. okumak – sen – kitap – nasıl olmak? ....
3. içmek – biz – şarap – kırmızı olmak ....
4. gitmek – biz – tatil yeri – sakin olmak ....
5. almak – Hasan – araba – hızlı olmak ....
6. yaşamak – biz – şehir – pahalı olmamak ....
7. yemek – siz – yemek – nasıl olmak? ....
8. yollamak – ben – paket – ağır olmamak ....

6 Verbinden Sie diese Nominalsätze auf zweierlei Weise.

1. Kitap masada. Kitap ilginç.

a. *Masadaki kitap ilginç.* b. *Masada olan kitap ilginç.*

2. Çocuk bahçede. Çocuk arkadaşım.

a. .... b. ....

3. Ceket dolapta. Ceket senin mi?

a. .... b. ....

4. Araba evin önünde. Araba kimin?

a. .... b. ....

5. Öğrenciler burada. Öğrenciler çok çalışkan.

a. .... b. ....

6. Tren peronda. Tren 10 dakika sonra hareket edecek.

a. .... b. ....

7 Ergänzen Sie die fehlenden Suffixe in dem Dialog.

1. Biliyor musun? Benim yeni çalış*acağım* firma Ankara'da.
2. Öyleyse, Ankara'ya taşın.............. . Arkadaşların var mı orada?
3. Henüz yok ama, orada yeni arkadaşlar bul.............. .
4. İlk ol.............. bir ev ara.............., değil mi?
5. Evet ama, firmam bana yardım ol.............. .
6. Yani, gelecekte çok az görüş.............. .
7. Hayır, ayda bir İstanbul'a gel.............., annem-babamla görüş.............. için! Biz de görüş.............. .
8. Vah vah! Önceleri görüşürüz, ama sonra beni unut..............!
9. Ee! Seni hiç unuta..............; sen benim en iyi arkadaşımsın, seni hiç zaman unut..............!
10. Belki orada bilgili ve yakışıklı bir adamla evlen.............. Ankara'da kal.............. .

8 Was passt zusammen? Verbinden Sie.

1. dünkü	a. *morgig, von morgen*
2. bu haftaki	b. *heutig*
3. bu seneki / bu yılki	c. *gestrig, von gestern*
4. bugünkü	d. *derzeitig*
5. şimdiki	e. *diesjährig, von diesem Jahr*
6. yarınki	f. *von dieser Woche*

On Dördüncü Ders

14

In dieser Lektion beschäftigen Sie sich mit:

- **Umwelt** und **Naturschutz**
- **Festen** und **Veranstaltungen**
- abgeleiteten **Verbaladverbien**
- der Bildung von **Verbstämmen**
- erweiterten **Verbstämmen: reziproken, kausativen, passiven und reflexiven**
- der **Wortbildung** bei Adjektiven **(+(s)el)** und Verben **(+le-)**

Enerji ve Çevre Sorunları

Ozon Tabakasındaki Delik

Bitkilerin ve canlıların hayatını morötesi ışınlardan koruyan ozon tabakası günümüzde iki yerden delinmiştir: Antartika'nın üstü ile Kuzey Kutbu'nun üstü ve Avrupa. Eğer Güneş'in yıkıcı ışınları engellenmeseydi, Dünya kızartma gibi olurdu. Ozon deliğinin oluşmasında ve büyümesinde kloroflorokarbon gazının rolü çok büyüktür.

Sera Etkisi

Dünya ayrıca geçtiğimiz yüzyıldan beri yarım derece ısınmıştır. Bu ısınmaya sera etkisi yaratan birçok etken yol açmaktadır: Pasifik bölgesindeki sığır yetiştiriciliği, karbondioksit gazlarındaki artış gibi.

Suların (denizlerin, göllerin ve ırmakların), havanın ve toprağın kirletilmesi, dünya ikliminin küresel olarak değişmesine yol açmaktadır. Bunun sonucu olarak da çöller gittikçe genişlemekte, doğal enerji kaynakları azalmaktadır.

➲ **Uzmanlar alınması gereken önlemleri şöyle sıralamaktadır:**

1. Karbondioksit gazı üretiminin azaltılması,
2. Fosil enerji yerine yenilenebilir enerji kaynaklarına öncelik verilmesi
3. Çevredostu arabaların üretilmesi
4. İnsanlarda çevre bilincinin geliştirilmesi ve ülkelerin genel olarak çevreci bir siyaset izlemesi.

Energie- und Umweltprobleme

Ozonloch

Die Ozonschicht, die die Pflanzen und Lebewesen vor den ultravioletten Strahlen schützt, hat heutzutage zwei Löcher bekommen: über der Antarktis und über dem Nordpol einschließlich Europa. Wenn man die zerstörerischen Strahlen der Sonne nicht bremsen würde, würde die Erdoberfläche wie ein Krustenbraten aussehen. Bei der Entstehung und Vergrößerung des Ozonlochs spielt der Ausstoß von FCKW-Gasen eine große Rolle.

Treibhauseffekt

Außerdem ist seit dem letzten Jahrhundert die Erdoberfläche um ein halbes Grad wärmer geworden. Viele Faktoren, die den Treibhauseffekt erzeugen, verursachen diese Erwärmung: In der Pazifik-Region die Großtierherdenzucht und der Anstieg des Kohlendioxid-Ausstoßes.

Die Verschmutzung von Erde, Luft und Wasser (Meere, Seen und Flüsse) führt zur globalen Klimaänderung. Als Ergebnis werden die Wüsten erheblich zunehmen und die natürlichen Energiequellen abnehmen.

➲ **Die Experten zählen als nötige Maßnahmen folgendes auf:**

1. die Reduzierung des Kohlendioxid-Ausstoßes,
2. Vorzug der erneuerbaren Energiequellen vor fossiler Energie
3. die Benutzung von umweltfreundlichen Fahrzeugen
4. die Entwicklung eines Umweltbewusstseins der Menschen und eine generelle Umsetzung umweltfreundlicher Politik der Länder.

Yeni Konu

Abgeleitete Verbaladverbien A3

Sie haben in → Lektion 13 das Verbaladjektiv **-dik+** kennengelernt, das ein Substantiv näher bestimmt. Im Türkischen gibt es eine Reihe von Substantiven, die mit einem Verbaladjektiv feste Verbindungen eingegangen sind. Solche festen Verbindungen haben adverbiale Funktion. Verbaladverbien sind von Verbaldjektiven abgeleitet. Der große Unterschied zwischen Verbaladverbien einerseits und Verbalnomen (also Verbaladjektiven und Verbalsubstantiven) andererseits besteht darin, dass die Subjekte der Verbaladverbien im **Nominativ** stehen, während sie bei Verbalnomen im **Genitiv** stehen:

Hasan'ın geldiğini biliyorsun. *Du weißt, dass Hasan kommt/kam.* (= Verbalsubstantiv)
Hier bezieht sich **geldiğini** auf Hasan und geht eine lose Substantivverbindung ein (*Hasans Kommen/Gekommensein weißt du*)!

Hasan'ın geldiği tren rötar yaptı.
Der Zug, mit dem Hasan kam, hatte Verspätung. (= Verbaladjektiv)
In diesem Satz hat die Subsstantivverbindung die Funktion eines Adjektivs zu **tren** (*Hasans gekommenseiender Zug hatte Verspätung*). Das Wort **tren** *Zug* ist ein loses Substantiv, ersetzbar durch viele andere (z. B. araba Wagen, uçak Flugzeug usw.), und das Subjekt der Tätigkeit steht im Genitiv (Hasan'ın Hasans).

Hasan geldiği zaman yağmur yağdı. *Als Hasan kam, regnete es.* (= Verbaladverb)
Das Bezugswort **zaman** ist ein festes Bezugsnomen und das Subjekt der Tätigkeit steht im Nominativ (**Hasan**).

Küresel Düşünmek Gerek

Orhan: Kurban Bayramında ne yapacaksınız?
Hasan: Vallahi, bilmiyorum Orhan'cığım. Belki memlekete gideriz. Ama otobüsle mi gideriz, kendi arabamızla mı gideriz, bilmiyorum. Biliyorsun, trafik kazaları ulusal bir felâket.
Semra: Bugünkü gazeteleri görmediniz mi? Yine birsürü kaza olmuş. Karayolu ile giderken dikkatli olmak gerekiyor. Keşke trenle gitsek.
Orhan: Gerçekten, aslında biz de tren yolculuğunu çok severiz. Hem çevreye dost, hem de güvenli. Ama insan rahata alıştığı için, arabadan vazgeçmiyor.
Hasan: Haklısın ama, hava kirliliği, denizlerin kirlenmesi, küresel ısınma, toprak erozyonu... Bu sorunlar hepimizi ilgilendiriyor. İnsanlık bence büyük bir felâkete doğru gidiyor.
Nazlı: Ama herkes kendine düşeni yapmalı.

Orhan: Haklısın, çevreyi ve doğayı korumak için de herkesin birşeyler yapması gerekir. Teknoloji bir yandan hızla gelişirken, doğal kaynaklar ve fosil enerji kaynakları da tükeniyor. İnsanlık, doğal kaynakları bilinçsizce tükettiği için, bunun faturasını bir gün ödeyecek...

Semra: Bence bunun faturasını ödemeye başladık bile.

Hasan: Vakit çok geç olmadan, önlem almak gerekir.

Orhan: Baksana, bizim Beyoğlu'nda bir dernek kurulmuş, amacı Haliç'teki ve Marmara Denizi'ndeki kirlenmeye dikkat çekmek, kamuoyu oluşturmak. Çevreciler her cumartesi toplantı yapıyormuş. Ben oraya üye oldum. Bu haftaki toplantıya siz de gelin, isterseniz.

Nazlı: Semra'yla birlikte biz gelelim, değil mi Semra?

Semra: Tabii, geliriz!

Hasan: Güzel söylüyorsun da, benim dünya kadar işim var, bir de Haliç'i mi düşüneceğiz. Ben Kadıköylüyüm. Haliç kimler tarafından kirletiliyorsa o kişiler tarafından temizlensin.

Orhan: Niçin öyle düşünüyorsun, Hasancığım. Haliç hepimizin. Küresel düşünmek gerek. Bugün Asya'daki çevre kirlenmesinin sonuçları dünyanın bir başka kıtasında ortaya çıkıyor.

Söz Dağarcığı

Enerji ve Çevre Sorunları

enerji	*Energie*
çevre	*Umwelt; Umgebung*
ozon tabakası	*Ozonschicht*
delik	*Loch*
bitki	*Pflanze*
canlıların hayatı	*Lebewesen*
morötesi	*ultraviolett*
ışın	*Strahlung*
korumak	*schützen*
delinmek	*Löcher bekommen*
Antartika [-'tika]	*Antarktis*
Kuzey Kutbu	*Nordpol*
Avrupa [Av'rupa]	*Europa*
yıkıcı	*zerstörerisch*
engellenmek	*verhindern*
oluşmak	*entstehen, sich bilden*
kloroflorokarbon gazı	*FCKW-Gas*
rol, rolü	*Rolle*
sera etkisi	*Treibhauseffekt*
ayrıca	*zudem, außerdem; extra*
yüzyıl ['yüzyıl]	*Jahrhundert*
yarım	*halb*
derece	*Grad*
ısınmak	*sich erwärmen*
yaratmak	*hervorrufen, verursachen*
etken	*Faktor*
yol açmak	*führen zu, den Weg öffnen*
Pasifik	*Pazifik*
sığır yetiştiriciliği	*Großherdenzucht*
karbondioksit	*Kohlendioxid*
artış	*Zunahme*
sular	*Gewässer*
göl	*See*
ırmak, ırmağı	*Fluss*
toprak, toprağı	*Erde, Boden*
kirletilme	*Verschmutzung*
iklim	*Klima*
küresel	*global*
değişme	*Wandel*
sonuç, sonucu	*Ergebnis*
çöl	*Wüste*
gittikçe	*ziemlich*
genişlemek	*verbreiten*
doğal enerji kaynakları	*natürliche Energiequellen*
azalmak	*vermindern*
uzman	*Experte*
önlem	*Maßnahme*
sıralamak	*aufzählen; aneinanderreihen*
üretimin azaltılması	*Reduzierung der Produktion*
fosil	*fossil*
yenilenebilir enerji	*erneuerbare Energie*
kaynak, kaynağı	*Quelle*
öncelik verilmesi	*Vorzug geben*
çevredostu	*umweltfreundlich*
üretilme	*Herstellung*
bilincin geliştirilmesi	*Entwicklung des Umweltbewusstseins*
siyaset izleme	*politische Umsetzung*

Küresel Düşünmek Gerek

Kurban Bayramı	*Opferfest*
bayram	*Fest, Feiertag*
memleket	*Land, Heimat*
trafik kazaları	*Verkehrsunfälle*
ulusal	*national*
felâket [fela:'ket]	*Katastrophe*
birsürü	*eine Menge*
karayolu	*Fern-, Überlandstraße*
güvenli	*sicherheitshalber*
hava kirliliği	*Luftverschmutzung*
toprak erozyonu	*Bodenerosion*

hepimizi ilgilendiriyor	*geht uns alle an*	dernek kurmak	*Verein gründen*
insanlık	*Menschheit*	**amaç**, amacı	*Ziel*
hızla gelişirken	*während sich rasant entwickelt*	Haliç ['Haliç]	*(Goldenes Horn in Istanbul)*
fosil enerji kaynakları	*fossile Energiequellen*	çevreciler	*Umweltschützer*
tükenmek	*zu Ende gehen*	**toplantı**	*Versammlung*
bilinçsizce	*rücksichtslos*	üye	*Mitglied*
fatura [fa'tura] ödemek	*Rechnung zahlen*	tarafından	*seitens*
önlem almak	*Maßnahmen treffen*	kirletmek	*verschmutzen*
Beyoğlu, Beyoğlu'nu	*(Stadtviertel von Istanbul)*	**Asya** ['Asya]	*Asien*
		kıta	*Erdteil*
		ortaya çıkmak	*sich zeigen, hervortreten*

Dilbilgisi

1. Temporale Verbaladverbien

Das Verbaladverb **-diği zaman** *als, wenn*, das immer zu konjugieren ist, drückt den **Zeitraum** aus, in dem eine weitere Handlung stattfindet. Beide Handlungen können in der Vergangenheit, der Gegenwart, aber auch in der Zukunft liegen:

Hasan geldiği zaman yağmur yağıyordu. *Es regnete, als Hasan kam.*
Sen geldiğin zaman gideceğiz. *Wir werden erst gehen, wenn du gekommen bist.*
Ben eve geldiğim zaman sana haber veririm.
Ich gebe dir Bescheid, wenn ich heimgekommen bin.

Verwechseln Sie die Verbaladverbien nicht mit den Konditionalsätzen (→ Lektion 9). Sie können statt **zaman** als festes Bezugsnomen auch den einfachen Lokativ verwenden.

Verbaladverbien auf **-diğinde** *als, wenn* drücken den **Zeitpunkt** einer Handlung aus, zu dem eine weitere Handlung stattfindet oder stattfand. In der Sprachpraxis können Sie diesen feinen Unterschied zwischen Zeitraum und Zeitpunkt oft vernachlässigen und **-diği zaman** und **-diğinde** gleichbedeutend verwenden:

Hasan geldiğinde yağmur yağıyordu. *Es regnete, als Hasan kam.*
Sen geldiğinde gideceğiz. *Wir werden erst gehen, wenn du gekommen bist.*
Ben eve geldiğimde sana haber veririm.
Ich gebe dir Bescheid, wenn ich heimgekommen bin.

Das Verbaladverb **-diğinden beri** *seitdem*, das ebenfalls zu konjugieren ist, drückt aus, seit wann (**ne zamandan beri**) eine weitere Handlung ausgeführt wird:

Firma İzmir'e taşındığından beri işler iyi gidiyor.
Die Geschäfte laufen gut, seitdem die Firma nach Izmir umgezogen ist.
Eşinden ayrıldığından beri Sertap'ı görmedik.
Wir haben Sertap nicht gesehen, seitdem sie sich von ihrem Mann getrennt hat.

2. Kausale Verbaladverbien A3

Auch die beiden Verbaladverbien **-diği için** und **-diğinden** können Sie für alle Personen (Possessivsuffixe) verwenden. Sie geben den Grund an, *weshalb* (**neden**), *warum* (**niçin**) oder *wieso* (**niye**) eine Handlung stattfand oder stattfindet (→ Lektion 6).

Sertap eşinden ayrıldığı için (= ayrıldığından) depresyona girmiş.
Sertap ist in eine Depression gefallen, weil sie sich von ihrem Mann getrennt hat.
Tren gecikme yaptığı için (= yaptığından) biz de geç kaldık.
Weil der Zug Verspätung hatte, haben auch wir uns verspätet.

Beachten Sie, dass sich das Verbaladverb **-diği için** auf das Fragewort **niçin** *warum* und das Verbaladverb **-diğinden** auf das Fragewort **neden** *weshalb* bezieht.

3. Verbaladverbien der Vor-, Gleich- und Nachzeitigkeit A5,6

Diese drei Verbaladverbien sind unveränderlich und sagen daher nichts über die handelnde Person aus. Um die Person zu bestimmen, benötigen Sie daher die Subjektpronomen. Das Verbaladverb **-dikten sonra** drückt die Nachzeitigkeit aus und bedeutet nachdem:

Sertap eşinden ayrıldıktan sonra depresyona girmiş.
Nachdem Sertap sich von ihrem Mann getrennt hatte, fiel sie in eine Depression.
Firma İzmir'e taşındıktan sonra işler gidiyor.
Nachdem die Firma nach Izmir umgezogen ist, gehen die Geschäfte gut.
Biz geldikten sonra siz de gidersiniz.
Nachdem wir gekommen sind, könnt auch ihr gehen.

Das Verbaladverb **-meden önce** drückt Vorzeitigkeit aus und bedeutet *bevor*. Sie kennen dieses Verbaladverb bereits, allerdings ohne das Bezugsnomen **önce** (→ Lektion 12):

Tren durmadan önce kapıyı açmayınız.
Öffnen Sie die Türe nicht, bevor der Zug hält.

Sertap eşinden ayrılmadan önce de mutsuzdu.
Sertap war auch unglücklich, bevor sie sich von ihrem Mann trennte.

Beachten Sie, dass bei **-meden önce** die Betonung auf der letzten Verbstammsilbe liegt (→ **-meden**, Lektion 12): Sertap ayrılmadan önce ... *Bevor Sertap sich trennte ...*

Das Verbaladverb der Gleichzeitigkeit, das die Bedeutung *während* trägt, leiten Sie immer vom positiven Verbstamm, meist dem Aorist, ab (→ Lektion 3), an den Sie das unveränderliche und unbetonte Suffix **-ken** anhängen:

gelir	(ben/sen/o/biz/siz/onlar) gelirken [ge'lirken]	*während ich komme/kam*
yapar	(ben/sen/o/biz/siz/onlar) yaparken [ya'parken]	*während ich mach(t)e*

Biz İzmir'e giderken yağmur yağıyordu. *Es regnete, während wir nach Izmir fuhren.*
Siz bize gelirken yoldan telefon edin.
Rufen Sie (uns von) unterwegs an, während Sie zu uns fahren.
Yılmaz dün firmada çalışırken Ertaç onu ziyaret etti.
Während Yılmaz gestern in der Firma arbeitete, besuchte ihn Ertaç.

Das Suffix **-ken** können Sie mit derselben Bedeutung auch direkt an Nominalwörter anhängen, vor allem in Verbindung mit dem Lokativ. Bei vokalischem Auslaut benötigen Sie den Füllkonsonanten **-y-**.

Çocukken çok gülermişim.
Als Kind soll ich viel gelacht haben. (wörtl.: Während ich ein Kind war, ...)
Biz Ankara'dayken Hasanlar da Ankara'daydı.
Hasan (und seine Familie) waren auch in Ankara, während wir in Ankara waren.
Çocuklar dersteyken yağmur yağdı.
Während die Kinder im Unterricht waren, regnete es.

Achtung: Die Postposition *während* heißt im Türkischen **esnasında**:
Ders esnasında yağmur yağmur yağdı. *Während des Unterrichts regnete es.*

4. Erweiterte Verbstämme A1,4

Auch reziproke, kausative, passive und reflexive Verben werden mit Suffixen gebildet, die direkt an den Verbstamm angehängt werden. Allerdings sind diese Verbstammsuffixe nicht systematisch, d. h. Sie können sie nicht bei jedem Verb anwenden. Manche der Verben können eine spezielle Bedeutung annehmen:

Reziproke Verbstämme auf -(i)ş- (Verben der Gegenseitigkeit)

yaz-mak	*schreiben*	yaz-ış-mak	*sich schreiben; korrespondieren*
sev-mek	*lieben*	sev-iş-mek	*einander lieben*
bul-mak	*finden*	bul-uş-mak	*sich finden; sich treffen mit*
kon-mak	*niederlassen*	kon-uş-mak	*gegenseitig Stellung nehmen; sprechen*
gör-mek	*sehen*	gör-üş-mek	*sich sehen; miteinander sprechen*
bekle-mek	*warten*	bekle-ş-mek	*aufeinander warten*

Kausative Verbstämme (Verben der Veranlassung)

Die erste Gruppe steht mit dem Suffix **-dir-**:

yaz-mak	*schreiben*	yaz-dır-mak	*schreiben lassen; diktieren*
sev-mek	*lieben*	sev-dir-mek	*lieben lassen; etwas liebeswert machen*
bil-mek	*wissen*	bil-dir-mek	*wissen lassen; mitteilen*
bul-mak	*finden*	bul-dur-mak	*finden lassen; veranlassen zu finden*
kon-mak	*niederlassen*	kon-dur-mak	*unterbringen; aufsetzen*
öl-mek	*sterben*	öl-dür-mek	*(sterben lassen) töten*
ye-mek	*essen*	ye-dir-mek	*essen lassen; jmdn speisen, füttern*

Nach vokalischen Verbstämmen steht das Suffix auf **-t-**:

bekle-mek	*warten*	bekle-t-mek	*warten lassen*
başla-mak	*beginnen*	başla-t-mak	*beginnen lassen; starten*
oku-mak	*lesen*	oku-t-mak	*lesen lassen; unterrichten, unterweisen*

Passivstämme auf -il-

yaz-mak	*schreiben*	yaz-ıl-mak	*geschrieben werden; sich einschreiben*
sev-mek	*lieben*	sev-il-mek	*geliebt werden; beliebt sein*
kon-mak	*niederlassen*	kon-ul-mak	*gestellt, gelegt werden*
gör-mek	*sehen*	gör-ül-mek	*gesehen werden; besprechen*

Da das Passivsuffix immer mit einem Vokal beginnt, darf es nicht an vokalische Stämme (und an Verbstämme, die mit **-l** enden) angehängt werden. Für die Passivform der vokalischen Verbstämme steht das reflexive Suffix zur Verfügung, das häufig auch als Ersatz für das Passiv gilt.

Reflexivstämme auf -(i)n- (Verben der Rückbezüglichkeit)

al-mak	*nehmen*	al-ın-mak	*sich nehmen, genommen werden; beleidigt sein*
sev-mek	*lieben*	sev-in-mek	*sich freuen*
bul-mak	*finden*	bul-un-mak	*sich (be)finden; auch: gefunden werden*
ko-mak	*legen*	ko-n-mak	*sich niedersetzen, niederlassen*
gör-mek	*sehen*	gör-ün-mek	*sichtbar werden; erscheinen*
böl-mek	*teilen*	böl-ün-mek	*sich teilen*

Vokalische Verbstämme (auch als Passiversatz):

bekle-mek	*warten*	bekle-n-mek	*erwartet werden*
başla-mak	*beginnen*	başla-n-mak	*begonnen werden*
oku-mak	*lesen*	oku-n-mak	*gelesen werden*
yemek	*essen*	ye-n-mek	*gegessen werden*

Stämme auf **-l-**:

bil-mek	*wissen*	bil-in-mek	*gewusst werden; bekannt sein*
al-mak	*nehmen*	al-ın-mak	*genommen/gekauft werden*
bul-mak	*finden*	bul-un-mak	*gefunden werden*
böl-mek	*teilen*	böl-ün-mek	*geteilt werden*

5. Passivsätze mit *tarafından* A4

Wenn Sie bei Passivsätzen auf das Subjekt hinweisen möchten, können Sie es mit dem Wort **taraf** *Seite* tun, indem Sie es mit Possessivsuffixen flektieren und in den Ablativ setzen.

Kitap	benim tarafımdan	okunuyor.	*Das Buch wird von mir gelesen.*
	senin tarafından		
	onun tarafından		
	bizim tarafımızdan		
	sizin tarafınızdan		
	onlar tarafından		

Beachten Sie: Die 3. Person Plural und substantivisch verwendete Subjekte in Verbindung mit **tarafından** stehen nicht im Genitiv:

Haliç kimler tarafından kirletiliyor? *Von wem wird das Goldene Horn verschmutzt?*
Bu insanlar tarafından temizlensin. *Es soll von diesen Menschen gereinigt werden.*

6. Das Wortbildungssuffix *+le-/la-* A1

Es gibt im Türkischen viele Möglichkeiten, Verben aus Nomen abzuleiten. Das gebräuchlichste Suffix hierfür ist **+le-**, das häufig transitive Verben bildet:

hesap	*Rechnung*	hesaplamak	*berechnen*
selam	*Gruß*	selamlamak	*begrüßen*

Reziproke (**+leş-**), passive bzw. reflexive (**+len-**) und kausative (**+let-**) Formen sind nicht selten. Sie können teilweise auch mehrere Suffixe nacheinander annehmen:

kir	*Schmutz*	kirlenmek	*sich verschmutzen, verschmutzt werden*
		kirletmek	*verschmutzen, beschmutzen*
		kirletilmek	*verschmutzt werden*
temiz	*sauber*	temizlemek	*reinigen*
		temizletmek	*reinigen lassen*
		temizlenmek	*sich reinigen, gereinigt werden*
çöl	*Wüste*	çölleşmek	*zur Wüste werden*
görüntü	*Erscheinung*	görüntülemek	*darstellen (am Bildschirm)*
yoğun	*dicht*	yoğunlaşmak	*sich konzentrieren, sich verdichten*

7. Adjektive auf *+sel/sal*

Mit diesem Suffix können aus Substantiven Adjektive gebildet werden. Es gibt dabei auch einige Ausnahmen, deshalb sollten Sie keine eigenen Konstruktionen bilden.

bölge	*Region*	bölgesel	*regional*
dil	*Sprache*	dilsel	*sprachlich*
çevre	*Umgebung*	çevresel	*Umwelt-*
evren	*Universum*	evrensel	*universal*
hukuk	*Recht, Jura*	hukuksal	*rechtlich, juristisch*
kişi	*Person*	kişisel	*persönlich, individuell*
küre	*Globus*	küresel	*global*
para	*Geld*	parasal	*finanziell*
tarih	*Geschichte*	tarihsel	*geschichtlich, historisch*

Aber:

doğa	*Natur*	doğal	*natürlich*
ulus	*Nation*	ulusal	*national*
yer	*Ort*	yerel	*örtlich, lokal*

i Die türkische Sprache kennt viele Synonyme, die meisten sind Lehnwörter aus dem Arabischen und Persischen. 1928 wurde eine umfassende Schrift- und Sprachreform durchgeführt, die neben der Umstellung von der arabischen auf die lateinische Schrift auch auf türkische Begriffe zurückgegriffen sowie neue europäische Wörter integriert hat. Es werden aber viele Lehnwörter weiterhin als Synonyme verwendet, vor allem in der Wissenschaft und anderen Bereichen, ähnlich der Verwendung lateinischer Wörter im Deutschen. Es liegt aber auch am persönlichen – modernen oder traditionellen – Stil, welches Wort man bevorzugt. Grundsätzlich gilt, dass die türkischen Vokabeln einen moderneren und die arabischen Wörter einen traditionelleren Stil zeigen. Sie werden dafür im Laufe der Zeit selbst ein Gespür entwickeln.

Hier finden Sie einige Synonyme (türkisch – arabisch – europäisch), wobei die Wörter in Klammern zum traditionellen Wortschatz gehören:

okul	(mektep)	ekol	*Schule*
çözüm	(tahlil)	analiz	*Analyse*
çevre	etraf		*Umwelt, Umgebung*
yanıt	cevap		*Antwort*
sorun	(mesele)	problem	*Problem*

Es werden manchmal auch drei Synonyme nebeneinander verwendet (türkisch – arabisch – persisch):

kıyı	sahil	kenar	*Rand, Ufer*
yolculuk	seyahat	sefer	*Reise, Expedition, (letzteres auch im Sinne von Feldzug, Krieg)*

Türkçesi Şöyle A2

Das Datum

In → Lektion 3 haben Sie bereits die Monatsnamen kennengelernt. Sie sind im Türkischen keine Eigennamen, daher schreiben Sie sie grundsätzlich mit kleinen Anfangsbuchstaben. Nur in einer konkreten Datumsangabe werden sie zum Eigennamen und dann mit großem Anfangsbuchstaben geschrieben. Das gilt auch für die Wochentage.

14 şubat 2007	=	on dört şubat iki bin yedi
14 şubat 2007, Çarşamba günü	=	on dört şubat iki bin yedi, çarşamba günü
10 Haziran 1997, Salı günü	=	on haziran bin dokuz yüz doksan yedi, salı günü

Wenn Sie den Monatsnamen nicht in Worten, sondern als Zahl angeben möchten (und das kommt eigentlich häufiger vor), so können Sie Punkte, Striche oder Schrägstriche verwenden: 14.02.2007, 14-02-2007, 14/02/2007 (oder ohne Null beim Monat 14.2.2007, 14-2-2007, 14/2/2007).

Konuyla İlgili

Nationale Feiertage

31 Aralık (Yılbaşı Gecesi) *Silvesternacht*
1 Ocak (Yılbaşı) *Neujahr*
23 Nisan (Ulusal Egemenlik ve Çocuk Bayramı) *Fest der Kinder und der Nationalen Souveränität*
19 Mayıs (Atatürk'ü Anma, Gençlik ve Spor Bayramı) *Atatürk-Gedenktag, Jugend- und Sportfest*
30 Ağustos (Zafer Bayramı) *Fest des Sieges*
29 Ekim (Cumhuriyet Bayramı) *Fest der Republik*

Religiöse Festtage

Die religiösen Festtage richten sich nach dem Mondkalender. Das bedeutet, dass die Feste jedes Jahr je nach Mondphase zehn oder elf Tage früher beginnen. So wandern sie im Zeitraum von 32,5 Jahren einmal vollständig (rückwärts) durch den gregorianischen Kalender.

Ramazan/Şeker Bayramı	*Zuckerfest* (am Ende des Fastenmonats Ramazan, dauert 3 Tage)
Kurban Bayramı	*Opferfest* (dauert 4 Tage)

Farben

beyaz	*weiß*
siyah [siya:h]	*schwarz*
kırmızı	*rot*
yeşil	*grün*
mavi [ma:vi]	*blau*
sarı	*gelb*
lâcivert [la:civert]	*dunkelblau*
kahverengi [kah'verengi]	*braun*
mor	*violett*
pembe	*rosarot*
gri	*grau*
turuncu	*orange*

Daneben existieren drei Farbadjektische türkischen Ursprungs, die nur in geografischen Bezeichnungen bzw. im übertragenen Sinne vorkommen: **ak** *weiß*, **kara** *schwarz*, **kızıl** *rot*.

Geografische Namen

Afrika [af'rika]	*Afrika*
Amerika [ame'rika]	*Amerika*
Asya ['asya]	*Asien*
Avrasya [av'rasya]	*Eurasien*
Avrupa [av'rupa]	*Europa*
Avustralya [avus'tralya]	*Australien*
Yakındoğu [ya'kındoğu]	*Naher Osten*
Ortadoğu [or'tadoğu]	*Mittlerer Osten*
Uzakdoğu [u'zakdoğu]	*Ferner Osten*
Akdeniz	*Mittelmeer*
Karadeniz	*Schwarzes Meer*
Atlas Okyanusu	*Atlantischer Ozean*
Büyük Okyanus	*Stiller Ozean*
Hint Okyanusu	*Indischer Ozean*
Kuzey Denizi	*Nordsee*
Baltık Denizi	*Ostsee*
Hazar Denizi	*Kaspisches Meer*
Kızıldeniz	*Rotes Meer*

Alıştırmalar

1 Bilden Sie aus diesen Nomen Verben.

1.	hesap	*Rechnung*	hesaplamak	*berechnen*
2.	resim	*Bild*	....	*illustrieren*
3.	yorum	*Interpretation*	....	*interpretieren*
4.	biçim	*Form*	....	*formen*
5.	buğu	*Dunst*	....	*dünsten*
6.	geniş	*breit*	....	*sich verbreiten*
7.	tamam	*fertig*	....	*fertigstellen, ergänzen*
8.	çözüm	*Lösung*	....	*analysieren*

2 Notieren Sie die Geburtsdaten und -orte dieser Personen. Lesen Sie die Sätze laut und beachten Sie, dass die Betonung der Ortsnamen auf der vorletzten Silbe liegt.

1. Hasan – 10.6.1955 – Ankara

Hasan on Haziran bin dokuz yüz elli beşte Ankara'da doğmuş.

2. Sevinç – 23.2.1986 – İzmir

....

3. Rıza – 1.7.1967 – İstanbul

....

4. Ertaç – 29.11.1981 – Bursa

....

5. İnci – 21.3.2002 – Antalya

....

6. Can – 25.10.2001 – Urfa

....

7. Gülay – 13.8.1989 – Amasya

....

3 Verbinden Sie die beiden Sätze und geben Sie den Zeitpunkt an.

1.	Ben geldim.	Sen uyuyordun.	*Ben geldiğimde sen uyuyordun.*
2.	Sen işe gittin.	Ben evde değildim.	....
3.	Hasan telefon etti.	Ben onun yanındaydım.	....
4.	Siz bize geldiniz.	Yağmur yağmıyordu.	....
5.	Onlar eve geldi.	Akşam olmuştu.	....
6.	Biz işten döndük.	Çok yorgunduk.	....
7.	Ben işe gittim.	Sen neredeydin?	....
8.	Seval evlendi.	Ben bekârdım.	....

4 Formulieren Sie diese Sätze im Passiv.

1.	Mektubu yazdım.	Mektup, (benim tarafımdan)	*yazıldı.*
2.	Sen kitabı okudun.	Kitap, (senin tarafından)	....
3.	Biz yemeği pişirdik.	Yemek, (bizim tarafımızdan)	....
4.	Hasan, Yılmaz'ı selamladı.	Yılmaz, (Hasan tarafından)	....
5.	Hasan, Yılmaz'a teşekkür etti.	Yılmaz'a, (Hasan tarafından)	....
6.	İnsanlar dünyayı kirletiyor.	Dünya, (insanlar tarafından)	....
7.	Seyirciler* filmi beğendi.	Film, (seyirciler tarafından)	....
8.	Bu arabayı satın aldım.	Araba, (benim tarafımdan)	....

* seyirci: *Zuschauer/in*

5 Verbinden Sie die Ausdrücke zu Temporalsätzen der Vor- oder Nachzeitigkeit.

1. biz İzmir'e gitmek (*bevor*) – sana telefon etmek (Futur)

   Biz İzmir'e gitmeden önce sana telefon edeceğiz. ....

2. Hasan işe gelmek (*nachdem*) – bana telefon etmek (Futur)

   ....

3. ben mektubu yazmak (*nachdem*) – kitap okumak (Futur)

   ....

4. siz lokantaya gitmek (*bevor*) – yer ayırtmak (Imperativ)

   ....

5. sen eve gelmek (*bevor*) – ekmek almak (Imperativ)

   ....

6. Yılmaz personel şefi olmak (*nachdem*) – arkadaşları çok sevinmek (Perfekt)

   ....

6 Ergänzen Sie das Suffix zum Ausdruck der Gleichzeitigkeit.

1. Hasan gazete oku..*rken*...... çay içer.
2. Ben eve gid.............. yağmur yağıyordu.
3. Biz büroda çalış.............. Yılmaz büroda yoktu.
4. Seval eve gel.............. Sertap'ı gördü.

7 Der Dialog ist durcheinander geraten. Bringen Sie ihn in die richtige Reihenfolge.

☐ ● Bilmiyorum. Sen iyi bir butik tanıyor musun?
☐ ● Nasıl bir hediye almak istiyorsun?
☐ ● Önemli değil, oraya nasıl gideriz?
☐ ● Nereden almak istiyorsun?
☐ ● Annem için mavi bir bluz alayım. Çok şık ve kaliteli bir şey olsun.
☐ ● Taksim'den metroyla Osmanbey'e gideriz. Butik orada.
☐ ● Öğleden sonra da bir Boğaziçi gezintisi yapacağız. Sen de gel!
☐ ● Evet, tanıyorum ama, buraya biraz uzaktır.
1 ● Bugün annemin doğum günü. Güzel bir hediye almam lâzım.
☐ ● Memnuniyetle, gelirim. Yoldan annene çiçek de alayım o zaman.

In dieser Lektion beschäftigen Sie sich mit:

- einigen feststehenden **Redewendungen**
- **Kulturveranstaltungen**
- **Nomen-Verb-Verbindungen** (Funktionsverben)
- **Nebensätzen** im Überblick
- dem türkischen **Satzbau**
- der **Uhrzeit**
- den **Ordnungszahlen**

On Beşinci Ders

15

Bereketli Topraklar Üzerinde

Hatay'a bir de portakal mevsiminde gidin. Koyu yeşil renk yaprakların arasında altın toplara benzeyen portakalları, mandalinaları, turunçları görmek için. Bunun için en doğru adres Hatay'ın güneyinde, Musa Dağı'nın eteklerinde kurulu Vakıflı köyü. Organik tarımla yetiştirdikleri narenciyeleri ile ünlenen ve ihracat ödülü kazanan köyün bir başka özelliği de tüm nüfusunun Ermenilerden oluşması. Samandağ ilçesi ve Vakıflı köyünü ziyaret etmek, bu topraklarda yaşayanların ne kadar hoşgörülü olduğunu anlamaya yetiyor: Arap Alevileri, Hıristiyan Araplar, Sünni Türkler, Ermeniler ve Sünni Türkmenler birkaç kilometrekarelik bir bölgede yaşıyor: Herkes kendi evinde, ama yine de birlikte ve aynı bereketli topraklar üzerinde ...

Gesegnete Erde

Fahren Sie einmal nach Hatay, wenn die Orangen reif sind. Kommen Sie, um die goldenen Bällen ähnelnden Orangen zwischen den dunkelgrünen Blättern, die Mandarinen und die Pomeranzen zu sehen! Dafür ist das am Saume des Mosesbergs im Süden Hatays gelegene Dorf Vakifli genau die richtige Adresse. Das Dorf, das wegen seines ökologischen Zitrusfrüchteanbaus mit einem Exportpreis ausgezeichnet wurde, hat noch eine andere Besonderheit: die gesamte Bevölkerung (des Dorfes) besteht aus Armeniern. Um zu verstehen, wie die Menschen auf diesem (Stück) Erde leben, wie tolerant sie sind, reicht es aus, die Region Samandağ und das Dorf Vakifli zu besuchen. Auf einigen wenigen Quadratkilometern leben arabische Aleviten, christliche Araber, sunnitische Türken, Armenier und sunnitische Turkmenen: Jeder ist in seinem Haus, aber trotzdem vereint und auf der gleichen gesegneten Erde ...

Yeni Konu

Nomen-Verb-Verbindungen (Funktionsverben)

Türkische Verben gehen öfter feste Verbindungen mit Nomen ein und können so eine andere Bedeutung haben als diejenigen, die Sie bisher gelernt haben. Mit solchen feststehenden Wendungen können Sie Ihren Wortschatz erheblich erweitern. Schauen Sie sich folgende Beispiele genauer an:

Nomen	Verb	Feste Wendung
faaliyet *Tätigkeit*	göstermek *zeigen*	faaliyet göstermek *tätig sein*
göz *Auge*	atmak *werfen*	göz atmak *einen Blick werfen*
önlem *Maßnahme*	almak *nehmen*	önlem almak *Maßnahmen treffen*
soru *Frage*	yöneltmek *richten*	soru yöneltmek *eine Frage stellen*
yol *Weg*	açmak *öffnen*	yol açmak *verursachen*
toplantı *Versammlung*	düzenlemek *ordnen*	toplantı düzenlemek *eine Versammlung einberufen*

Die Verben regieren stets den selben Kasus, unabhängig davon, in welcher Funktion Sie sie benutzen. Das Verb **bulunmak** zum Beispiel erfordert beim Nomen das Lokativsuffix. Sie sollten deshalb das Verb zusammen mit dem Kasus lernen.

öneri *Vorschlag*	bulunmak *sich befinden*	öneri**de** bulunmak *einen Vorschlag machen*
dil *Sprache*	getirmek *bringen*	dil**e** getirmek *zur Sprache bringen*
göz *Auge*	düşmek *fallen*	göz**den** düşmek *an Ansehen verlieren*
göz *Auge*	almak *nehmen*	göz**e** almak *etwas riskieren*
yol *Weg*	çıkmak *hinausgehen*	yol**a** çıkmak *sich auf den Weg machen*

Da das Substantiv zu einem festen Bestandteil geworden ist, dürfen Sie bei der Aussprache zwischen ihm und dem Verb keine Sprechpause einlegen. Sprechen Sie also **göz atmak** [gö-zat-mak], **yol açmak** [yo-laç-mak] usw. Beachten Sie, dass die Betonung der Wendung stets auf der letzten Silbe des Nominalwortes liegt: **di'le getirmek**.

İstanbul Festivali

Sevil: Uluslararası İstanbul Müzik Festivali, zengin içeriğiyle yine yaz aylarının en çok konuşulan etkinliklerinden olacak. Özellikle görmek ya da dinlemek istediğin bir eser var mı?

Brigitte: Mozart'ın "Saraydan Kız Kaçırma" Operasını görmeyi çok isterim. Topkapı Sarayında, Bab-ı Saadet önünde oynanacağını duydum.

Sevil: Ne güzel! Bu operayı otantik bir kulisin içinde seyretmek fevkalade bir şey. Biletlerimizi zamanında alsak iyi olur.

Brigitte: "Belmonte" rolü için Almanya'dan tenor getirtmişler, "Konstanze'yi" de Angela Gheorghiu söyleyecekmiş.

Sevil: Evet, ben de duydum. Festival, 1000'i aşkın yerli ve yabancı sanatçıyı İstanbul'da ağırlayacakmış. Sanatçılara, bu yıl Aya İrini Müzesi, Atatürk Kültür Merkezi, Esma Sultan Yalısı ve Bulgar Kilisesi de ev sahipliği yapacakmış.

Brigitte: Gazetede "... aktör Klaus Maria Brandauer ile yaratıcı kemancı Daniel Hope'u bir araya getiren "Özgürlüğün Peşinde" adlı proje Festival'in kaçırılmayacak etkinlikleri arasında." diye yazıyor. Klasik, caz ve Macar halk müziğinden harmanlanmış benzersiz tarzıyla Roby Lakatos Topluluğu'nun konseri de Aya İrini'deymiş.

Sevil: Seninle birlikte, eskiden kilise olan Aya İrini müzesini gezerken bana "Mutlaka burada bir konsere gidelim" demiştin. İşte sana fırsat!

Brigitte: Ah, fırsat deyince aklıma geldi. Hani güney Anadolu'ya gidip medeniyetlerin buluştuğu kent olan Hatay'ı gezip görecektik.

Sevil: Ona da bir fırsat bulur, gezeriz inşallah!

Söz Dağarcığı

Bereketli Topraklar Üzerinde

bereketli — *fruchtbar, gesegnet*
Hatay ['hatay] — *südöstlichste Region der Türkei am Mittelmeer*
portakal — *Orange*
mevsim — *Jahreszeit; Saison*
koyu — *dunkel*
yaprak, yaprağı — *Blatt*
top — *Ball*
benzemek — *ähneln, gleichen*
mandalina [-'lina] — *Mandarine*
turunç, turuncu — *Pomeranze, Zitrusfrucht*
Musa Dağı — *Mosesberg*
etek — *Saum*
kurulu — *gegründet*
Vakıflı köyü — *Stiftungsdorf (Eigenname, wörtl.: gestiftetes Dorf)*
organik — *organisch*
tarım — *Ackerbau*
yetiştirmek — *anbauen, erzeugen, produzieren*
narenç, narenci, narenciye — *Zitrusfrucht*
ünlenmek — *berühmt werden*
ihracat [ihra'caːt] — *Ausfuhr, Export*
ödül — *Preis, Auszeichnung, Prämie*
özellik, özelliği — *Besonderheit, Charakteristikum*
nüfus — *Einwohner*
Ermeni — *Armenier*
Samandağ — *Stadt in der Region Hatay*
ilçe — *Landkreis, Distrikt*
hoşgörülü — *tolerant*
yetmek — *genügen, ausreichen*
Arap Alevileri — *arabische Aleviten*
Hıristiyan Araplar — *christliche Araber*
Sünni Türkler — *sunnitische Türken*
Sünni Türkmenler — *sunnitische Turkmenen*
kilometrekare(lik) — *(für) ... Quadratkilometer*

İstanbul Festivali

uluslararası — *international*
içerik, içeriği — *Inhalt*
etkinlik — *Aktivität, (hier:) Veranstaltung*
eser — *Werk*
"Saraydan Kız Kaçırma" — *„Entführung aus dem Serail"*
Bab-ı Saadet — *Pforte/Tor der Glückseligkeit*
oynamak — *spielen, aufführen*
duymak — *hören, erfahren*
otantik — *authentisch*
kulis — *Kulisse*
fevkalade ['fevkalaːde] — *ausgezeichnet*
rol — *Rolle*
tenor — *Tenor*
getirtmek — *bringen lassen*
aşkın *Akk* — *mehr als*
yerli — *lokal, einheimisch*
yabancı — *fremd, ausländisch, Ausländer*
sanatçı — *Künstler*
ağırlamak — *aufnehmen und bewirten*
Aya İrini Müzesi — *Museum Hagia Irene (ehem. byzantinische Kirche)*
müze — *Museum*
Atatürk Kültür Merkezi — *Atatürk Kulturzentrum*
merkez — *Zentrum*
Esma Sultan Yalısı — *Sommerpalais der Esma Sultan*

sultan	*(Titel, auch für die Frauen, Töchter und Schwestern des Sultans)*
yalı	*Sommerhaus (am Bosporus oder am Meer)*
Bulgar Kilisesi	*bulgarische Kirche*
kilise	*Kirche*
ev sahipliği	*Hausbesitzer(tum)*
yaratıcı	*schöpferisch, Schöpfer*
kemancı	*Violonist, Geiger*
bir araya getirmek	*zusammenbringen*
"Özgürlüğün Peşinde"	*„Auf der Suche nach der Freiheit"*
özgürlük	*Freiheit*
peş	*Hinterseite; hinter*
kaçırılmak	*verpasst werden*
klasik, klasiği	*Klassik, klassische Musik*
caz	*Jazz*
Macar halk müziği	*ungarische Volksmusik*
halk	*Volk*
harmanlanmak	*zusammengewürfelt werden*
benzersiz	*unvergleichlich*
tarz	*Stil, Art*
topluluk	*Gesamtheit; Gesellschaft; (hier:) Ensemble*
konser	*Konzert*
fırsat	*Gelegenheit*
medeniyet	*Kultur, Zivilisation*
kent	*Stadt*

Dilbilgisi

1. Nebensätze im Überblick

Sie haben in den letzten Lektionen Verbalnomen (Verbalsubstantive und Verbaladjektive) und Verbaladverbien kennengelernt. Hier sehen Sie diese im Überblick mit den deutschen Entsprechungen:

Verbaladjektiv -dik+	**Relativsatz** (nicht Nominativ)
benim okuduğum roman	*Roman, den ich lese/las*
Verbaladjektiv -(y)en	**Relativsatz** (Nominativ)
roman okuyan çocuk	*Kind, das einen Roman liest/las*
Verbalsubstantiv -dik+	**Kausalsatz** (dass-Satz) **der Wirklichkeit**
senin roman okuduğunu biliyor	*er weiß, **dass** du einen Roman liest/last*
Verbalsubstantiv -me+	**Kausalsatz** (dass-Satz) **der Vorstellung**
senin roman okumanı istiyor	*er will, **dass** du einen Roman liest*

Echte Verbaladverbien

çay iç**ip** kitap okudu	*er trank Tee **und** las ein Buch*
çay iç**meden** kitap okudu	***ohne** Tee **zu** trinken las er ein Buch*
çay iç**ince** kitap okudu	***als/sobald** er Tee trank, las er ein Buch*
çay iç**erek** kitap okudu	***indem** er Tee trank, las er ein Buch (beim Tee trinken ...)*

Abgeleitete Verbaladverbien

çay iç**erken** kitap okudu	***während*** *er Tee trank, las er ein Buch*
çay iç**tikten sonra** kitap okudu	***nachdem*** *er Tee getrunken hatte, las er ein Buch*
çay iç**meden önce** kitap okudu	***bevor*** *er Tee trank, las er ein Buch*

Flektierbare abgeleitete Verbaladverbien

çay iç**tiği zaman** kitap okudu	***als*** *er Tee trank, las er ein Buch (Zeitraum)*
çay iç**tiğinde** kitap okudu	***als*** *er Tee trank, las er ein Buch (Zeitpunkt)*
çay iç**tiği için** kitap okudu	***weil*** *er Tee trank, las er ein Buch*
çay iç**tiğinden** kitap okudu	***da*** *er Tee trank, las er ein Buch*

Verbaladverb -(y)ip -medik+

Hasan'ın çay iç**ip** iç**mediğini** bilmiyorum.	***Ob*** *Hasan Tee trinkt* ***oder nicht****, weiß ich nicht.*

2. Der türkische Satzbau A4

Sie wissen bereits, dass Subjekt und Prädikat am Anfang bzw. am Ende des jeweiligen Satzes stehen. Dabei spielt es überhaupt keine Rolle, ob der Satz ein Aussage- oder ein Fragesatz ist. Alle zusätzlichen Satzergänzungen (Zeitangaben, Ortsangaben usw.) stehen zwischen dem Subjekt und dem Prädikat, und zwar nach der folgenden Grundregel: Je wichtiger eine Angabe ist, desto näher steht sie beim Prädikat – die wichtigste Satzergänzung befindet sich also direkt vor dem Prädikat. Betrachten Sie diesen Satz, in dem (außer Subjekt und Prädikat) vier weitere Satzergänzungen vorkommen:

Subjekt	**1**	**2**	**3**	**4**	**Prädikat**
Yılmaz	bugün	öğleden sonra	arkadaşı Ertaçla	**bir lokantada**	buluştu.

Yılmaz traf sich heute Nachmittag mit seinem Freund Ertaç in einem Restaurant.

Da die Ortsangabe **bir lokantada** (*in einem Restaurant*) direkt vor dem Prädikat steht, ist sie kommunikativ die wichtigste Information. Sie erfahren hier, dass Yılmaz sich in einem Restaurant getroffen hat (und zwar heute Nachmittag mit seinem Freund Ertaç). Sie können – je nach Sprechabsicht – die Ergänzungen 1 (heute), 2 (Nachmittag), 3 (mit seinem Freund Ertaç) ebenso direkt vor das Prädikat stellen wie 4 (in einem Restaurant). Die einzige Ausnahme von dieser Grundregel bilden die unbestimmten Akkusative, die immer vor dem Prädikat stehen müssen, weil Sie mit dem Verb eine feste Verbindung bilden:

Subjekt	**1**	**2**	**3**	**4**	**Prädikat**
Yılmaz	bugün	bir arkadaşıyla	lokantada	yemekten sonra	**çay** içti.

Yılmaz trank heute mit seinem Freund im Restaurant nach dem Essen Tee.

Der Platz vor dem Prädikat ist somit die wichtigste Stelle im Satz, denn hier erfahren Sie, worauf es inhaltlich ankommt. Auch die Fragewörter stehen – im Gegensatz zum deutschen Satz – unmittelbar vor dem Prädikat. Im Sprechen macht man vor dem Fragewort eine deutliche Pause (im Folgenden durch zwei senkrechte Striche gekennzeichnet):

Yılmaz bugün öğleden sonra arkadaşı Ertaçla || **nerede** buluştu?
***Wo** traf sich Yılmaz heute Nachmittag mit seinem Freund Ertaç?*
Yılmaz bugün öğleden sonra bir lokantada || **kiminle** buluştu?
***Mit wem** traf sich Yılmaz heute Nachmittag in einem Restaurant?*
Yılmaz arkadaşı Ertaçla bir lokantada || **ne zaman** buluştu?
***Wann** traf sich Yılmaz mit seinem Freund in einem Restaurant?*
Bugün öğleden sonra arkadaşı Ertaçla bir lokantada || **kim** buluştu?
***Wer** traf sich heute Nachmittag mit seinem Freund Ertaç in einem Restaurant?*

3. Nomenverdopplung

Nomen (Adjektive und Substantive) zu verdoppeln ist im Türkischen das häufigste Mittel, um Adverbien zu bilden. Schauen Sie sich diese Beispiele an, zwei davon kennen Sie bereits (→ Lektion 4):

akşam	*Abend*	akşam akşam	*zur abendlichen Zeit*
gece	*Nacht*	gece gece	*zur nächtlichen Zeit*
sabah	*Morgen*	sabah sabah	*frühmorgens*
yer	*Ort*	yer yer	*örtlich, gebietsweise*
zaman	*Zeit*	zaman zaman	*zeitweise*

çabuk	*schnell*	çabuk çabuk	*sehr schnell*
güzel	*schön*	güzel güzel	*ziemlich brav*
sıcak	*warm*	sıcak sıcak	*ziemlich warm*
yavaş	*langsam*	yavaş yavaş	*sehr sachte*

Türkçesi Şöyle A2

Die Uhrzeit

Das Wort **saat** steht sowohl für *Stunde* als auch für *Uhrzeit* und für die *Uhr* als Gegenstand. Achten Sie darauf, dass Sie einen Knacklaut zwischen den Vokalen sprechen (→ Aussprache, Seite 13): [sa'at], umgangssprachlich auch [sa:at].

Vor einer Zahl gibt **saat** die Uhrzeit an, nach einer Zahl die Anzahl der Stunden.

Saat 8. *Es ist 8 Uhr.*
8 saat. *8 Stunden.*

Die Frage nach der Uhrzeit lautet:
Saat kaç? *Wie spät ist es?*

Fragen Sie nach einem Zeitpunkt (*Wann?*), muss die Frage im Lokativ stehen:
Saat kaçta? *Um wie viel Uhr?*

Die Uhrzeit kann im Türkischen – genau wie im Deutschen – offiziell oder umgangssprachlich angegeben werden.

Offizielle Uhrzeit (24-Stunden-System)

Saat kaç? *Wie spät ist es?*		**Saat kaçta?** *Um wie viel Uhr?*
Saat on bir.	11.00	Saat on birde (11.00'de).
Saat on bir on.	11.10	Saat on bir onda (11.10'da).
Saat on bir on beş.	11.15	Saat on bir on beşte (11.15'te).
Saat on bir yirmi.	11.20	Saat on bir yirmide (11.20'de).
Saat on bir otuz.	11.30	Saat on bir otuzda (11.30'da).
Saat on bir kırk.	11.40	Saat on bir kırkta (11.40'ta).
Saat on bir kırk beş.	11.45	Saat on bir kırk beşte (11.45'te).

Umgangssprachliche Uhrzeit (12-Stunden-System)

Saat kaç? *Wie spät ist es?*		**Saat kaçta?** *Um wie viel Uhr?*
Saat beş.	17.00	Saat beşte.
Saat beş**i** on (dakika) **geçiyor**.	17.10	Saat beşi on **geçe**.
Saat beşi **çeyrek** geçiyor.	17.15	Saat beşi çeyrek geçe.
Saat beşi yirmi (dakika) geçiyor.	17.20	Saat beşi yirmi geçe.
Saat beş **buçuk**.	17.30	Saat beş **buçukta**.
Saat altı**ya** yirmi (dakika) **var**.	17.40	Saat altıya yirmi (dakika) **kala**.
Saat altıya çeyrek var.	17.45	Saat altıya çeyrek kala.

Bei der umgangsprachlichen Uhrzeitangabe können Sie die Wörter **sabah** *Morgen*, **akşam** *Abend* oder **gece** *Nacht* verwenden, um Verwechslungen vorzubeugen.

12.30 und 00.30 sind besondere Uhrzeiten. Man sagt im gesprochenen Türkisch **saat yarım** *es ist halb eins (mittags oder nachts)* bzw. **saat yarımda** *um halb eins*. Denken Sie dabei an das Zifferblatt einer Uhr, das von dem großen und kleinen Zeiger halbiert wird. Verbunden mit einer Zahl muss **buçuk** verwendet werden, z. B. **üç buçuk** *halb vier*. Ansonsten bedeutet *halb* **yarım** (→ Maßeinheiten, Seite 210).

Veranstaltungen, Treffen, Termine

Etkinlik ist das moderne Wort für **faaliyet**, beide bedeuten *Tätigkeit, Aktivität.* **Etkinlik** kann darüberhinaus jede Art von *Veranstaltung* bedeuten: **konser etkinliği, opera etkinliği, kültürel etkinlik, sosyal etkinlik**.

Beachten Sie, dass an **etkinlik** das Possessivsuffix der 3. Person angehängt wird, wenn es eine feste Substantivverbindung eingeht.
İstanbul'daki kültür etkinlikleri bu yıl çok ilginç oldu.
Die Kulturveranstaltungen in Istanbul waren dieses Jahr sehr interessant.

Für persönliche Zusammenkünfte stehen die Wörter **buluşma** *Treffen* und **görüşme** *Gespräch, Interview* zur Verfügung.
Buluşma yerimiz Taksim Meydanı olsun./Taksim Meydanı'nda buluşalım.
Unser Treffpunkt soll der Taksim-Platz sein./ Treffen wir uns am Taksim-Platz.
Avukatla bir görüşmemiz olacak.
Mit dem Rechtsanwalt werden wir eine Besprechung haben.

Wenn Sie einen Termin haben, z. B. bei einem Arzt, dann verwenden Sie das Wort **randevu** *Verabredung, Termin.*
Doktordan randevu aldım. *Ich habe einen Arzttermin bekommen.*
Avukatla randevum var. *Ich habe einen Termin beim Rechtsanwalt.*

Gesellige Zusammenkünfte können Sie am besten mit **sohbet, muhabbet, söyleşi** *Unterhaltung* wiedergeben. Die Verben dazu lauten **birisiyle sohbet/muhabbet etmek** bzw. **birisiyle söyleşmek** *sich mit jemandem unterhalten.*
Dün arkadaşlarla buluşup epeyce sohbet ettik.
Wir trafen uns gestern mit Freunden und haben uns lange unterhalten.

Die Frage *wie viel?* A 1, 3

Das Fragewort **kaç?** *wie viel?* verwenden Sie immer mit einer Maßeinheit:
Kaç metre? *Wie viel Meter?*
Kaç litre? *Wie viel Liter?*
Kaç saat? *Wie viele Stunden?*
Kaç kişi? *Wie viele Personen?*

Ne kadar? *wie viel?* ist eine allgemeine Frage und wird ohne Maßangaben benutzt:
Konser ne kadar sürdü? *Wie lange hat das Konzert gedauert?*
Konser kaç saat sürdü? *Wie viele Stunden hat das Konzert gedauert?*
Ne kadar olsun? *Wie viel (Liter, Stück, Kilo, ...) darf es sein?*
Konser biletleri ne kadar? *Wie viel kosten die Karten fürs Konzert?*

Mit **ne kadar?** *wie viel?*, **kaç lira?** *wie viel Lira?*, **kaç para?** *wie viel Geld?* (*ugs*) oder **kaça?** *zu welchem Preis?* können Sie sich erkundigen, was etwas kostet:
Bir kilo domates ne kadar? *Wie viel kostet ein Kilo Tomaten?*
Domatesin kilosu kaça? *Wie viel kostet ein Kilo der Tomaten?*
Arabayı kaça aldınız? *Zu welchem Preis haben Sie das Auto gekauft?*

Die Antwort auf **kaça?** muss ebenfalls im Dativ stehen:
Kilosu beş liraya. *Das Kilo kostet fünf Lira. (wörtl.: zu fünf Lira)*
Arabayı on bin Liraya aldım.
Das Auto habe ich für 10.000 Lira gekauft. (wörtl.: zu 10.000 Lira)

Sie werden bei Preisangaben auf die Abkürzung **YTL** stoßen, die seit der Währungsreform für **Yeni Türk Lirası** steht.

Die Wiedergabe von *halb*

Das Wort **yarım** *halb* ist ein Adjektiv und halbiert eine Maßeinheit: **yarım kilo** *halbes Kilo*, **yarım litre** *halber Liter*, **yarım saat** *halbe Stunde*. Die Distributivform lautet **yarımşar** *je ein halb*. Die Hälfte von **yarım** ist **çeyrek** *Viertel*: **çeyrek kilo** *Viertel Kilo*.

Das Wort **buçuk** *ein halb* steht nur nach einem Zahlwort: **bir buçuk** *eineinhalb*, **iki buçuk** *zweieinhalb*, **on buçuk** *zehneinhalb*. Beachten Sie, dass **buçuk** in der Umgangssprache auch bei der Angabe der Uhrzeit verwendet wird (→ Seite 208):

Saat 10 buçuk. *Es ist halb elf.*
Saat 10.30'ta./Saat on buçukta. *Um halb elf.*
Saat 10.30'da./Saat on otuzda. *Um halb elf.*

Ausnahme:
Saat yarım. *Es ist 12.30.*
Saat yarımda. *Um halb eins.*

Konuyla İlgili

Die Ordnungszahlen

In → Lektion 1 haben Sie die Grundzahlen kennengelernt. Nun folgen die Ordnungszahlen. Sie bilden die Ordnungszahlen, indem Sie das Suffix **+(i)nci** an die Grundzahlwörter anhängen. Das Fragewort lautet **kaçıncı?** *wievielte(r/s)?*

Aus → Lektion 3 kennen Sie außerdem bereits das Verteilungssuffix, mit dem Sie *je (eins, zwei* usw.) ausdrücken können. Wenn Sie das Suffix **+(ş)er** an die Grundzahlen anhängen, erhalten Sie die Distributivzahlen.

1	bir	*eins*	birinci	*erste(r/s)*	birer	*je eins*
2	iki	*zwei*	ikinci	*zweite(r/s)*	ikişer	*je zwei*
3	üç	*drei*	üçüncü	*dritte(r/s)*	üçer	*je drei*
4	dört	*vier*	dördüncü	*vierte(r/s)*	dörder	*je vier*
5	beş	*fünf*	beşinci	*fünfte(r/s)*	beşer	*je fünf*
6	altı	*sechs*	altıncı	*sechste(r/s)*	altışar	*je sechs*
7	yedi	*sieben*	yedinci	*siebte(r/s)*	yedişer	*je sieben*
8	sekiz	*acht*	sekizinci	*achte(r/s)*	sekizer	*je acht*
9	dokuz	*neun*	dokuzuncu	*neunte(r/s)*	dokuzar	*je neun*
10	on	*zehn*	onuncu	*zehnte(r/s)*	onar	*je zehn*

Das Wort **ilk** ist ein Synonym zu **birinci**. Der Unterschied liegt in der Verwendung, **ilk** bedeutet *Erst-, primär, elementar,* während **birinci** lediglich eine Ordinalzahl ist.

ilkokul *Elementarschule*
ilk aşk *erste Liebe*
ilk önce *zuallererst*
ilkin/ilk olarak *erstens*
ilk defa/ilk kez *das erste Mal, zum ersten Mal*

Für *letzte(r/s)* verwenden Sie im Türkischen **son** *Ende*:

son *Ende, End-*
son defa/kez *das letzte Mal*
son olarak *zum Schluss*
sonuncu *der/das/die Letzte*

Merken Sie sich die Wörter **ilkbahar** *Frühling* und **sonbahar** *Herbst*. Sie bedeuten sinngemäß *erstes* und *letztes Blühen*.

Alıştırmalar

1 Wählen Sie die passende Angabe und tragen Sie sie ein.

1. Türkiye'de benzinin *litresi*.................... (litre/litresi) kaç para?
2. Bu peynirin .... (kilo/kilosu) ne kadar?
3. Yarım .... (litre/litresi) benzin kaç para?
4. İzmir'den İstanbul'a kaç .... (kilometre/kilometresi)?
5. .... (Yarım/Buçuk) kilo peynir ne kadar?
6. İki .... (yarım/buçuk) kilo patates kaça?

2 Beantworten Sie die Frage **Saat kaç?** zuerst offiziell und dann umgangssprachlich.

1. 08.10 **a.** *Saat sekiz on.* **b.** *Saat sekizi on geçiyor.*
2. 10.30 **a.** .... **b.** ....
3. 15.45 **a.** .... **b.** ....
4. 06.15 **a.** .... **b.** ....

3 Ergänzen Sie **kaç, kaça** oder **kaçta**.

1. Domatesin kilosu ....?
2. Toplantı bugün .... başlıyor?
3. Siz bu halıyı .... aldınız?
4. Sen dün .... geldin?
5. Domatesin kilosu .... lira?
6. Toplantıya .... kişi geldi?
7. Şu arabanın fiyatı .... lira?
8. Toplantınız .... saat sürdü?

4 Übersetzen Sie die Sätze ins Türkische.

1. *Ich komme eine halbe Stunde später.* ....
2. *Wir brauchen einen halben Liter Milch.* ....
3. *Yılmaz arbeitet ganztags.* ....
4. *Die Hälfte der Arbeit ist fertig.* ....
5. *Wir haben anderthalb Stunden gearbeitet.* ....
6. *Der Film dauert zweieinhalb Stunden.* ....
7. *Der Zug wird um Mitternacht am Bahnhof ankommen.* ....
8. *Ich möchte halbtags arbeiten.* ....

1 Welcher Titel passt zu welchem Text?

1. Sevgili Kardeşim ☐
2. Afiyet Olsun ☐
3. Yıldız Falınız ☐
4. Küresel Isınma ☐

a. Dünya ayrıca geçtiğimiz yüzyıldan beri yarım derece ısınmıştır. Bu ısınmaya sera etkisi yaratan birçok etken yol açmaktadır: Pasifik bölgesindeki sığır yetiştiriciliği, karbondioksit gazlarındaki artış gibi.

b. Çevrenizde olup biten her şeyi kontrol etmek hırsından uzaklaşın. Biraz daha rahat olmaya çalışın. İş hayatınızdaki sorunlar o kadar önemli değil.

c. Hepsini karıştırarak yumurta, zeytinyağı, karabiber, kimyon ve tuzu ilave edin. Malzemeyi yoğurup hamuru hazırlayın. Hamurdan parçalar koparıp elinizle şekil verin.

d. Firmamızın merkez şubesi İzmir'e taşındı. Benim konumum değişti, personel şefi oldum. İzmir'de başarılı olacağımızı umuyoruz. Burada piyasa durumu iyi. Mesai arkadaşlarımla da uyum içinde çalışıyoruz.

Punkte ...... /4

2 Wie lautet das richtige Ende des Satzes? Verbinden Sie es.

1.	İstediklerimi gönderdiğini	**a.**	kazanabiliriz.
2.	Arkadaşlarımla da uyum içinde	**b.**	azalıyor.
3.	Her alanda sizi çok büyük sürprizler	**c.**	gerekir.
4.	Bunun sonucu olarak doğal enerji kaynakları	**d.**	çalışıyoruz.
5.	Doğayı korumak için herkesin birşeyler yapması	**e.**	yazıyorsun.
6.	Cazip bir teklif götürürsek onu firmaya	**f.**	bekliyor.

Punkte ...... /6

3 Welches ist die passende Form? Tragen Sie sie ein.

1. Hasan'ın .... kitap masada duruyor.
a. okuyan **b.** okuduğu **c.** okuyacak

2. Ben eve .... zaman yağmur yağıyordu.
a. geldiğim **b.** geleceğim **c.** gelen

3. Ertaç İstanbul'a .... Ankara'da çalışıyordu.
a. taşındıktan sonra **b.** taşınırken **c.** taşınmadan önce

4. Firma İzmir'e .... işler iyi gidiyor.
a. taşınmadan önce **b.** taşınınca **c.** taşındığından beri

5. Eşi, Ertaç'ın İzmir'e .... istemiyor.
a. gittiğini **b.** gitse **c.** gitmesini

6. Akşam sinemaya .... sana haber veririz.
a. gidersek **b.** gidersem **c.** gitsek

Punkte ...... /6

Test 3

4 Aktiv oder Passiv? Unterstreichen Sie die Passivformen.

1. Arkadaşım haziran ayında doğmuş.
2. Firmada dün 12 saat çalışıldı.
3. Bu kitap, son haftaların en çok okunan kitabıdır.
4. Dünkü filmi hiç beğenmedik.
5. Bu markette İngiliz çayı satılır mı?
6. İzmir'den İstanbul'a 12 saatte gidildi.

Punkte ....../6

5 Welches der beiden Nebensatzsuffixe (-**dik** oder -**me**) passt hier? Ergänzen Sie die richtige Form.

1. İzmir'de .... (olmanı / olduğunu) bilmiyordum.
2. Personel şefimiz yarın biraz fazla .... (çalışmamızı / çalıştığımızı) istiyor.
3. İş ilişkilerinizde daha ılımlı .... (olmanızda / olduğunuzda) yarar var.
4. Eşinden .... (ayrılmasını / ayrıldığını) duymuştum.
5. Annem yarın pikniğe .... (gitmemizi / gittiğimizi) istemiyor.
6. Yeni işime .... (alışmamı / alıştığımı) söyleyebilirim.

Punkte ....../6

6 Welche Konjunktion ist richtig? Fügen Sie sie ein.

ondan sonra	ama	ya	çünkü	yani	yoksa

1. Teşekkür ederim, iyiyim; .... siz nasılsınız?
2. Dün akşam sinemaya gidemedik, ... annem geldi.
3. Firma İzmir'e taşınınca Yılmaz personel şefi oldu. .... Yılmaz hayatından çok memnun.
4. Seni saat 10'a kadar bekleriz. .... daha fazla beklemeyiz.
5. Teşekkür ederim, ben iyiyim. .... sen iyi görünmüyorsun.
6. Önce birer çay içelim; .... siparişleri veririz.

Punkte ....../6

Punkte ....../34

Übersetzung der Dialoge

1 Am Telefon

Zeynep: Hallo Sevil, wie geht es dir?
Sevil: Danke, mir geht es gut, und wie geht es dir?
Zeynep: Danke (dir), mir geht es auch gut. Was machst du heute Abend?
Sevil: Nichts, ich bin zu Hause. Was machst du?
Zeynep: Heute Abend bekommen wir Besuch (*wörtl.:* haben wir einen Gast).
Sevil: Wer ist es?
Zeynep: Brigitte.
Sevil: Ich kenne sie nicht. Woher kennst du sie?
Zeynep: Seit zwei Monaten arbeitet sie in unserer Firma. Sie lernt Türkisch. Wir arbeiten in derselben Abteilung. Sie will mit mir ständig Türkisch sprechen. Und ich habe sie heute Abend zum Essen eingeladen. Jetzt möchte ich dich auch einladen. Komm doch du auch!
Sevil: Danke dir. Heute Abend habe ich nichts vor. Ich komme gerne. Um wie viel Uhr?
Zeynep: Also gut, dann komm um sechs Uhr. Bis später, auf Wiedersehen (*wörtl.:* schönen Tag).
Sevil: Auf Wiedersehen (*wörtl.:* Schönen Tag).

2 Beim Abendessen

Sevil: Brigitte, wie ist die türkische Küche?
Brigitte: Wunderbar, ich liebe türkisches Essen. Die türkische Küche schmeckt mir sehr.
Sevil: Wie ist Ihre neue Arbeit, sind Sie zufrieden?
Brigitte: Ja, ich bin mit meiner Arbeit sehr zufrieden. Das Arbeitsklima ist sehr gut, meine Arbeitskollegen sind sehr sympathisch. Ich habe z. B. so eine nette Arbeitskollegin wie Zeynep. Unser Chef ist auch nett.
Sevil: Wie fahren Sie zur Arbeit?
Brigitte: Ich habe einen Führerschein, aber mit der U-Bahn ist es bequemer und billiger. Deshalb fahre ich nicht mehr mit dem Auto. Der Verkehr in Istanbul ist auch zu dicht.
Sevil: Mein Arbeitsplatz ist sehr weit von meiner Wohnung entfernt und mit U-Bahn oder Omnibus ist es sehr umständlich.
Brigitte: Wie lange brauchen Sie zur Arbeit?
Sevil: Mit U-Bahn und Omnibus dauert es 45 Minuten, mit dem Auto 20 Minuten.
Zeynep: Am meisten Glück von uns habe ich. Ich brauche weder Auto noch U-Bahn, weil mein Arbeitsplatz nicht weit von zu Hause weg ist. Ich habe (zwar) ein Fahrrad, gehe aber zu Fuß.
Sevil: Du hast sowieso immer Glück. Wir haben doch nie so viel Glück wie du! Naja! Freunde, habt Ihr am Wochenende Zeit?
Zeynep: Ich habe am Wochenende nichts Besonderes vor.
Brigitte: Ich habe auch nichts Wichtiges zu tun.
Sevil: Am Wochenende wird das Wetter schön werden, wollen wir im Belgrader Wald grillen?
Brigitte: Ein guter Gedanke!

3 Hasan hat eine Verabredung

Hasan hat heute eine Verabredung mit einem Freund. Um sich mit ihm zu treffen, verlässt er die Arbeit am Nachmittag um 16.30 Uhr. Um 17.10 Uhr findet das Treffen statt. Der Ort des Treffens ist ein türkisches Restaurant. Hasan betritt das Restaurant, sein Freund sieht ihn zuerst.

Özden: Hasan! Hier bin ich!
Hasan: Hallo, Özden. Wie geht's dir?
Özden: Hallo, mir geht's gut. Und dir?
Hasan: Danke, mir geht's auch gut. Wir haben uns längere Zeit nicht gesehen. Wo steckst du (denn), was machst du?
Özden: Du hast recht. Von jetzt an wollen wir uns öfter treffen. Aber lass uns zuerst etwas trinken, dann unterhalten wir uns (weiter).

Özden ruft den Kellner.
Özden: Würden Sie bitte hierherschauen?
Kellner: Bitte sehr, was wünschen Sie?
Özden: Mein lieber Hasan, wir trinken Bier, nicht wahr? Ein Bier vom Fass tut uns beiden gut. Das Fassbier hier ist berühmt.
Hasan: Gut, dann trinken wir ein Bier.
Özden: (*zum Kellner*) Bitte für jeden von uns ein Bier vom Fass.
Kellner: Gut, mein Herr. Wollen Sie (etwas) essen? Heute empfehle ich Ihnen unseren Lammrostbraten mit Artischocken.
Özden: Wir trinken erst unser Bier, dann bestellen wir das Essen.
Kellner: In Ordnung, mein Herr. Ich lasse Ihnen die Speisekarte da. Sie können (dann) das Essen nach der Speisekarte auswählen.
Özden: Danke schön. Wir geben unsere Bestellung später auf.

4 Was werden wir morgen machen?

Sevil: Was werden wir morgen machen, (ältere) Schwester?
Ablası: Ich weiß nicht so recht, habt Ihr einen Vorschlag?
Sevil: Nein, (haben wir nicht). Eigentlich möchten wir den Topkapi-Palast und danach die Hagia Sophia und die Sultanahmet (Moschee) besichtigen.
Ablası: Ja gut, geht zuerst zur Sultanahmet und in die Hagia Sophia, besichtigt dort (alles) und geht danach in den Topkapi Palast.
Sevil: Was sagst du dazu, Brigitte? Sollen wir zuerst zur Sultanahmet oder zur Hagia Sophia gehen oder (zuerst) in den Topkapi-Palast?
Brigitte: Du kennst Istanbul besser. Was sollen wir deiner Meinung nach machen?
Sevil: Ich überlege ja gerade ...
Brigitte: Wird deine Schwester auch mit (uns) kommen?
Sevil: Natürlich wird sie (mit)kommen, meine Schwester ist eine gute (Stadt-)Führerin. Sie kann uns Istanbul am besten zeigen.
Ablası: Kinder, ich komme lieber nicht mit, ich habe viel zu tun zu Hause. Und dein Schwager wird müde nach Hause kommen.
Sevil: Das geht auf gar keinen Fall! Du wirst mit uns kommen! Morgen besichtigen wir bis zum frühen Abend und danach gehen wir irgendwo essen. Ich rufe meinen Schwager an und er wird sich uns anschließen. Das heißt also, morgen wird nicht gekocht, einverstanden?
Ablası: Also gut, dann soll es so sein.
Brigitte: Hurra, wir werden morgen einen schönen Tag verbringen ...

5 Am Busbahnhof

Fatma: Herzlich willkommen in Izmir, Kinder. Wie gut, dass Ihr gekommen seid!
Sevils Mutter: Danke, meine liebe Fatma.
Fatma: Nun, erzählt mal, geht's Euch gut? Wie ist eure Verfassung?
Sevil: Danke, meine liebe Fatma, uns (allen) geht's gut, unsere Laune ist prima. Und wie geht's dir?
Fatma: Nicht schlecht. Uns geht's auch gut. Wie war die Reise?
Sevil: Sehr gut ... Wir dachten, diesmal wollen wir über Bursa fahren. In Balikesir legte der Busfahrer eine Toiletten- und Essenspause ein. Die Einrichtungen der Raststätte waren sehr gut und das Essen wunderbar.
Fatma: Worauf warten wir? Mein Wagen steht auf dem Parkplatz. Bis dorthin werden wir zu Fuß gehen. Habt Ihr noch anderes Gepäck?
Sevils Mutter: Nein, das ist alles. Die Koffer haben Räder, daher sind sie nicht schwer zu tragen.
Fatma: Also, dann bitte zum Auto. Wir wollen gleich nach Özdere fahren.

Im Sommerhaus (in der Ferienwohnung).
Fatma: Herzlich willkommen in Özdere.
Sevil/ihre Mutter/Brigitte: Vielen Dank.
Fatma: Bitte sehr, ich zeige euch eure Zimmer. Das Badezimmer ist da vorne, neben der Küche. Ihr wollt vielleicht duschen.
Sevil: Wo sollen wir die Koffer hinstellen?
Fatma: Stell sie vorerst vor den Spiegelschrank. Zuerst wollen wir einen Erfrischungstee (*wörtl.:* Tee gegen die Müdigkeit) trinken.
Sevils Mutter: Eine gute Idee! Und nach dem Duschen packen wir die Koffer aus. Danach erholen wir uns ein wenig.
Fatma: Und ich möchte nach dem Tee einmal ins Meer gehen und dann gegen Abend nach Izmir zurückfahren.

6 Und wie schön doch Bodrum ist!

Brigitte: Gut, dass wir hierher gekommen sind. Und wie schön doch Bodrum ist!
Sevil: Ja, Bodrum ist ein idealer Ort, um (sich) auszuruhen. Die Luft, das Wasser, die Menschen sind angenehm (schön). Man fühlt sich hier wie im Paradies.
Brigitte: Aber sein Name gefällt mir nicht. Warum gibt man einem Ort wie dem Paradies den Namen *Keller*?
Sevil: Sein antiker Name war Halikarnassos. Später wandelte sich der Name von Sankt Peter Kastell in Petronium, und (schließlich) wurde er zu Bodrum.
Brigitte: Interessant.
Sevil: In Bodrum gibt es viele Sehenswürdigkeiten. Heute Abend wollen wir uns erholen und morgen nach dem Frühstück legen wir einen Plan fest. Wir machen eine Liste von allen Orten, die wir besichtigen werden.
Brigitte: Ich würde gerne in die Bodrumer Burg hineingehen. Dort gibt es ein Museum für Meeresarchäologie. Und die Burg selbst ist auch interessant, in stilistischer Hinsicht ist es ein sehr vielschichtiges Bauwerk. Die Johanniter stammten (*wörtl.:* waren) aus verschiedenen Nationen: italienische, französische und englische Johanniter. Jede Nation hat ihren Turm im eigenen Stil errichtet. Alle sind sehr interessant.
Sevil: Ja, aber bei all dem, was wir besichtigen werden, wollen wir uns nicht überanstrengen. Wir wollen es (doch) nicht übertreiben, oder nicht (*wörtl.:* ist es nicht so)?
Brigitte: Du hast recht, zuerst besichtigen wir die Burg, (und) danach gehen wir ans Meer, um zu schwimmen und uns zu sonnen.

7 Im Sammeltaxi

Mustafa: (Herr) Chauffeur, können wir an einem geeigneten Ort aussteigen?
Chauffeur: Jawohl, Bruder. Natürlich.
Mustafa: Darf ich wohl eine Frage stellen?
Chauffeur: Aber bitte sehr.
Mustafa: Wir müssen nach Yenimahalle fahren. Wie können wir (am besten) dorthin fahren?
Chauffeur: Ganz einfach, Bruder. Geht nun von hier zu Fuß ganz geradeaus bis zum Kizilay! Dort steigt Ihr in die U-Bahn ein! Sie wird euch direkt dorthin bringen. Aber Ihr müsst darauf achten, dass Ihr in Richtung Sihhiye einsteigt.
Mustafa: Vielen Dank! Bleib gesund!
Chauffeur: Danke schön, Bruder.
(...)
Mustafa: Los Seçkin, wir müssen jetzt direkt zum Kizilay(-Platz) gehen. Wir müssen uns beeilen.
Seçkin: Halt mal, es ist nicht nötig, dass wir uns beeilen. Wir haben noch Zeit.
Mustafa: Wir brauchen uns (zwar) nicht zu beeilen, aber am Kizilay müssen wir noch ein Geschenk kaufen. Das kann eine Weile dauern.

8 Lass uns zusammen fischen gehen ...

Sertaç: Hallo Erman, wie geht es dir?
Erman: Hallo Sertaç, danke, mir geht's gut. Und dir?
Sertaç: Mir geht's auch gut. Gestern habe ich dich auf dem Schiff nach Kadiköy gesehen, wohin wolltest du (fahren)?
Erman: Ich war dabei, zu unserem Riza zu fahren. Du weißt, wir hatten früher mit ihm Fußball gespielt. Jetzt spielen wir nicht mehr, besser gesagt, wir können nicht mehr spielen. Er hat aufgehört, Fußball zu spielen. Ich wollte weitermachen, aber ich konnte keinen anderen Freund finden.
Sertaç: Es ist wirklich schade. Man soll Sport treiben. Und ich bin mit meiner Frau an der Uferstraße spazieren gegangen. Das haben wir auch aufgegeben. Was ist danach passiert? Wir haben zugenommen. Was macht deine Frau zurzeit? Früher hat sie Sport getrieben.
Erman: Du hast recht, sie geht wieder ins Fitnesscenter und treibt Gymnastik usw. Jetzt, seit neuestem, gilt ihr Interesse dem Aquarellmalen. Sie geht in einen Aquarellmalkurs. Sie malt ziemlich erfolgreiche Bilder. Komm eines Tages, sie soll sie dir zeigen.
Sertaç: Ich komme. Wir treffen uns und gehen zusammen fischen. Und am Abend gehen wir zusammen mit der Familie zum Essen. Du weißt, auch ich liebe es zu fischen.
Erman: Ein wunderbarer Gedanke! Mensch, warum unterhalten wir uns stehend, lass uns irgendwo hinsetzen und jeder einen Kaffee trinken.
Sertaç: Ich würde gerne mit dir Kaffee trinken gehen, es wäre auch sehr schön, aber ich habe eine wichtige Verabredung. Ich muss dorthin gehen. Ein anderes Mal
Erman: Man kann nichts machen, nichts für ungut. Ein Kaffee hätte jedem von uns gut getan. Lass uns in kürzester Zeit treffen und wir planen, wann wir fischen gehen.
Sertaç: In Ordnung, mein Wort. Also bis dann.
Erman: Tschüs.

9 Begegnung

Gül: Hallo Nermin, was gibt es Neues?
Nermin: Hallo, bitte sehr! Mit wem spreche ich?
Gül: Wenn ich sagen würde, vor Jahren sind wir zusammen zur Universität gegangen. Du hast mich ...
Nermin: Gül, bist du es?
Gül: Ja, bravo! Du hast mich nicht vergessen. Glückwunsch ...
Nermin: Meine liebe Gül, wie könnte man dich vergessen! Wie geht es dir, geht's dir gut?
Gül: Mir geht's gut, man muss dich fragen ...
Nermin: Mir geht's gut, uns geht's gut ... Kürzlich sprachen wir mit Semra von dir, du kannst mir glauben!
Gül: Und ich rufe gerade deswegen an. Wie wäre es, wenn wir uns zu dritt zu einem Stadtbummel treffen würden, das wäre doch nicht schlecht. Wenn wir zum Beispiel diesen Samstag nach Beyoğlu gingen, oder möchtest du lieber eine Bosporusfahrt machen? Mir würde es gut passen. Passt es dir auch?
Nermin: Mir passt es auch. Aber nur unter der Bedingung, dass wir uns am Abend mit den Ehemännern in der Çicek pasaji zum Essen treffen, einverstanden?
Gül: Ich hab mit meinem schon gesprochen, er kommt gerne und möchte euch kennenlernen. Wenn Semras Mann auch käme, dann wäre unsere alte Gruppe samt Ehemännern fast komplett!
Nermin: In Ordnung, ich rufe Semra an.
Gül: Wenn doch (unsere) Sevinç auch in İstanbul wäre und mit uns käme!
Nermin: Tatsächlich, wenn sie kommen würde, wäre unser Quartett komplett.
Gül: Hör mal, ich würde sagen, wir sollten unsere Bummelei nicht übertreiben.
Nermin: Wieso?
Gül: Wenn wir zum Einkaufen gehen, haben wir keine Zeit zum Plaudern. Es gibt doch so viel zu erzählen, seit wir uns das letzte Mal trafen. Lass uns eine Bosporusfahrt unternehmen, dann können wir uns dabei gut unterhalten!
Nermin: Meine Liebe, das ist ein guter Vorschlag, der wird Semra auch gefallen.
Gül: Das wird sicher sehr lustig. Soll ich dich morgen wieder anrufen?
Nermin: Wenn du es tätest, wäre es nicht schlecht. Falls die Semras nicht kommen können, sollten wir einen anderen Zeitpunkt vereinbaren.
Gül: In Ordnung, meine liebe Nermin, hoffentlich ist das Wetter nicht windig, stürmisch oder so, dann werden wir einen schönen Ausflug machen.
Nermin: Keine Sorge, das Wetter soll klar und sonnig werden. Es soll ein leichter Wind aus Nordwest wehen. Der Wetterbericht sagt das vorher.

10 Ein Wort ergab das andere ...

Nermin: Aah, herzlich willkommen Freunde, bitte sehr, kommt herein.
Gül: Danke sehr, meine liebe Nermin. Wo ist der Herr (des Hauses)?
Nermin: Er bereitet drinnen die Fische zu. Die Vorspeisen sind schon fertig, ich habe sie heute Nachmittag vorbereitet.
Gül: Das ist ja klar! Es beginnt sogar schon zu duften.
Nermin: Wie geht es euch, liebe Sevinç?
Sevinç: Danke sehr, uns geht es gut. Und euch?
Nermin: Danke, uns geht es auch gut.
Sevinç: Sag, von wem kam der tolle Gedanke, uns hier zu treffen?
Nermin: Wir trafen uns kürzlich in Beyoğlu und du warst nicht dabei, da kam der Gedanke gemeinsam zustande. Bei Gott, ein Wort ergab das andere.

Gül:	(Die) Sevils kommen auch, nicht wahr?
Nermin:	Sie werden sich bemühen zu kommen. So haben sie gesagt: "Wenn wir bis fünf Uhr nicht gekommen sind, wartet nicht auf uns," sagte sie.

Beim Essen.

Sevinç:	Der Blaubarsch ist wunderbar! Ihr habt ihn doch selbst gefangen, nicht wahr?
Nermin:	Ich weiß es nicht, die Männer waren zur Bebeker Bucht gefahren und haben dort gefischt. Ob sie sie selbst gefangen oder gekauft haben, sagen sie uns nicht.
Sevinç:	Fängt man Ende September in Bebek Blaubarsch?
Sertaç:	Natürlich, Ende September, Anfang Oktober ist die Zeit, Blaubarsch zu fangen.
Gül:	Meine liebe Sevinç, erzähle doch mal, was du inzwischen beruflich machst. Hast du nicht deinen Arbeitsplatz gewechselt?
Sevinç:	Ja, du hast recht. Bisher war ich, wie ihr ja wisst, in unserer Bank als Direktionsassistentin tätig. Man hat mir angeboten, weil ich damit schon bisher viel zu tun hatte, die Abteilung für kulturelle Angelegenheiten zu übernehmen, was ich natürlich sehr gerne akzeptiert habe. Es ist eine wundervolle Tätigkeit. Ich bin für die verschiedenen Veranstaltungen zuständig, organisiere nun Ausstellungen oder musikalische Veranstaltungen in Bursa.
Nermin:	Das ist ja großartig. Sind diese Veranstaltungen auch für die Öffentlichkeit? Wenn ja, dann musst du uns unbedingt sagen, wann das nächste Konzert stattfindet, dann kommen wir nach Bursa!
Sevinç:	Ja, ich sage euch gerne Bescheid und dann kommt ihr alle zusammen.

11 Ich bin Personalchef geworden

Ersin:	Nanu, Yilmaz, ich wusste gar nicht, dass du in Izmir bist!
Yılmaz:	Ja, seit zwei Monaten bin ich in Izmir. Unsere Firmenzentrale ist hierher umgezogen.
Ersin:	Wann wurde entschieden, dass Ihr nach Izmir kommen werdet? Und da gibst du erst jetzt Nachricht ... (*wörtl.:* Der Mensch gibt erst jetzt Nachricht ...)
Yılmaz:	Vor drei Monaten wurde es beschlossen. Aber glaube mir, alles ist so schnell gegangen.
Ersin:	Du bist seit zwei Monaten in Izmir und du hast uns nicht gesagt, dass du in Izmir bist.
Yılmaz:	Ich wusste nicht, ob mir meine neue Arbeit hier gut gefallen würde. Wenn ich mich nicht daran (*wörtl.:* an hier) hätte gewöhnen können, so hatte ich geplant, wieder sang- und klanglos nach Ankara zurückzukehren.
Ersin:	Und? Nun erzähl mal, mein lieber Yılmaz. Wie bist du zu dieser Tätigkeit als Personalchef gekommen?
Yılmaz:	Eigentlich ist das eine lange Geschichte. Also, als die Firma begonnen hat, in Izmir zu investieren, hat man einige von uns gefragt: „Wer zieht mit der Firma zusammen nach Izmir?“ Du weißt ja, ich bin ledig und ohne Kind und Kegel. Ich habe gleich zugesagt, dass ich bereit bin, nach Izmir zu gehen. Sie waren einverstanden und haben mich dann zum Personalchef gemacht, so war es.
Ersin:	Naja! Du scheinst mit deiner neuen Arbeit zufrieden zu sein.
Yılmaz:	Ja, wie du siehst, bin ich in Izmir. Ich kann sagen, dass ich mich an meine neue Arbeit und an das Arbeitsklima gewöhnt habe. Eigentlich bin ich hierher gekommen, um dir dies zu sagen. Was gibt es Neues von dir?
Ersin:	Du weißt ja, dass ich geheiratet habe. Danach bekamen wir eine Tochter. Wir waren mit ihren Gesundheitsproblemen beschäftigt.
Yılmaz:	Ach, warum hast du mir nicht gesagt, dass du eine Tochter hast? Wann war das?
Ersin:	Oh, sie wird bald drei Jahre alt werden (*wörtl.:* ihr drittes Lebensjahr vollenden).
Yılmaz:	Das freut mich sehr. Sie möge mit Mutter und Vater groß werden.

Ersin: Danke, mein lieber Yilmaz. Es freut mich wirklich sehr, dass wir uns nach Monaten wieder getroffen haben. Erinnerst Du dich, wann wir uns das letzte Mal gesehen haben?

Yılmaz: Bei Gott, die Zeit vergeht so schnell, dass ich mich nicht erinnere, was ich gestern gegessen habe. Ja, was habe ich gerade gesagt? Nächste Woche werden wir am Freitag eine kleine Feier veranstalten. Und wenn du kommen würdest, würde ich mich freuen.

Ersin: Schön, ich komme natürlich.

Yılmaz: Komm zusammen mit deiner Frau, denn die Feier wird gemeinsam mit den Ehepartnern begangen.

12 Arbeitsessen im Restaurant

Yılmaz: Würden Sie bitte hierherschauen?

Kellner: Oh, Yılmaz Bey, herzlich willkommen! Entschuldigen Sie, ich habe nicht bemerkt, dass Sie gekommen sind.

Yılmaz: Das macht nichts. Ich habe meinem Freund Vural erzählt, wie gut Ihr Restaurant ist. Deshalb haben wir uns entschlossen, bei Ihnen zu Mittag zu essen. Aber wir konnten uns noch nicht entscheiden, was wir essen wollen. Was schlagen Sie vor, was wir essen sollen? Ohne Sie (um Rat) zu fragen, wollen wir nicht auswählen.

Kellner: Wenn Sie mich fragen (*wörtl.:* Wenn es an mir liegt), würde ich Ihnen heute die Almsuppe und gegrillte Fleischbällchen empfehlen. Sie sind ganz frisch zubereitet, ich habe es selbst gesehen.

Yılmaz: (*zu Vural gewandt*) Dann essen wir gegrillte Fleischbällchen, nicht wahr, mein lieber Vural?

Vural: Na, wenn dein (Küchen-)Chef es uns empfiehlt, essen wir gegrillte Fleischbällchen.

Yılmaz: Sie haben es gehört, für jeden von uns einmal gegrillte Fleischbällchen. Wir nehmen (*wörtl.:* trinken) auch eine Suppe.

Kellner: Was möchten Sie trinken (*wörtl.:* als Getränke nehmen), meine Herren?

Vural: Für mich ein Mineralwasser, bitte.

Yılmaz: Ich nehme auch ein Mineralwasser. (...)
Wir suchen Computerspezialisten, die Englisch und Deutsch können. Kennst du jemanden?

Vural: Mein lieber Yilmaz, wenn du mich so fragst, fällt mir natürlich niemand ein. Kann die von euch gesuchte Fachkraft auch eine Frau sein?

Yılmaz: Wir bevorzugen (sogar) weibliche Fachkräfte.

Vural: Es gab einmal eine Computerspezialistin, die Deutsch und Dänisch konnte. Eine sehr vielseitige junge Frau (*wörtl.:* Mädchen). Neben ihrer Arbeit hat sie sogar noch Englisch gelernt.

Yılmaz: Und, was ist aus ihr geworden?

Kellner: Bitte sehr, meine Herren, Ihre Suppen sind da.

Vural: Was wird aus ihr geworden sein? In der Firma hat sie keine Unterstützung erhalten. Und nachdem sie kein Interesse und keine Unterstützung erfahren hat, hat sie die Firma verlassen und ist zu einer anderen Firma gewechselt.

Yılmaz: Ich würde sie gerne kennenlernen. Was kann ich machen? Wenn wir ihr ein attraktives Angebot unterbreiten, vielleicht können wir sie für unsere Firma gewinnen. Was meinst du?

Vural: Ich weiß es doch nicht ... Als sie von der alten Firma wegging, habe ich mit dieser Firma Geschäfte gemacht. Man muss gut überlegen, bevor man mit ihr Verbindung aufnimmt.

Yılmaz: Wir werden das Nötige unternehmen. Es ist sehr gut, dass sie auch Dänisch kann. Weißt du, unsere Firma möchte mit Deutschland Geschäftsbeziehungen aufbauen. Wir können später vielleicht auch mit Dänemark Beziehungen knüpfen. Sehr gut, wenn sie Dänisch kann.

Vural: Ich denke, sie ist in Dänemark geboren und dort aufgewachsen. Dänisch und Türkisch kann sie gleichermaßen gut. Wie du (sicher) verstanden hast, ist sie zweisprachig.

Yılmaz: Du hattest gesagt, dass sie auch Deutsch kann. Ist sie dreisprachig?

Vural: Deutsch hat sie später gelernt, in der Schule. Um es kurz zu sagen, diese junge Frau spricht (*wörtl.:* hat) zwei Muttersprachen, Türkisch und Dänisch, und eine Fremdsprache, Deutsch. Wie ihr Englisch ist, weiß ich nicht.

Nach dem Essen bezahlt Yilmaz die Rechnung und sagt (dabei) zum Kellner, der Rest sei für ihn.

Yılmaz: Es ist schon halb fünf geworden. Abends werden Gäste kommen. Soll ich dich morgen um zehn Uhr dreißig anrufen? Dieses Thema besprechen wir (weiter) am Telefon.

Vural: In Ordnung, wie du willst.

13 Denkst du nicht daran zu heiraten?

Sibel: Nun, meine liebe Gülgün, erzähl mal, wann wirst du heiraten?

Gülgün: Ich hab noch niemanden zum Heiraten gefunden. Früher gab es einen, den ich gekannt habe. Ein intelligenter, gut erzogener, kluger und interessanter Typ. Aber er war keiner, der daran dachte zu heiraten. So war es.

Sibel: Und weiter?

Gülgün: Nichts weiter! Leider gibt es zurzeit keinen, zu dem ich eine ernsthafte Beziehung hätte, du verstehst doch.

Sibel: Mach dir keine Sorgen, diejenige, die heiraten möchte, findet sicher den Richtigen (*wörtl.:* wen sie sucht). Hauptsache, du gibst den Willen nicht auf. Schau mal, was in deinem heutigen Horoskop steht: „Es erwarten Sie große Überraschungen in jedem Bereich. Warten Sie nicht, sondern handeln Sie sofort. Besonders in Liebesangelegenheiten gibt es viel Hoffnung."

Gülgün: Du weißt doch, ich glaube nicht an Horoskope. Hoffentlich trifft es ein. Soweit die Neuigkeiten, die von mir zu berichten sind. Was gibt es Neues von dir (*wörtl.:* deinerseits)?

Sibel: Nichts, alles wie gehabt. Es gibt nichts Neues. Wie du weißt, arbeitet mein Mann immer noch in dem Architekturbüro. Die Kinder sind groß geworden, der Sohn studiert in Isparta, die Tochter besucht die Gazi Universität in Ankara. Und ich werde dabei immer älter (*wörtl.:* die Haare werden immer weißer).

Gülgün: Hörst du etwas von unserer (Freundin) Sertap?

Sibel: Frag nicht, ich habe gehört, dass sie sich von ihrem letzten Ehemann getrennt hat. Sie hat Depressionen bekommen und kommt nicht davon weg. Sie schafft es nicht, aus diesem Tief herauszukommen. Sie will mit niemandem sprechen.

Gülgün: Oh je, oh je. Das tut mir wirklich leid. Eigentlich war Sertap ein Mensch voller Lebensfreude, sie stand dem Leben immer positiv gegenüber. Was ist plötzlich geschehen mit ihr?

Sibel: Bei Gott, so ist das Leben, meine liebe Gülgün, man weiß nie, was auf einen zukommt (*wörtl.:* mit einem geschieht).

14 Es ist notwendig, global zu denken

Orhan: Was macht ihr zum Opferfest?

Hasan: Bei Gott, ich weiß es nicht, mein lieber Orhan. Vielleicht fahren wir nach Hause (*wörtl.:* in den Heimatort). Ob wir mit dem Bus oder mit unserem Auto fahren, weiß ich nicht. Du weißt ja, die Verkehrsunfälle sind eine nationale Katastrophe.

Orhan: Wahrhaftig, eigentlich lieben wir es, mit dem Zug zu fahren. Sowohl wegen der Umweltfreundlichkeit als auch wegen der Sicherheit. Aber wenn man an die Bequemlichkeit gewöhnt ist, verzichtet man nicht gern auf das Auto.

Semra: Habt ihr die heutige Zeitung nicht gesehen? Es sind wieder einige Unfälle passiert. Man muss vorsichtig sein, wenn man auf der Straße fährt. Wenn wir doch den Zug nähmen!

Hasan: Du hast recht, (aber) die Luftverschmutzung, die Verschmutzung der Meere, die globale Erwärmung, die Bodenerosion ... Diese Probleme gehen uns alle an. Meiner Meinung nach geht die Menschheit einer großen Katatstrophe entgegen.

Nazlı: Jeder muss etwas für die Umwelt tun.

Orhan: Du hast recht, jeder muss etwas tun, um die Umwelt und die Natur zu schützen. Während sich die Technologie auf der einen Seite rasant entwickelt, gehen doch die natürlichen Ressourcen und die fossilen Energiequellen zu Ende. Die Menschheit hat die natürlichen Quellen rücksichtslos ausgebeutet, die Rechnung dafür wird sie eines Tages bezahlen müssen.

Semra: Meiner Meinung nach haben wir bereits damit begonnen, diese Rechnung zu bezahlen.

Hasan: Richtig, bevor es zu spät ist, müssen Maßnahmen getroffen werden.

Orhan: Schau mal, in (unserem) Beyoğlu wurde ein Verein gegründet. Sein Ziel ist es, über die Verschmutzung im Goldenen Horn und im Marmarameer eine öffentliche Meinung zu bilden. Die Umweltschützer treffen sich jeden Samstag. Ich bin auch Mitglied geworden. Wenn ihr wollt, könnt ihr zum Treffen in dieser Woche mitkommen.

Nazlı: Semra und ich werden zusammen kommen, nicht wahr, Semra?

Semra: Natürlich kommen wir!

Hasan: Du sagst das so schön! Ich habe sehr viel zu tun, soll ich mir jetzt auch noch über das Goldene Horn Gedanken machen? Ich stamme aus Kadiköy. Diejenigen, die das Goldene Horn verschmutzt haben, sollen sich darüber Gedanken machen (*wörtl.:* von ihnen soll es gereinigt werden).

Orhan: Warum denkst du so, mein lieber Hasan. Das Goldene Horn geht uns alle an. Wir sollten global denken. Die Verschmutzung Asiens heute zeigt sich morgen in Problemen in einem anderen Kontinent der Welt.

15 Istanbul Festival

Sevil: Das internationale Musikfestival Istanbul wird eine Veranstaltung mit reichem Inhalt sein, von dem in den gesamten Sommermonaten gesprochen werden wird. Gibt es ein Werk, das du unbedingt sehen oder hören möchtest?

Brigitte: Mozarts Oper „Die Entführung aus dem Serail" würde ich gerne sehen. Ich habe gehört, dass sie im Topkapi-Serail, vor der Pforte der Glückseligkeit gespielt wird.

Sevil: Wie schön! Diese Oper vor der authentischen Kulisse zu erleben ist eine ausgezeichnete Sache. Es wäre gut, wenn wir die (*wörtl.:* unsere) Karten rechtzeitig kaufen würden.

Brigitte: Für die Rolle des „Belmonte" wurde ein Tenor aus Deutschland engagiert und die „Konstanze" soll Angela Gheorghiu singen.

Sevil: Ja, das habe ich auch gehört. Für das Festival sollen mehr als 1000 einheimische und ausländische Künstler in Istanbul engagiert werden. Für die Künstler werden dieses Jahr auch die Irenenkirche, das Atatürk-Kulturzentrum, das Esma Sultan-Sommerpalais und die Bulgarische Kirche Aufführungsorte (*wörtl.:* Gastgeber) sein.

Brigitte: In der Zeitung stand: „ ... dass man unter den Veranstaltungen des Festivals das Projekt mit dem Titel ‚Auf der Suche nach der Freiheit', in welchem der Schauspieler Klaus Maria Brandauer und der frei improvisierende Violonist Daniel Hope zusammengebracht werden, nicht verpassen darf." Und das Konzert des Roby Lakatos-Ensembles in seinem aus Klassik, Jazz und ungarischer Volksmusik zusammengewürfelten, unvergleichlichen Stil wird ebenfalls in der Irenenkirche aufgeführt.

Sevil: Als wir zusammen das Museum Hagia Irene, die ehemalige Kirche, besichtigten, sagtest du zu mir: „Lass uns unbedingt in ein Konzert dort gehen." Hier ist eine Gelegenheit für dich!

Brigitte: Ah, da du gerade Gelegenheit sagst, fällt mir ein: Wir würden doch gerne nach Südanatolien fahren, um Hatay zu sehen, die Stadt, in der verschiedene Kulturen aufeinandertreffen.

Sevil: Auch dafür findet sich eine Gelegenheit, da bin ich sicher!

Grammatiktabellen

Im Folgenden finden Sie eine Tabelle mit **Verbalnomen** (Verbalsubstantive und Verbaladjektive) und **Verbaladverbien** im Überblick mit Hinweisen darauf, mit welchen grammatischen Mitteln Sie die Nebensatzsuffixe benutzen müssen und wie die deutschen Entsprechungen lauten.

Suffix	Steht mit	Subjekt im	Beispiel	Entsprechung
-dik+ Verbaladjektiv	Possessiv	Genitiv	benim okuduğum roman *Roman, den ich lese/las*	nicht nominativisch eingeleitete Relativsätze
-(y)en Verbaladjektiv	–	–	roman okuyan çocuk *Kind, das einen Roman liest/las*	nominativisch eingeleitete Relativsätze
-dik+ Verbalsubstantiv	Possessiv+Kasus	Genitiv	senin roman okuduğunu biliyor *er weiß, dass du einen Roman liest/last*	Kausalsatz (dass-Satz) der Wirklichkeit
-me+ Verbalsubstantiv	Possessiv+Kasus	Genitiv	senin roman okumanı istiyor *er will, dass du einen Roman liest*	Kausalsatz (mit dass ...) der Vorstellung
echte Verbaladverbien -(y)ip -meden -(y)ince -(y)erek	–	Nominativ	a) çay içip kitap okudu *er trank Tee und las ein Buch* b) çay içmeden kitap okudu *ohne Tee zu trinken las er ein Buch* c) çay içince kitap okudu *als/sobald er Tee trank, las er ein Buch* d) çay içerek kitap okudu *indem er Tee trank, las er ein Buch (beim Tee trinken ...)*	
abgeleitete Verbaladverbien -( )rken -dikten sonra -meden önce	–	Nominativ	a) çay içerken kitap okudu *während er Tee trank, las er ein Buch* b) çay içtikten sonra kitap okudu *nachdem er Tee getrunken hatte, las er ein Buch* c) çay içmeden önce kitap okudu *bevor er Tee trank, las er ein Buch*	
flektierbare abgeleitete Verbaladverbien -diği zaman -diğinde -diği için -dğinden	Possessivsuffix	Nominativ	a) çay içtiği zaman kitap okudu *als er Tee trank, las er ein Buch (Zeitraum)* b) çay içtiğinde kitap okudu *als er Tee trank, las er ein Buch (Zeitpunkt)* c) çay içtiği için kitap okudu *weil er Tee trank, las er ein Buch* d) çay içtiğinden kitap okudu *da er Tee trank, las er ein Buch*	
-(y)ip -medik+	Possessiv+Kasus	Genitiv	Hasan'ın çay içip içmediğini bilmiyorum. *Ob Hasan Tee trinkt oder nicht, weiß ich nicht.*	

Konjugationstabelle mit Hinweis auf die verschiedenen Zeitformen.

	Suffix	Konjugationsstamm	Einfach konjugiert	Erweiterte Konjugationsformen		
				idi	imiş	ise
Präsens	-(i/ı/ü/ u)yor-	geliyor	geliyorum geliyorsun geliyor geliyoruz geliyorsunuz geliyorlar	geliyordum geliyordun geliyordu geliyorduk geliyordunuz geliyorlardı	geliyormuşum geliyormuşsun geliyormuş geliyormuşuz geliyormuşsunuz geliyorlarmış	geliyorsam geliyorsan geliyorsa geliyorsak geliyorsanız geliyorlarsa
Aorist	-( )r- -r-; -er/ ar; -ir/ır/ ür/ur	gelir	gelirim gelirsin gelir geliriz gelirsiniz gelirler	gelirdim gelirdin gelirdi gelirdik gelirdiniz gelirlerdi	gelirmişim gelirmişsin gelirmiş gelirmişiz gelirmişiz gelirlermiş	gelirsem gelirsen gelirse gelirsek gelirseniz gelirlerse
Futur	-(y)ecek/ acak-	gelecek	geleceğim geleceksin gelecek geleceğiz geleceksiniz gelecekler	gelecektim gelecektin gelecekti gelecektik gelecektiniz geleceklerdi	gelecekmişim gelecekmişsin gelecekmiş gelecekmişiz gelecekmişsiniz geleceklermiş	geleceksem geleceksen gelecekse geleceksek gelecekseniz geleceklerse
erlebtes Perfekt	-di/dı/ dü/du- -ti/tı/ tü/tu-	geldi	geldim geldin geldi geldik geldiniz geldiler	geldiydim geldiydin geldiydi geldiydik geldiydiniz geldilerdi	–	geldiysem geldiysen geldiyse geldiysek geldiyseniz geldilerse
unerlebtes Perfekt	-miş/ mış/ müş/ muş-	gelmiş	gelmişim gelmişsin gelmiş gelmişiz gelmişsiniz gelmişler	gelmiştim gelmiştin gelmişti gelmiştik gelmiştiniz gelmişlerdi	gelmişmişim gelmişmişsin gelmişmiş gelmişmişiz gelmişmişsiniz gelmişlermiş	gelmişsem gelmişsen gelmişse gelmişsek gelmişseniz gelmişlerse
Notwendigkeitsform	-meli/ malı-	gelmeli	gelmeliyim gelmelisin gelmeli gelmeliyiz gelmelisiniz gelmeliler	gelmeliydim gelmeliydin gelmeliydi gelmeliydik gelmeliydiniz gelmeliydiler	gelmeliymişim gelmeliymişsin gelmeliymiş gelmeliymişiz gelmeliymişsiniz gelmeliymişler	–
Irrealer Konditional	-se/sa-	gelse	gelsem gelsen gelse gelsek gelseniz gelseler	gelseydim gelseydin gelseydi gelseydik gelseydiniz gelselerdi	gelseymişim gelsemişsin gelseymiş gelseymişiz gelseymişsiniz gelselermiş	–
Optativ	-(y)ẹ/a-	gele	geleyim gelelim	–	–	–

Grammatische Fachausdrücke

Fachausdrücke	deutsche Bezeichnung und Erklärungen	Beispiele
Ablativ	6. Fall, Woher-Fall	*ich komme* ***aus dem Kino***
Adjektiv	Eigenschaftswort	*die* ***blaue*** *Hose*
Adverb	Umstandswort	*mir geht es* ***gut****, sie spricht* ***langsam***
Akkusativ	4. Fall, Wen-Fall	*ich rufe* ***ihn*** *an*
Aorist	r-Gegenwart	
Artikel	Geschlechtswort	bestimmter *der, die, das,* unbestimmter *ein, eine, ein*
Dativ	3. Fall, Wem- und Wohin-Fall	*ich helfe* ***dir****, ich fahre* ***zu dir***
Deklination	Beugung eines Nomens	*der junge Mann, des jungen Mannes, ...*
Demonstrativ-pronomen	hinweisendes Fürwort	*dieser, jener, derjenige ...*
Diminutiv	Verkleinerungsform	*das Hünd****chen***
direktes Objekt-pronomen	Fürwort im 4. Fall (wen oder was?)	*mich, ihn*
Diphthong	Doppellaut, Doppelvokal	*ei in m****ei****n, au in* ***Au****to*
Futur	Zukunft	*ich* ***werde*** *lernen*
Genitiv	2. Fall, Wessen-Fall	*der Hund* ***des Vaters***
Hilfsverb	Verb, das zusammen mit einem zweiten Verb steht	*ich* ***habe*** *gesagt*
Imperativ	Befehlsform	*ruf mich an!*
Imperfekt	1. Vergangenheit	*ich arbeitete, es regnete*
Indefinit-pronomen	unbestimmtes Fürwort	*irgendjemand, jeder, einige ...*
Indikativ	Wirklichkeitsform	*er geht*
indirektes Objekt-pronomen	Fürwort im 3. Fall (wem?)	*mir, dir, ihm, ihr*
Infinitiv	Grundform des Verbs	*laufen, rufen*
Infix	Zwischensilbe	*ver-****ab****-schieden*
Instrumental	Womit-Fall	*ich gehe* ***mit dir***
Interjektion	Ausrufewort, Empfindungswort	*au! oh je!*
Komparativ	1. Steigerungsstufe des Adjektivs/Adverbs	*größer, besser*
Konditional	Bedingungsform	*ich* ***würde*** *mit ihm reden*
Konjugation	Beugung eines Zeitworts	*ich gehe, du gehst, er/sie/es geht, ...*
Konjunktion	Bindewort	*da, weil, aber, und*
Konjunktiv	Möglichkeitsform	*sie sagte, er* ***sei*** *nicht da*
Lokativ	5. Fall, Wo-Fall	*ich bin im Haus*
Modalverb	Verb, das die Art und Weise eines Geschehen angibt	*können, müssen, wollen*

Fachausdrücke	deutsche Bezeichnung und Erklärungen	Beispiele
Nominativ	1. Fall, Wer-Fall	*der Junge*
Optativ	Wunschform	*ich will, möchte*
Partizip	Mittelwort	*gekauft, gegangen, verkauft*
Perfekt	2. Vergangenheit	*ich **habe** angerufen*
Personalpronomen	persönliches Fürwort	*er, du, sie, wir*
Plural	Mehrzahl	*Tage, Berufe*
Plusquamperfekt	Vorvergangenheit	*ich **hatte** ihm geschrieben*
Possessiv-pronomen	besitzanzeigendes Fürwort	*mein, dein, unser*
Postposition	nachgestelltes Verhältniswort	*zwischen, mit, unter*
Präsens	Gegenwart	*ich antworte, ich laufe*
Pronomen	Fürwort	*er, unser, jener*
reflexives Verb	rückbezügliches Zeitwort	***sich** waschen*
Reflexivpronomen	rückbezügliches Fürwort	*er wäscht **sich***
Relativpronomen	bezügliches Fürwort	*das Buch, **das** ich lese*
Singular	Einzahl	*Haus, Baum*
Substantiv	Hauptwort	*Buch, Film*
Suffix	Nachsilbe	*wunder**bar**, glück**lich***
Superlativ	2. und höchste Steigerungsstufe des Adjektivs/Adverbs	*der **schönste** Film*
Tempussuffix	Nachsilbe zum Ausdruck der Zeitform (Präsens, Perfekt, Futur usw.)	*kommen, gehen, machen*
Verb	Zeitwort	
Verbaladjektiv	Verbalnomen, das als Adjektiv gebraucht wird	
Verbaladverb	Verbalform zum Ausdruck adverbialer Nebensätze	
Verbalnomen	Adjektive/Substantive zum Ausdruck von Relativ- und dass-Sätzen	
Verbalsubstantiv	Verbalnomen, das als Substantiv gebraucht wird	

Grammatikindex

Suffixindex

Die Vokale der Suffixe sind in der sogenannten hellen Version angegeben, d. h. **i** steht für **i/ı/ü/u** und **e** für **e/a**. Suffixzusätze in Klammern sind bei der alphabetischen Reihenfolge nicht zu berücksichtigen. Beachten Sie, dass + nominale und – verbale Suffixe markiert.

Suffix	Lektion
+cik, +ciğim *Diminutiv mit Poss 1. Pers Sg*	5
+de, +te *Lokativ*	1, 3
+deki, +teki	13
+den, +ten *Ablativ*	3, 11
-(y)di *Perfekt*	8
-di, -ti *bestimmtes Perfekt*	5
-diği için *kausale Verbaladverbien*	14, 15
-diği zaman *temporale Verbaladverbien*	14, 15
-diğinde *temporale Verbaladverbien*	14, 15
-diğinden *kausale Verbaladverbien*	14, 15
-diğinden beri *temporale Verbaladverbien*	14, 15
-dik+ *präsentisch-perfektische Verbalnomen*	11
-dik+ *Verbaladjektiv*	13
-dikten sonra *„nach" Verbaladverb*	14, 15
-diler, -tiler	5
-dim, -tim	5
-din, -tin	5
+(y)e *Dativ*	3
-(y)ebilmek *„können"*	7
-(y)ecek+ *futurisches Verbalnomen*	11
-(y)ecek olduğu *futurisches Verbalnomen*	12
-(y)ecek *Futur*	4
-(y)ecek olsa *irrealer Konditional im Futur*	9
-(y)ecek olursa *realer Konditional im Futur*	9
-(y)ecekmiş *ursprüngliches Vorhaben (bestimmte Vergangenheit des Futurs)*	6

Suffix	Lektion
-(y)ecekse *realer Konditional im Futur*	9
-(y)ecekti *ursprüngliches Vorhaben (bestimmte Vergangenheit des Futurs)*	8
-(y)elim *Optativ 1. Pers Pl*	3, 4
-(y)eme *„nicht können"*	7
-(y)en *Verbaladjektiv (Relativsatz)*	13
-er *Aorist*	3
+(ş)er *Distributivzahlen*	3, 15
-(y)erek *„indem"*	12, 15
-(y)eyim *Optativ 1. Pers Sg*	3, 4
+(y)i *Akkusativ*	3
-(y)ici *verbales Wortbildungssuffix*	13
-il- *Passiv*	10, 14
-(y)im *Personalsuffix 1. Pers Sg*	1, 3
-in- *passiv/reflexiv*	10
-(y)in *Imperativ 2. Pers Pl*	4
+(n)in *Genitiv*	2, 3
-(y)ince *„sobald"*	15
-(y)iniz *Imperativ 2. Pers Pl*	4
-ip -mediği *„ob"*	12, 15
-(y)ip *„und" Verbaladverb*	12, 15
-(y)iz	1, 3
-ken *„während"*	14
+ki + *„-ig"*	13
+(y)le (ile) *Postposition* ile	3, 8
+le- *Wortbildungssuffix*	14
+len- *passiv/reflexiv*	14
+ler *Plural*	1
+leş- *reziprok*	14
+let- *kausativ*	14
+li *„versehen mit"*	12
+lik *„geeignet für"*	12

Suffix	Lektion
+lik *abstrakte Substantive*	12
+(i)m *Poss 1. Pers Sg*	2
-me+ *verkürzter Infinitiv*	7, 10
-me- *Verneinung*	2, 10
-meden *„ohne zu"*	12, 15
-meden önce *„bevor"*	14, 15
-mek *Infinitiv*	1, 10
-mekte *Infinitiv im Lokativ*	10
-meli *„sollen"*	7
-mez- *Verneinung im Aorist*	4
-miş *unbestimmtes Perfekt*	5
-(y)miş *Adjektiv/Nomen*	5
-mişse *realer Konditional im Perfekt (unbestimmt)*	9
-mişti *Plusquamperfekt*	8
+(i)miz *Poss 1. Pers Pl*	2
+n+ *Füllkonsonant*	2, 3
-(i)n- *Reflexivstämme*	14
+(i)niz *Poss 2. Pers Pl*	2
+(i)nci *Ordnungszahlen*	15
+(i)n *Poss 2. Pers Sg*	2
-(i)r *Aorist*	3
-( )rken *„während"*	15
-( )r -mez *„sobald"*	4

Suffix	Lektion
-( )rse *realer Konditional im Aorist*	9
+(y)se *irrealer Konditional beim Adjektiv/Nomen*	9
-se *irrealer Konditional am Verbstamm*	9
+sel *Adjektive*	14
-seydi *Irrationalität*	9
-seymiş *Irrationalität*	9
-sin *Imperativ/Optativ 3. Pers Sg*	4
-sin *Personalsuffix 2. Pers Sg*	1, 3
-siniz *Personalsuffix 2. Pers Pl*	1, 3
-sinler *Imperativ/Optativ 3. Pers Pl*	4
+siz *„ohne zu"*	12
+ş+ *Füllkonsonant*	1, 3, 14
-(i)ş- *reziproke Verbstämme*	14
-t- *kausative Verbstämme*	14
-y- *Füllkonsonant*	3–15
-(i)yor *Präsens*	1
-(i)yordu *Imperfekt*	8
-(i)yorsa *realer Konditional im Präsens*	9

Lösungen zum Lektionsteil

Lektion 1

1 2. Türkler – **3.** akşamlar – **4.** günler – **5.** firmalar – **6.** telefonlar – **7.** daireler – **8.** öğrenciler
2 2. Türkiye'deyim – **3.** İngiltere'deyim – **4.** Fransa'dayım – **5.** Münih'teyim – **6.** İstanbul'dayım – 7. Ankara'dayım – **8.** Paris'teyim
3 2. konuşmak – **3.** çalışmak – **4.** yapmak – **5.** öğrenmek – **6.** istemek – **7.** tanımak – **8.** okumak
4 2. Türksün – **3.** İngiliziz – **4.** İspanyolsunuz – **5.** öğrenciyiz – **6.** Fransızlar
5

	öğrenmek	aramak	görmek	okumak
ben	öğreniyorum	arıyorum	görüyorum	okuyorum
sen	öğreniyorsun	arıyorsun	görüyorsun	okuyorsun
o	öğreniyor	arıyor	görüyor	okuyor
biz	öğreniyoruz	arıyoruz	görüyoruz	okuyoruz
siz	öğreniyorsunuz	arıyorsunuz	görüyorsunuz	okuyorsunuz
onlar	öğreniyorlar	arıyorlar	görüyorlar	okuyorlar

6 2. Yunanistan'da – **3.** Bulgaristan'da – **4.** Türkiye'de – **5.** Fransa'da – **6.** İngiltere'de
7 2. Teşekkür ederim, ben de iyiyim. – **3.** Öğrenciler üniversitede. – **4.** Sevil saat kaçta evde? – 5. Biz aynı bölümde çalışıyoruz. – **6.** Biz İstanbul'da daire arıyoruz.
8 **1.** c. – **2.** d. – **3.** e. – **4.** a. – **5.** g. – **6.** b. – **7.** f.
9 **1.** gelmek: geliyorum, geliyorsun, geliyor, geliyoruz, geliyorsunuz, geliyorlar. – **2.** çalışmak: çalışıyorum, çalışıyorsun, çalışıyor, çalışıyoruz, çalışıyorsunuz, çalışıyorlar. – **3.** istemek: istiyorum, istiyorsun, istiyor, istiyoruz, istiyorsunuz, istiyorlar. – **4.** konuşmak: konuşuyorum, konuşuyorsun, konuşuyor, konuşuyoruz, konuşuyorsunuz, konuşuyorlar.
10 on dört – seksen sekiz – üç yüz on beş – bin yetmiş bir – bin dört yüz elli üç – bin dokuz yüz yirmi üç – bin altı yüz seksen üç iki bin yedi

Lektion 2

1

	bilet	plan	otobüs	kahve	araba	metro
benim	biletim	planım	otobüsüm	kahvem	arabam	metrom
senin	biletin	planın	otobüsün	kahven	araban	metron
onun	bileti	planı	otobüsü	kahvesi	arabası	metrosu
bizim	biletimiz	planımız	otobüsümüz	kahvemiz	arabamız	metromuz
sizin	biletiniz	planınız	otobüsünüz	kahveniz	arabanız	metronuz
onların	biletleri	planları	otobüsleri	kahveleri	arabaları	metroları

2 arabam var / yok – sekreterim var / yok – işim var / yok – telefonum var / yok – dersim var / yok
3 **1.** işim – **2.** işiniz – **3.** evimiz – **4.** eviniz – **5.** kardeşin – **6.** kardeşim – **7.** ehliyetiniz – **8.** ehliyetim – arabam
4 2. Firmanızda kaç kişi çalışıyor? – **3.** Bisikletin nerede? – **4.** Arkadaşımız bugün geliyor mu? – **5.** Metron ne zaman geliyor? – **6.** Arkadaşın nerede?
5 **1.** gelmek: gelmemek – geliyor – gelmiyor – **2.** çalışmak: çalışmamak – çalışıyor – çalışmıyor – **3.** gitmek: gitmemek – gidiyor – gitmiyor – **4.** aramak: – aramamak – arıyor – aramıyor – **5.** konuşmak: konuşmamak – konuşuyor – konuşmuyor – **6.** söylemek: söylememek – söylüyor – söylemiyor – **7.** etmek: etmemek – ediyor – etmiyor – **8.** kullanmak: kullanmamak – kullanıyor – kullanmıyor.

6 **1.** Bu akşam evde değilim. – **2.** Saat altıda evde değilsin. – **3.** Firmamız Kadıköy'de değil. – **4.** Arkadaşım Türk değil. – **5.** Evimiz çok büyük değil. – **6.** Onun arabası yeni değil. – **7.** Benim arabam eski değil. – **8.** Biz Türk değiliz.
7 **2.** hafta sonunda – **3.** iş yerinde – **4.** Türk mutfağında – **5.** öğrenci biletinde – **6.** üniversite kahvesinde – **7.** Türkçe dersinde – **8.** akşam yemeğinde.
8 **2.** hafta sonumda – hafta sonunda – **3.** iş yerimde – iş yerinde – **4.** Türk mutfağımda – Türk mutfağında – **5.** öğrenci biletimde – öğrenci biletinde – **6.** üniversite kahvemde – üniversite kahvende – **7.** Türkçe dersimde – Türkçe dersinde – **8.** akşam yemeğimde – akşam yemeğinde.
9 Merhaba, adım Brigitte. İki aydır İstanbul'dayım. Zeynep ile aynı bölümde çalışıyorum. Şefimiz çok iyi. İş arkadaşlarım çok sempatik. İş yerim eve uzak değil. Ehliyetim var ama, araba kullanmıyorum.
10 **1.** Bu güzel ev. – **2.** Mutfağımız büyük. – **3.** Hasta öğrenciler evde. – **4.** Küçük arabam hızlı gidiyor. – **5.** Türk yemeği çok iyi. – **6.** İş arkadaşlarımız çok sempatik. – **7.** Kızım çok iyi öğreniyor. – **8.** Trafik İstanbul'da yoğun.

Lektion 3

1 **1.**, **4.**, **5.**, **6.**, **7.** = Aorist; – **2.**, **3.**, **8.** = Präsens
2 **2.** çay içelim mi? – **3.** birşeyler yiyelim mi? – **4.** sinemaya gidelim mi? – **5.** biraz çalışalım mı? – **6.** biraz ara verelim mi? – **7.** yemekleri söyleyelim mi?
3 **2.** çay içeyim – **3.** birşeyler yiyeyim – **4.** sinemaya gideyim – **5.** biraz çalışayım – **6.** biraz ara vereyim – **7.** yemekleri söyleyeyim
4 **2.** çay içer miyiz – **3.** birşeyler yer miyiz – **4.** sinemaya gider miyiz – **5.** biraz çalışır mıyız – **6.** biraz ara verir miyiz
5 **2.** kebabıyla – **3.** rakısıyla – **4.** köftesiyle – **5.** baklavasıyla
6 **1.** Hasan'la Özden lokantada yemek yiyor. – **2.** Özden, firmadan saat 17.30'da çıkıyor. – **3.** Garson, Hasan'la Özden'e kuzu kavurmasını tavsiye ediyor. – **4.** Kim listeden yemek seçiyor? – **5.** Hasan garsona sipariş veriyor. – **6.** Önce bira(mızı) içelim, yemekleri(mizi) daha sonra söyleriz. – **7.** Ankara'nın nesi meşhurdur? – **8.** İstanbul, Türkiye'nin en büyük şehridir.
7 **1.** ev kapısı /evin kapısı – **2.** Nermin'in arabası – **3.** çocuk kitabı /çocuğun kitabı – **4.** Sevil'in arkadaşı – **5.** annenin parası – **6.** Türk kahvesi
8

1	bir	birde	birer	7	yedi	yedide	yedişer
2	iki	ikide	ikişer	8	sekiz	sekizde	sekizer
3	üç	üçte	üçer	9	dokuz	dokuzda	dokuzar
4	dört	dörtte	dörder	10	on	onda	onar
5	beş	beşte	beşer	11	on bir	on birde	on birer
6	altı	altıda	altışar	12	on iki	on ikide	on ikişer

9 **2.** Salı günü, saat on dokuz otuzda akşam yemeğine gidiyor. – **3.** Çarşamba günü, saat on bir otuzda firmaya telefon ediyor. – **4.** Perşembe günü, öğleden sonra siparişleri kontrol ediyor. – **5.** Cuma günü, saat on yedide Hasan'la buluşuyor. – **6.** Cumartesi günü, saat on sekizde sinemaya gidiyor. – **7.** Pazar günü evde dinleniyor, öğleden sonra parkta yürüyor.

Lektion 4

1 **2.** gitmem – **3.** çalışmazsın – **4.** gelmezsiniz – **5.** içmez mi? – **6.** gitmez mi? – **7.** gitmez miyiz? – **8.** gelmez misin?
2 **2.** Öğrenciler dersten çıkar çıkmaz kantine koşarlar/koşacaklar. – **3.** İşten gelir gelmez gazete okursun/okuyacaksın. – **4.** Sevil İzmir'e gider gitmez Fatma'ya telefon eder/edecek. –

5. Yemeğimi yer yemez evden çıkarım/çıkacağım. – **6.** İşinizi bitirir bitirmez bana haber verirsiniz/vereceksiniz. – **7.** Akşam olur olmaz eve giderim/gideceğim. – **8.** Sabah uyanır uyanmaz çay içeriz/ içeceğiz.

3 **2.** yaparım – **3.** çıkarım – **4.** gelirim – **5.** yerim – **6.** çalışırım – **7.** dönerim – **8.** seyrederim

4 **2.** -e gideceğim – **3.** -da kalacak – **4.** -u gezecek – **5.** -da yemek yiyecek(ler) – **6.** -e edecek – **7.** -de içeceğiz – **8.** gelecek misiniz?

5 **1.** Lütfen, bu akşam bana telefon et! – **2.** Bu akşam sinemaya gidelim! – **3.** Hasan bugün evde kalsın. – **4.** Lütfen, burada bekleyin! – **5.** Burada bekleyin, olur mu? – **6.** (Onlar) bize haber versinler. – **7.** Lütfen, bize haber verir misiniz? – **8.** Lütfen, bize haber verin(iz)!

Lektion 5

1 **2.** çalıştınız mı? – **3.** evde miydi? – **4.** geldin mi? – **5.** neredeydin? – **6.** gittik – **7.** gittiler

2 kalktı – etti – aldı – gitti – buluştu – oldu

3 **1.** ● Acıktınız mı? / Karnınız aç mı? – ● Sağ olun/teşekkür ederim, aç değilim. – **2.** İçecek bir şey var mı? Çok susadım. – **3.** ● Yarın bana gelir/gelecek misin? – ● Hayır, olmaz. Yarın zamanım/vaktim yok. – **4.** ● Bu akşam sinemaya gidelim mi? – ● Evet, olur. Zaten işim yok. – **5.** ● Merhaba Hasan, ne var, ne yok? – ● Sağ ol, iyiyim. Sen nasılsın?

4 **2.** yazmadın – **3.** okumadı – **4.** görmedik – **5.** sormadınız – **6.** Karnım aç değil. – **7.** Acıkmadım. – **8.** Susamadım. – **9.** Aç değilim. – **10.** Bu çanta bana ait değil.

5 **2.** Zeynep'in – **3.** ablamın – **4.** arkadaşım Ahmet'in

6 **2.** Fatma'nın kocasının adı Zeynel. – **3.** Sevil'in ablasının adı Fatma. – Hasan'ın annesinin adı Canan.

7 **2.** Çarşamba günü geleceğim diye cevap verdi. – **3.** Arkadaşım bana İstanbul güzel diye yazdı. – **4.** Bu yaz Bodrum'a gideceğim diye düşünüyorum.

Lektion 6

1 çalışmış – yemiş – gelmiş – etmiş – sormuş

2 **2.** gidecekmişiz – **3.** geliyormuşsunuz – **4.** kalıyormuşsun – **5.** yorgunmuşsun – **6.** gitmemiş – **7.** gidermiş – **8.** olurmuş

3 **1.** unuttum/unutmuşum *(beides möglich!)* – **2.** olmuş – pişirdi – **3.** anlattı – buluşmuş – yemişler – arkadaşıymış – **4.** buradaydı – gitti

4 **1.** buluştu – **2.** buluşmuş – **3.** gitti – **4.** gitmiş – **5.** çalıştı – **6.** çalışmış – **7.** geçirdik – **8.** kaldı

5 **1.** kendisine – kendime – **2.** kendimi – **3.** kendisiyle – **4.** kendim – **5.** kendisi – **6.** kendisine – **7.** kendine – **8.** kendi kendisine
1. *Hasan hat sich eine schöne Uhr gekauft. Ich habe mir nichts gekauft.* – **2.** *Wo ist Özden? Er sagte, „ich fühle mich nicht wohl" und hat sich hingelegt.* – **3.** *Herr Hasan war gestern hier. Wir haben mit ihm gesprochen.* – **4.** *Ich möchte das nicht für mich.* – **5.** *Wer hat das gesagt? Hasan selbst hat es gesagt.* – **6.** *Özden überlegte sich (selbst), „ich will endlich Ferien machen".* – **7.** *Mustafa, du siehst nicht gut aus. Schaust du nicht auf dich?* – **8.** *Brigitte hat ganz alleine (für sich selbst) Türkisch gelernt.*

6 **2.** Tatil yapmak için İzmir'e gitmek istiyorum. – **3.** Sevil ve Brigitte dinlenmek için Bodrum'a gidiyorlar. – **4.** Yemek yemek için burada güzel bir lokanta var. – **5.** Şehri gezmek için İstanbul'da birkaç gün kalacağız. – **6.** Boğaz turu yapmak için vapura bineceğiz. – **7.** Çay içmek için simithanede oturalım. – **8.** İyi bir gün geçirmek için plan yapıyoruz.

7 **1.** f. – **2.** g. – **3.** a. – **4.** h. – **5.** b. – **6.** e. – **7.** d. – **8.** c.

8 **1.** buyurun – **2.** efendim – **3.** lütfen – **4.** aleykümselam – **5.** bir şey değil – **6.** efendim? – **7.** estağfurullah – **8.** efendim

9 Teşekkür ederim – işim – gitmem lâzım – gitmeniz – çünkü – için yapıyorlar – kendilerine – güle güle.
● *Guten Tag, Frau Sevil, wie geht es Ihnen?* – ● *Danke sehr, Frau Ayşe, mir geht es gut. Heute habe ich viel zu tun. Ich muss ins Büro gehen, aber zu Hause habe ich Gäste.* – ● *Warum müssen Sie ins Büro gehen? Heute ist Samstag!* – ● *Weil ich gestern nicht gearbeitet habe, wir haben mit unseren Gästen eine Stadtbesichtigung gemacht. Deshalb muss ich heute gehen.* – ● *Was machen Ihre Gäste (dann) heute?* – ● *Sie gehen heute alleine (selbstständig) ins Museum. Auf Wiedersehen.* – ● *Auf Wiedersehen.*

Lektion 7

1 2. kalkmalı – Brigitte'nin yarın erken kalkması lâzım/gerek – **3.** Arkadaşıma telefon etmeliyim – etmem lâzım/gerek – **4.** Mutlaka Bodrum'a gitmelisiniz – gitmeniz lâzım/gerek – **5.** Şimdi biraz dinlenmelisin – dinlenmen lâzım/gerek – **6.** İstanbul'a kart yollamalıyız – yollamamız lâzım/ gerek – **7.** Kızılay'da metroya binmeliyiz – binmemiz lâzım/gerek – **8.** Sigarayı bırakmalısın – bırakman lâzım/gerek

2 **2.** kalkmamalıyız – **3.** kalmamalıyız – **4.** unutmamalısınız – **5.** etmemelisiniz – **6.** konuşmamalıyız – **7.** yüzmemelisin – **8.** yememeli

3 **2.** gerekti/gerekecek – **3.** gerekti/gerekecek – **4.** gerekti/gerekecek – **5.** gerekti/gerekecek – **6.** gerekti/gerekecek

4 **2.** bekleyebilir miyiz? – Hayır, burada bekleyemezsiniz. – **3.** içebilir miyim? – Hayır, sigara içemezsin(iz). – **4.** içebilir miyiz? – Hayır, sigara içemezsiniz. – **5.** edebilir miyim? – Hayır, park edemezsin(iz) – **6.** edebilir miyiz? – Hayır, edemezsiniz. – **7.** girebilir miyim? – Hayır, suya giremezsin(iz). – **8.** girebilir miyiz? – Hayır, suya giremezsiniz.

5 **2.** Sevil'in bir telefona ihtiyacı var. – **3.** Zeynep'in bir bilete ihtiyacı var. – **4.** Brigitte'nin koruyucu kreme ihtiyacı var. – **5.** Benim bir çantaya ihtiyacım var. – **6.** Bizim biraz zamana ihtiyacımız var. – **7.** Senin neye ihtiyacın var? – **8.** Sizin tatile ihtiyacınız var.

6 **1.** d. – **2.** h. – **3.** e. – **4.** g. – **5.** f. – **6.** a. – **7.** c. – **8.** b.

7 **1.** Yarın doktora gitmem lâzım/gerek. – **2.** Anneme bir araba lâzım/gerek. – **3.** Bu akşam Ankara'ya gitmemiz gerekecek. – **4.** Bugün büroya gitmen gerekmedi mi? – **5.** Beni burada bekler misin, lütfen? – **6.** Ona kitap bugün mü lâzım/gerek? – **7.** Bugün okula gitmesi gerekecek. – **8.** Yarın bana gelebilir misin?

Lektion 8

1 Dün akşam eve gidiyordum. Yolda Sertaç'a rastladım. Biraz konuştuk. Yarın maça gidecekmiş. Sen de gelir misin diye sordu? Tabii, gelirim dedim. Daha konuşacaktık ama, yağmur başlamıştı. Ayrıldık. – 5, 2, 8, 3, 4, 6, 7, 1
Gestern Abend ging ich nach Hause. Unterwegs traf ich (zufällig) Sertaç. Wir unterhielten uns. Morgen geht er zum Fußballspiel (wie er sagte). Kommst du auch, fragte er. Natürlich, ich komme, sagte ich. Wir wollten uns noch weiter unterhalten, aber es begann zu regnen. Wir trennten uns.

2 **1.** gelirdim – **2.** gider miydik – **3.** otururduk – **4.** içerdi – **5.** giderdim – **6.** çalışırdık – **7.** sevmezdi

3 **1.** f. – **2.** g. – **3.** e. – **4.** h. – **5.** d. – **6.** c. – **7.** b. – **8.** a.

4 **1.** telefon eder misin? – telefon eder miydin? – **2.** bekler misiniz? – bekler miydiniz? – **3.** verir misin? – verir miydin? – **4.** söyler misiniz? – söyler miydiniz? – **5.** yazar mısın? – yazar mıydın? – **6.** acele eder misiniz?–- acele eder miydiniz? – **7.** affeder misin? – affeder miydin? – **8.** olur musunuz? – olur muydunuz?

5 **1.** kiminle – **2.** onunla – **3.** sizinle – **4.** benimle – **5.** neyle – **6.** seninle – **7.** bizimle – **8.** onlarla

6 ● Bu akşam Erman'la buluşacağız. Sen de gelir misin? – ● Gelirdim ama, bugün bizde misafir var. – ● Çok yazık. Ne zaman vaktin var? – ● Siz bize gelir miydiniz, nasıl olurdu? – ● Evet, o da mümkün. Erman'a sorayım. – ● Çok iyi olur, bana haber verir miydin? – ● Seve seve, Erman'a telefon eder etmez, sana haber veririm. – ● Çok sevinir(d)im.

Lektion 9

1 **1.** e. – **2.** h. – **3.** f. – **4.** g. – **5.** d. – **6.** a. – **7.** c. – **8.** b.
2 **2.** Arabam olursa, İstanbul'a giderim. – **3.** Zamanım olursa, bu kitabı okurum. – **4.** Kredi kartım yanımda olursa, para çekerim. – **5.** Cep telefonum olursa, SMS çekerim. – **6.** İnternetim olursa, chat yaparım. – **7.** Arkadaşım olursa, yürüyüşe çıkarım. – **8.** Bisikletim olursa, gezerim.
3 **2.** Keşke filmi seyretseydim! – **3.** Keşke balığa çıksaydım! – **4.** Keşke romanı okusaydım! – **5.** İyi ki loto oynamışım – filmi seyretmişim – balığa çıkmışım – romanı okumuşum.
4 **2.** Dün çok para harcadık. Keşke dün çok para harcamasaydık. – **3.** Keşke bankadan çok para çekmeseydik. – **4.** Keşke dün çok kahve içmeseydim. – **5.** Keşke dün akşam yemeğinde balık yemeseydim. – **6.** Keşke bugün 10 saat çalışmasalar.
5 **2.** Yağmur yağarsa çıkmayız, yağmur yağmazsa çıkarız. – **3.** Unutursam telefon etmem, unutmazsam telefon ederim. – **4.** Hasan gelirse çıkarız, gelmezse çıkmayız. – **5.** Hava güzel olursa gideriz, güzel olmazsa gitmeyiz.
6 **1.** Bu kadar çok çalışmasan hasta olmazdın. – **2.** Hasan evdeyse onu ziyaret edelim. – **3.** Telefonum yanımda olsaydı size telefon ederdim. – **4.** Vaktim olsa ehliyet yapacağım, param olsa bir araba alacağım. – **5.** Biraz daha dikkatli olsan kaza yapmazdın. – **6.** Sertaç gelirse gideriz, gelm*ezse* evde otururz.
7 için: **2.**, **3.**; – ile: **1.**, **3.**, **4.**, **5.**; **1.** Sertaç'la – **2.** çıkmak için – **3.** kitabıyla – **4.** gezmek için – **5.** neyle /ne için – **6.** kiminle – **7.** Erman'la – **8.** telefonla

Lektion 10

1 **1.** Özden Boyacı Sevinç ile Serkan'ın annesi olur. Özden Boyacı Özlem ile Öznur'un kardeşi olur. – **2.** Hasan Boyacı Özden Boyacı'nın kocası olur. Hasan Boyacı Sevinç ile Serkan'ın babası olur. Hasan Boyacı Hüseyin Boyacı'nın ağabeyi olur. – **3.** Emine Boyacı Sevinç ile Serkan'ın babaannesi olur. Emine Boyacı Hasan Boyacı'nın annesi olur. – **4.** Halime Hasan Boyacı'ın ablası olur. Halime Sevinç ile Serkan'ın halası olur. – **5.** Hüseyin Boyacı Hasan Boyacı'ın kardeşi olur. Hüseyin Boyacı Sevinç ile Serkan'ın amcası olur. – **6.** Özlem Sevinç ile Serkan'ın teyzesi olur. – **7.** Özgür Sevinç ile Serkan'ın dayıları olur.
2 **2.** Bizim dün balığa çıkmamız. – **3.** Ece'nin bugün çalışmaması. – **4.** Eva'nın Türkçe öğrenmek istemesi. – **5.** Rıza'nın bir arkadaşına rastlaması. – **6.** Sizin biraz burada beklemeniz.
3 **2.** Eva'nın Türkçe öğrenmesini istiyorum. – **3.** Yarın akşam bana telefon etmeni istiyorum. – **4.** Ece'nin biraz daha çalışmasını istiyorum. – **5.** Bu filmi seyretmenizi istiyorum. – **6.** Burada sigara içmemenizi istiyorum.
4 **1.** Eva'nın İzmir'e gelmesini istiyorum. – **2.** Eva'nın Türkçe öğrenmesine sevindim. – **3.** Bana telefon etmenize gerek yok. – **4.** Bu romanı okumanızı arzu ederiz. – **5.** Daha bir saat çalışmamızı öneririm. – **6.** Bizi dün ziyaret etmen bizi çok sevindirdi.
5 **1.** *Um Türkisch zu lernen, suche ich einen Kurs.* – **2.** İzmir'e gitmek için otobüs bileti alacağım. *Um nach Izmir zu fahren, werde ich ein Busticket kaufen.* – **3.** Sana haber vermek için sana telefon ettim. *Um dir Nachricht zu geben, habe ich dich angerufen.* – **4.** Bizimle sinemaya gelir misin diye sormak için sana SMS çektim. *Ich habe dir eine SMS geschickt, um zu fragen, ob du mit uns ins Kino gehst.* – **5.** Lokantada yemek yemek için lokantada yer ayırttık. *Um im Restaurant zu essen, habe ich Plätze im Restaurant reservieren lassen.* – **6.** Ehliyet almak için bir sürücü kursuna yazıldım. *Um den Führerschein zu machen / erhalten, habe ich mich zu einen Fahrkurs angemeldet / eingeschrieben.*
6 **2.** Bu iş iki saatte yapıldı. – **3.** Dün çok kahve içildi. – **4.** Araba tamir ettirildi. – **5.** Pazar günü balığa çıkıldı. – **6.** Ayasofya'ya bu yoldan gidilir. – **7.** Bu dükkânda Türkçe konuşulur. – **8.** Size haber verildi mi?
7 **1.** *Parken verboten.* – **2.** *Kein Trinkwasser.* – **3.** *Rauchen verboten.* – **4.** *Gestern ereignete sich ein unvorstellbarer Unfall.* – **5.** *Mein Freund wurde in einen Türkischkurs eingeschrieben.* – **6.** *Wie spricht man dieses Wort aus?*
8 **1.** e. – **2.** f. – **3.** d. – **4.** b. – **5.** c. – **6.** a.

Lektion 11

1 **2.** Ankara'ya kar yağdığını biliyor musun? – **3.** Ne zaman geldiğini duymadım. – **4.** Yeni adrese taşındığımızı söylemek istiyorum. – **5.** Kısım şefi olduğunuzu bilmiyordum. – **6.** Kısım şefi olduğunuza çok sevindim. – **7.** Tanıştığımıza memnun oldum. – **8.** Yeni araba aldığını yeni öğrendim.

2 **2.** Gülhan'ın beni bugün ziyaret ettiğini söylüyorum. – **3.** Sekiz saat çalıştığımı söylüyorum. – **4.** Hasanla Özden'in İzmir'e gittiğini/gittiklerini söylüyorum. – **5.** Sertaç'ın bugün evde olduğunu söylüyorum. – **6.** Erman'ın artık bu firmada çalışmadığını söylüyorum. – **7.** Havanın bugün çok güzel olduğunu söylüyorum. – **8.** Havanın dün çok soğuk olduğunu söylüyorum.

3 **1.** *Dass du uns einen Brief geschrieben hast, ist sehr schön.* – **2.** gönderdiğini / *Du schreibst, dass du meine Wünsche/alles, was ich gewünscht habe, geschickt hast.* – **3.** sevindiğimi – *Du kannst nicht wissen/dir nicht vorstellen, wie sehr ich mich gefreut habe.* – **4.** yaptığımı / *Du fragst, was ich in der letzten Zeit alles gemacht habe.* – **5.** öptüğümü / *Sage, dass ich meinen Eltern die Hände küsse.* – **6.** selâm ettiğimi / *Richte den Verwandten aus, dass ich sie grüße.* – **7.** taşındığını / *Ich möchte sagen, dass unsere Firma umgezogen ist.* – **8.** olduğumu / *Weißt du, dass ich Personalchef geworden bin?*

4 **2.** Dün akşam evde olduğunuzu bilmiyordum. – **3.** Bu romanın çok ilginç olduğunu bilmiyordum. – **4.** Bu filmin çok uzun olduğunu bilmiyordum. – **5.** Hasan'ın arabası olduğunu bilmiyordum. – **6.** Sertaç'ın firmada olmadığını bilmiyordum. – **7.** Sertaç'ın vakti olmadığını bilmiyordum. – **8.** Özden'in iki kardeşi olduğunu bilmiyordum.

5 **2.** çalıştığını – **3.** çalışacağını – **4.** yiyeceğimizi – **5.** yediğimizi – **6.** olacağını – **7.** olduğuna

6 **2.** Dün sinemaya gitmemiz – **3.** Özden'in iki kardeşi olması – **4.** Senin bir sorunun olması – **5.** Dün Sertaçları ziyaret etmemiz – **6.** Akşam yemeğini lokantada yememiz – **7.** Benim ehliyetim olmaması – **8.** Bana haber vermemeniz

7 **1.** e. – **2.** f. – **3.** g. – **4.** h. – **5.** c. – **6.** b. – **7.** d. – **8.** a.

8 garson – müdür – emlakçi – bakkal – polis – avukat – bankacı – mühendis – gazeteci – kitapçı – komisyoncu – eczacı

Lektion 12

1 **2.** Süt içip artık yatmak ... – **3.** Çok çalışıp sınava girmek ... – **4.** Telefon edip onlara haber vermek... – **5.** Türkiye'de tatil yapıp biraz dinlenmek ... – **6.** Çarşıda alışveriş edip eve dönmek ...

2 **2.** Çantayı almadan evden çıkmayın. – **3.** Bilet almadan metroya binmeyin. – **4.** Haber vermeden onlara gitmeyin. – **5.** Yer ayırtmadan lokantaya gelmeyin. – **6.** Arabayı görmeden satın almayın.

3 **1.** vermeden / açmadan / giyinip / açıp / deyip – **2.** beklemeden – **3.** yanmadan – **4.** düşünmeden – **5.** içip – **6.** konuşup

4 **2.** Çantayı alınca evden çıktım. – **3.** Bilet alınca metroya bindim. – **4.** Haber verince onlara gittim. – **5.** Vize alınca tatile çıktım. – **6.** Yer ayırtınca lokantaya gittim. – **7.** Arabayı görünce satın aldım.

5 **1.** uyarak – **2.** olunca – **3.** karıştırarak – **4.** bozmadan – **5.** göremeyince – **6.** doğup

6 **2.** Onların yarın çalışıp çalışmayacağını arkadaşıma sordum. – **3.** Sana ne zaman geldiğini sordum. – **4.** Ona dün sinemaya gidip gitmediğini sordum.

7 **a. 2.** Dede, torundan daha yaşlı? – **3.** Valiz çantadan daha ağir? – **b. 2.** Almanya, İsviçre'den büyük, ama Türkiye en büyük. – **3.** Araba, bisikletten daha hızlı, ama uçak en hızlı.

Lektion 13

1 **2.** Yılmaz'la konuşan adamın adı Ertaç. – **3.** Futbol oynayan çocuk okuldan yeni geldi. – **4.** Bugün gelen tren rötar yapmadı. – **5.** Ankara'da çalışan arkadaşım evli değil. – **6.** Ankara'da olan firmanın merkezi İzmir'e taşınacak. – **7.** Evlenmek isteyen adam Ertaç'ın eski bir arkadaşı. – **8.** Çok ilginç olan kitabı yeni satın aldım.

2 **1.** Okuduğum kitap çok ilginç. – **2.** Telefon etmek istediğim arkadaşım İzmir'e gelecek. – **3.** Aldığınız kitapları geri verin. – **4.** Aldığınız mektuba cevap yazınız. – **5.** Sevidiğim kızın adı Sevtap. – **6.** Çalıştığınız işten memnun musunuz? – **7.** Telefonda konuştuğunuz kim? – **8.** İçtiğim çorba çok sıcak.
3 **1.** bekleyen – **2.** tanıştığınız – **3.** isteyen – **4.** yaşadığınız – **5.** bakan – **6.** çalıştığı – **7.** giden – **8.** yediğimiz
4 **2.** Her ay mektup yazdığım teyze İstanbul'da. – **3.** Geçen hafta aldığı arabayı bize göstermek istiyor. – **4.** İyi akşamlar dediğiniz hanım kim? – **5.** Bu, okuduğum en güzel roman. – **6.** Adamın aradığı anahtarlar bunlar mı? – **7.** İçtiğimiz şarap iyi değildi.
5 **2.** Okuyacağın kitap nasıl olmalı? – **3.** İçeceğimiz şarap kırmızı olmalı. – **4.** Gideceğimiz tatil yeri sakin olmalı. – **5.** Hasan'ın alacağı araba hızlı olmalı. – **6.** Yaşacağımız şehir pahalı olmamalı. – **7.** Yiyeceğiniz yemek nasıl olmalı? – **8.** Yollayacağım paket ağır olmamalı.
6 **2. a.** Bahçedeki çocuk arkadaşım. **b.** Bahçede olan ... – **3. a.** Dolaptaki ceket senin mi? **b.** Dolapta olan ...? – **4. a.** Evin önündeki araba kimin? **b.** Evin önünde olan ...? – **5. a.** Buradaki öğrenciler çok çalışkan. **b.** Burada olan .... – **6. a.** Perondaki tren 10 dakika sonra hareket edecek. **b.** Peronda olan tren ....
7 **1.** çalışacağım – **2.** taşınacaksın – **3.** bulurum/bulacağım – **4.** İlk olarak bir ev arayacaksın – **5.** olacak – **6.** görüşürüz/görüşeceğiz – **7.** geleceğim, görüşmek, görüşürüz/görüşeceğiz – **8.** unutursun – **9.** unutmam, unutmayacağim – **10.** evleneceksin, kalacaksın
8 **1.** c. – **2.** f. – **3.** e. – **4.** b. – **5.** d. – **6.** a.

Lektion 14

1 **2.** resimlemek – **3.** yorumlamak – **4.** biçimlemek – **5.** buğulamak – **6.** genişlemek – **7.** tamamlamak – **8.** çözümlemek
2 **2.** Sevinç yirmi üç Şubat bin dokuz yüz seksen altıda İzmir'de ... – **3.** Rıza bir Temmuz bin dokuz yüz altmış yedide İstanbul'da ... – **4.** Ertaç yirmi dokuz Kasım bin dokuz yüz seksen birde Bursa'da ... – **5.** İnci yirmi bir Mart iki bin ikide Antalya'da ... – **6.** Can yirmi beş Ekim iki bin birde Urfa'da ... – **7.** Gülay on üç Ağustos bin dokuz yüz seksen dokuzda Amasya'da ...
3 **2.** Sen işe gittiğinde ben evde değildim. – **3.** Hasan telefon ettiğinde ben onun yanındaydım. – **4.** Siz bize geldiğinizde yağmur yağmıyordu. – **5.** Onlar eve geldiklerinde akşam olmuştu. – **6.** Biz işten döndüğümüzde çok yorgunduk. – **7.** Ben işe gittiğimde sen neredeydin? – **8.** Seval evlendiğinde ben bekârdım.
4 **2.** okundu – **3.** pişirildi – **4.** selamlandı – **5.** teşekkür edildi – **6.** kirletildi – **7.** beğenildi – **8.** satın alındı
5 **1.** Biz İzmir'e gitmeden önce sana telefon edeceğiz. – **2.** Hasan işe geldikten sonra bana telefon edecek. – **3.** Ben mektubu yazdıktan sonra kitap okuyacağım. – **4.** Siz lokantaya gitmeden önce yer ayırtın. – **5.** Sen eve gelmeden önce ekmek al. – **6.** Yılmaz personel şefi olduktan sonra arkadaşları çok sevindi(ler).
6 **2.** giderken – **3.** çalışırken – **4.** gelirken
7 9, 2, 5, 4, 1, 8, 3, 6, 7, 10

Lektion 15

1 **2.** kilosu – **3.** litre – **4.** kilometre – **5.** yarım – **6.** buçuk
2 **2. a.** Saat on buçuk. **b.** Saat on otuz. – **3. a.** Saat on beş kırk beş. **b.** Saat dörde çeyrek var. – **4. a.** Saat altı on beş. **b.** Saat altıyı çeyrek geçiyor.
3 **1.** kaça – **2.** kaçta? – **3.** kaça? – **4.** kaçta? – **5.** kaç? – **6.** kaç? – **7.** kaç? – **8.** kaç
4 **1.** Yarım saat sonra geleceğim. – **2.** Bize yarım litre süt lâzım. – **3.** Yılmaz tam gün çalışıyor. – **4.** İşin yarısı tamam. – **5.** Bir buçuk saat çalıştık. – **6.** Film iki buçuk saat sürüyor. – **7.** Tren gara gece yarısı gelecek. – **8.** Yarım gün çalışmak istiyorum.

Lösungen zu den Tests

Mit den drei Tests können Sie Ihre Erfolge selbst überprüfen und bewerten.

34–26 Punkte:	**Fevkalade!** – Tolle Leistung!
25–17 Punkte:	**İyi!** – Sie haben schon gute Fortschritte gemacht. Sehen Sie sich jetzt noch einmal die Themen im Buch an, die Ihnen Probleme bereitet haben.
Weniger als 17 Punkte:	**Tekrarlayınız!** – Sie können das bestimmt besser. Wiederholen Sie die Grammatikerklärungen und den Wortschatz der letzten fünf Lektionen.

Test 1

1 **1.** doğru – **2.** yanlış – **3.** yanlış – **4.** doğru
2 **1.** firmadan 17.30'da – **2.** Hasan'a – **3.** listeden – **4.** garsona – **5.** yemekleri – **6.** Türkiye'nin
3 **1.** gelir – **2.** içer misiniz? – **3.** dilerim – **4.** gideriz – **5.** sever misin? – **6.** görüşürüz
4 **1.** a. – **2.** c. – **3.** c. – **4.** a. – **5.** b. – **6.** c.
5 **1.** nasılsınız – **2.** geliyor musunuz – **3.** geldiniz – **4.** gideceksiniz – **5.** neredeydiniz – **6.** sever misiniz
6 **1.** kötü – **2.** az – **3.** üstünde – **4.** sabah – **5.** iyi – **6.** dün

Test 2

1 **1.** yanlış – **2.** doğru – **3.** doğru – **4.** yanlış
2 **1.** c. – **2.** b. – **3.** b. – **4.** c. – **5.** c. – **6.** c.
3 **1.** pazar – **2.** yayan – **3.** durak – **4.** ihtiyaç – **5.** futbol – **6.** kötü
4 **1.** gidecekse – **2.** bürosundaysa – **3.** varsa – **4.** çalıştıysa – **5.** yazmışsa – **6.** yağmurluysa
5 geziyormuş, arıyorsun, sıkıştırmışlar, vermiş, kaçtı, arıyorum
6 **1.** Evet, onu gördüm. – **2.** Evet, ona telefon edeceğim. – **3.** Hayır, onlarda kalmıyor. – **4.** Hayır, onunla konuşmuyordum. – **5.** Evet, onun. – **6.** Hayır, onun arabası yok.

Test 3

1 **1.** d. – **2.** c. – **3.** b. – **4.** a.
2 **1.** yazıyorsun – **2.** çalışıyoruz – **3.** bekliyor – **4.** azalıyor – **5.** gerekir – **6.** kazanabiliriz
3 **1.** b. – **2.** a. – **3.** c. – **4.** c. – **5.** c. – **6.** a.
4 **2.** çalışıldı – **3.** okunan – **5.** satılır mı – **6.** gidildi
5 **1.** olduğunu – **2.** çalışmamızı – **3.** olmanızda – **4.** ayrıldığını – **5.** gitmemizi – **6.** alıştığımı
6 **1.** ya – **2.** çünkü – **3.** yani – **4.** yoksa – **5.** ama – **6.** ondan sonra

Glossar

A

Aa!? Nanu? **12**
abartmak übertreiben **6**
abi [a:bi] **(ağabey)** älterer Bruder **7**
abla ältere Schwester **4**
acaba ['acaba:] wohl **6**
acele etmek beeilen **7**
acı scharf **12**
acıkmak Hunger bekommen **5**
acil [a:cil] dringend **1**
açık klar **9**
açık renk helle Farben **7**
açılmak sich öffnen **8**
açmak öffnen **10**
ad Name **2**
adam Mensch; Mann **6**
adım Schritt **11**
adet Stück **12**
âdet, adedi [a:det] Brauch, Sitte **12**
âdettendir es ist Brauch **12**
adres Adresse **2**
aferin ['a:ferin] bravo **9**
affetmek ['affetmek] verzeihen **11**
Afrika [af'rika] Afrika **14**
ağabey (abi) älterer Bruder **7**
ağaç, ağacı Baum **5**
ağartmak weiß werden lassen **13**
ağırlamak aufnehmen und bewirten **15**
ağırlıklı hauptsächlich **7**
ağustos August **3**
ailecek [a:i'lecek] als Familie **8**
ailemizdeki in unserer Familie (befindlich) **10**
ait *Dat* [a:it] gehören **5**
ak weiß (im übertragenen Sinn) **14**
Akdeniz ['akdeniz] Mittelmeer **9**
akıl, aklı Vernunft; Sinn **3**
akıllı klug, intelligent **13**
akmak fließen **12**
Akrep Skorpion **13**
aksan Akzent; Tonfall **8**
Aksaray ['Aksaray] Aksaray **1**
akşam früher Abend, Spätnachmittag **4**
akşam yemeği Abendessen **2**
akşamları abends **1**
alan Feld, Gebiet **13**
aldırış Beachtung **6**
alıcı Empfänger(in) **13**
alınmak genommen werden **10**
alışmak *Dat* sich gewöhnen **11**
alışveriş Einkauf **9**
almak nehmen, holen, kaufen **3**
almak + *Akk* / + *Abl* jmdn abholen; nehmen **5**
Alman Deutsche(r) **1**
Almanca [al'manca] (die) deutsche Sprache **1**
Almanya [al'manya] Deutschland **1**
alt *Subst / Adv* Unterseite; unten **5**
altı sechs **1**
altmış sechzig **1**
ama aber **2**
amaç, amacı Ziel **14**
amca Onkel (Bruder des Vaters) **10**
Amerika [ame'rika] Amerika **14**
an Augenblick **4**
anadil Muttersprache **12**
Anadolu Anatolien (asiatische Türkei) **9**
Ankara ['ankara] Ankara **1**
anket formu Umfragebogen, Umfrageformular **9**
anlama Bedeutung; Verstehen **10**
anlatmak erklären; erzählen **4**
anlayışlı verständnisvoll **13**
anneanne [an'na:ne] Großmutter (Mutter der Mutter) **10**
anne-baba Eltern (Mutter-Vater) **10**
Antartika [antar'tika] Antarktis **14**
antik ad antiker Name **6**
aptal dumm **13**
ara *Subst / Adv* Zwischenraum; (da)zwischen **5**
ara vermek Pause machen **7**
araba Auto **2**
aralık, aralığı Dezember **3**
aramak suchen **1**
Arap Alevileri arabische Aleviten **15**
araştırmak recherchieren **9**
araya getirmek *(bir)* zusammenbringen **15**
arka *Subst / Adv* Rückseite; hinter; hinten **4**
arkadaş Freund(in) **1**
Arslan Löwe **13**
arşın Elle (altes Längenmaß) **6**
artık ['artık] nunmehr, ab jetzt **2**
artış Zunahme **14**
arzu etmek wünschen **3**
asıl şöhreti seine eigentliche Berühmtheit **8**
aslında ursprünglich, eigentlich **4**
Asya ['asya] Asien **14**
aşağıdaki unten befindlich **9**
aşçı Koch **1**
aşkın *Akk* mehr als **15**
Atatürk Kültür Merkezi Atatürk-Kulturzentrum **15**

Atatürk'ü Anma Atatürk Gedenken **14**
ateş Feuer; Fieber; Hitze **12**
Atina [a'tina] Athen **1**
Atlas Okyanusu Atlantischer Ozean **14**
atmak (ein)werfen **9**
Avrasya [av'rasya] Eurasien **14**
Avrupa [av'rupa] Europa **14**
avukatlık bürosu Rechtsanwaltskanzlei **1**
Avusturalya [avustu'ralya] Australien **14**
ay Monat **1**
Aya İrini Müzesi Hl. Irenen-Museum **15**
ayak, ayağı Fuß **8**
Aydın ['aydın] Stadt in Westanatolien **8**
ayırtmak reservieren lassen **10**
ayna Spiegel **5**
aynalı dolap, dolabı Spiegelschrank **5**
aynı ['aynı] gleich; der-, die-, dasselbe **1**
ayrı eigen(e,s); getrennt; anders, verschieden **6, 9**
ayrı yaşıyor lebt getrennt **13**
ayrıca zudem, außerdem, extra **3**
ayrıldığı zaman als sie ... verließ **12**
ayrılmak sich trennen **13**
az wenig **6**
az önce vor kurzem **6**
az şekerli leicht (wenig) gesüßt **6**
azalmak vermindern **14**
Aziz Peter Kalesi Sankt-Peter-Kastell **6**

B

babaanne [ba'ba:nne] Großmutter (Mutter des Vaters) **10**
Bab-ı Saadet [ba:b-ı saa:'det] Pforte/Tor der Glückseligkeit (Istanbul) **15**
bağlantı Verbindung **9**
baharat Gewürze **12**
baharatlı gewürzt **12**
Bakar mısınız? Würden Sie bitte hierherschauen? **3**
baklava türkische Süßspeise **3**
bakmak *Dat* schauen **3**
balığa çıkmak zum Fischen gehen **8**
balık, balığı Fisch **8**
balık tutmak angeln, fischen **8**
balık yemeği Fischgericht **12**
balkon Balkon **5**
Baltık Denizi ['baltık] Ostsee **14**
bana mir **2**
bana kalırsa wenn's nach mir geht, wenn Sie mich fragen **12**
banyo ['banyo] Badezimmer **5**
bardak, bardağı Glas **12**
baş Kopf, Haupt; Anfang **10**
Başak Jungfrau **13**
başarılı erfolgreich **8**
başarısızlık Erfolglosigkeit **10**
başka andere(r,s); außer **5**
başka sefere ein anderes Mal **8**
başkent Hauptstadt **13**
başlamak beginnen **14**
başlanmak begonnen werden **10**
başlatmak beginnen lassen, starten **14**
başvuru formu Anmeldeformular **2**
batı Westen **9**
bavul Reisekoffer **5**
bay Herr (+ Nachname) **10**
bayağı ziemlich, gewöhnlich **8**
bayan Dame (+ Nachname) **10**
bayat ekmek içi altes Brot ohne Rinde (das Innere ...) **12**
bazen ['ba:zen] manche(r,s) **12**
bazı ['ba:zı] manche(r,s) **6**
Bebek Stadtteil von Istanbul am Bosporusufer **10**
beceri Fähigkeit **10**
beğenmek *Akk* mögen, gern haben, gefallen **2**
bekâr ledig, Junggeselle **2**
bekçi (Nacht-)Wächter **6**
beklemek warten **5**
beklenmek erwartet werden **10**
bekleşmek *ile* gegenseitig warten **14**
bekletmek warten lassen **14**
bel çantası Gürteltasche **5**
belde Gemeinde, Dorf **3**
belediye otobüsleri Stadtbusse **7**
Belgrad Ormanı ['belgrad] Belgrader Wald **2**
belki ['belki] vielleicht **5**
belli klar, offenkundig **10**
ben ich **1**
bencil egoistisch **13**
benim mein(e,r) **2**
benimle mit mir **1**
benzemek ähneln, gleichen **15**
benzersiz unvergleichlich **15**
beraber [bera:ber] zusammen **4**
bereketli fruchtbar, gesegnet **15**
beri *-den* seit **5**
beslenmek sich ernähren **7**
beş fünf **1**
bey Herr (+ Vorname) **10**
beyaz weiß **14**
bezelye [be'zelye] Erbse **12**
bıçak, bıçağı Messer **12**
bırakmak lassen, dalassen **3**
bıyıklı mit Schnurbart **13**
biber Paprika **12**

biber dolaması gefüllte Paprika **10**
bildirmek wissen lassen, mitteilen **14**
bile sogar **3**
bile + *Verneinung* nicht einmal **12**
bilemezsin du kannst nicht wissen **11**
bilen kennend, wissend **12**
bilet Fahrkarte **7**
bilgili gelehrt, kenntnisreich **13**
bilgisayar Computer, Rechner **9**
bilincin geliştirilmesi Entwicklung des Umweltbewusstseins **14**
bilinçsizce rücksichtslos **14**
bilinmek gewusst werden **10**
bilmek wissen **3**
binmek *Dat* einsteigen **7**
bir ein(e) **1**
bir yerde irgendwo **4**
bira ['bira] Bier **3**
biraz ['biraz] ein wenig, etwas **3**
birçok ['birçok] viele **6**
birer je eine(r,s) **3**
birey Mitglied **10**
birinci kat erstes Stockwerk **5**
birkaç einige **4**
birlikte zusammen, gemeinsam **1**
birsürü eine Menge **14**
birşeyler [bişiy'ler] einiges, etwas **3**
bisiklet Fahrrad **2**
bitki Pflanze **14**
biz wir **1**
bizzat ['bizzat] persönlich **12**
Bodrum ['bodrum] das antike Halikarnassos **5**
bodrum Keller, Untergeschoss **5**
bodrum katı Kellergeschoss **5**
Boğa Stier **13**
Boğaz turu Bosporus-Fahrt **4**
bol ausgiebig **7**
bol bol viel, reichlich **7**
Bolu ['bolu] Bolu (Stadt in Anatolien) **3**
boş zaman Freizeit **8**
boşanmış geschieden **13**
boy Länge, Größe, Umfang **6**
bozmadan ['bozmadan] ohne zu zerstören **12**
bozmak zerstören, vernichten; schaden **12**
bölge Region, Gebiet **9**
bölüm Abteilung **1**
bölünmek geteilt werden **10**
böyle so, auf diese Weise **6**
bu diese(r,s) **6**
bu akşam diesen Abend, heute Abend **1**
bu sefer dieses Mal **5**
buçuk, buçuğu halb (mit vorangehender Zahl) **12**
bugünkü heutig **3**
buğulamak dünsten **10**
buldurmak finden lassen **14**
Bulgar Bulgare, Bulgarin **1**
Bulgar Kilisesi Bulgarische Kirche **15**
Bulgarca [bul'garca] (die) bulgarische Sprache **1**
Bulgaristan Bulgarien **1**
bulmak finden **1**
bulunmak gefunden werden; sich befinden **10**
buluşma Treffen **15**
buluşmak *ile* sich treffen (mit) **3**
bulut Wolke **9**
bundan sonra von nun an **3**
burç, burcu Tierkreiszeichen **13**
Bursa ['bursa] Stadt in West-Anatolien **3**
buyurun ['buyrun] bitte sehr **3**
bütün + *Subst* alle **5**
büyük groß **3**
Büyük Okyanus Stiller Ozean **14**
büyümek auf-, heranwachsen **8**

C

C vitamini [dsche:] Vitamin C **7**
cadde Straße **2**
can Seele **9**
can sıkmak Seele bedrücken **13**
canayakın sympathisch **13**
canım mein(e) Liebe(r); Kosename **9**
canlı lebendig; life **13**
canlılar Lebewesen **14**
cansıkıcı ['cansıkıcı] langweilig **13**
cazip [ca:zip] verlockend **12**
cenaze [cena:ze] Leichenzug **6**
cennet Paradies **6**
cevap vermek Antworten, Antwort geben **6**
Cevdet Bilsay Caddesi Cevdet-Bilsay-Straße **9**
cezve kleines Stielgefäß zur Kaffeezubereitung **12**
ciddi [ciddi:] ernst, ernsthaft **13**
cinsiyet Geschlecht **2**
cuma günü [cu'ma:] Freitag **11**
cumhuriyet [cumhu:riyet] Republik **14**
Cumhuriyet Bayramı Tag der Republik **14**
cüzdan Brieftasche **5**

Ç

çabuk schnell **7**
çağırılmak *Pass* gerufen werden **8**
çağırmak (zu)rufen **3**
çalışkan fleißig **13**
çalışma (das) Arbeiten **2**
çalışma odası Arbeitszimmer **5**
çalışma ortamı Arbeitsumgebung, Arbeitsatmosphäre **2**

çalışmak arbeiten; lernen, sich bemühen **1**
çanta ['çanta] Tasche **5**
çatal Gabel **12**
çatal-kaşık, çatal-kaşığı Besteck **12**
çatışma Konflikt **10**
çay Tee **6**
çay kaşığı Teelöffel **12**
çekingenlik Zurückhaltung, Befangenheit, Schüchternheit **10**
çeşit, çeşidi Art, Variante **3**
çeşitli verschieden **10**
çevirmek drehen **8**
çevre Umgebung; Umwelt **10**
çevreciler Umweltschützer(in) **14**
çevredostu umweltfreundlich **14**
çıkmak hinausgehen **3**
çıraklık Lehrzeit **8**
çiçek, çiçeği Blume **8**
çiçekli geblümt **8**
çileli Sorgenvoll; mühsam **8**
çipura Goldbrasse **9**
çirkin hässlich **13**
çocuk odası Kinderzimmer **5**
çocuk, çocuğu Kind **3**
çocukluk Kindheit **8**
çok sehr, viel **1**
çoluk çocuk, çoluk çocuğu Kind und Kegel **12**
çorba Suppe **12**
çorba içmek Suppe trinken **12**
çorba kaşığı Suppenlöffel **12**
çöl Wüste **14**
çölleşmek zur Wüste werden **14**
çünkü ['çünkü] denn, weil **2**

D

dağ yürüyüşü Bergwandern **2**
daha + *Adj* noch **2**
daha iyi besser **4**
dair [da:ir] bezüglich, über **5**
daire [da:ire] Wohnung **1**
dakika [daki:ka] Minute **2**
dal Zweig **12**
dalgalı lockig **13**
danışma hattı Auskunftsleitung (Telefon) **9**
danışmanlık hizmeti Beratungsdienst **9**
Dario Moreno türkischer Sänger **8**
davet [da:vet] Einladung **1**
davet etmek einladen **1**
davranmak vorgehen, sich verhalten **13**
dayı Onkel (Bruder der Mutter) **10**
de, da auch **1**
dede Großvater (mütter- und väterlicherseits) **10**
değerlendirmek (aus)nützen **8**
değil [diil] nicht **2**
değil mi? ['di:(l) mi] nicht wahr? **3**
değişme Wandel **14**
değişmek sich (ver)ändern **6**
değiştirmek wechseln, austauschen **7**
delik, deliği Loch **14**
delinmek durchlöchert, Löcher bekommen **14**
demek Sagen; sprechen (von) **3, 8**
denemek versuchen, ausprobieren **10**
deniz Meer **2**
denmek *Pass* gesagt werden **3**
depresyon Depression **13**
derece Grad **12**
dernek kurulmak Verein gründen **14**
devam etmek [deva:m] fortsetzen **8**
deyince wenn man sagt **3**
dış *Subst / Adv* Außenseite, Äußeres; außerhalb **5**
diğer die andere(r,n) **12**
diğer kısmını kaynatın bringen Sie den anderen Teil zum Kochen **12**
dikkat etmek achten auf, beachten **7**
dil Sprache; Zunge **12**
dilim Scheibe **12**
dini bayram günleri [di:ni:] religiöse Festtage **14**
dinlemek hören **2**
dinlenme tesisleri [te:sisleri] Erholungsanlagen **5**
dinlenmek sich ausruhen, sich erholen **3**
diye weil, um, zu (*wörtl.:* sagend) **5**
doğal enerji kaynakları natürliche Energiequellen **14**
doğmak geboren werden; entstehen, hervorgehen **8**
doğru ['do:ru] direkt **7**
doğrusu *Komp* richtiger **8**
doğu Osten **9**
doğuş Geburt; Aufgang (der Sonne) **10**
doğuştan angeboren **10**
doksan neunzig **1**
doktor randevusu Arzttermin **15**
dokuz neun **1**
dolap, dolabı Schrank **5**
dolaşmak bummeln, besichtigen **9**
dolayı wegen **5**
doldurmak ausfüllen; vollenden **2**
dolmalık biber Paprikaschote zum Füllen **12**
dolmuş Sammeltaxi **7**
dolu Hagel **9**
domates [do'mates] Tomate **12**
donanım Hardware **9**
dondurma Speiseeis **10**
dökmek gießen **12**

dönem Periode, Phase **8**
döner çeşidi Döner-Art **3**
dönmek zurückkehren, drehen, wenden **5**
dönüş Rückfahrt **7**
dört, dördü vier **1**
dul verwitwet, Witwe(r) **13**
durak, durağı Haltestelle **7**
durmak stehen, halten **3,7**
durum Lage, Situation **12**
duş almak duschen **5**
duygu Gefühl; Sinn **10**
duygusal sentimental **13**
duymak hören; fühlen, erfahren, wahrnehmen **12**
dümdüz ['dümdüz] ganz gerade (aus) **7**
dünya [dünya:] Welt **6**
düşünce Gedanke **10**
düşünmek (nach)denken, überlegen **5**
düz glatt **13**
düzenli ordentlich **13**
düzensiz unordentlich **13**

E

Ee! Jetzt reicht's aber! **12**
Ee'si sağlık! Nicht weiter! **13**
Eee? Nun erzähl? **12**
efendi seriös, taktvoll **13**
efendim wie bitte?; auch: mein Herr [efen'dim], meine Dame [e'fenim] **3**
Ege denizi Ägäis(ches Meer) **9**
eğer yoksa wenn nicht **9**
ehliyet Führerschein **2**
ekim Oktober **3**
eklenebilir kann hinzukommen **10**
eklenmek *Pass* hinzugefügt werden **10**
ekmek, ekmeği Brot **12**
ekonomik ökonomisch, sparsam **2**
ekran koruyucu Bildschirmschoner **13**
el Hand **7**
el bagajı Handgepäck **5**
el çantası Handtasche **5**
ela [ela:] honigbraun **13**
elbise Kleidung **7**
eldiven Handschuhe **7**
elektrik, elektriği Strom **12**
elektrikli mit Strom (betrieben) **12**
eleman Fachkraft **12**
Eline sağlık! Gesundheit deinen Händen! **10**
elli fünfzig **1**
en iyi am besten **3**
en şanslı am glücklichsten **2**
enerji Energie **14**
engellenmek verhindern **14**
enginarlı kuzu kavurması Lammrostbraten mit Artischocken **3**
enişte Schwager; (angeheirateter) Onkel **4**
epeyce ['epeyce] (ziemlich) lange **15**
epeydir ['epeydir] (seit) lange(m), es ist lange her **3**
e-posta [e:posta] E-Mail **1**
erimek schmilzen **1**
erkek, erkeği Mann; männlich **2**
erkek kardeş Bruder **10**
Ermeni Armenier **15**
eser Werk **15**
esin Inspiration **9**
eski hamam eski tas alles wie gehabt **13**
eskiden früher **8**
Esma Sultan Yalısı [esma:] Esma Sultan Sommerpalais **15**
esmek wehen **9**
esmer brünett **13**
Estağfurullah, buyurun. aber bitte sehr **7**
eş Ehegatte, Ehegattin **10**
Eşrefpaşa Pazarı Eşrefpaşa Basar **8**
eşya [eşya:] (persönliches) Gepäck **5**
et yemeği Fleischgericht **12**
etek, eteği Saum **15**
etken Faktor **14**
etkinlik, etkinliği Aktivität, Veranstaltung **8**
etmek *Hilfsverb* machen **1**
etrafımızdaki [etra:f] in unserer Umgebung (befindlich) **10**
ev Wohnung, Haus **2**
ev sahipliği [sa:hipliği] Hausbesitzer(tum) **15**
evlenmek *ile* (jmdn) heiraten, sich vermählen **11**
evli verheiratet **13**
eylül September **3**
Eyvallah! ['eyvallah] Vergelt's Gott!, Danke schön! **7**
ezmek ausdrücken **12**

F

faaliyet Tätigkeit, Aktivität **15**
fakir arm **13**
fal Horoskop **13**
falan und so weiter **8**
fark etmek bemerken **12**
fasulye [fa'sulye] Bohne **12**
fatura [fa'tura] Rechnung **14**
fayda Nutzen **12**
faydasız nutzlos **12**
fazla mehr, viel **12**
felâket [fela:ket] Katastrophe **14**
fena [fena:] schlecht, böse **5**

Fenerbahçe Stadtviertel in Istanbul **8**
fevkalade ['fevkala:de] ausgezeichnet **15**
fıçı birası Fassbier **3**
fikir, fikri Gedanke, Idee **5**
fırın Backofen **12**
fırsat Gelegenheit **15**
fırtına [fır'tına] Sturm **9**
film Film **2**
fincan Tasse **12**
firma ['firma] Firma **1**
fosil fossil **14**
fosil enerji kaynakları fossile Energiequellen **14**
Fransa ['fransa] Frankreich **1**
Fransızca [fran'sızca] (die) französische Sprache **1**
Fransız Franzose, Französin **1**
fuar Messe **9**
futbol ['futbol] Fußball **8**

G

gar Hauptbahnhof **7**
garaj Garage; Busbahnhof (ugs) **5**
garson Kellner(in) **3**
gayrimenkul ['gayrimenkul] Immobilie(n) **1**
gazino [ga'zino] vornehmes Restaurant mit Musik; Casino **8**
gazoz Limonade **12**
gece Nacht **6**
geçenlerde neulich, kürzlich **9**
geçirmek *Akk* verbringen **4**
geçmek *Abl* vergehen, vorbeigehen, passieren **5**
gelir gelmez sobald (+ kommen) **4**
gelişmek sich entwickeln, wachsen **11**
geliştirmek entwickeln, zustandekommen **10**
gelmek *Dat / Abl* kommen **1**
gemi Schiff **7**
genç, genci jung; Jugendliche(r) **13**
Gençlik ve Spor Bayramı Jugend und Sportfest **14**
genişlemek verbreiten **14**
gerçekten tatsächlich, wirklich **8**
gerek, gereği nötig, erforderlich **7**
gerekmek nötig sein, notwendig sein **2**
geri zurück **11**
getirtmek bringen lassen **15**
geveze Schwätzer(in) **6**
gezinti Ausflug **9**
gezmek *Akk* spazieren gehen, besichtigen **4**
gibi wie **2**
gidiş Hinfahrt **7**
girmek *Dat* eintreten **3**
gitar Gitarre **8**
gitmek *Dat* Gehen; fahren **2**
gittikçe [git'tikçe] ziemlich **14**
giyinmek sich kleiden **8**
giymek (Kleidung) tragen, anziehen **7**
gök gürültüsü Donner **9**
göl See **14**
gönderdiğini dass du geschickt hast **11**
gönderen Absender(in) **13**
göndermek schicken, senden **11**
göndermiş olduğun (den) du geschickt hast **11**
gönül, gönlü Herz; Seele **8**
göre *Dat* gemäß, entsprechend **5**
görmek *Akk* sehen **1**
görülmek gesehen werden, besprechen **10**
görünmek *Pass / Refl* erscheinen, aussehen; sich zeigen **5**
görüntü Erscheinung **14**
görüntülemek darstellen (am Bildschirm) **14**
görüş Meinung **5**
görüşme Gespräch, Interview **15**
görüşmek *ile* sich sehen, sich treffen (mit); mit jmdm besprechen **3**
görüşmek üzere auf Wiedersehen **4**
göstermek zeigen **5**
götürmek (weg-, hin)bringen; (weg-, hin)tragen **6**
gözlük, gözlüğü Brille **12**
gri grau **14**
Gülhane Parkı [gülha:'ne] Park in Istanbul **4**
gün Tag **1**
günbatısı ['gündoğusu] Westen, Westwind **9**
güncelleştirme hizmeti Aktualisierungsdienste **9**
gündoğusu ['gündoğusu] Osten, Ostwind **9**
gündüzleri tagsüber **1**
güneş Sonne **12**
güneşli sonnig **9**
güney Süden **9**
güneybatı [gü'neybatı] Südwesten **9**
güneydoğu [gü'neydoğu] Südosten **9**
gür laut **8**
güvenli sicherheitshalber **14**
güvensizlik Misstrauen; Unsicherheit; Unzuverlässigkeit **10**
güzel schön, hübsch **2**
güzel olmak schön werden **11**
güzellik Schönheit **12**

H

hafif leicht **8**
hafta Woche **1**
hafta sonu Wochenende **2**

haklı recht haben **3**
hala Tante (Schwester des Vaters) **10**
hâlâ ['ha:la:] noch nicht **12**
halbuki [hal'buki] eigentlich, jedoch **13**
Haliç ['haliç] Goldenes Horn in Istanbul **14**
halk Volk **15**
halletmek ['halletmek] erledigen **9**
hamsi balığı Sardellen **3**
hamur Teig **12**
hangi welche(r,s) **6**
hanım Dame (+ Vorname) **10**
hareket Abfahrt **7**
hareket etmek abfahren, aufbrechen **7**
harekete geçmek aktiv werden **13**
harmanlanmak zusammengewürfeln **15**
hasta krank **1**
hastalık Krankheit **8**
haşlamak kochen **12**
Hatay ['hatay] südöstlichste Region der Türkei am Mittelmeer **15**
hatıra [ha:tı'ra] Erinnerung **8**
hatırlamak sich erinnern **11**
hava das Wetter **2**
hayal, hayali [haya:li] Wunschtraum **8**
hayat [haya:tı] Leben **11**
Haydi! ['haydi] Los! **7**
hayrola ['hayrola] nanu (ugs) **11**
Hazar Denizi Kaspisches Meer **14**
hazır olmak bereit sein **11**
hazırlamak zubereiten **10**
haziran [hazi:ran] Juni **3**
hediye Geschenk **7**
hemen ['hemen] sofort **5**
hemen hemen fast, beinahe **3**
hep ständig, immer **1**
hepimiz wir alle **5**
hepsi *ohne Subst* alle **6**
her jede(r,s) **3**
her biri ['herbiri] ein(e) jede(r,s) **6**
herhangi [her'hangi] irgendein(e,r) **2**
hesap, hesabı [hesa:bı] Rechnung **14**
hesaplamak berechnen **14**
Hıristiyan Araplar christliche Araber **15**
hırs Ehrgeiz **13**
hızla ['hızla] schnell, geschwind, rasant **2**
hızlı schnell, rasch; laut (Stimme) **11**
hiç nichts **1**
hiçbir kein(e,r) **6**
hikâye [hika:ye] Geschichte, Erzählung **11**
Hint Okyanusu Indischer Ozean **14**
hissetmek ['hissetmek] fühlen **6**
hizmet Dienst **9**
hoca Lehrer(in); Gelehrte(r) **6**
hoş bulduk danke (Antwort auf *hoş geldiniz*) **1**
hoş geldiniz herzlich willkommen **1**
hoşgörülü tolerant **13**

I

ılımlı gemäßigt **13**
ırmak, ırmağı Fluss **14**
ısınmak sich erwärmen **14**
ıslamak einweichen **12**
ıslanmış nass geworden **7**
ıspanak, ıspanağı Spinat **12**
ışın Strahlung **14**
ızgara [ız'gara] gegrillt, vom Grill **12**

İ

İç Anadolu Bölgesi Zentralanatolien **9**
iç *Subst / Adv* Inneres, Innenseite; innen **5**
içecek, içeceği (alkoholfreies) Getränk **7**
içerik, içeriği Inhalt, Gehalt **15**
için für, zu **1**
içmek trinken **7**
içten herzlich, aufrichtig **13**
ihracat [ihra:cat] Ausfuhr, Export **15**
ihtiyaç, ihtiyacı [ihtiya:c] Bedürfnis **5**
ihtiyaç molası Bedürfnispause **5**
iki zwei **1**
iki kişilik für zwei Personen **12**
ikidilli [i'kidilli] zweisprachig **12**
İkizler Zwillinge **13**
iklim Klima **14**
ikram etmek [ikra:m] anbieten **12**
ilan etmek [i:la:n] erklären, anzeigen **10**
ilave etmek [ila:ve] hinzufügen **12**
ilçe Landkreis, Bezirk **15**
ile, -(y)le/la mit; und **3**
ileride vorn **5**
iletişim Kommunikation **10**
iletişim kurma sanatı die Kunst zu kommunizieren **10**
iletmek leiten, weiterleiten **9**
ilgi çekici interessant **13**
ilgilendirmek interessieren, betreffen **14**
ilginç interessant **6**
ilişki Kontakt, Beziehung **10**
ilkbahar ['ilkbahar] Frühling **9**
inanmak *Dat* glauben **9**
İngilizce [ingi'lizce] englische Sprache **1**
İngiltere [ingil'tere] England **1**
İngiliz ['ingiliz] Engländer(in), englisch **1**
inmek aussteigen, absteigen (Pferd) **5**
insan Mensch; man **6**
insanlık Menschheit **14**
inşaat etmek errichten, erbauen **6**

inşallah ['inşallah] hoffentlich (*wörtl.:* so Gott will) **9**
internet bağlantısı Internetzugang **9**
ise hingegen **3**
isim, ismi Name **3**
iskele [is'kele] Anlegestelle **7**
İspanya [is'panya] Spanien **1**
İspanyol [ispan'yol] Spanier(in); spanisch **1**
İspanyolca [ispan'yolca] (die) spanische Sprache **1**
İstanbul [İs'tanbul] Istanbul **1**
İstanbul Festivali Istanbul Festival **15**
istasyon Bahnhof (Schienenfahrzeuge) **7**
istediklerimi alles, was ich gewünscht habe **11**
istekler Wünsche **11**
istemek wollen, mögen **1**
iş Arbeit; Angelegenheit **2**
iş arkadaşı Arbeitskollegin, -kollege **2**
iş yeri Arbeitsplatz **2**
işlemek verkehren **7**
İtalya [i'talya] Italien **1**
İtalyan Italiener(in), italienisch **1**
İtalyanca [ital'yanca] (die) italienische Sprache **1**
itibaren [i:tiba:'ren] ab **5**
iyi gut **1**
iyi günler guten Tag **1**
iyice ziemlich **8**
iyilik Güte, Wohlbefinden **9**
iyiliksever wohltätig **13**
iyimser *Subst / Adj* Optimist; optimistisch **13**
İzmir ['izmir] Stadt in Westanatolien **5**

J

jeton Münze (als Fahrkarte) **7**
jimnastik, jimnastiği Gymnastik **8**

K

kaba Gefäß, Schüssel **12**
kabak, kabağı Kürbis, Zucchini **12**
kablo Kabel **12**
kablolu televizyon Kabelfernsehen **12**
kablosuz (telefon) schnurloses Telefon **12**
kabul etmek akzeptieren, annehmen **11**
kaç wie viel? **1**
kaçırılmak verpasst werden **15**
kaçmak (ent)fliehen, weglaufen, flüchten **6**
kadar so viel wie **6**
kadar *Dat* bis zum, nach **4**
kadeh Weinglas **12**
Kadıköy [ka'dıköy] Stadtteil von Istanbul (asiatische Seite) **8**
kadın Frau; weiblich **2**
kâğıt [kaıt], **kâğıdı** Papier **8**
kahvaltı Frühstück **6**
kahve Kaffee **3**
kahverengi [kah'verengi] braun **14**
kalem Stift **8**
kalın dick, dunkel; auch: warm **7**
kalkış Abfahrt **7**
kalkmak abfahren **7**
kalmak bleiben **3**
kalorifer Heizung **5**
kalp, kalbi Herz **8**
kapalı bedeckt **9**
kapı Tür **3**
kapıcı Hausmeister **2**
kaptan şoför Busfahrer(in) **5**
kar Schnee **9**
kara schwarz (im übertragenen Sinne) **14**
karabiber [ka'rabiber] schwarzer Pfeffer **12**
Karadeniz [ka'radeniz] Schwarzes Meer **9**
karar vermek entscheiden **12**
karayel [ka'rayel] Nordosten **9**
karayolu [ka'rayolu] Fernstraße **14**
karbondioksit Kohlendyoxid **14**
kardeş Bruder; Schwester; Geschwister **1**
karı Ehefrau **10**
karı-koca Ehepaar **10**
karın, karnı Magen **5**
karışık verschieden, unterschiedlich **6**
karıştırarak indem man schüttelt **12**
karıştırmak schütteln **12**
karlı verschneit **9**
karnıbahar Blumenkohl **12**
karşı *Subst / Adv* Gegenüber; gegen **5**
karşımızdaki uns gegenüber (befindlich) **10**
Karşıyaka [kar'şıyaka] Stadtteil in Izmir **9**
kart (postal) (Post-)Karte **4**
kasap, kasabı Metzger(in) **12**
kasaplık Tätigkeit des Metzgers **12**
kasım November **3**
kaşık, kaşığı Löffel **12**
kat Stockwerk **5**
katılmak hinzukommen, sich anschließen **4**
katkı Beitrag **9**
kavanoz Gefäß, Einweckglas **8**
kavga Streit, Zank **10**
kaynak, kaynağı Quelle **9**
kaynatmak zum Kochen bringen **12**
kaza Unfall **9**
kazanmak gewinnen, erlangen; verdienen **8**
kebap, kebabı Fleischspieß **3**
kedi Katze **5**
kemancı Geiger(in) **15**
kenar Ufer, Rand **14**
kendi selbst **5**

kendimiz wir selbst **6**
kent Stadt **15**
kere mal **5**
keşişleme Südostwind **9**
keşke ['keşke] wenn doch **9**
keyif, keyfi gute Verfassung, gute Laune **5**
kez mal **8**
kıble Südwind **9**
kırk vierzig **1**
kırmızı rot **14**
kısa kurz **13**
kısaca [kı'saca] kurzum **12**
kış Winter **9**
kışın ['kışın] im Winter, winters **7**
kıta Erdteil **14**
kıvırcık, kıvırcığı gekräuselt **13**
kıyı Ufer, Rand **14**
kıymak hinzugeben **12**
kız Tochter **10**
kız kardeş Schwester **10**
kızartma Braten **10**
kızartmak braten **12**
kızıl rot **14**
Kızılay [kı'zılay] Kızılay (Platz in Ankara) **7**
Kızıldeniz [kı'zıldeniz] Rotes Meer **14**
ki *Konj* dass **6**
kibar höflich, vornehm **13**
kiler Vorratskammer, Abstellraum **5**
kilise [ki'lise] Kirche **15**
kilo almak zunehmen **8**
kilometrekarelik für ... Quadratkilometer **15**
kim, kimler wer (alles) **1**
kimlik, kimliği Ausweis, Identität **12**
kimse ['kimse] **(kim ise)** jemand; niemand **9**
kimyon Kümmel **12**
kir Schmutz **14**
kiralık [kira:lık] zu vermieten **1**
kirlenmek sich verschmutzen, verschmutzt werden **14**
kirletilme Verschmutzung **14**
kirletilmek verschmutzt werden **14**
kirletmek verschmutzen lassen, beschmutzen **14**
kişi Person **10**
kişilik, kişiliği Persönlichkeit; für ... Personen **12**
kitap harfleri Druckbuchstaben **2**
kitap okumak Bücher lesen **2**
kitap, kitabı Buch **5**
klasik, klasiği Klassik, klassische Musik **15**
klasik müzik klassische Musik **2**
klimalı klimatisiert **5**
kloroflorokarbon gazı Fluorchlorkohlenstoff-gas (FCK Gas) **14**
koca Ehemann **10**
Koç Widder **13**
koku Geruch, Duft **10**
kokulu riechend, duftend **8**
koltuk, koltuğu Sessel, Sitz **5**
komşu Nachbar **10**
kondurmak aufsetzen **14**
konmak gesetzt werden, gestellt werden; niederlassen **3**
konser Konzert **15**
konuk, konuğu Gast **1**
konuksever gastfreundlich **13**
konulmak gelegt werden **14**
konum Lage; Bereich **11**
konuşmak (ile) sprechen (mit) **1**
kopmak abtrennen, abbrechen **12**
korumak schützen **7**
koruyucu cilt kremi Hautschutzcreme **7**
koruyucu krem Schutzcreme **13**
Kova Wassermann **13**
koy kleine Bucht **10**
koymak setzen, legen, stellen; (hinzu)geben **5**
koyu dunkel **15**
köfte Fleischbällchen **3**
kömür Kohle **12**
köpük olunca sobald Schaum entsteht **12**
köpük, köpüğü Schaum **12**
kötü schlecht **5**
kötülük Bosheit **12**
köy Dorf **6**
kule Turm **6**
kulis Kulisse **15**
kullanmak benutzen, verwenden **2**
Kurban Bayramı muslimisches Opferfest **14**
kurma (das) Aufbauen, (das) Errichten **10**
kurmadan önce ['kur-] vor dem Aufbau; vor der Gründung **12**
kurmak Aufbauen; gründen **10**
kuru trocken **5**
kuru fasulye weiße Bohne **12**
kurulu gegründet **15**
Kusura bakmayın! Verzeihen Sie! **12**
kutlama Feier **11**
kutu Kasten, Schachtel **9**
kuyu Brunnen **13**
kuzen Cousin **10**
kuzey Norden **9**
Kuzey Denizi Nordsee **14**
Kuzey Kutbu Nordpol **14**
kuzeybatı [ku'zeybatı] Nordwesten **9**
kuzeydoğu [ku'zeydoğu] Nordosten **9**
kuzin Cousine **10**
kuzu kavurması geröstetes Lamm **10**
küresel global **14**

L

lâcivert [la:civert] dunkelblau **14**
lavabo [la'vabo] Waschbecken **5**
lâzım [la:zım] nötig **7**
levrek, levreği Seebarsch **10**
lezzet köstlich **12**
lezzetli köstlich **2**
liste ['liste] Liste **6**
lodos ['lodos] Südwestwind **9**
lokanta [lo'kanta] Gaststätte, Restaurant **3**
lüfer Blaubarsch **10**
lütfen ['lütfen] bitte **2**
Ltd. şti. = limited şirketi GmbH = Gesellschaft mit beschränkter Haftung **9**

M

Macar halk müziği ungarische Volksmusik **15**
maden suyu [ma:'den] Mineralwasser **12**
malzeme Zutaten **12**
mandalina [manda'lina] Mandarinen **15**
mangal partisi Grillparty **2**
Marmara denizi ['marmara] Marmara-Meer **9**
mart März **3**
masa Tisch **5**
masatenisi Tischtennis **8**
mavi [ma:vi] blau **13**
maydanoz Petersilie **12**
mayıs Mai **3**
medeni hal [mede'ni:] Personenstand **2**
medeniyet Kultur, Zivilisation **15**
mektup arkadaşları Brieffreunde **2**
memleket Land, Heimat **14**
memnun zufrieden **2**
memnun etmek jmdn zufriedenstellen, jmdn erfreuen **11**
memnun olmak sich erfreuen **11**
memnuniyet [memnu:niyet] Zufriedenheit **9**
memnuniyetle [memnu:ni'yetle] gerne **8**
merak [mera:kı] Sorge; Interesse, Hobby **8**
merak etmek *Akk* sich um jmdn Sorgen machen **5**
meraklanmak sich sorgen **11**
merhaba ['meraba] hallo **1**
merkez Zentrum; Haupt- **8**
merkez şubesi [mer'kez şu:besi] Hauptniederlassung, Zentrale **11**
mesai arkadaşları [mesa:i] Arbeitskollegen **11**
mesaj Botschaft **10**
meslek, mesleği Beruf **2**
meşgul [meşgu:lü] beschäftigt, besetzt **??**
meşhur berühmt **3**
meteoroloji Wetterbericht **9**
metin, metni Text **15**
metro ['metro] U-Bahn **2**
mevsim Jahreszeit, Saison **9**
meyve Obst **7**
meze türkische Vorspeisen **10**
mimarlık bürosu [mi:marlık] Architekturbüro **13**
minibüs ['minibüs] Kleinbus **7**
misafir [misa:fir] Besuch, Gast **12**
mola ['mola] Pause **5**
mola vermek Pause machen **7**
mor violett **14**
morötesi ['morötesi] ultraviolett **14**
muhabbet Unterhaltung **15**
muhabbet etmek *birisiyle* sich mit jmdm unterhalten **15**
Musa Dağı [mu:sa:] Mosesberg **15**
Muş Stadt in Anatolien **1**
mutfak, mutfağı Küche **2**
mutlaka ['mutlaka:] unbedingt, auf jeden Fall, sicher **7**
mutlu glücklich **5**
mutsuz unglücklich **10**
mümkün möglich **5**
Münih ['münih] München **1**
müsait [müsa:it] geeignet **7**
müşteri Kunde, Kundin **9**
müze Museum **15**

N

nakletmek ['nakletmek] transportieren, befördern, verlagern **12**
narenç, narenci(ye) ['na:renç] Zitrusfrüchte **15**
nasıl? ['nasıl] wie? **1**
nasılsa irgendwie **9**
Nasreddin Hoca türkischer Till Eulenspiegel **6**
ne diye? warum?, mit welcher Begründung? **6**
ne kadar güzel wie schön **6**
ne, neler was, was alles **1**
neden weil, weshalb **5**
neden olmak verursachen **10**
nedeniyle [nede'niyle] wegen **7**
nefis köstlich **12**
neler was alles **11**
nereden ['nereden] woher **1**
neredeyse ['neredeyse] beinahe **9**
nereler? ['nereler] wo überall? **3**
neresi ['neresi] welcher Ort **5**
nesi was **3**
neşeli froh, fröhlich **13**
neyse (ne ise) naja, nun wenn schon **2**
niçin ['niçin] warum **5**
nisan [ni:san] April **3**
nişanlanmak *ile* sich mit jmdm verloben **13**

nişanlı verlobt; Verlobte(r) **13**
niye wieso **5**
niyet Absicht, Vorhaben **10**
No = numara Nr. = Nummer **4**
nüfus [nüfu:su] Einwohner(in) **15**

O

o *Dem Pron* jene(r,s) **6**
o *Pers Pron* er, sie, es **1**
o zaman dann **3**
ocak, ocağı Januar **3**
oda Zimmer **5**
Oğlak Steinbock **13**
oğul, oğlu Sohn **10**
okul çantası Schultasche **5**
okumak lesen, studieren **1**
okunmak gelesen werden **10**
okutmak lesen lassen, unterrichten, unterweisen **14**
olmak sein, werden **2**
olumlu positiv, bejahend **11**
oluşmak sich bilden, entstehen **14**
on zehn **1**
onlar sie (3. Pers Pl) **1**
onu *Akk* ihn, sie **1**
onun için deswegen, deshalb **5**
Ooo! Schon längst! **12**
ora jener Ort, jene Stelle **3**
oraya kadar bis dorthin **5**
organik organisch **15**
orkestra [or'kestra] Orchester **8**
orta (şekerli) mittelsüß **6**
orta boy mittlere Größe **12**
orta *Subst / Adv* Mitte **5**
Ortadoğu [or'tadoğu] Mittlerer Osten **14**
ortak, ortağı Partner(in) **1**
ortaklaşa Gesamtheit **10**
ortam Milieu **11**
ortam hazırlamak gerek es muss gut vorbereitet werden **12**
ortaya çıkmak sich zeigen, hervortreten **14**
otantik authentisch **15**
otobüs Bus, Überlandbus **2**
otogar ['otogar] Busbahnhof **5**
oturma odası Wohnzimmer **5**
otuz dreißig **1**
oynamak spielen, aufführen **8**
ozon tabakası Ozonschicht **14**

Ö

ödemek (be)zahlen **14**
ödül Preis, Auszeichnung, Prämie **15**
öğle Mittag **3**
öğle saatlerinde in der Mittagszeit, in den Mittagsstunden **7**
öğle yemeği Mittagessen **6**
öğleden sonra Nachmittag **3**
öğleye doğru gegen Mittag **5**
öğrenci Student(in); Schüler(in) **1**
öğrenmek lernen **1**
öğretmen Lehrer(in) **5**
öğretmenlik Tätigkeit des Lehrers **12**
ölçmüş biçmiş ausgemessen **6**
öldürmek töten (sterben lassen) **14**
ölmek sterben **3**
ön *Subst / Adv* Vorderseite; vorn **4**
önce zuerst, vor **3**
öncelik verilmesi Vorzug geben **14**
önemli wichtig **2**
önermek vorschlagen **12**
önlem almak Maßnahmen treffen **14**
önlemek verhindern, vorbeugen **7**
önlemler Maßnahmen **14**
önleyici vorbeugend **13**
önümüzdeki vor uns liegend (seiend) **11**
önümüzdeki hafta die kommende (vor uns liegende) Woche **11**
öpmek küssen **11**
örneğin ['örneğin] zum Beispiel **2**
öyle auf jene Weise **4**
öyleyse [öy'liyse] also, dann **5**
Özdere ['özdere] kleiner Ort bei Izmir **5**
özellik, özelliği Besonderheit, Merkmal **15**
özellikle [özel'likle] besonders **13**
özgür frei **12**
özgürlük Freiheit **12**

P

pantolon Hose **15**
para Geld **3**
parça Stück, Teil **12**
parçalı bulutlu teilweise bewölkt **9**
park Park **4**
park yeri Parkplatz **5**
Pasifik [pasifiği] Pazifik **14**
patates Kartoffeln **12**
patates köftesi Kartoffelpuffer **12**
patlıcan Aubergine **12**
peki in Ordnung, gut **3**
pembe rosarot **14**
personel şefi Personalchef(in) **11**
peşinde Nach; hinterher **15**
pırasa [pı'rasa] Lauch, Porree **12**
pil Batterie **12**
pilli mit Batterie (betrieben) **12**
pipo/puro içmek Pfeife/Zigarre rauchen **12**

pişirmek kochen **12**
piyasa durumu Marktlage, Handelssituation **11**
plan Plan, Vorhaben **2**
portakal Orange **15**
posta kodu Postleitzahl **2**
poşet Einkaufstüte **5**
poyraz Nordostwind **9**

R

radyo vericisi Radiosender **13**
rağmen trotz **5**
rahat bequem **2**
rahatsız etmek stören, belästigen **10**
rakı Raki (Anisschnaps) **3**
Ramazan Bayramı Festtage zum Ende des Ramazan **14**
randevu Verabredung, Termin, Treffen **3**
randevu yeri Verabredungsort, Treffpunkt **3**
rastlamak *Dat* zufällig treffen **8**
reçel Marmelade **8**
rehber Führer(in); Reiseleiter(in) **4**
rendelemek reiben **12**
renk, rengi Farbe **13**
renklendirici Farbstoff **13**
renklendirmek Farbe geben **13**
resim, resmi Bild **8**
rica etmek [ri'ca:] bitten **11**
rol, rolü Rolle **14**
Roma ['roma] Rom **1**
Rus Russe, Russin; russisch **2**
Rusça ['rusça] (die) russische Sprache **2**
Rusya ['rusya] Russland **2**
rüzgâr Wind **9**
rüzgârlı windig **9**

S

saat [sa:'at] Uhr; Stunde; Zeit **1**
saç Haare **13**
sade [sa:de] einfach, schlicht; pur, rein **5**
sadece ['sa:dece] nur, bloß **7**
sağ gesund; recht(e,r) **1**
sağ ol ['saol] danke (dir) **1**
sağ *Subst / Adv* Rechte(r,s); rechts **4**
sağlık, sağlığı Gesundheit **8**
sağlık sorunları Gesundheitsprobleme **11**
sağlıklı yaşam merkezi Fitnesscenter **8**
sahil yolu [sa:hil] Uferstraße **8**
sahne Bühne **8**
sahneye çıkmak Auftreten, die Bühne erobern **8**
sakal Bart **13**
sakallı bärtig **13**
sakınca Bedenken, Vorbehalt **10**
salata Salat **12**
Samandağ [sa'mandağ] Stadt in der Region Hatay **15**
sana dich **5**
sanat Kunst **10**
sanatçı Künstler(in) **15**
sanmak meinen, glauben **3**
Saraydan Kız Kaçırma Entführung aus dem Serail **15**
sarı gelb **14**
sarışın blond **13**
sarmısak, sarmısağı Knoblauch **12**
satıcı Verkäufer(in) **8**
satılık zu verkaufen **1**
satın almak käuflich erwerben, kaufen **9**
satış Verkauf **9**
satış sonu hizmetleri Kundendienst **9**
satmak verkaufen **8**
satranç, satrancı Schach **8**
saygılı respektvoll, ehrerbietig **13**
sayılmaz *Pass* (es) wird nicht gezählt **5**
sebze Gemüse **7**
seçmek (aus)wählen **3**
sefer Reise; mal **14**
sekiz acht **1**
sakınca Reise; mal **14**
sekreter Sekretär(in) **1**
seksen achtzig **1**
selam [sela:mı] Gruß **1**
selam etmek grüßen **11**
selamlamak begrüßen **14**
sempatik sympathisch **2**
sen du **1**
Sen Jan şövalyeleri Johanniter-Orden **6**
sence ['sence] nach deiner Meinung **4**
seni dich **1**
sera etkisi ['sera] Treibhauseffekt **14**
ses Stimme **8**
sessiz sedasız [seda:sız] sang- und klanglos **11**
sevdirmek lieben lassen, sympathisch machen **14**
sevgi Liebe **5**
sevgili liebe(r,s) **4**
sevilmek geliebt werden, beliebt sein **10**
sevimli nett **13**
sevinmek sich freuen **11**
sevişmek *ile* sich lieben **14**
sevmek lieben **2**
seyahat [seyaha:ti] Reise **5**
sıcak, sıcağı *Subst / Adj* Hitze; heiß **5**
sıcak yemek warmes Hauptgericht **12**
sığır yetiştiriciliği Rinderzucht **14**
Sıhhiye ['sıhhiye] Stadtteil in Ankara **7**

sık oft **3**
sıkıştırmak zusammendrücken, -drängen, -pressen **6**
sıkmak auspressen **12**
sıra Augenblick **6**
sıralamak aufzählen; aneinanderreihen **14**
sırt Rücken **5**
sırt çantası Rucksack **5**
sıvı *Subst / Adj* Flüssigkeit, flüssig **7**
sıvı kaybı Flüssigkeitsverlust **7**
sıvı kızartma yağı flüssiges Öl zum Braten **12**
sigara içmek [si'gara] Zigarette rauchen **8**
simithane [simitha:'ne] Sesamkringel-Haus (Teehaus) **4**
sinema [si'nema] Kino **2**
sinema oyuncusu Filmschauspieler(in) **8**
sipariş [sipa:riş] Bestellung **3**
sis, sisli Nebel, neblig **9**
sivri biber spitze Paprikaschote **12**
siyah [siya:h] schwarz **13**
siyaset izleme [siya:'set] politische Umsetzung (*wörtl.:* Politik verfolgen) **14**
siz Ihr, Sie **1**
size *Dat* Ihnen **3**
soda ['soda] Mineralwasser **12**
Sofya ['sofya] Sofia (Hauptstadt Bulgariens) **1**
soğan Zwiebel **12**
sohbet Unterhaltung **15**
sohbet etmek *birisiyle* sich mit jmdm unterhalten **9**
sokak, sokağı Gasse **2**
sol *Subst / Adv* Linke(r,s); links **4**
son Ende **2**
son zamanlarda in der letzten Zeit **11**
sonbahar ['sonbahar] Herbst **9**
sonra nach; danach, später **3**
sonuç, sonucu Ergebnis **14**
sordukları alles, was sie gefragt haben **11**
sormak fragen **4**
soru Frage **6**
soru sormak fragen, eine Frage stellen **7**
sorulmak gefragt werden **10**
sorun Problem **10**
sosyal sozial **15**
soyadı ['soyadı] Familienname **2**
soymak schälen **12**
söylemek sagen, mitteilen **3**
söyleşi Unterhaltung **15**
söyleşmek *birisiyle* sich mit jmdm unterhalten **15**
söz Wort; versprochen **8**
sözlük, sözlüğü Wörterbuch **12**
spor Sport **2**
su, suyu, suyun Wasser **6**
Sualtı Arkeoloji Müzesi Museum für Meeresarchäologie **6**
sular Gewässer **14**
Sultanahmet Moschee und Stadtteil in Istanbul **4**
suluboya resim [su'luboya] Aquarell **8**
susamak Durst haben / bekommen **5**
Sünni Türkler [sünni:] sunnitische Türken **15**
Sünni Türkmenler sunnitische Turkmenen **15**
sürmek dauern **2**
sürpriz Überraschung **13**

Ş

şahane [şaha:'ne] wunderbar **2**
şanslı glücklich **2**
şapka ['şapka] Hut **6**
şarap (beyaz, kırmızı), şarabı Wein (weiß, rot) **12**
şarkı Lied **8**
şarkıcı Sänger(in) **8**
şart Bedingung **9**
şayet ['şa:yet] falls, wenn **9**
şef Chef(in) **2**
şehir adı Name der Stadt **2**
şehir, şehri Stadt (die Stadt) **3**
şeker Zucker **12**
Şeker Bayramı Zuckerfest **14**
şeker hastalığı Zuckerkrankheit **8**
şekerli süß **6**
şekersiz ohne Zucker, ungezuckert **12**
şekil, şekli Form **12**
şekil vermek Form geben, formen **12**
şikâyet [şika:yet] Beschwerde, Reklamation **9**
şikâyet etmek beschweren **11**
şimdi de ['şimdi de] und jetzt **1**
şimdilik vorläufig, vorerst **1**
şimdilik bu kadar soweit, so gut (das ist alles) **11**
şişko fett, dick **8**
şişman dick **13**
şoför Fahrer(in), Chauffeur(in) **7**
şöyle ['şöyle] so, auf die folgende Weise **6**
şöyle böyle! ['şö:le bö:le] so einigermaßen, so lala **6**
şu diese(r,s) ... da **6**
şu an momentan **4**
şubat Februar **3**
şube [şu:be] Niederlassung **11**

T

tabak, tabağı Teller **12**
tabii [tabi:] natürlich **7**

tabiyet [ta:biyet] Staatsangehörigkeit **2**
tabut Sarg **6**
taksi ['taksi] Taxi **7**
Taksim ['taksim] zentraler Platz in Istanbul-Beyoğlu **3**
tam gerade **6**
tam o sırada gerade in diesem Augenblick **6**
tamam in Ordnung; einverstanden **4**
tamamlamak vervollständigen **9**
tandır Tontopf (Römertopf) **12**
tanıdık, tanıdığı Bekannte(r) **11**
tanımak (er)kennen **1**
tansiyon Bluthochdruck **8**
tarafından seitens **14**
tarayıcı Scanner **13**
tarım Ackerbau **15**
tarif [ta:rif] Beschreibung, Kochrezept **10**
tartışmak diskutieren **9**
tarz Stil, Art **15**
taşımak tragen **5**
taşınmak *Dat* umziehen, übersiedeln **10**
tatlandırıcı Geschmacksverstärker **13**
tatlandırmak Geschmack geben **13**
tatlı Nachspeise **12**
tatlı kaşığı Kaffeelöffel **12**
tatsız geschmacklos **12**
tava Pfanne; Pfannengericht **12**
tavla ['tavla] Backgammon **8**
tavsiye etmek empfehlen **3**
taze [ta:ze] frisch **12**
taze fasulye grüne Bohne **12**
taze taze ganz frisch **12**
tebrikler Glückwünsche, Gratulationen **9**
tek başına allein **9**
tekerlekli mit Rädern **5**
Tekirdağ [te'kirdağ] Stadt in Thrakien **3**
teklif götürmek ein Angebot unterbreiten **12**
telefon Telefon **1**
telefon etmek telefonieren **11**
televizyon Fernseher **5**
tembel faul **13**
temel Fundament, Grundlage, Basis **10**
temiz sauber **14**
temizlemek sauber machen; ausnehmen; reinigen **10**
temizlenmek sich reinigen, gereinigt werden **14**
temizletmek reinigen lassen **14**
temmuz Juli **3**
tencere ['tencere] Kochtopf **12**
teneffüs Schulpause **7**
tenis Tennis **8**
tenor Tenor **15**
tepeleme dolu gehäuft **12**
tepki Reaktion **10**
tepsi Tablett **6**
Terazi [tera:zi] Waage **13**
terbiyeli gut erzogen **13**
tercih etmek vorziehen, bevorzugen **10**
terminal, terminali Busbahnhof (Überlandbusse) **7**
terslemek grob anfahren, unfreundlich antworten **6**
terzi Schneider(in) **8**
teşekkür etmek sich bedanken, Dank sagen **1**
teyze Tante (Schwester der Mutter) **10**
tıraş etmek jmdn rasieren **11**
tıraş olmak sich rasieren **11**
ticari [tica:ri:] geschäftlich **12**
tip Typ **13**
tipsiz nicht gut aussehend **13**
top Ball **15**
Topkapı Sarayı ['topkapı] Sultanspalast in Istanbul **4**
toplantı Versammlung **14**
topluluk, topluluğu Gesamtheit, Gemeinschaft, Gesellschaft; Ensemble **15**
toprak, toprağı Erde, Boden **14**
torba Beutel, Tüte **5**
torun Enkel(in) **10**
Trabzon ['trabzon] Stadt in Nordostanatolien **3**
trafik kazaları [tra'fik kaza:ları] Verkehrsunfälle **14**
Trakya ['trakya] Thrakien (europäische Türkei) **9**
tramvay Straßenbahn **7**
turuncu orange **14**
turunç, turuncu Pomeranze (Orangenart), Zitrusfrucht **15**
tutmak (er)greifen, fangen **8**
tuvalet Toilette **5**
tuz Salz **12**
tuzlu salzig, versalzen **12**
tuzluk Salzstreuer **12**
tuzsuz ohne Salz, ungesalzen **12**
tükenmek zu Ende gehen, aufhören; ausbeuten **14**
tüm Ganzheit, alle **6**
Türk Türke, Türkin, türkisch **1**
Türk hamamı türkisches Bad **8**
Türk kahvesi türkischer Kaffee **12**
Türk lokantası türkisches Restaurant, Lokal **3**
Türk mutfağı türkische Küche **2**
Türk yemeği türkisches Gericht/Essen **2**
Türkçe ['türkçe] (die) türkische Sprache **1**
Türkiye ['türkiye] (die) Türkei **1**

türlü Art, Sorte; verschieden **9**
tütün içmek (Tabak) rauchen **12**

U

uğraşmak beschäftigt sein, sich befassen **11**
ulusal national **14**
ulusal bayram günleri nationale Feiertage **14**
Ulusal Egemenlik ve Çocuk Bayramı Fest der Kinder und der Nationalen Souveränität **14**
uluslar Nationen **6**
uluslararası [ulus'lararası] international **15**
ummak hoffen, erwarten **11**
unutmak vergessen **7**
unutulmaz unvergesslich **8**
uygun geeignet, passend **9**
uyku Schlaf **6**
uyum içinde in Harmonie, harmonisch **11**
uzak, uzağı weit **2**
Uzakdoğu [u'zakdoğu] Ferner Osten **14**
uzaklaşmak sich entfernen; aufhören **13**
uzman Experte, Expertin **14**
uzun lange **7**
uzun lang **11**

Ü

üç drei **1**
ülke Land **8**
ümit, ümidi Hoffnung **13**
üniversite [üniver'site] Universität **1**
ünlenmek berühmt werden **15**
üretilme Herstellung **14**
üretimin azaltılması Reduzierung der Produktion **14**
ürkeklik, ürkekliği Scheu, Schüchternheit **10**
ürün Produkt **9**
üslup bakımından vom Standpunkt des Stils **6**
üst *Subst / Adv* Oberseite; über **5**
üye Mitglied **14**
üzere gegen **4**
üzeri *Subst / Adv* Oberfläche; über **5**
üzerinden über **4**
üzgün traurig **5**
üzülmek traurig sein **13**

V

Vakıflı köyü [va'kıflı] Stiftungsdorf (Eigenname) **15**
vakit, vakti Zeit **7**
vaktiyle [vak'tiyle] früher, seinerzeit; rechtzeitig **12**
valiz Reisetasche; kleiner Koffer **5**
vallahi! ['valla:hi] bei Gott! **11**
vapur Schiff, Dampfer **4**
varmak + *Dat* ankommen **3**
varsa ['varsa] wenn es gibt, wenn vorhanden ist **9**
vazo ['vazo] Vase **5**
vazgeçmek ['vazgeçmek] verzichten **8**
ve und **2**
vefat [ve'fa:t] **etti** verstorben **10**
verdiği adres die Adresse, die gegeben wurde **11**
verici Absender(in); Geber(in) **13**
vermek geben **3**
veya ['veya:] oder **1**
vize ['vize] Visa **12**
votka ['votka] Wodka **2**
vurmak schlagen **3**

Y

ya und **1**
yabancı fremd, ausländisch; Ausländer(in) **12**
yağışlı regnerisch **9**
yağmur Regen **7**
yağmur yağmak regnen **7**
yağmurlu regnerisch **9**
yahu [ya:hu] Mensch (abwertend) **7**
yakında ['yakında] demnächst **4**
Yakındoğu [ya'kındoğu] Naher Osten **14**
yakışıklı gutaussehend **13**
yalı Sommerhaus (am Meer) **15**
yalnızlık Alleinsein, Einsamkeit **10**
yan Seite **5**
yani [ya:ni] nämlich, das heißt, also **4**
yanlış adımlar atmak falsche Schritte ergreifen **13**
yapı Bau, Gebäude **6**
yapıcı konstruktiv **13**
yapılış Zubereitung **12**
yapmak machen **1**
yaprak Blatt **15**
yaprak sarma(sı) gefüllte Weinblätter **10**
yarar Nutzen **13**
yaratıcı schöpferisch, Schöpfer(in) **15**
yaratmak hervorrufen, verursachen **14**
yardımsever hilfsbereit **13**
yarı Hälfte **6**
yarım halb **14**
yarın morgen **3**
yarıyıl [ya'rıyıl] Halbjahr, Semester **15**
yaş Alter **2**
yaşam Leben **8**
yaşamak leben **8**
yaşasın hurra (*wörtl.:* er/sie möge leben) **4**
yaşlı alt, betagt **13**
yatak odası Schlafzimmer **5**

yatırım Investition **11**
yatmak sich hinlegen **7**
Yay Schütze **13**
yaya zu Fuß **2**
yayla Alm, Sommerweide **12**
yaz Sommer **9**
yazdırmak schreiben lassen; diktieren **14**
yazıcı Drucker **13**
yazık schade **8**
yazılım Software **9**
yazılmak geschrieben werden; sich einschreiben **10**
yazın ['yazın] im Sommer, sommers **7**
yazışmak *ile* sich schreiben, korrespondieren **14**
yazmak schreiben **2**
yedi sieben **1**
yedirmek essen lassen, jmdn speisen, nähren **14**
yemek, yemeği Essen **2**
yemek almak Speisen zu sich nehmen **3**
yemek kaşığı Esslöffel, Suppenlöffel **12**
yemek listesi Speisekarte **3**
yemek odası Esszimmer **5**
yemek pişirmek (Essen) kochen **4**
yemek yemek (Essen) essen **4**
yenge Schwägerin **10**
Yengeç Krebs **13**
yeni neu **2**
yenilenebilir enerji erneuerbare Energie **14**
yenmek gegessen werden **3**
yer Ort **5**
yer yer ['yer-yer] örtlich **9**
yerleştirmek einordnen, an Ort und Stelle legen **5**
yerli lokal, einheimisch **15**
yeşil grün **13**
yetenek, yeteneği Begabung, Fähigkeit, Talent **10**
yeterli genügend, ausreichend **7**
yetimhane [yetimha:'ne] Waisenhaus **8**
yetiştirmek anbauen, erzeugen, produzieren **15**
yetkili *Subst / Adj* Verantwortliche(r); verantwortlich **11**
yetmek genügen, ausreichen **2**
yetmiş siebzig **1**
yıkıcı zerstörerisch **13**
yıkmak zerstören **13**
yıl Jahr **8**
Yılbaşı ['yılbaşı] Neujahr **14**
Yılbaşı Gecesi Silvesternacht **14**
yıldırım Blitz **9**
yıldız Nordwind; Stern **9**
yılında im Jahre **8**
yıllarca [yıl'larca] jahrelang **9**
yirmi zwanzig **1**
yoğun dicht **14**
yoğunlaşmak sich konzentrieren, sich verdichten **14**
yoğurmak kneten **12**
yok nicht vorhanden, es gibt nicht **2**
yoksa ['yoksa] oder; sonst **4**
yoksul arm, mittellos **8**
yol Weg **3**
yol açmak ['yolaçmak] verursachen; den Weg öffnen **14**
yolculuk Reise, Fahrt **5**
yollamak schicken, senden **1**
yorgun müde **4**
yorgunluk Müdigkeit **5**
yormak jmdn ermüden **6**
yorulmak müde werden **5**
yön Richtung **7**
yumurta Ei **12**
Yunan Grieche, Griechin; griechisch **1**
Yunanca [yu'nanca] (die) griechische Sprache **1**
Yunanistan Griechenland **1**
yuvarlak, yuvarlağı rund **13**
yürümek zu Fuß gehen, laufen, marschieren **1**
yürünmek durchwandert werden **10**
yürüyüş Wanderung **8**
yürüyüşe çıkmak wandern gehen **8**
yüz hundert **1**
yüzmek schwimmen **2**
yüzyıl ['yüzyıl] Jahrhundert **14**

Z

Zafer Bayramı Tag des Sieges **14**
zaman Zeit **1**
zaman zaman [za'man-zaman] zeitweise **9**
zaten [za:ten] sowieso **2**
zayıf dünn **13**
zeki [ze'ki:] klug, intelligent **13**
zemin kat Erdgeschoss **5**
zengin reich **13**
zeytinyağı Olivenöl **12**
zeytinyağlı soğuk yemek kalte Vorspeisen mit Olivenöl **12**
ziyaret [ziya:ret] Besuch **11**
ziyaret etmek besuchen **11**
zor schwer **2**
zor olmak mühsam sein, umständlich sein **2**